Was ist der Mensch?

Horst Janssen: *Ecce homo – Die fröhlichen Wissenschaften*.
Pastell 1982; 42,6 × 33,2 cm. © Bild-Kunst, Bonn 2002

Was ist der Mensch?

Im Auftrag
der Akademie der Wissenschaften zu Göttingen
herausgegeben von
Norbert Elsner und Hans-Ludwig Schreiber

WALLSTEIN VERLAG

Inhalt

Einführung

»Was ist der Mensch?« – so lautet der Psalm 8 entnommene Titel des vorliegenden Buches, dem man, dem Zeitgeist folgend, auch einen Nietzsche-Vers hätte voranstellen können, nämlich die Anfangszeile von Zarathustras Schlußgesang: »Oh Mensch! Gieb Acht!« In der Tat scheint dieses Wort das treffende Motto für die neu entflammte Debatte um das Wesen und die Bestimmung des Menschen zu sein.

Doch zunächst ein Blick zurück: Das zu Ende gegangene 20. Jahrhundert hat trotz des anfangs nicht vorstellbaren Grauens, trotz des ungeheuren Leides, das Menschen Menschen angetan haben, auf vielen Gebieten jene Fortschritte gebracht, die den zukunftsfreudigen Optimismus rechtfertigen, mit dem das Säkulum begonnen hatte. Man soll es nicht von vornherein kleinreden: Das Credo von Brechts Galilei, daß »das einzige Ziel der Wissenschaft darin besteht, die Mühseligkeit der menschlichen Existenz zu erleichtern«, haben sich viele Wissenschaftler durchaus zu Herzen genommen. Und zwar mit großem Erfolg: In weiten Teilen der Welt sind Lebenserwartung und Lebensqualität beträchtlich gestiegen. Viele Infektionskrankheiten sind beherrschbar geworden, in einigen Fällen gelten sie sogar als ausgestorben. Die Chirurgie hat sich von einer bloßen Resektions- zu einer erfolgreichen Reparationsmedizin gewandelt. Hunger und Unterernährung, Mitte des 19. Jahrhunderts noch mitten in Europa vorhanden, sind zumindest hier verschwunden.

Vieles ist erreicht worden, was lange erhofft, vieles machbar, was ersehnt wurde, und wo noch letzte Zweifel bestehen, wird der Glaube daran, daß nun bald alles Wünschbare möglich sein wird, zur Gewißheit. Trotz alledem will sich aber nicht jener Fortschrittsoptimismus einstellen, wie er zum Beginn des 20. Jahrhunderts bestand. Angesichts von Krieg, Vertreibung und Völkermord, welche die vergangenen Jahrzehnte prägten, ist das verständlich, denn es gibt kaum Hoffnung, daß wir in dieser Hinsicht besseren Zeiten entgegengehen. Aber diese Sorge ist es nicht allein, welche die herrschende Unsicherheit erzeugt und Nietzsches »Oh Mensch! Gieb Acht!« zum beschwörenden Mahnruf unserer Zeit werden läßt. Mehr und mehr wird bewußt, daß auch alle positiven, fortschrittlichen Entwicklungen, welche die Mühsal des Daseins zu lindern geeignet scheinen, janusköpfig sind. Die Wissenschaft ist an einen Punkt geraten, an dem sie gerade durch ihr gutes Wollen an den Kern des Menschen, nämlich seiner Würde, rührt. Intensiv- und Transplantationsmedizin, die immer weiter verfeinerten Methoden der genetischen Analyse und die besonders heftig diskutierte Embryonen- und Stammzellforschung sind hierfür beredte Beispiele.

Sie waren der Anlaß, im Wintersemester 2001/2002 an der Universität Göttingen in einer Ringvorlesung zu fragen »Was ist der Mensch?« Daraus sind die in dem vorliegenden Band gesammelten Essays hervorgegangen. Es ist nicht verwunderlich, daß die aktuelle Frage nach dem Menschsein in seiner Keimesform und deren therapeutischer Benutzung mit allen sich daraus ergebenden Fragen einen Schwerpunkt bildet. Dabei war von Anfang an klar, daß die ethische Diskussion nicht abgehoben von den biologischen Grundlagen zu führen ist, und deshalb kommen hier, so wie in anderen Teilen des Buches, nicht nur Geistes-, sondern auch Naturwissenschaftler und Mediziner zu Wort.

Die Frage, was denn der Mensch sei, kann nun freilich nicht auf die biologische Beschreibung und die ethische Bewertung von frühen Furchungs- und Embryonalstadien reduziert werden. Es geht ebenso, und manche sagen: in viel größerem Maße, um den erwachsenen Menschen. Ist er lediglich ein Abbild seiner Gene, können wir aus der Naturgeschichte etwas für unser heutiges Tun lernen, sind gar unsere moralischen Imperative in der Natur begründet, und was ist die *Conditio humana* aus naturwissenschaftlicher Sicht? Das ist der Blick auf den einzelnen Menschen, aber fast noch wichtiger ist der gesellschaftliche Aspekt. Hier geht es um die Fragen, welches Bild sich die Menschen voneinander machen, wie sie miteinander umgehen, nicht zuletzt mit ihren schwächsten Gliedern, und wie wohl eine Gesellschaft aussähe, in der alle dank der neuen Therapien stark, schön und gesund sind. Von welch bedrückender Aktualität das Problem des menschlichen Miteinanders ist, zeigen die Terroranschläge des 11. September 2001, die in mehreren Beiträgen reflektiert werden.

In den Essays dieses Bandes versuchen Geistes- und Naturwissenschaftler, jeder aus der Perspektive seines Faches, aber durchaus mit dem Mut zur Grenzüberschreitung, mögliche Antworten zu geben, wohlwissend, daß die Wissenschaft nicht für alles Lösungen bereit hält. Deshalb wird der Diskurs durch theologische und durch literaturbezogene Beiträge erweitert, zu denen auch einige Beispiele von Lyrik und Kunst gehören, deren großes Thema seit jeher der Mensch ist.

Göttingen, im Sommer 2002 *Norbert Elsner und Hans-Ludwig Schreiber*

Woher wir kommen
Zur Naturgeschichte des Menschen

von

Norbert Elsner

Franz Rombeck zum 90. Geburtstag gewidmet.

Zoologische Vorbemerkungen

Woher wir kommen? – Zoologen haben darauf seit knapp 150 Jahren eine schnelle und präzise Antwort, die nach Ansicht mancher bequemlichstens auch gleich noch Auskunft darüber verheißt, was denn der Mensch sei und – hier freilich schon weniger genau – wohin er wohl gehe. Bleiben wir zunächst bei der ersten Frage. Hierzu nahm Thomas Henry Huxley (1825-1895), einer der Protagonisten der Abstammungslehre Charles Darwins, im Jahre 1863 in drei Essays unter dem zusammenfassenden Titel *Evidences as to Man's Place in Nature* eindeutig Stellung. Aufgrund vergleichend-anatomischer Studien kam er zu dem Schluß:

> Wenn der Mensch durch keine größeren anatomischen Unterschiede von den Tieren getrennt ist als diese untereinander, und wenn irgendein naturwissenschaftlicher Kausalprozeß entdeckt werden kann, der die Gattungen und Familien der gewöhnlichen Tiere geschaffen hat, dann erklärt dieser Prozeß auch die Herkunft des Menschen. [...] Es gibt keinen rationalen Grund, daran zu zweifeln, daß der Mensch entweder durch eine allmähliche Weiterentwicklung menschenähnlicher Affen oder aus einem Seitenzweig der gemeinsamen Vorfahren dieser Affen hervorgegangen ist.

Die Gesetzmäßigkeiten dieses Kausalprozesses, nach dem sich die Evolution der Arten vollzieht, waren vier Jahre zuvor von Charles Darwin (1809-1882) in seinem Werk *On the Origin of Species* formuliert worden. Im Hinblick auf den Menschen hatte er sich freilich noch mit dem kryptischen Satz begnügt, seine Theorie der natürlichen Selektion würde auch »Licht auf die Herkunft des Menschen und seine Geschichte werfen.« Seine Gefolgsleute, allen voran in England Th. H. Huxley und in Deutschland Ernst Haeckel (1834-1919), waren da weniger zurückhaltend, und vor allem der Jenenser Feuerkopf wurde nicht müde, immer wieder zu statuieren, was denn der Mensch eigentlich sei, nämlich nichts anderes als ein nächster Verwandter der Affen:

> Die vergleichende Anatomie ergiebt somit für den unbefangenen und kritischen Forscher die bedeutungsvolle Thatsache, daß der Körperbau des Menschen und der Menschenaffen nicht nur im höchsten Grade ähnlich, sondern in allen wesentlichen Beziehungen derselbe ist. Dieselben 200 Knochen, in der gleichen Anordnung und Zusammensetzung, bilden unser inneres Knochengerüst; dieselben 300 Muskeln bewirken unsere Bewegungen; dieselben Haare bedecken unsere Haut, dieselben Gruppen von Ganglienzellen setzen den kunstvollen Wunderbau unseres Gehirns zusammen, dasselbe vierkammerige Herz ist das centrale Pumpwerk unseres Blutkreislaufs; dieselben 32 Zähne setzen in der gleichen Anordnung unser Gebiß zusammen; dieselben Speicheldrüsen, Leber- und Darmdrüsen vermitteln unsere Verdauung; dieselben Organe der Fortpflanzung ermöglichen die Erhaltung unseres Geschlechts.

So in seinen *Welträthseln* von 1899, die seinerzeit einen ungeheuren Aufruhr hervorriefen. Mehr als 100 Jahre später ist diese Aufregung nicht mehr so recht nachvollziehbar, und selbst die Kirchen haben, von wenigen Ausnahmen abgesehen, ihren Frieden mit der Abstammungslehre gemacht. So sollte eigentlich Ruhe einkehren, und man könnte die Frage nach dem genauen Aussehen des menschlichen Stammbaums den Spezialisten überlassen und belustigt deren Streit verfolgen, ob man denn die ›robusten‹ und die ›grazilen‹ Australopithecinen in verschiedene Gattungen stecken soll oder nur in eine oder ob der *Homo erectus* nun direkt in unserer Stammlinie steht oder ein wenig seitab. Doch das Thema ist ganz und gar nicht aus der Öffentlichkeit verschwunden. Geht man nachmittags in eine Buchhandlung und fragt nach allgemein-verständlichen Publikationen zur Evolution des Menschen, so erfährt man, daß der Sortimenter annähernd 50 Titel vorrätig habe, die man »bis morgen früh um zehn« beschaffen könne.

Woher mag dieses allgemeine Interesse an unserer äffischen Abstammung kommen, die doch, was das Grundsätzliche angeht, längst unumstritten ist? Vielleicht ist es in diesem Zusammenhang erhellend, einmal im Krebsgang in die Geschichte zurückzugehen und sich von dort aus, nunmehr vorwärtsschreitend, wieder der Gegenwart zu nähern, um Klarheit zu gewinnen, wie die Menschen mit der Frage nach ihrer biologischen Herkunft und ihrer Stellung in der Natur umgegangen sind. Wie hat das jeweilige Weltbild die Vorstellungen geprägt, die man sich von der Abstammung des Menschen und von seinem biologischen Wesen gemacht hat? Suchen wir vielleicht in unserer Vergangenheit Orientierungspunkte, um unseren Platz in der *heutigen* Welt zu bestimmen? Und gewinnen wir etwas daraus für unser Tun und Handeln? Können wir gar aus unserer Naturgeschichte erschließen, wohin der Mensch gehen wird? Das sollen die Schwerpunkte dieses Beitrags sein, und vielleicht erfahren wir in der Betrachtung darüber, wie der Mensch mit seiner Vergangenheit umgeht, auch etwas über ihn selbst.

Ein Blick zurück

Es verwundert eigentlich, daß die enge anatomische Verwandtschaft des Menschen mit den Affen und seine Eingebundenheit in den Gang der Evolution noch am Ende des 19. Jahrhunderts die Zeitgenossen erboste. Schon 100 Jahre früher war nämlich endgültig klargestellt worden, daß es in anatomischer Hinsicht keine Brandmauer zwischen Mensch und Tier gibt. Fast mutet es wie eine Anekdote an, daß zuletzt bloß noch das Fehlen des Zwischenkieferknochens als das einzig verbliebene Trennungsmerkmal übriggeblieben war. So jedenfalls nach der in Fachkreisen freilich auch schon damals keineswegs unumstrittenen Meinung des holländischen Anatomen Peter Camper (1722-1789).

Im Jahre 1784 veröffentlichte Goethe (1749-1832) seinen *Versuch aus der vergleichenden Knochenlehre, daß der Zwischenknochen der oberen Kinnlade dem Menschen mit den übrigen Thieren gemein sey.* Er schrieb: »Ich suchte daher nach Spuren des Zwischenkiefers, den man als Unterscheidungszeichen zwischen Affen und Menschen angegeben und jenem Geschlechte zugeschrieben, diesem abgeleugnet hat, und fand sie gar leicht«. Begeistert berichtete er darüber am 27. März 1784 an Charlotte von Stein (1742-1827): »Es ist mir ein köstliches Vergnügen geworden, ich habe eine Entdeckung gemacht, die wichtig und schön ist. Du sollst auch Dein Theil dran haben. [...] Ich habe eine solche Freude, daß sich mir alle Eingeweide bewegen«. Und am selben Tag an Johann Gottfried Herder (1744-1803): »Ich habe gefunden – weder Gold noch Silber, aber was mir unsägliche Freude macht – das *os intermaxillare* am Menschen! [...] Es soll Dich auch recht herzlich freuen, denn es ist wie der Schlußstein zum Menschen, fehlt nicht, ist auch da! Aber wie!« Hier zeigt sich in fast rührender Weise die Begeisterung eines Naturforschers, der noch in den winzigsten Besonderheiten das Große zu sehen vermag. Das »Aber wie!« deutet es an: Ein die Schneidezähne tragender Knochen ist dieser vielzitierte Zwischenkiefer beim erwachsenen Menschen nämlich keinesfalls, lediglich als eine feine Naht ist er zu erkennen (Abb. 1).

Dieses unscheinbare Rudiment soll der »Schlußstein zum Menschen« sein? Gewiß, ein schönes Bild – nicht das Trennende zwischen Mensch und Tier, sondern das Verbindende ist das I-Tüpfelchen – aber auch ein Hinweis darauf, daß das Grundsätzliche der zoologischen Verwandtschaft des Menschen schon viel früher erkannt worden war. Als nämlich der Begründer der Systematik, Carl von Linné (1707-1778), ein halbes Jahrhundert vor Goethe damit begann, eine Ordnung des Tier- und Pflanzenreiches zu schaffen, da dachte er keinesfalls daran, dem Menschen eine Sonderstellung zuzubilligen. Das ihm vorliegende Wissen um die vergleichende Anatomie von Mensch und Tier war groß und gesichert genug, um den Menschen ohne einen besonderen Kommentar zusammen mit den Affen zur Ordnung der ›Primates‹ (in der ersten Auflage seines *Systema naturae*: ›Anthropomorpha‹), der Herrentiere, zu stellen.

Eine besondere Aufregung, gar einen Aufruhr wie in der zweiten Hälfte des 19. Jahrhunderts, rief diese Klassifikation nicht hervor, denn Linné hatte klargestellt, daß alle Arten, gleich ob Pflanze, Tier oder Mensch, aus Gottes Hand stammten: »Species sunt tot, quot creavit ab initio infinitum ens«. Wohlgemerkt: Es heißt »*ab* initio« – *von* Anfang an und nicht, wie es oft übersetzt wird, *am* Anfang. Ein wenig klingt da schon an, daß die Schöpfung nicht ein einmaliger Akt gewesen sein könnte. Doch zurück zu den Herrentieren: Warum sollte der Schöpfer, einem Künstler gleich, dessen Werke sich hinsichtlich ihres Stils ja auch gleichen, nicht Affen und Menschen mit ähnlichen anatomischen Merkmalen ausgestattet haben? Solange feststand, daß die einzelnen Arten, vor allem aber der Mensch, *getrennt* erschaffen worden waren, war alles in Ordnung, denn dann konnte man weiterhin annehmen, daß dem Menschen in besonderer Weise der Odem Gottes eingehaucht worden war. Aber diese Möglichkeit einer, wenn auch nicht anatomischen, so doch geistig-seelischen Sonderstellung des Menschen mußte früher oder später ins Wanken geraten, falls sich die Unveränderlichkeit der Arten als falsch herausstellen würde. ›Mußte‹? Das war und ist wohl die gängige Ansicht, über die man freilich durchaus auch anderer Meinung sein könnte.

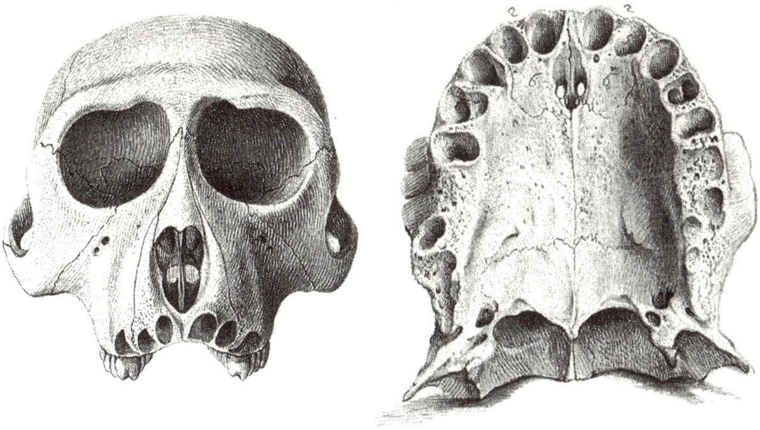

Abb. 1: Zwei Illustrationen aus Goethes Schrift von 1784 über den Zwischenkiefer. Links: Frontalansicht eines Affenschädels mit dem die Schneidezähne tragenden Zwischenkieferknochen. Rechts: Ventralansicht eines menschlichen Gaumens mit der Naht hinter den Schneidezähnen, die das Vorhandensein eines rudimentären Zwischenkiefers andeutet.

Ein Gedanke bricht sich Bahn und wird doch zurückgedrängt

Das, was als Fortschritt der Wissenschaft im nachhinein oft so geradlinig erscheint, ist bei genauerem Hinsehen häufig ein Zick-Zack-Weg oder eine Springprozession gewesen, bei der zeitweise mehr Schritte rückwärts als vorwärts gemacht wurden. Zukunftsweisende Gedanken tauchen auf und werden unter Umständen für Jahrhunderte vergessen, ehe sie plötzlich wie ein Zündfunken eine Revolution in Gang setzen. So auch bei der Frage nach der Unwandelbarkeit der Arten, die nicht nur lange vor Darwin, sondern auch schon mehr als ein Jahrhundert vor Linné aufgeworfen wurde, und zwar aufgrund einer recht simplen Überlegung: Je mehr Tierarten im Zuge der großen Entdeckungsreisen im 16. und 17. Jahrhundert gefunden wurden, um so mehr stellte sich die Frage, wie denn der Vater Noah die alle in seiner Arche hatte unterbringen können.

Einer der ersten, dem dies Schwierigkeiten bereitete, war – vielleicht gar nicht so überraschend – kein Naturforscher, sondern ein Seemann, nämlich der Admiral Sir Walter Raleigh (1552-1618), Günstling Königin Elisabeths I., Entdeckungsreisender, Sieger über die spanische Armada. Bei Elisabeths Nachfolger Jacob I. in Ungnade gefallen, wartete er von 1603 bis 1618 im Kerker des London Tower auf die Vollstreckung seines

Todesurteils, und in dieser Zeit schrieb er eine mit der Genesis beginnende große Weltgeschichte. Seiner Meinung nach hatte Noah lediglich die Tiere der Alten Welt in seiner Arche vor der Sintflut gerettet. Die hätten sich dann später auch über die Neue Welt ausgebreitet und dort unter dem Einfluß der andersartigen Umweltbedingungen zu neuen Arten umgewandelt. Andere, wie ein halbes Jahrhundert später der Rechtsgelehrte Matthew Hale (1609 - 1676), meinten, Gott hätte überhaupt nur ein paar Stammarten geschaffen, die Noah leicht in seinem schwimmenden Kasten habe unterbringen können. Aus diesen sei dann die heutige Vielfalt entstanden.

Eine geradezu revolutionäre Theorie formulierte an der Wende vom 17. zum 18. Jahrhundert der französische Naturforscher Benoît de Maillet (1659 - 1738), von 1692 bis 1708 Generalkonsul in Ägypten. In seinem freilich erst posthum (1748) erschienenen Hauptwerk schrieb er:

> Es ist sicher vorgekommen, daß fliegende Fische beim Jagen oder Verfolgtwerden ans Ufer geworfen wurden. Dort fanden sie zwar Nahrung, wurden aber gehindert, ihren Flug ins Meer zurückzunehmen. Alsdann spalteten sich unter dem Einfluß der Luft die Schwimmflossen, die stützenden Flossenstrahlen verwandelten sich in Federkiele, die vertrockneten Schuppen in Federchen, die Haut bedeckte sich mit Flaum, die Bauchflossen wurden zu Füßen, der ganze Körper nahm eine andere Form an, Hals und Schnabel verlängerten sich, und schließlich war der Fisch in einen Vogel umgestaltet. Im ganzen aber blieb die Übereinstimmung mit der ursprünglichen Form bestehen; sie wird immer leicht erkennbar sein [zitiert nach Wendt 1958].

Solche Gedanken blieben jedoch lange Zeit weitgehend unbeachtet; denn zu attraktiv erschien ein festes, auf der Unveränderlichkeit der Arten beruhendes System. Doch dann tauchten immer mehr Zwischenformen auf, die sich nur schwer darin einfügen ließen. Linné versuchte es trotzdem. Als Forschungsreisende Berichte über Wesen mitbrachten, die halb Mensch, halb Affe sein sollten, ordnete er sie als menschenähnliche Affen in sein System der Herrentiere ein (Abb. 2). Ein gewisses Unbehagen darüber, ob denn in der Tat alle Gattungen, Arten, Unterarten, Varietäten von allem Anfang an so ausgesehen hätten wie heute, blieb freilich. Und so findet man bei Linné, bei Georges Louis Leclerc de Buffon (1707 - 1788) und bei vielen anderen Naturforschern der zweiten Hälfte des 18. Jahrhunderts manche Worte, die als Zweifel an der Unwandelbarkeit der Arten verstanden werden können. Aber man blieb vorsichtig, und vor allem sparte man den Menschen aus solchen Überlegungen aus.

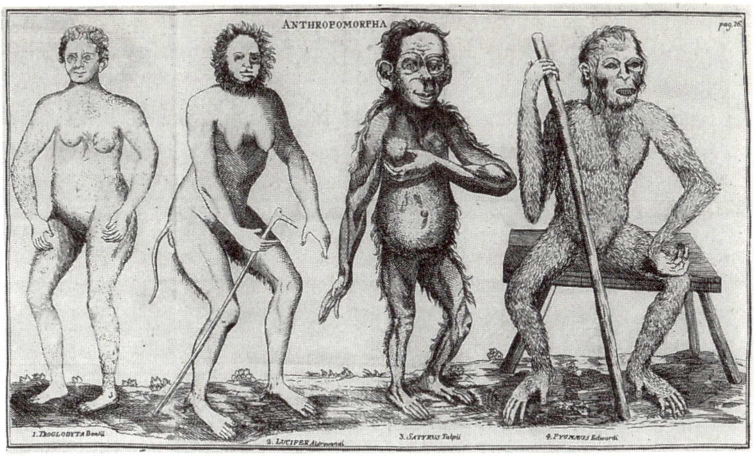

Abb. 2: *Antropomorpha* aus einer Dissertation von Linnés Schüler Hoppius in den *Amoenitates Acadimicae.* Sie sind beschriftet (von links) mit: (1) *Troglodyta Bontii,* in dem man mit viel Phantasie einen Orang-Utan vermutete; Linné bezeichnete ihn in seinem *Systema Naturae* als *Homo nocturnus.* (2) *Lucifer Aldrovandi,* ein geschwänzter Hominide, ein Phantasieprodukt, das Linné als *Homo caudatus* übernahm. (3) *Satyrus Tulpii,* wohl ein Schimpanse, der von Linné *Satyrus indicus* genannt und als Verwandter des afrikanischen Schimpansen *Satyrus silvestris* angesehen wurde. (4) *Pygmaeus Edwardi,* möglicherweise ein echter Orang-Utan.

Solche Zurückhaltung übte übrigens auch Goethe in seinen naturwissenschaftlichen Schriften. Nichtsdestotrotz wurde er nach seinem Tode, namentlich von Ernst Haeckel, immer wieder als Protagonist der Abstammungslehre in Anspruch genommen. Das ist wohl nicht ganz berechtigt, denn es kam Goethe bei seinen morphologischen Arbeiten vor allem auf den Nachweis eines in der Natur waltenden einheitlichen Form- und Gestaltungsprinzips an. In seinem dichterischen Werk, und dem entnahm Haeckel die passenden Zitate, ging er freilich viel weiter. Da ist beispielsweise im 2. Akt von *Faust II*, am Schluß der Klassischen Walpurgisnacht, die Rede von den »tausend, abertausend Formen«, die hin zum Menschen führen.

Auch bei Immanuel Kant (1724-1804) finden sich Gedanken zur Begründung einer Abstammungslehre, denn:

> Die Übereinkunft so vieler Thiergattungen in einem gewissen gemeinsamen Schema, das nicht allein in ihrem Knochenbau, sondern auch in der Anordnung der übrigen Theile zum Grunde zu liegen scheint,

> wo bewundrungswürdige Einfalt des Grundrisses durch Verkürzung einer und Verlängerung anderer, durch Einwickelung dieser und Auswickelung jener Theile eine so große Mannigfaltigkeit von Species hat hervorbringen können, läßt einen obgleich schwachen Strahl von Hoffnung in das Gemüth fallen, daß hier wohl etwas mit dem Princip des Mechanismus der Natur, ohne welches es überhaupt keine Naturwissenschaft geben kann, auszurichten sein möchte. Diese Analogie der Formen, sofern sie bei aller Verschiedenheit einem gemeinschaftlichen Urbilde gemäß erzeugt zu sein scheinen, verstärkt die Vermuthung einer wirklichen Verwandtschaft derselben in der Erzeugung von einer gemeinschaftlichen Urmutter durch die stufenartige Annäherung einer Thiergattung zur andern von derjenigen an, in welcher das Princip der Zwecke am meisten bewährt zu sein scheint, nämlich dem Menschen, bis zum Polyp, von diesem sogar bis zu Moosen und Flechten und endlich zu der niedrigsten uns merklichen Stufe der Natur, zur rohen Materie: aus welcher und ihren Kräften nach mechanischen Gesetzen (gleich denen, wornach sie in Krystallerzeugungen wirkt) die ganze Technik der Natur, die uns in organisirten Wesen so unbegreiflich ist, daß wir uns dazu ein anderes Princip zu denken genöthigt glauben, abzustammen scheint (*Kritik der Urteilskraft* 1790).

Daß dies einen Umsturz der bisherigen Anschauungen bedeutet, war Kant klar, denn er fügte eine bezeichnende Fußnote hinzu: »Eine Hypothese von solcher Art kann man ein gewagtes Abenteuer der Vernunft nennen; und es mögen wenige selbst von den scharfsinnigsten Naturforschern sein, denen es nicht bisweilen durch den Kopf gegangen wäre.« In seiner *Anthropologie in pragmatischer Hinsicht* (1796) ging er noch einen Schritt weiter. Hier findet sich im Zweiten Teil (Kap. E: *Charakter der Gattung*) eine Anmerkung, in der er über drei Epochen der Menschwerdung spekuliert und wo es dann heißt,

> ... ob nicht auf dieselbe zweite Epoche bei großen Naturrevolutionen noch eine dritte folgen dürfte; da ein Orang-Utang oder ein Schimpanse die Organe, die zum Gehen, zum Befühlen der Gegenstände und zum Sprechen dienen, sich zum Gliederbau eines Menschen ausbildete, deren Innerstes ein Organ für den Gebrauch des Verstandes enthielte und durch gesellschaftliche Kultur sich allmählich entwikkelte.

Man sieht, der Gedanke, daß die Arten nicht unveränderlich sind und daß auch der Mensch in einen Evolutionsprozeß eingebunden sein könnte, spukte bereits lange vor Darwin in den Köpfen. Für Naturforscher wie Etienne Geoffroy Saint-Hilaire (1772-1844) und Jean Baptiste Chevalier de Lamarck (1744-1829) wurde er zur Gewißheit. In seiner 1809 erschienenen *Philosophie zoologique* schrieb Lamarck, »daß alle Organismen unseres Erdkörpers wahre Naturerzeugnisse sind, welche die Natur in langer Zeit allmählich hervorgebracht hat«, wobei sie in einer Art Urzeugung mit der Schöpfung einfachster Organismen begonnen habe, die sich dann weiter- und höherentwickelt hätten. Seine Betrachtungen gipfelten in der Feststellung,

> ... daß mit Hilfe genügender Zeiträume, notwendig günstiger Umstände und der Veränderungen, welche alle Punkte der Erdoberfläche ununterbrochen erlitten haben, mit einem Wort: daß durch die umändernde Wirkung neuer Standorte und neuer Gewohnheiten alle jetzt existierenden Organismen unmerklich so gebildet worden sind, wie wir sie jetzt wahrnehmen. [...] Das was man bei ihnen Art nennt [...] hat nur eine relative Konstanz und kann nicht so alt wie die Natur sein.

Nach Lamarcks ›Milieutheorie‹ ist es die Umwelt, welche die Schaffung neuer Organe, ihre Vervollkommnung oder ihre Rückbildung anregt. Solange die Tiere im Meere lebten, bestand noch kein Bedürfnis, Beine oder Flügel zu entwickeln, das Leben auf dem Lande und die Eroberung des Luftraumes zwangen aber dazu. Dieser Teil von Lamarcks Theorie ist im Prinzip auch heute richtig. Aber er hatte den Mechanismus, nach dem sich die Evolution vollzieht, erst zur Hälfte verstanden. Was ihn im nachhinein in Mißkredit brachte und dabei – völlig zu Unrecht – seine Pionierleistung bei der Formulierung des Evolutionsgedankens in den Hintergrund treten ließ, war die Annahme einer »Vererbung erworbener Eigenschaften«:

> Alles, was die Individuen durch den Einfluß der Verhältnisse, denen ihre Rasse lange Zeit hindurch ausgesetzt ist, und folglich durch den Einfluß des vorherrschenden Gebrauchs oder konstanten Nichtgebrauchs eines Organs erwerben oder verlieren, wird durch die Fortpflanzung auf die Nachkommen vererbt.

In dieser Form ist das sicherlich falsch, aber was den Menschen angeht, ist trotzdem ein wahrer Kern darin. Wir werden noch sehen, daß hinsichtlich der jüngsten Entwicklungsphase des Menschen Lamarck in einer ungeahnten Weise recht behalten hat.

Von Geoffroy Saint-Hilaire und Jean Baptiste de Lamarck waren schon um die Wende vom 18. zum 19. Jahrhundert die Grundlagen für die Abstammungslehre geschaffen worden, aber ihre Ideen konnten sich nicht durchsetzen. In solchen Fällen ist es in aller Regel beliebt, der Kirche die Schuld an der Unterdrückung der Wahrheit zu geben. Sicherlich nicht immer zu Unrecht, aber hier waren – und auch das ist in der Geschichte der Wissenschaften nicht ungewöhnlich –, die engsten Fachgenossen diejenigen, die den Fortschritt für ein halbes Jahrhundert aufhielten, allen voran ausgerechnet der von Lamarck geförderte Georges Cuvier (1769-1832).

Cuvier war der Begründer der modernen Vergleichenden Anatomie sowie der Paläontologie. Sein Ruhm beruhte vor allem auf der Formulierung und Anwendung des sogenannten ›Korrelationsgesetzes‹. Danach ist es möglich, aus der bestimmten Ausbildung eines Organs auf die aller anderen und sogar auf die Lebensweise des Tieres zu schließen. So haben beispielsweise Tiere mit Hörnern und Hufen stets ein Pflanzenfressergebiß, solche mit Klauen und Sprungbeinen ein Raubtiergebiß. Beispiele über Beispiele zeigten die Richtigkeit und Brauchbarkeit dieses Gesetzes, und so war es kein Wunder, daß Cuvier als wissenschaftliche Autorität ersten Ranges anerkannt wurde. Dies galt auch hinsichtlich der Frage, ob die Arten veränderlich oder unveränderlich seien. Cuvier war der Meinung, daß es vier Grundbaupläne gibt, zwischen denen keinerlei Übergänge existieren. Nach dem ersten waren die Wirbeltiere, nach dem zweiten die Insekten, Spinnen und Krebse, nach dem dritten die Mollusken und nach dem vierten die Würmer und alle anderen niederen Tiere geschaffen worden. Von Zeit zu Zeit habe es in der Erdgeschichte Katastrophen gegeben, so daß man Fossilien von Tieren finden konnte, die heute nicht mehr existieren. Nach jeder dieser Katastrophen, so Cuvier, war die Fauna nach den vier Bauplänen neu geschaffen worden, zuletzt nach dem Wirbeltierplan auch der Mensch, und zwar so, wie er heute aussieht. Vorläufer hatte er nicht. Cuvier sprach es ganz deutlich aus: »L'homme fossile n'existe pas!«

Darwin und die Folgen

Cuvier war 1832 gestorben, und lange überlebte ihn seine Lehre nicht. Im Jahre 1859 war es soweit: der Evolutionsgedanke, bereits 250 Jahre früher angedeutet, 50 Jahre zuvor ausformuliert, ließ sich nicht länger unterdrücken. In diesem Jahr legte Charles Darwin sein epochales Werk *On the Origin of Species by Means of Natural Selection, or the Preservation of*

Abb. 3: Der in Charles Darwin höchstpersönlich gipfelnde Gang der Evolution. Zeitgenössische viktorianische Karikatur. Entnommen aus: D. Young *Die Entdeckung der Evolution* (Basel 1994).

Favoured Races in the Struggle for Life vor, das ein ungeheures Aufsehen erregte. Darwins Grundgedanken waren die der individuellen Variation zwischen den Organismen einer Art, der natürlichen Selektion und der Vererbung: Da die potentielle Vermehrungsrate der Organismen die zur Lebenserhaltung verfügbaren Ressourcen überschreitet, kommt es notwendigerweise zu einem »Kampf ums Dasein« (*Struggle for Life*). In ihm setzen sich jene Individuen durch, die aufgrund ihrer individuellen Ausstattung besser an die jeweiligen Umweltbedingungen angepaßt sind, so daß sie sich, statistisch betrachtet, erfolgreicher vermehren und ihre Merkmale an die Nachkommen weitervererben können. Diesen Mechanismus, durch den sich allmählich neue Arten entwickeln, bezeichnet Darwin als »Natürliche Auslese« (*Natural Selection*).

Nebenbei: Selbst Darwin, von Ernst Haeckel ganz zu schweigen, glaubte, daß die heute so verlachte »Vererbung erworbener Eigenschaften« neben dem Selektionsmechanismus ein weiterer, wesentlicher Faktor in der Entwicklungsgeschichte sei, so daß sich manche Wissenschaftshistoriker die durchaus ernstgemeinte Frage stellen, wieweit denn Darwin überhaupt Darwinist war. Man muß dabei berücksichtigen, daß Darwin – von Lamarck ganz zu schweigen – die Mechanismen der Vererbung und die Natur des Genoms noch völlig unbekannt waren. Erst ein Jahrzehnt nach seinem Tode formulierte August Weismann (1834-1914) in seinen Werken *Das Keimplasma* (1892) und *Die Continuität des Keimplasmas als Grundlage einer Theorie der Vererbung* (1895) die noch heute gültige Keimbahnlehre. Derzufolge gehen in der Keimesentwicklung zwei getrennte Generationsfolgen von sich teilenden Zellen aus der ursprünglichen befruchteten Eizelle hervor, und zwar zum einen in der sogenannten Keimbahn undifferenziert bleibende Zellen, aus denen sich später die Keimzellen bilden, und zum anderen die sich zu den verschiedenen Geweben differenzierenden Körperzellen. Letztere können sich nicht mehr in Keimzellen zurückentwickeln. Dadurch ist ausgeschlossen, daß Veränderungen, die an ihnen durch äußere Einflüsse hervorgerufen werden, in die Keimbahn eingeschleust werden und es dadurch eine Vererbung erworbener Eigenschaften geben könnte. Es dauerte noch mehr als 20 Jahre, bis sich diese Erkenntnis allgemein durchsetzen konnte, und erst in den dreißiger Jahren des 20. Jahrhunderts wurden Darwins Selektionstheorie und die Erkenntnisse der Genetik miteinander zur sogenannten ›Synthetischen Theorie‹ vereint.

Mit Darwins Evolutionstheorie wurde die Frage nach der Abstammung des Menschen wieder akut, auch wenn sich Darwin selbst zunächst zurückhielt. Andere waren, wie bereits erwähnt, weniger zögerlich und postulierten die Herkunft des Menschen aus dem Tierreich. Daraus entwickelte sich in der 2. Hälfte des 19. Jahrhunderts eine erregte, alle Bevölkerungskreise erfassende Diskussion, die sich in der Frage zuspitzte, ob der Mensch von Gott geschaffen sei oder vom Affen abstamme. Die wenigen Stimmen, die auch schon damals sagten, daß dies doch gar nicht die Alternative sei, wurden kaum beachtet. Aber immerhin nahmen sich einige Zeitgenossen des Themas mit einem gewissen Humor an, wie eine viktorianische Karikatur zeigt (Abb. 3).

Wenn sich nun aber der Mensch tatsächlich irgendwann aus affenähnlichen Vorfahren entwickelt haben sollte, dann hätte es freilich Übergangsformen gegeben haben müssen. Und da waren die Vertreter der Abstammungslehre für lange Zeit in Verlegenheit. Deshalb zog man die derzeit lebenden Menschen heran und stellte sie in eine Entwicklungsreihe. An sich ist ein solcher Vergleich und dessen phylogenetische Bewertung kein unzulässiges Verfahren. Ganz im Gegenteil: Da man Fossilien von Zwischenformen nur höchst selten hat, ist dies die auch heute üblichste Methode, um Stammlinien zu rekonstruieren. Man wendet ein solches Verfahren zur Verwandtschaftsanalyse an, gleich, ob man morphologische und anatomische Merkmale oder Nukleotidsequenzen des Erbmoleküls Desoxyribonukleinsäure (DNS) miteinander vergleicht. Ende des 19. Jahrhunderts fiel man allerdings oft einem Irrtum anheim, der selbst heute noch recht verführerisch erscheint, nämlich der falschen

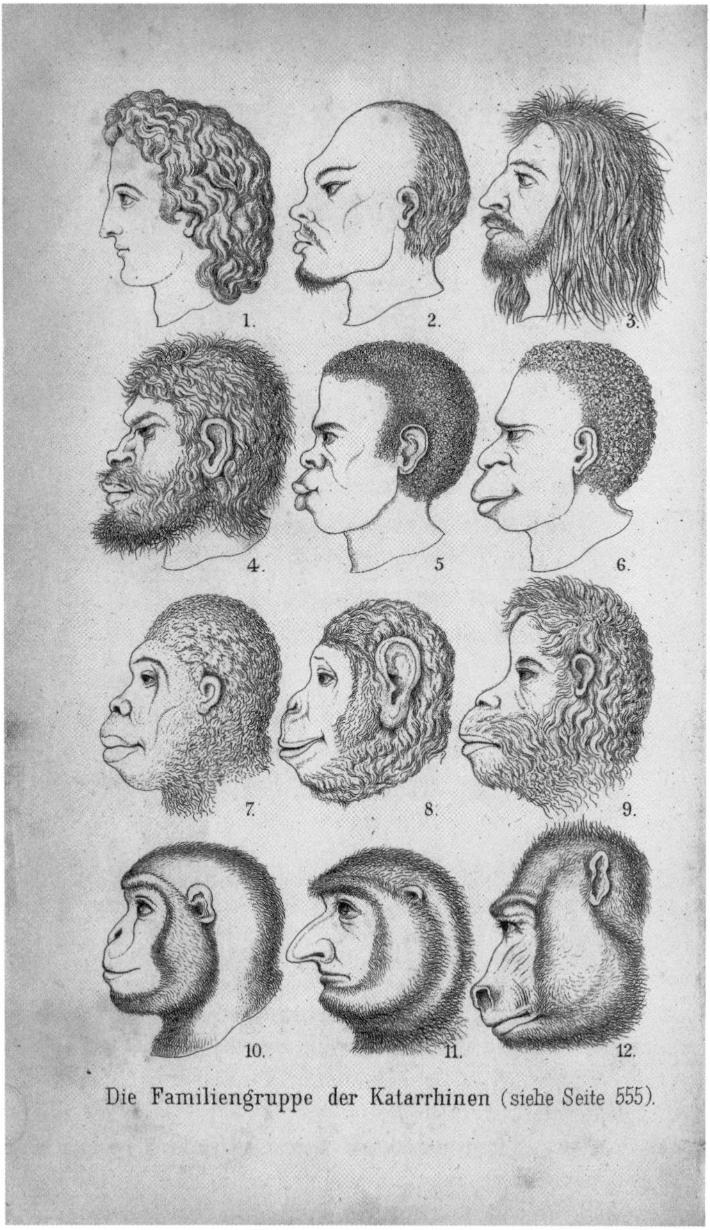

Abb. 4: Frontispiz der Erstausgabe (1868) von Ernst Haeckels *Natürlicher Schöpfungsgeschichte* mit folgenden Erklärungen: 1 Indogermane, 2 Chinese, 3 Feuerländer, 4 Australneger, 5 Afroneger, 6 Tasmanier, 7 Gorilla, 8 Schimpanse, 9 Orang, 10 Gibbon, 11 Nasenaffe, 12 Mandrill-Pavian.

Abb. 5: »Krao, halb Affe, halb Frau«, die 1884 und 1894 im Frankfurter Zoologischen Garten zu sehen war. Entnommen aus: Ch. *Scherpner Von Bürgern für Bürger – 125 Jahre Zoologischer Garten Frankfurt am Main* (Frankfurt a. M. 1983).

Annahme, daß die jetzt lebenden ›primitiven‹ Tiere genaue Vorstufen der höher entwickelten seien. Dies nur vorweg, es ist wohl nicht mehr als eine läßliche Sünde, über die nicht weiter zu diskutieren lohnt. Interessanter ist etwas anderes:

In Bildern, wie etwa dem Frontispiz von Haeckels *Natürlicher Schöpfungsgeschichte* von 1868 (Abb. 4) spiegelt sich der europäische Zeitgeist des 19. Jahrhunderts wider, der in andersartig aussehenden Menschenrassen bestenfalls Vorstufen des hochentwickelten Mitteleuropäers zu sehen vermochte. So war es nur konsequent, Papuas, australische und afrikanische Neger, Feuerländer und Chinesen in eine lineare Entwicklungslinie zu stellen, die vom Pavian über den Orang-Utan, Schimpansen, Gorilla und die ›primitiven‹ Rassen hinauf zur apollinischen Gestalt des Indogermanen reicht. Man brauchte nur die Affen ein wenig menschlicher und die sogenannten primitiven Menschen ein wenig äffischer zu machen, um die ›Missing links‹ zu präsentieren. Haeckel stellte in der Erläuterung des Bildes noch einmal deutlich heraus, daß »die Unterschiede zwischen den niedersten Menschen und den höchsten Affen geringer sind als die Unterschiede zwischen den niedersten und den höchsten Affen derselben Familie. Die niedersten Menschen (Fig. 4, 5, 6) stehen offenbar den höchsten Affen (Fig. 7, 8, 9) viel näher als den höchsten Menschen (Fig. 1).«

Es muß Haeckel zur Ehre angerechnet werden, daß er dieses Bild nur ein einziges Mal, nämlich 1868 in der ersten Auflage der *Natürlichen Schöpfungsgeschichte*, verwendete und statt dessen fortan mit geradezu visionärer Kraft ein – ausgestorbenes – Bindeglied zwischen Menschen und Menschenaffen forderte, einen Affenmenschen, den er *Pithecanthropus alalus* nannte, denn »das eigentlich charakteristische Merkmal des echten Menschen, die artikulirte menschliche Wortsprache und die damit verbundene bewußte Begriffsbildung« fehlte ihm nach seiner Ansicht noch.

Belege für ein solches ›Missing link‹ gab es freilich noch nicht, sehr wohl aber ein Bedürfnis der Öffentlichkeit, es endlich präsentiert zu bekommen. Nun, in einer Zeit, in der es üblich war, in den Zoologischen Gärten prächtige Völkerschauen zu veranstalten – zu den Sehenswürdigkeiten vieler Zoos gehörten bis weit ins 20. Jahrhundert hinein ein Negerkral oder ein Chinesenviertel mit lebendem Personal –, konnte man diesen Wunsch leicht erfüllen. So wurde 1884 und noch einmal zehn Jahre später im Frankfurter Zoo »Krao, the missing link, half monkey, half woman« dem staunenden Publikum vorgeführt (Abb. 5). Doch wo waren nun die echten Bindeglieder?

Im Neandertal – der erste Urmensch?

Im Jahre 1856, Darwins Buch über die Entstehung der Arten war noch nicht erschienen, wurden im Neandertal, nahe Düsseldorf, menschliche Knochen gefunden, die nicht so recht dem Skelett rezenter Menschen entsprachen. Johann Carl Fuhlrott (1804-1877), Naturkundelehrer in Elberfeld, und der Bonner Professor Hermann Schaafhausen (1816-1893) waren sich einig darin, daß es sich um die Überreste eines urzeitlichen Menschen handele, der vielleicht sogar ein Vorfahr der heute lebenden gewesen war. Aber die Koryphäen der Wissenschaft, allen voran der große Anatom und Pathologe Rudolf Virchow (1821-1902), widersprachen. Nach seiner Meinung handelte es sich um die Überreste eines rezenten, von Rachitis und Gicht geplagten Menschen, dem manches Üble widerfahren war: Geboren mit einem besonders langen Schädel und stark entwickelten Stirnhöhlen, hatte er in seiner Jugend eine schwere Rachitis

Abb. 6: Das Bild des Neandertalers im Wandel der Zeiten. Links: eine Darstellung aus dem Jahre 1909. Mitte: eine moderne Dermoplastik im Neandertal-Museum Mettmann. Rechts: die computergestützte Rekonstruktion des Aussehens eines vierjährigen Neandertalermädchens von Dr. Christoph P. E. Zollikofer (Universität Zürich) aus dem Jahre 1995.

durchgemacht, wodurch das Becken deformiert und seine Beine gekrümmt worden waren. Mehrfach war ihm bei Prügeleien der Schädel eingeschlagen worden, wovon die flache Stirn und die starken Überaugenwülste zeugten. Im Alter packte ihn die Gicht, und das hatte weitere Knochenveränderungen zur Folge.

Auch andere Wissenschaftler bestritten lebhaft, daß es sich um einen urzeitlichen Menschen handeln könnte. Schaafhausens Kollege Mayer meinte, es wäre ein in den Befreiungskriegen um 1814 gefallener Kosake, der Göttinger Physiologe Rudolph Wagner dachte an einen alten Holländer, andere meinten, es sei ein Kelte gewesen. Für die nächsten Jahrzehnte wogte der Streit hin und her, obwohl an immer mehr Stellen in Europa Skelette vom Aussehen des im Neandertal entdeckten gefunden wurden. Aber Virchows Autorität zählte mehr, und erst gegen Ende des Jahrhunderts setzte sich allmählich die Überzeugung durch, daß man nicht die Überreste krankhaft deformierter rezenter Menschen vor sich hatte.

Als nun endlich klar war, daß es sich bei dem Neandertaler um einen wirklichen ›Ur‹menschen handelte, fielen die Rekonstruktionen seines Lebendbildes denn auch dementsprechend ›urig‹ aus. Man stellte ihn sich als dumpf dreinblickendes, äffisches Wesen oder als wüsten, keulenschwingenden Kerl vor, dem man besser nicht in dunkler Nacht begegnen sollte (Abb. 6 links). Darstellungen wie diese zeigen erneut, wie zeitgebunden die Vorstellungen sind, die wir uns von unseren Ahnen machen. Lange Zeit haben wir Europäer uns als Krone der Schöpfung verstanden

und in unseren Vorfahren, wie auch in den Vertretern anderer Rassen, nur wilde Scheusale gesehen. Heutige Rekonstruktionen der Lebendbilder von Neandertalern zeigen dagegen die netten, ein wenig alternativ gekleideten Nachbarn von nebenan, mit denen zusammen man unbesorgt Campingurlaub machen könnte (Abb. 6 Mitte). Die jungen Damen benutzten offenbar schon dezent den Lippenstift, und steckte man sie in ein schickes Kostüm, so fielen sie wohl niemandem auf der Straße auf (Abb. 6 rechts). Rudolf Virchow hätte sicherlich seine Freude daran, wie sehr sich das Bild des Neandertalers dem des heutigen Menschen angenähert hat. Das hatte er ja schon immer so gesehen.

Wenn man solche, unserem Zeitgeschmack entsprechende Bilder wie die in Abb. 6 (rechts) gezeigten sieht, dann wird verständlich, daß immer wieder vermutet wird, wir seien mehr oder weniger nahe mit den Neandertalern verwandt. Angesichts der hier gezeigten Lebendbilder müßte das ja gar nicht so peinlich sein. Die Frage ist also, ob der Neandertaler nur einen Seitenzweig in unserer Abstammungslinie besetzt oder ihr so nahe anzusiedeln ist, daß es zwischen ihm und unseren unmittelbaren Vorfahren Vermischungen gegeben hat und wir demzufolge Neandertalergene besitzen. Dementsprechend grenzt man ihn als *Homo neanderthalensis* von uns ab oder aber führt ihn als *Homo sapiens neanderthalensis,* wobei es auch Tendenzen gibt, auf diesen als diskriminierend empfundenen Zusatz ganz zu verzichten.

Mit molekularbiologischen Methoden hat man versucht, diese Frage zu beantworten. Es gelang der Arbeitsgruppe von Svante Pääbo, aus den im Neandertal gefundenen, wohl mehr als 40 000 Jahre alten Knochen ein Stück der Erbsubstanz DNS zu isolieren und deren Nukleotidsequenz zu bestimmen. Diese wurde mit den entsprechenden Abschnitten von 2051 heute lebenden Menschen aller Kontinente und mit denen von 59 Schimpansen verglichen. Herauskam, daß sich dieser DNS-Abschnitt moderner Menschen durchschnittlich an 26 Stellen von dem des Neandertalers unterschied, wobei die Streuung zwischen 20 und 32 Unterschieden lag. Von den Schimpansen unterschieden sich moderne Menschen an durchschnittlich 55 Stellen, was ja immerhin beruhigend ist. Innerhalb der Gruppe moderner Menschen lag die *durchschnittliche* Abweichung bei 8 Unterschieden. Daraus hat man geschlossen, daß der Neandertaler doch nicht zu unseren unmittelbaren Vorfahren gehört, sondern daß sich die beiden Linien *Homo neanderthalensis* und *Homo sapiens* schon vor etwa einer halben Million Jahren getrennt haben und daß der Neandertaler ausstarb, ohne sich je mit *Homo sapiens* vermischt zu haben.

Freilich, so ganz klar ist die Sache nun doch nicht. Zum einen stand für den Vergleich nur ein winziges Stückchen DNS zur Verfügung, und zum anderen lag die Streuung innerhalb der Gruppe moderner Menschen zwischen 1 und 34 Abweichungen. Das heißt, daß zumindest einige moderne Menschen dem Neandertaler näher stehen als ihren eigenen Zeitgenossen. Vor allem aber: es ist sicherlich problematisch, die DNS heutiger Menschen mit der eines Menschen zu vergleichen, der vor 40 000 Jahren gelebt hat. Im übrigen ist grundsätzlich Vorsicht geboten: Die DNS zweier Unterarten des Orang-Utans, die durchaus miteinander kreuzbar sind, unterscheidet sich um 4,7 %. Zwischen Mensch und Schimpanse sind es nur 4,4 %, und manche sagen sogar, es seien bloß 1-2 %.

Unsere Urahnen

Der Neandertaler konnte nicht das gesuchte ›Missing link‹ zwischen Affe und Mensch sein. Wie immer man ihn einordnete, er war ein uns nicht allzu fern stehender Mensch gewesen. Doch dann kamen am Ende des 19. Jahrhunderts fossile Hominidenreste zum Vorschein, die zehn-, vielleicht sogar zwanzigmal älter waren als der Neandertaler und die dem bis dahin hypothetischen *Pithecanthropus* Ernst Haeckels zugeordnet werden konnten.

Der holländische Arzt Eugène Dubois (1858-1940) war von Haeckels Idee des *Pithecanthropus* so begeistert, daß er beschloß, ihn zu suchen. Aber wo? Haeckel hatte, was sich später als falsch herausstellte, als nächsten Verwandten des Menschen den Gibbon angesehen, und der lebt in

Südostasien. So gab Dubois seine Stellung auf und ging 1887 als Militärarzt in das damalige Niederländisch-Indien, nach Java. Es gelang ihm, seine Vorgesetzten zu überreden, ihn weitgehend von seinen Dienstverpflichtungen freizustellen, ja ihm sogar 50 Sträflinge zu überlassen. Die begannen nun, für ihn am Ufer des Solo-Flusses bei Trinil zu graben. Und das Wunder geschah: 1891 fanden sie ein Schädeldach und einige Zähne, ein Jahr später, etwas seitab, einen linken Oberschenkel. Für Dubois war klar: er hatte Haeckels Affenmenschen gefunden, und da er aufgrund der Anatomie des Oberschenkels davon überzeugt war, daß dieses Wesen aufrecht gegangen war, nannte er ihn *Pithecanthropus erectus*.

Doch wie beim Neandertaler gab es großen Streit darüber, wie die Knochen einzuordnen wären. Man bezweifelte vor allem, daß Schädeldach und Knochen überhaupt zu *einem* Individuum gehört hatten. Viele Wissenschaftler sahen den Schädel als rein äffisch an und – so vor allem wieder der große Zweifler Virchow – deuteten den Oberschenkel als den krankhaft degenierten Knochen eines modernen Menschen. Dubois wurde ob dieses Streites immer verbitterter und schloß schließlich die Knochen weg, einer Anekdote zufolge hielt er sie unter den Dielen seines Wohnhauses versteckt.

Aber letztlich behielt er recht: In den dreißiger und vierziger Jahren wurden von dem Paläo-Anthropologen Ralph von Koenigswald (1902-1982) auf Java zahlreiche fossile Hominidenknochen des *Pithecanthropus-erectus*-Typs gefunden, und auch an anderen Orten kamen ähnliche Fossilien zutage. So schon 1907 der berühmte Unterkiefer aus Mauer bei Heidelberg, der etwa 650 000 Jahre alt ist. Zwischen den beiden Weltkriegen fand man dann bei Choukoutien in der Nähe von Peking zahlreiche hominide Fossilien. Und es gab Beweise dafür, daß diese vor etwa einer Million Jahren lebenden Urmenschen, die man zunächst als ›Pekingmenschen‹ (*Sinanthropus pekinensis*) bezeichnete, bereits den Gebrauch des Feuers gekannt hatten. Die meisten Paläo-Anthropologen fassen heute den Java-, den Peking- und den Heidelbergmenschen unter der Bezeichnung *Homo erectus* zusammen. Einige halten allerdings an der Bezeichnung *Homo heidelbergensis* fest; vom *Pithecanthropus*, dem Affenmenschen, spricht aber keiner mehr.

Auf ein Alter von etwa 1,5 - 2 Millionen Jahre werden fossile Reste afrikanischer Frühmenschen geschätzt, die heute ebenfalls alle der Gattung *Homo* zugeordnet werden (Abb. 9). So der in Afrika südlich der Sahara verbreitete *Homo habilis* und die in Ostafrika beheimateten *Homo rudolfensis* und *Homo ergaster*. Berühmt geworden ist hier vor allem das fast vollständig erhaltene, etwa 1,6 Millionen Jahre alte *Homo-ergaster*-Skelett des »Jungen vom Turkana-See«, dem früheren Rudolf-See im Norden

Kenias. So ist unsere Gattung *Homo* also schon fast zwei Millionen Jahre alt, manche Paläo-Anthropologen meinen sogar 2,5 Millionen Jahre. Wer aber waren die Vorfahren dieser frühen Menschen, und wo und wann haben sie gelebt? Die *un*mittelbaren Vorfahren der frühen *Homo*-Formen kennt man nicht, wohl aber deren Vettern. Auch sie lebten in Afrika, und zwar im Pliozän, also vor etwa 2-4 Millionen Jahren.

Geradezu eine Sensation waren die Funde, die in den 70er Jahren bei Hadar im Norden Äthiopiens gemacht wurden, denn hier wurde unter anderem das zu fast 40 % erhaltene Skelett einer sehr frühen Form gefunden, das als ›Lucy‹ weltberühmt geworden ist. Lucy gehörte zur Art *Australopithecus afarensis* und lebte vor etwa 3,2 Millionen Jahren. Diese Wesen sind bereits aufrecht gegangen, was man aus dem Bau des Skelettes schließen kann. Aber es gibt hierfür noch einen Beweis, den man ohne Übertreibung als wunderbar bezeichnen kann.

Im Jahre 1978 fanden Mary Leaky (1913-1996) und ihr Team in Tansania, und zwar unweit der bekannten Olduvai-Schlucht, Fußspuren über 24 Meter. Deren Alter liegt bei 3,5 Millionen Jahren, und Skelettfunde, die in der Nähe gemacht wurden, lassen den Schluß zu, daß es sich um *Australopithecus afarensis*, also Lucies Verwandte handelte. Deutlich kann man zwei Spuren erkennen, eine größere und eine kleinere, die man – das bleibt Spekulation – einem Mann und einem Kind oder – was natürlich beliebter ist – einem Mann und einer Frau zuordnen kann. Mit einiger Phantasie läßt sich die Szene rekonstruieren: Das Titelbild eines Sonderheftes der Zeitschrift *Spektrum der Wissenschaft* zeigt eine urzeitliche Claudia Schiffer, die – mit gebührendem Abstand, wie es sich ziemt – einem pliozänen Arnold Schwarzenegger folgt (Abb. 7).

Wie ordnet man nun alle diese Funde, wie bringt man sie in einen ihre Verwandtschaft aufzeigenden Zusammenhang? Hat man beispielsweise die drei Arten A, B, C vor sich, dann geht man nach den von Wilhelm Hennig (1913-1976) im Jahre 1950 formulierten Grundsätzen der *Phylogenetischen Systematik* von folgender Überlegung aus: Es könnte sein, daß A und B oder aber A und C bzw. B und C enger miteinander verwandt sind als mit der jeweiligen dritten Art C oder B bzw. A. Die genannten Artenpaare hätten dann also einen gemeinsamen Vorfahren gehabt – der im übrigen nicht bekannt sein muß –, und dieser wäre möglicherweise ein Abkömmling des gemeinsamen Ahnen aller drei Arten. Um zwischen den verschiedenen Hypothesen zu entscheiden, betrachtet man nun die Merkmale, die den genannten Arten gemeinsam sind sowie diejenigen, in denen sie sich voneinander unterscheiden. Diese Analyse der Dreierbeziehungen dehnt man dann schrittweise auf alle weiteren Arten der zu ordnenden Gruppe aus. Die phylogenetische Bewertung ist

Abb. 7: Die Fußspuren von Laetoli in Tansania und – entsprungen der Phantasie des Künstlers – ein *Australopithecus-afarensis*-Paar. Abdruck mit freundlicher Genehmigung des Getty-Trusts (links) und von Alfred T. Kamajian (rechts).

nicht immer einfach, denn es gilt, abgeleitete (apomorphe) von ursprünglischen (plesiomorphen) Merkmale zu trennen, die schon den Vorfahren eigen waren. Auch besteht immer wieder die Gefahr, Konvergenzen, also die unabhängige Entstehung ähnlicher Merkmale in entfernten Stammeslinien, mit Homologien, also derselben entwicklungsgeschichtlichen Herkunft bestimmter Organe, zu verwechseln.

Trotz all dieser Schwierigkeiten ist diese Vorgehensweise die wissenschaftlich sauberste Art, Verwandtschaften zwischen verschiedenen Arten oder Gruppen darzustellen. Ihren Niederschlag finden solche Betrachtungen in Graphiken mit sich dichotom verzweigenden Linien, sogenannten Kladogrammen. Sie geben nur den *relativen* Verwandtschaftsgrad zwischen den betrachteten Arten wieder, eine Zeitachse enthalten sie nicht. So ist es auch in dem in Abb. 8 wiedergegebenen Kladogramm,

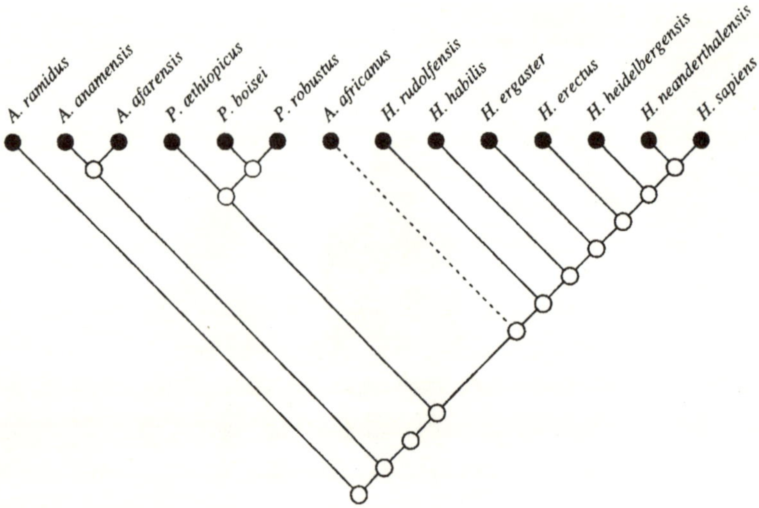

Abb. 8: Kladogramm, das mögliche Verwandtschaftsbeziehungen zwischen den verschiedenen Arten der Hominidengattungen (A. Australopithecus, P. Paranthropus, H. Homo) zeigt. Entnommen aus: I. Tattersall *Puzzle Menschwerdung* (Heidelberg 1997).

in dem die Verwandtschaftsbeziehungen zwischen den verschiedenen Hominiden dargestellt werden.

Wesentlich anschaulicher sind dagegen Stammbäume, wie wir sie schon von Haeckel kennen, der sie meist in Gestalt einer stolzen deutschen Eiche zeichnete. Stammbäume sind freilich sehr spekulativ, und so findet man in den Büchern fast so viele wie es Paläo-Anthropologen gibt. In Abb. 9 ist einer davon gezeigt, wobei die vielen Fragezeichen andeuten, wie vieles noch unklar ist. Immerhin zeigt er aber das Grundsätzliche, worauf sich die Wissenschaftler geeinigt haben. Nachdem es viele Jahrzehnte üblich war, fast jedem Fossil einen neuen Gattungsnamen zu geben – *Pithecanthropus, Sinanthropus, Plesianthropus, Telanthropus, Zinjanthropus, Eoanthropus, Atlanthropus*, um nur einige zu nennen –, faßt man die Hominiden heute in drei Gattungen zusammen: *Australopithecus* und *Paranthropus* sowie *Homo*, wobei die Trennung der beiden erstgenannten nicht von allen Paläo-Anthropologen akzeptiert wird. Die einzelnen Arten folgen keineswegs geradlinig aufeinander, vielmehr ähnelt der Stammbaum eher einem reich verzweigten Stammbusch.

Wie man sieht, hat man mit ›Lucy‹ und ihren äthiopischen und tansanischen Verwandten keineswegs das ›Missing link‹ zwischen Affen und

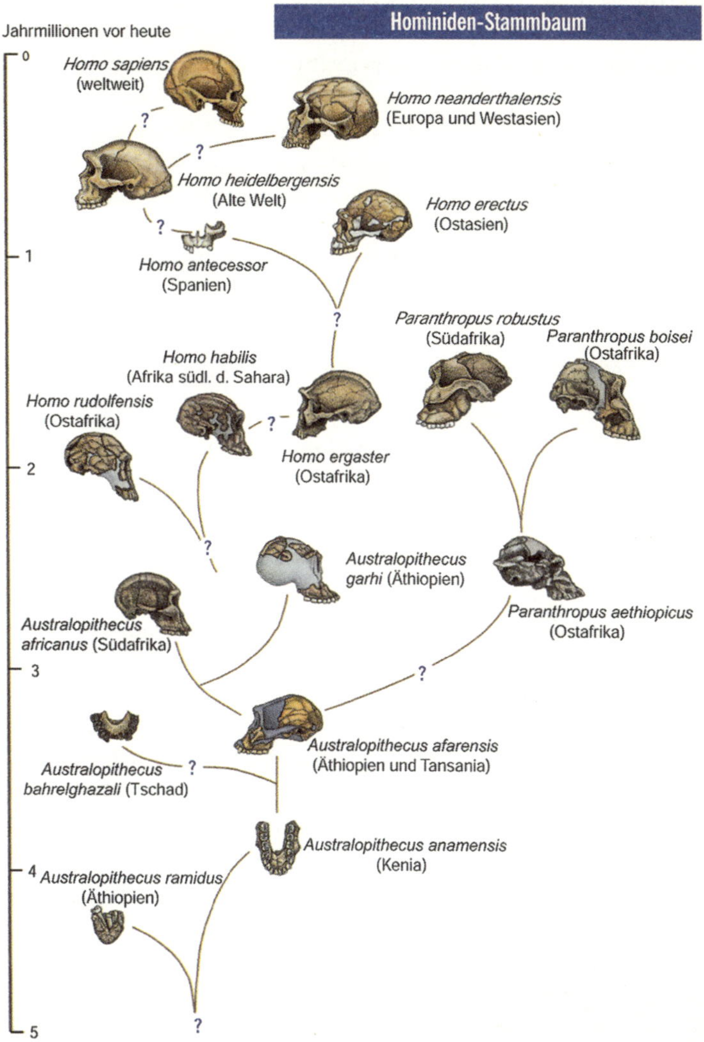

Abb. 9: Ein möglicher Stammbaum der Hominiden. Mit freundlicher Genehmigung von Patricia J. Wynne entnommen aus: I. Tattersall *Wir waren nicht die Einzigen*. In: *Die Evolution des Menschen* (Heidelberg 2000).

Vormenschen gefunden. Man glaubt heute allgemein, daß sich die Stammeslinien der Hominiden und der heutigen Menschenaffen im Miozän, also vor etwa 5-7 Millionen Jahren, getrennt haben. Aus dieser Zeit stammen die kürzlich entdeckten Überreste des *Sahelanthropus tschadensis*, von denen der französische Anthropologe Michel Brunet und seine Mitarbeiter annehmen, daß er dem gemeinsamen Vorfahr von Mensch und Affe ganz nahe gewesen sei. Dieser Deutung widersprechen freilich – wie sollte es anders ein? – viele der Zunftgenossen vehement. Solange hier keine Klarheit herrscht, gelten heute die etwa 4,4 Millionen Jahre alten Kiefer-, Schädel- und Armfragmente des in Äthiopien gefundenen *Australopithecus* (*Ardipithecus) ramidus* und die des knapp 6 Millionen Jahre alten *Orrorin tugensis* als die ältesten Zeugnisse des Hominidenstammbaums. Zwischen dem *Australopithecus* bzw. *Ardipithecus ramidus* und ›Lucy‹, dem *Australopithecus afarensis,* steht *Australopithecus anamensis,* von dem allerdings bisher ebenfalls nur wenige Fragmente bekannt sind.

Und wie *ist der Mensch entstanden?*

Sind schon die Stammbäume sehr spekulativ, so gilt dies erst recht für die Szenarien, die man hinsichtlich der Menschwerdung entwirft. Und diese Menschwerdung hat sich, man möchte fast sagen, mit affenartiger Geschwindigkeit vollzogen. Eugen Roth hat das einmal humorvoll so formuliert: »Denkt man sich eine Weltzeit-Uhr, / So lebt der *Homo sapiens* nur / Von vollen vierundzwanzig Stunden / Auf dieser Erde fünf Sekunden – / Davon schon vom Neandertaler vier bis zum ersten Steuerzahler.« Bei einem Alter der Erde von 10 bis 15 Milliarden Jahren und dem ersten Auftreten moderner Menschen vor einer halben Million Jahren kommt das so ungefähr hin, wobei über das, was in der letzten dieser fünf Sekunden geschehen ist, noch gesondert zu sprechen sein wird.

Was könnten die Umstände gewesen sein, die zu einer so raschen Menschwerdung beigetragen haben? Immanuel Kant hatte von »großen Naturrevolutionen« gesprochen, die dazu führen könnten, daß »ein Orang-Utang oder ein Schimpanse die Organe, die zum Gehen, zum Befühlen der Gegenstände und zum Sprechen dienen, sich zum Gliederbau eines Menschen ausbildete«. Vor allem aber, daß sich ein »Organ für den Gebrauch des Verstandes« entwickeln könnte. Diese ›Naturrevolutionen‹ müssen wahrhaft dramatischer Natur gewesen sein.

Eines der Szenarien, das sich derzeit einer gewissen Popularität erfreut, ist die sogenannte »East-Side-Story«. Sie geht von der Tatsache aus, daß die fossilen Reste der frühen Hominiden, also Lucy und ihre

Eltern, allesamt östlich des ostafrikanischen Grabens gefunden und daß dort keine Überreste ihrer äffischen Verwandten, also der Vorfahren unserer heutigen Schimpansen, entdeckt wurden. Es gibt nun Hinweise darauf, daß die tektonische, von Vulkanismus geprägte Störungszone dieses Grabensystems vor etwa 7-8 Millionen Jahren besonders aktiv war. Infolge der dadurch hervorgerufenen Klimaänderungen kam es zu einer Versteppung Ostafrikas, während das Gebiet westlich des Grabenbruchs von tropischen Regenwäldern bedeckt blieb. Das ist jene Zeit, zu der sich die Stammlinien der Pongiden, also der Menschenaffen, und der Hominiden voneinander getrennt haben. Es ist nun durchaus denkbar, daß die gemeinsamen Vorfahren von Menschenaffen und Menschen plötzlich in zwei Populationen aufgespaltet waren, eine westliche und eine östliche, und daß das unruhige Grabensystem eine Barriere zwischen ihnen darstellte, zumal dort große Seen entstanden. Wir wissen, daß eine geographische Isolation – Fauna und Flora der Hawaii- und der Galapagosinseln sind jedermann geläufige Beispiele – zu einer raschen Aufspaltung der Arten führen kann, und so könnte es auch hier gewesen sein.

Aber es bleiben Fragen, auf die es derzeit noch keine befriedigenden Antworten gibt. Wie kam es so schnell zum aufrechten Gang, zum weitgehenden Verlust der Behaarung, zur Vergrößerung des Gehirnvolumens, zu den für die Ausbildung des Sprachvermögens notwendigen Veränderungen des Kehlkopfes usw.? Die meisten Anthropologen weisen zu Recht darauf hin, daß bisher alle Versuche, die Entwicklung des aufrechten Gangs zu erklären – jeweils für sich genommen – wenig überzeugend sind. Wenn man beispielsweise sagt, daß sich die Vormenschen aufgerichtet hätten, um die Sonneneinstrahlung zu vermindern, so ist das wenig plausibel, denn zum einen steht die Sonne selbst am Äquator nicht den ganzen Tage über im Zenit, und zum andern laufen bis heute in der sonnendurchglühten Steppe Ostafrikas viele Tiere auf vier Beinen herum. Wohlweislich schützen sie sich vor zu starker Sonneneinstrahlung durch ein Fell und halten zur Mittagszeit eine Siesta. Der Berliner Anthropologe Carsten Niemitz hält es für möglich, daß sich der aufrechte Gang gar nicht in der Savanne, sondern in einem ganz anderen Lebensraum entwickelt hat. Zur Zeit der ersten Australopithecinen sei nämlich die Gegend von Hadar in Äthiopien überschwemmt gewesen, und in dieser seichten Lagunen- und Uferlandschaft habe es ein vielfältiges Nahrungsangebot gegeben. Das Waten im flachen Wasser habe nun für ›Lucy‹ und ihre Verwandten den aufrechten Gang notwendig gemacht, eine Hypothese, die umstritten ist, aber das sind alle anderen Erklärungsversuche auch.

Alles, was man heute sagen kann, ist – und zugegebenermaßen ist das eine Trivialität –, daß Ostafrika zur Zeit der ersten Hominiden wohl nicht jener Garten Eden gewesen ist, als der er so gerne dargestellt wird (Abb. 10). Es müssen recht unwirtliche Verhältnisse geherrscht haben, ›Naturrevolutionen‹, wie es Immanuel Kant ausgedrückt hat, die zu so schnellen und durchgreifenden Veränderungen der Hominiden geführt haben. Der Konkurrenzkampf unter ihnen muß mörderisch gewesen sein. Nur so ist es zu verstehen, daß sich das von den Affenhorden übernommene, für das Überleben notwendige Gruppenbewußtsein so stark weiterentwickelt hat und bis in die heutige Zeit fortwirkt. Die alltäglichen blutigen Kämpfe zwischen verschiedenen Ethnien, gleich ob in unterentwickelten Gebieten, im Vorderen Orient oder mitten in Europa, sind hierfür ein schlimmer Beleg.

Eine verpönte Frage: Die Entstehung der menschlichen ›Rassen‹

Die Frage nach dem genauen Aussehen der Übergangsformen zwischen Affe und Mensch wird sicher einmal beantwortet werden, besondere Emotionen sind damit nicht mehr verbunden. Über unsere äffische Herkunft besteht – fast – allerseits Einvernehmen. Bei der Frage aber, wie denn die verschiedenen Erscheinungsformen des *Homo sapiens* entstanden sein könnten, ist dies keinesfalls so. Die Diskussion darüber ist stets ideologiebefrachtet geführt worden, und emotionsfrei ist sie auch jetzt noch nicht, ganz im Gegenteil. Bereits der früher übliche Begriff ›Rasse‹ ist heute verpönt wie kaum ein anderer, und wir alle wissen, warum. Trotzdem sei der Frage nach der Herkunft der ›Rassen‹, ›Varietäten‹, ›Erscheinungsformen‹, kurz der menschlichen Vielfalt, ein Absatz gewidmet.

Carl von Linné hatte die Art *Homo sapiens* nach dem Aussehen und der geographischen Verbreitung in sechs Rassen unterteilt: Amerikaner, Europäer, Asiaten, Afrikaner, Wilde und Scheusale. Zu einer ähnlichen Einteilung – freilich ohne Wilde und Scheusale – kam der Göttinger Naturforscher Johann Friedrich Blumenbach (1752-1840) vornehmlich aufgrund der Hautfarbe. Er unterschied fünf Gruppen: die äthiopische oder schwarzhäutige (Schwarzafrikaner); die malaiische oder braunhäutige (Malaien, Polynesier, Australier), die mongolische oder gelbhäutige (Asiaten), die amerikanische oder rothäutige (amerikanische Urbevölkerung) sowie die kaukasische oder weißhäutige Rasse (Europäer, Nordafrikaner und Südwest-Asiaten). Ernst Haeckel benannte zwölf Rassen, vier niedere, den Affen nahestehende, und acht höhere, an deren Spitze nicht nur seiner Ansicht nach der Europäer zu stehen hatte.

Abb. 10: Eine jener beliebten Darstellungen, welche die Wiege der Menschheit als paradiesischen Garten Eden zeigen. Die originale Bildunterschrift lautet: »Die friedlichen Savannen des Vormenschen. – So etwa mag Olduwai vor zwei Millionen Jahren ausgesehen haben.« Entnommen aus: F. C. Howell *Der Mensch der Vorzeit* (Amsterdam 1971).

Zwei konkurrierende Vorstellungen über die Herkunft des modernen Menschen und seiner ›Varietäten‹, übrigens ein Begriff, den Blumenbach viel häufiger als den der ›Rasse‹ verwendete, beherrschen die Diskussion: Da ist zum einen das sogenannte ›Kandelaber-Modell‹, wonach sich die verschiedenen Formen des Menschen *unabhängig* voneinander in den verschiedenen Weltgegenden, also in Afrika, Asien, Europa, Australien, aus dem primitiven *Homo erectus*, dem früheren ›Affenmenschen‹ *Pithecanthropus*, entwickelt haben. Die Vorstellung, daß der Europäer mit Afrikanern und Chinesen nicht unmittelbar verwandt ist, existierte schon lange, wissenschaftlich formuliert wurde sie vor dem zweiten Weltkrieg von dem deutschen Paläo-Anthropologen Franz Weidenreich (1873-1947). Er nahm an, die einzelnen Rassen – er unterschied deren vier: die australische, die mongolische, die afrikanische und die eurasische – hätten *unterschiedliche* Wurzeln, die mindestens bis in die Zeit des *Pithecanthropus*, also des *Homo erectus*, wenn nicht gar noch weiter, zurückreichten. Diese Theorie wird auch heute noch von etlichen Wissenschaftlern, den sogenannten Multiregionalisten, vertreten. Die Frage, wie es denn komme, daß alle heutigen Menschen derselben Art angehören, wird dahingehend beantwortet, daß zwischen den einzelnen Stammlinien fortwährend ein gewisser Genaustausch erfolgt sei.

Zum anderen gibt es das sogenannte ›Arche-Noah-Modell‹, das heute von den meisten Paläo-Anthropologen favorisiert wird. Danach ist die Aufzweigung in die heutigen Rassen *sehr* viel jüngeren Datums, und der *Homo sapiens* ist nur einmal entstanden, und zwar in Afrika. Hier und nicht am Berge Ararat – »weit hinten in der Türkei« –, wäre also die Arche Noah gestrandet. Die drei Söhne Noahs, so die Bibel, begründeten die verschiedenen Völker (Abb. 11): Von Sem, dem ältesten, stammen die semitischen Völker ab, Japheth wurde zum Begründer der Nordvölker und Ham (Cham) zum Vater der Hamiten. Mit Ham hat es eine besondere Bewandtnis, denn sein Sohn Kanaan und dessen Nachkommen waren von Noah verflucht und zu Sklaven der Nachkommen Sems und Japheths verurteilt worden. Warum, ist schwer nachzuvollziehen, und auch die alttestamentliche Theologie hat damit ihre Probleme. Noah war nach der Sintflut Weinbauer geworden und, so steht es im 9. Kapitel des ersten Buches Mose:

> [21]Und da er von dem Wein trank, ward er trunken, und lag in der Hütte aufgedeckt. [22]Da nun Ham, Kanaans Vater, sah seines Vaters Blöße, sagte er's seinen Brüdern draußen. [23]Da nahmen Sem und Japheth ein Kleid, und legten es auf ihrer beider Schultern, und gingen rücklings hinzu und deckten ihres Vaters Blöße zu; und ihr Angesicht war abgewandt, daß sie ihres Vaters Blöße nicht sahen. [24]Als nun Noah erwachte von seinem Wein, und erfuhr, was ihm sein jüngster Sohn getan hatte,[25]sprach er: Verflucht sei Kanaan, und sei ein Knecht aller Knechte unter seinen Brüdern!

Mehr berichtet die Bibel darüber nicht, aber diese Geschichte begann sich literarisch zu verselbständigen und wurde fortgesponnen. Der Fluch ging auf Ham selbst über, was sich äußerlich darin zeigte, daß er ›verrußte‹ – die mittelalterliche Darstellung in Abb. 11 zeigt dies – und damit zum Stammvater nicht nur der Hamiten, sondern auch der Schwarzafrikaner wurde. Juden, Christen und Mohammedaner hatten fortan eine Begründung, diese zu versklaven.

Es ist eine fast ironisch zu nennende Wiedergutmachung, daß nach neuesten wissenschaftlichen Kenntnissen ausgerechnet der schwarze Ham zu unser aller Stammvater avanciert ist. Aufgrund der Tatsache, daß

Abb. 11: Noah und seine drei Söhne: Sem, Japheth und der dunkelhäutige Ham. Entnommen aus: Veronique Barriel *Der genetische Ursprung des modernen Menschen*. In: *Die Evolution des Menschen* (Heidelberg 2000).

Angehörige der Art *Homo sapiens* nirgendwo früher belegt sind als in Afrika, nämlich aus einer Zeit von vor 250 000 Jahren – manche Forscher gehen noch beträchtlich weiter zurück –, sind die Wissenschaftler heute mehrheitlich davon überzeugt, daß der moderne Mensch einzig und allein aus Afrika stammt. Gestützt wird diese Hypothese durch Analysen der mitochondrialen DNS heute lebender Menschen, die zeigen, daß die Mutationsrate bei Afrikanern wesentlich größer als bei anderen Rassen ist, was so gedeutet wird, daß die afrikanischen Angehörigen der Art *Homo sapiens* älter sind. Unter dem modischen Schlagwort »Out-of-Africa-Modell« ist diese Hypothese populär geworden. Man nimmt heute an, daß seit etwa 2 Millionen Jahren, also seit der Zeit des *Homo ergaster*, die Frühmenschen, darunter zuletzt auch *Homo sapiens*, in mehreren Wellen nach Europa und Asien sowie von dort aus nach Australien, Polynesien und Amerika ausgewandert sind. (Abb. 12) Die jeweils jüngeren Formen haben dann nach und nach die älteren verdrängt, wobei es aber Hinweise darauf gibt, daß beispielsweise der *Homo erectus* noch vor 30 000 Jahren, also zur Zeit des *Homo sapiens*, gelebt haben könnte. Die weite geogra-

Abb. 12: Keine wilden Scheusale mehr: Das heutige Bild der frühen Menschen – Ein *Homo-ergaster*-Paar (oder *H. erectus*) auf der Wanderschaft. Titelbild des Wissenschaftsmagazins *Science* vom 2. März 2001.

phische Trennung der verschiedenen Populationen des *Homo sapiens* hat dann dazu geführt, daß sich Unterschiede in der äußeren Gestalt, der Haut- und Haarfarbe herausgebildet haben. Von einer Aufspaltung in verschiedene Arten ist die Menschheit jedoch meilenweit entfernt, und dazu wird es angesichts der alle Gebiete erfassenden Globalisierung auch nicht mehr kommen.

Noch ein Nachsatz: Mit leichtem Spott waren in dem Absatz über den Neandertaler mehrere, vom sich wandelnden Zeitgeschmack geprägte Darstellungen gegenübergestellt worden. Man könnte dies genauso für die zeitgebundenen Abbildungen der Vertreter menschlicher ›Rassen‹ tun, aber Ironie ist angesichts dessen, wohin Rassenideologie und Rassenwahn geführt haben, nicht angebracht. Zu Recht verurteilen wir heute Darstellungen wie die in Haeckels *Natürlicher Schöpfungsgeschichte* von 1868 (Abb. 4). Und zu Recht weisen uns die Genetiker darauf hin, daß sich die Angehörigen der einzelnen menschlichen ›Rassen‹ in ihren Genomen nur marginal unterscheiden. So ist es vielleicht auch richtig, daß wir in heutigen Schulbüchern nicht mehr jene Bilderleisten finden, die vom ›primitiven‹ australischen Ureinwohner zur hehren Gestalt des Mitteleuropäers führen. Doch wir sollten uns hüten, die menschliche Vielfalt nur mit Bildern zu illustrieren, die eine Schar fröhlicher junger Menschen verschiedener Haut- und Haarfarbe zeigen, die allesamt sympathisch-europäisch, respektive fröhlich-nordamerikanisch, ausschauen, so wie es in einem modernen Brockhaus zu sehen ist (Abb. 13). Gleichmacherei unter dem Vorzeichen *unserer* Kultur und *unserer* Sympathiegewohnheiten ist nicht weniger gefährlich als Diskriminierung.

Wohin gehen wir?

Soviel zur Naturgeschichte des Menschen und ihrer Rezeption. Manches wäre noch zu ergänzen, beispielsweise aus der vergleichenden Ethologie, die sich seit jeher bemüht hat, die Wurzeln menschlichen Verhaltens in dem der Tiere, vor allem unserer nächsten Verwandten, zu finden. Gibt es dort Traditionsbildungen, gar so etwas wie Moralbegriffe? Hat sich unsere Ethik nach den gleichen Gesetzen evolutionär entwickelt wie unser Körperbau? Auch wenn all das hier nicht behandelt werden kann, so können wir vielleicht doch schon auf die bereits eingangs aufgeworfene Frage zurückkommen, ob wir aus der Naturgeschichte des Menschen sehr viel für unser heutiges Tun lernen und vielleicht sogar eine Prognose für die Zukunft stellen können. Ich bin da skeptisch, denn zwar hat uns die Natur nach den für alle Lebewesen in gleicher Weise geltenden Evolutionsgesetzen hervorgebracht, aber das ist im wahrsten Sinne des Wortes Natur*geschichte*. Und diese – im engeren Sinne – *Natur*geschichte, die sich nach den von Charles Darwin erkannten Mechanismen vollzogen hat, ist vor etwa 30 000 Jahren zu Ende gegangen. Seitdem gelten für uns andere Gesetze.

Das ist keine neue Erkenntnis, denn daß der Darwinismus in bezug auf den Menschen nicht das letzte Wort hat, hatte schon Friedrich Nietzsche (1844-1900) postuliert. Ausgerechnet jener Nietzsche, der bis heute so gerne im darwinistischen Sinne in Anspruch genommen wird. Nicht zu Recht, denn er hatte ein eher distanziertes Verhältnis zu Darwins Lehre, und ihre Protagonisten überzog er mit ätzendem Spott: »Häckel und Consorten – sie haben die Stimmung der Spezialisten, und eine Froschnasenweisheit. Das kleine Gehirnstückchen, welches der Erkenntniß ihrer Welt geöffnet ist, hat mit ihrer Gesamtheit nichts zu schaffen, es ist ein Ecken-Talentchen, wie wenn einer zeichnet, ein anderer klavierspielt [...]. Diese Spezialisten [...] sind deshalb so ›kalt‹; Bildungskamele, auf deren Höckern viel gute Einsichten und Kenntnisse sitzen, ohne zu

DIE HEUTIGE VIELFALT DES MENSCHEN

Die Annahme eines gemeinsamen Ursprungs des modernen Menschen hat auch Auswirkungen auf die Betrachtung seiner heutigen Vielfalt, da die Unterschiede zwischen den Menschen erst seit der Ausbreitung über die Erde vor weniger als 100 000 Jahren entstanden sein können. Auf genetischer Ebene bestehen nur sehr geringe Unterschiede zwischen den Populationen weltweit. Diese betreffen häufig »neutrale« Merkmale, deren Verteilung durch Zufall, unabhängig von Selektionsdrücken, entstanden ist, unter anderm Gene für Blutgruppen und Proteine. Andere Merkmale - besonders der Körperoberfläche - entwickelten sichin Anpassung an bestimmte Umwelt- und Klimabedingungen. Hierzu zählen neben Eigenschaften des Körperbaus und der Gesichtsform auch die verschiedenen menschlichen Hautfärbungen. Da die Pigmentierung von nur sechs der schätzungsweise 150 000 Gene des Menschen gesteuert wird, kann man von so auffälligen Unterschieden wie bei der Hautfarbe nicht auf große Differenzen im gesamten Erbgut schließen. Sie spiegeln lediglich die Klimabedingungen wider, unter denen die Vorfahren der heutigen Populationen lebten. Ähnliche Hautfarben erzählen die Geschichte des Klimas und nicht der Völker.

Der Genetiker Cavalli-Sforza hält die traditionellen Aufteilungen in »Rassen« für weitgehend willkürlich, da sich auf genetischer Ebene keine klaren Abgrenzungen zwischen Populationen aus verschiedenen Erdteilen ziehen lassen. Die Menschen variieren vielmehr über die Populationsgrenzen hinweg, und Merkmalsausprägungen unterscheiden sich meist nur in den Häufigkeiten ihres Auftretens. Der Genetiker Richard Lewontin stellte in einer Studie zu geographischen Unterschieden anhand von 17 verschiedenen Genen für Blutgruppen und verschiedene Enzyme fest, dass nur 15% der beobachteten Variation ihre Ursache in der geographischen Herkunft der Menschen hatten, während 85% auf individuelle Differenzen innerhalb der jeweiligen Population zurückzuführen waren. Offensichtlich war also seit der Auswanderung der modernen Menschen aus Afrika niemals eine Population so lange von den übrigen isoliert, dass sich tief greifende biologische Differenzen zwischen ihnen entwickeln konnten. Wanderungsbewegungen führten zu ständigen Vermischungen und ununterbrochenem Genfluss.

Abb. 13: Die heutige Vielfalt des Menschen, wie sie in einem modernen Lexikon dargestellt wird (vgl. Abb. 4). Aus: Brockhaus – *Vom Urknall zum Menschen*, Leipzig 1999.

hindern, daß das Ganze doch eben nur ein Kamel ist.« (*Häckel und Consorten* (KGW Bd V, S. 454). Was den Menschen betrifft, so ist es nach Nietzsche eben gerade *nicht* der Stärkere, der den Fortschritt bringt. Vielmehr:

> Die degenerirenden Naturen, die leichten Entartungen sind von höchster Bedeutung. Überall wo ein Fortschritt erfolgen soll, muß eine Schwächung vorhergehen. Die stärksten Naturen haben den Typ fest und halten daran. – Entartung ist immer Verstümmelung: aber selten ist eine Einbuße ohne einen Vortheil auf der anderen Seite. Der krän-

> kere Mensch z. B. wird ruhiger und weiser; der einäugige wird Ein stärkeres Auge haben, der Blinde wird tiefer in's Innere schauen. Nicht Kampf um's Dasein ist das wichtige Princip! Mehrung der stabilen Kraft durch Gemeingefühl im Einzelnen, Möglichkeit zu höheren Zielen zu gelangen, durch entartende Naturen und partielle Schwächungen der stabilen Kraft. Die schwächere Natur, als die edlere wenigstens freiere, macht alles Fortschreiten möglich. Ein Volk, das irgendwo schwach wird und anbröckelt, aber im Ganzen noch stark ist: das vermag die Infektion des neuen aufzunehmen und zu assimiliren. Ebenso der einzelne Mensch [...]. Dieser Lehre gegenüber ist der Darwinismus eine Philosophie für Fleischerburschen. Und die Stellung, die sie der Züchtung, die sie dem Weibe geben! Ist es denn wahr, daß die Weiber gerade nur für die stärksten Fleischerburschen Sinn und Neigung haben! Nicht einmal unter den Thieren ist es so. Übrigens will ich mit meiner Betrachtung bei den Menschen verbleiben und mich hüten, aus den Gesetzen über die menschliche Veredlung auf Grund der schwächeren, entarteten Naturen, Schlüsse über die thierische Entwicklung zu machen. Ob es gleich noch viel mehr erlaubt wäre, dies zu thun als aus der Bestialität und ihren Gesetzen nun auch den Menschen bestialisch zu systematisiren: wie dies Herr Häckel in Jena thut, und seines Gleichen wie D. Strauß. (*Zum Darwinismus*, KGW Bd IV/1, S. 334).

In der Tat: Die jüngere Entwicklung des Menschen vollzieht sich nicht mehr nach den darwinistischen Gesetzen der Evolution. Aus *dieser* Art Naturgeschichte ist der Mensch ausgetreten. Oder, wie es Johann Gottfried Herder 1784 in seinen *Ideen zur Philosophie der Geschichte der Menschheit* ausgedrückt hat: Als von der Natur aus »zur Vernunftfähigkeit organisiert«, ist er der »erste Freigelassene der Schöpfung«. Er hat sich mehr und mehr freigemacht von der unmittelbaren Naturgebundenheit seines Daseins und den Mechanismen der natürlichen Selektion, die ihn hervorgebracht haben. Und er ist dabei, die Natur, der er entstammt, in einem immer größeren Umfang umzuwandeln. Ökologische Veränderungen ungeahnten Ausmaßes sind die Folge, ›Naturrevolutionen‹ würde Kant sagen. Man mag zu Recht einwenden, daß es derartige Umwälzungen auch schon früher gegeben hat, aber das ist es nicht allein: Der Mensch selbst befindet sich in einer tiefgreifenden Umbauphase.

In seinem letzten Brief, geschrieben wenige Tage vor seinem Tode an Wilhelm von Humboldt, hat Goethe davon schon eine Vorahnung gehabt: »Die Tiere werden durch ihre Organe belehrt, sagten die Alten« –

mit anderen Worten: ihre physische Natur zieht ihnen Grenzen – »ich setze hinzu: die Menschen gleichfalls, sie haben jedoch den Vorzug ihre Organe dagegen zu belehren.« Und das heißt, sie nicht nur durch Lernen und durch Übung in natürlicher Weise zu stärken – daran dachte Goethe vielleicht in erster Linie –, sondern sie auch durch technische Hilfsmittel kontinuierlich zu verbessern, ja sie vollständig zu ersetzen. Das Entscheidende dabei ist, daß alle technischen und kulturellen – sagen wir einmal ruhig: – Errungenschaften von einer Generation zur anderen weitergegeben werden, die dann darauf aufbauen kann. In diesem Sinne unterliegt also die Evolution des modernen *Homo sapiens* nicht mehr darwinistischen, sondern lamarckistischen Mechanismen. Wir haben es mit einer »Vererbung erworbener Eigenschaften« par excellence zu tun. Und eben das ist die Antwort auf die von Eugen Roth humorvoll gestellte Frage: »Wie aber kam das Menschenvieh so rasch zur 9. Sinfonie / Zum Faust, zu Kant, zur Himmelskunde / In einer einz'gen Weltsekunde?«

Aus der Fähigkeit, einfache Steinwerkzeuge herzustellen, ist in einem ungeheuren Ausmaß eine Hochleistungstechnik geworden, die den Menschen weitgehend unabhängig von der Natur gemacht hat. Jedenfalls soweit unabhängig, daß die meisten Gebrechen – denken wir nur an etwas ganz Einfaches wie Fehlsichtigkeit –, die in früheren Zeiten die Überlebenschancen und damit das Erreichen der Fortpflanzungsreife nachhaltig beeinträchtigt hätten, kurz: der Selektion zum Opfer gefallen wären, keine Rolle mehr spielen. Und um Brillen, Hörgeräte, Herzklappen und künstliche Kniegelenke allein geht es ja längst nicht mehr. Schon stehen, man denke an Ray Kurzweils *The Age of Spiritual Machines* (Deutsche Ausgabe unter dem Titel *Homo s@piens*), Visionen vor unserem Auge, die ein völliges Verschmelzen von Mensch und Maschine voraussagen. Schon in weniger als 30 Jahren, so Kurzweils Prognose, wird »eine Vielzahl von neuronalen Implantaten angeboten, die die Fähigkeiten der visuellen und akustischen Wahrnehmung, des Gedächtnisses und des logischen Denkens erheblich steigern können. [...] Das ausgehende 21. Jahrhundert wird geprägt von dem Trend, das menschliche Denken mit der ursprünglich vom Menschen erschaffenen Maschinenintelligenz zu verschmelzen. [...] Der Begriff *Lebenserwartung* hat für intelligente Wesen keine Bedeutung mehr.«

Mit solchen Visionen sind im einzelnen vielfältige Hoffnungen – wie vielen kranken Menschen könnte geholfen werden – und im allgemeinen gewaltige Ängste verbunden. Mag es genauso kommen oder nur so ähnlich, das ›lamarckistische Rad‹ dreht sich immer schneller, und wir sind zugleich Akteure wie hilflose Zuschauer. Man kann mit dem Evolutions-

Abb. 14: Ein hypothetischer Blick in die Zoologie der Zukunft.
Aus: Dougal Dixon *Die Welt nach uns*, München 1982.

und Soziobiologen Hubert Markl auch in dieser Entwicklung eine »Fortwirkende Naturgeschichte des Menschen« sehen, bei der »wir – wie bei auf sich selbst rückwirkenden Kreisprozessen auch sonst oft – weit davon entfernt sind, auch nur erahnen zu können, welche Fortentwicklung der Natur damit eingeleitet wird. Aber eines ist gewiß, es wird eine ganz neue, ganz andere Natur sein, die dadurch im Wechselwirken von biologischer und kultureller Natur entstehen wird.« Viele fürchten, daß dies eine Natur ohne den Menschen sein wird, und dies wäre in der Naturgeschichte durchaus nichts Außergewöhnliches: Man schätzt, daß im Laufe der drei oder vier Milliarden Jahre währenden Geschichte des Lebens 99 % der insgesamt vorhandenen Arten ausgestorben sind, übrigens zu mehr als 99,9 % ohne Zutun des Menschen.

Die Evolution würde sicherlich auch ohne uns weitergehen. Der britische Paläontologe Dougal Dixon hat vor einigen Jahren ein phantastisches Szenario entworfen, wie wohl eine Zoologie der Zukunft – 50 Millionen Jahre nach dem Ende des Menschen – aussehen könnte. Recht bunt und vielfältig (Abb. 14). Und vielleicht kann von dort aus die Naturgeschichte des Menschen noch einmal beginnen, so wie es am bereits zitierten Schluß der Klassischen Walpurgisnacht in Goethes *Faust II* der Philosoph Thales dem Homunkulus avisiert: »Gib nach dem löblichen Verlangen / Von vorn die Schöpfung anzufangen / Zu raschem Wirken sei bereit! / Da regst du dich nach ewigen Normen, / Durch tausend, abertausend Formen, / Und bis zum Menschen hast du Zeit.« So ganz hoffnungsfroh sieht Goethe die Sache allerdings nicht, denn den etwas schillernden Meeresgott Proteus läßt er sogleich anfügen: »Nur strebe nicht nach höhern Orden / Denn bist du erst ein Mensch geworden, / Dann ist es völlig aus mit dir.«

Es ist eine aparte Bescheidenheit, wenn am Schluß von Büchern über die Stellung des Menschen in der Natur und seine Evolution stets geäußert wird, der Mensch, lebend auf diesem Stäubchen im Weltall, sei längst nicht die Kreuzesblume der Schöpfungskathedrale, sei tief verwurzelt in der Naturgeschichte, trage etliche üble Erblasten mit sich herum und sei letztlich auch nicht mehr als ein Lebewesen unter vielen. Schön und gut, womöglich sogar richtig, aber diese biologistische Nabelschau hat nur begrenzten Wert. Der Blick in unsere darwinistische Vergangenheit wird uns einiges, vielleicht sogar vieles, unseres Menschseins erklären, Rat und Hilfe für unsere Zukunft, vor allem für das, was wir *heute* zu tun haben, werden wir dort vergeblich suchen. Schon Thomas Henry Huxley, als überzeugter Darwinist gewiß nicht im Verdacht stehend, die Naturgebundenheit des Menschen zu leugnen, war sich dessen ganz und gar bewußt: »Die einzige Lehre, die der Mensch aus der Natur schöpfen kann, ist die Lehre vom Bösen.«

Mit einer rückwärts gewandten Sicht und einer listig-bequemen Herleitung unserer Moralvorstellungen aus der Natur stehlen wir uns allzu billig aus der Verantwortung und bringen uns um unsere Zukunft. Vielleicht sollten wir den Menschen doch eher – das mag eine unzeitgemäße Provokation sein – als die Krone der Schöpfung verstehen. Im Psalm 8, dem der Titel des vorliegenden Sammelbandes »Was ist der Mensch?« entnommen ist, heißt es über ihn: »Du hast ihn wenig niedriger gemacht als Gott. Du hast ihn zum Herrn gemacht über deiner Hände Werk.« Das verpflichtet, nicht zuletzt um unserer selbst willen.

Literaturhinweise

Bräuer, G. und Reincke, J.: Die ersten Menschen – Homo erectus – Der moderne Mensch. In: Brockhaus – Vom Urknall zum Menschen, pp. 557-671. Leipzig 1999.

Henke, W. und Rothe, H.: Stammesgeschichte des Menschen. Berlin 1998.

Klatt, N.: Verflucht, versklavt, verketzert – Der verrußte Cham als Stammvater der Neger. Göttingen 1998.

Krings, M., Stone, A., Schmitz, R.W., Krainitzki, H., Stoneking, M. and Pääbo, S.: Neandertal DNA sequences and the origin of modern humans. Cell 90: 19-30 (1997).

Kurzweil, R.: Homo s@piens. Leben im 21. Jahrhundert – Was bleibt vom Menschen? München 2001.

Niemitz, C.: Frühe Vorläufer – Affen und Hominiden. In: Brockhaus – Vom Urknall zum Menschen, pp. 509-556. Leipzig 1999.

Markl, H.: Homo sapiens – Zur fortwirkenden Naturgeschichte des Menschen. Münster 1998.

Schmitz, R. W. und Thissen, J.: Neandertal – Die Geschichte geht weiter. Heidelberg 2000.

Spektrum-Dossier: Die Evolution des Menschen. Heidelberg 2000.

Tattersall, I.: Puzzle Menschwerdung. Heidelberg 1997.

Wendt, H.: Ich suchte Adam. Rastatt 1958.

Young, D.: Die Entdeckung der Evolution. Basel 1994.

Ich danke meinem Lehrer Dr. Franz Rombeck, der vor fast 50 Jahren mein Interesse an der Biologie, vor allem an Fragen der Evolution und der Stellung des Menschen in der Natur, geweckt hat.

Max Slevogt (1868-1932): *Die Erschaffung des Homunkulus*, Kohlezeichnung. Aus: Max Slevogt: Illustrationen zu Goethe; hrsg. vom Mittelrheinischen Landesmuseum Mainz 1982.

»Von vorn die Schöpfung anzufangen« – Goethes Homunkulus

von

Albrecht Schöne

›Was ist der Mensch?‹ – Ohne den hochwürdigen Theologen vorzugreifen, die später hier reden werden, darf ich daran erinnern, daß die Leitfrage dieser Ringvorlesung aus der Bibel stammt: »Was ist der Mensch, daß du seiner gedenkst, und des Menschen Kind, daß du dich seiner annimmst?« fragt der Psalmist den Weltenschöpfer. Und fährt fort: »Du hast ihn wenig niedriger gemacht als Gott, mit Ehre und Herrlichkeit hast du ihn gekrönt.« (Psalm 8,5 f.) Was der Mensch sei, wird hier also an dem bemessen, der ihn *gemacht* hat.

Den Zeitraum vom Urknall bis zum Auftritt des Homo sapiens, den man heute auf etwa zehn Milliarden Jahre berechnet, hat der Schöpfungsbericht des Alten Testaments bekanntlich in sechs sogenannte ›Tage‹ gegliedert (daß man sie freilich nicht den menschlichen Tagewerken gleichsetzen sollte, hat schon der 8. Vers des 2. Petrusbriefs empfohlen: »Eines aber sei euch nicht verborgen, ihr Lieben, daß ein Tag vor dem Herrn ist wie tausend Jahre und tausend Jahre wie ein Tag«). Vom fünften dieser Tage heißt es nun in Genesis 1,24: »Und Gott sprach: Die Erde bringe hervor lebendiges Getier, ein jedes nach seiner Art« – als habe der Weltenschöpfer verfügt, daß die anorganische Materie geradezu aus sich selber hervorbringe, was sich an höheren Lebewesen auf der Erde entwikkelte. Dem nachfolgenden »Und so geschah es« werden unsere Evolutionsforscher kaum widersprechen wollen.

Anders aber der biblische Wortlaut für den sechsten Tag (Genesis 1, 26 f.). »Gott sprach: Lasset uns Menschen machen« (das hebräische Verb עשה bezeichnet ganz allgemein ein handwerklich-technisches Anfertigen) – »Lasset uns Menschen machen, ein Bild, das uns gleich sei.« Da bringt der Anfertiger, der Menschenbildner als Person, ja geradezu als Modell sich selber ins Spiel. Gewiß ist die fundamentale Differenz zwischen dem göttlichen Schöpfer und seinem Geschöpf hier nicht wegzudenken; es bleibt also gültig, was der 8. Psalm besagt: ein wenig »niedriger gemacht« sei der Mensch als die Gottheit, mit Mängeln doch behaftet. Aber wie immer man diese Gottebenbildlichkeit verstehen will, um eine Gleichartigkeit oder Ähnlichkeit des Menschenmachers selbst mit dem von ihm Gemachten geht es nun auch, wenn der Mensch, als ›second maker‹, *selber* die Schöpferstelle einzunehmen sucht. Und davon ist – im Spiegel der Dichtung – hier die Rede.

Der dem antiken Mythos nachgebildete Prometheus des jungen Goethe hält sich analogie-antithetisch ans Alte Testament: »Hier sitz ich, forme Menschen / Nach meinem Bilde / Ein Geschlecht das mir gleich sei«. In dem etwa gleichzeitig mit dieser Ode entstandenen Goetheschen Dramenfragment versteht der als ›Vater‹ angeredete Töpfer-Künstler seine lebendig gewordenen ›Kinder‹ denn auch durchaus nicht als Ebenbilder Gottes. »Seid arbeitsam und faul / Und grausam mild / Freigibig geizig!« sagt Prometheus zu ihnen; »Gleichet den Tieren und den Göttern.« Kein Wunder, daß die ohne Genehmigung und Vorwissen des Autors erfolgte Veröffentlichung der Prometheus-Ode 1785 »zum Zündkraut einer Explosion« wurde, wie Goethe später notiert. Deren Urheber, seinem Freund Jacobi, schrieb er, Herder finde es lustig, daß er dadurch zusammen mit dem als atheistischen Spinoza-Anhänger denunzierten Lessing »auf Einen Scheiterhaufen zu sitzen komme«, fand das selber aber weniger lustig.

Ein Halbjahrhundert später dichtet der alte Goethe noch einmal einen solchen menschlichen Menschenmacher, einen neuen Prometheus, von sehr anderem Kaliber freilich – einen Professor überdies, der nun nicht mehr in der mythischen Töpferwerkstatt arbeitet, sondern im biochemischen Labor experimentiert. *Faust. Der Tragödie zweiter Teil*, 2. Akt, 2. Szene. Überschrift: *Laboratorium.* Und die Regiebemerkungen, die Sprechanweisungen bezeichnen die Ungeheuerlichkeit des Experiments, das da unternommen wird: man redet (Vers 6834 f.) atemlos ›leise‹, dann ›leiser‹ noch und nochmals ›leiser‹ zuletzt. Professor Wagner zu dem unangemeldet eintretenden Mephisto: »Ein herrlich Werk ist gleich zu Stand gebracht.« Mephisto: »Was gibt es denn?« Wagner – und jetzt die biblische Leitvokabel:

Es wird ein Mensch gemacht.

Was da geschieht, hat man ein ganzes Jahrhundert lang als ein auf einigermaßen abstruse Weise interessantes, jedenfalls unverfängliches Alchymisten-Märchen verstehen können – wie schon das Szenarium es nahelegt: »Laboratorium im Sinne des Mittelalters, weitläufige, unbehülfliche Apparate, zu phantastischen Zwecken.« Aber es war eine Art Schläfer-Text, wie ihn die großen alten Dichtwerke mitunter doch abgeben. In unserer Zeit erst ist er durch Signale von außen her geweckt und auf unvermutet neue Weise bedeutsam, wirksam geworden. Wohl deshalb erschien es den Initiatoren unserer Vorlesungsreihe wünschenswert, daß auch diese Homunkulus-Episode hier bedacht würde. In der Tat mag für sie gelten, was Goethe in seinen letzten Jahren grundsätzlich zum Zweiten Teil der *Faust*-Dichtung erklärte: »wer sich nicht etwas umgetan und einiges erlebt hat, wird nichts damit anzufangen wissen«; wer sich aber in seiner eigenen Zeit und Welt umgetan habe und sich »bei wachsender Erfahrung« dann auch »auf Miene, Wink und leise Hindeutung [des dichterischen Textes] versteht«, der werde hier »sogar mehr finden, als ich geben konnte.«

Über die Signale selber, die den alten Homunkulus wieder wach gemacht haben, will ich ausdrücklich nicht reden. Darüber sprechen hier andere, Zuständigere. Mehr oder weniger begriffene Nachrichten aus der Molekularbiologie, Gentechnologie und Reproduktionsmedizin, über Stammzellenforschungen und Klonungsvorhaben schwirren ohnehin durch alle Köpfe – mitsamt den daran geknüpften diagnostischen und therapeutischen Heilserwartungen oder den Horrorszenarien einer neuen optimierenden Züchtung des Menschenparks. So werden Sie gewisse Korrespondenzen zwischen heutigen Vorstellungen und den Hindeutungen oder prognostischen Anmutungen des Goetheschen Textes auch ohne fragwürdig aktualisierende Nachhilfe selber bemerken. Nur dessen »Miene, Wink und leise Hindeutung« eben will ich etwas zu verdeutlichen suchen – womit mein Beitrag im Kontext dieser Reihe nicht mehr als eine marginale Rolle einnimmt. Aber wenn Goethe dachte, daß der spätere Leser »sich in den Bildern [seiner Dichtung] bespiegeln und die mannigfaltigsten Resultate bei wachsender Erfahrung selbst herausfinden« könnte, geht es ja ohnehin nicht um die *Lösung* von Problemen, die uns heute umtreiben, und werden durchaus keine Handlungsanweisungen geliefert. Was der verfremdende Spiegel des Kunstwerks dem heutigen Betrachter ermöglicht, sind tiefenschärfere Einsichten allererst in die *Problematik* unseres eigenen Tuns und Lassens. »Aufschluß erwarten Sie nicht«, schreibt Goethe über den abgeschlossenen, eingesiegelten *Faust*; »der Welt- und Menschengeschichte gleich enthüllt das zuletzt aufgelöste Problem immer wieder ein neues aufzulösendes.«

Wagners Versuch, einen Menschen zu machen, folgt bekanntlich den gleichgerichteten Bemühungen oder jedenfalls entsprechenden Spekulationen der alten Pansophen und Alchymisten. Wie er bei seinem Experiment hier »am Herde« steht, beschrieben als »ein Kohlenbrenner, / Geschwärzt vom Ohre bis zur Nasen, / Die Augen rot vom Feuer blasen« (6678 ff.) und von »unbehülflichen Apparaten« umgeben, so hatte sich noch Goethe selber, 19jährig, »einen kleinen Apparat« und einen

Schmelzofen für alchymistische Experimente in sein Giebelzimmer im Frankfurter Elternhaus geholt und (nach dem Bericht in *Dichtung und Wahrheit*) gelernt,

> ... mit einer brennenden Lunte die Glaskolben in Schalen zu verwandeln, in welchen die verschiedenen Mischungen abgeraucht werden sollten. Nun wurden sonderbare Ingredienzien des Makrokosmos und Mikrokosmos auf eine geheimnisvolle wunderliche Weise behandelt, und vor allem suchte man Mittelsalze auf eine unerhörte Art hervorzubringen [Stoffe nämlich im Übergang vom mineralischen in den organisch-pflanzlichen Bereich!]. Was mich aber eine ganze Weile am meisten beschäftigte, war der sogenannte Liquor Silicum (Kieselsaft), welcher entsteht, wenn man reine Quarzkiesel mit einem gehörigen Anteil Alkali schmilzt, woraus ein durchsichtiges Glas entspringt, welches an der Luft zerschmilzt und eine schöne klare Flüssigkeit darstellt. [...] nur ermüdete ich doch zuletzt, indem ich bemerken mußte, daß das Kieselhafte keineswegs mit dem Salze so innig vereint sei, wie ich philosophischerweise geglaubt hatte: denn es schied sich gar leicht wieder aus, und die schönste mineralische Flüssigkeit, die mir einigemal zu meiner größten Verwunderung in Form einer animalischen Gallert erschienen war, ließ doch immer ein Pulver fallen, das ich für den feinsten Kieselstaub ansprechen mußte, der aber keineswegs irgend etwas Produktives in seiner Natur spüren ließ, woran man hätte hoffen können, diese jungfräuliche Erde in den Mutterstand übergehen zu sehen.

Was das alchymistische Vokabular hier bezeichnet, ist eine Art Urzeugung. Tatsächlich richteten sich die Versuche am Frankfurter Schmelzofen auf den Übergang vom anorganischen in den organischen Bereich.

Goethe selber beherrschte also auch handwerklich das Metier, als er den experimentierenden Wagner fachkundig protokollieren ließ, was sich in dem retortenähnlichen, kugelförmig-langhalsigen Glasgefäß seiner »Phiole« vollzieht (6848 ff.):

> Es leuchtet! seht! – Nun läßt sich wirklich hoffen
> Daß, wenn wir aus viel hundert Stoffen,
> Durch Mischung, denn auf Mischung kommt es an,
> Den Menschenstoff gemächlich komponieren,
> In einen Kolben verlutieren
> Und ihn gehörig kohobieren,
> So ist das Werk im Stillen abgetan.

Es wird! die Masse regt sich klarer,
Die Überzeugung wahrer, wahrer:
Was man an der Natur geheimnisvolles pries,
Das wagen wir verständig zu probieren
[also in Kenntnis der Naturprozesse
experimentell nachzuvollziehen],
Und was sie sonst organisieren ließ
[meint: was bisher die Natur auf organische
Weise hervorgebracht hat],
Das lassen wir kristallisieren.

Unter den pansophisch-alchymistischen Traktaten, die der junge Goethe in der Zeit seiner Frankfurter Experimente studierte, nennt er die Schriften des Theophrastus Paracelsus. In dem Paracelsus zugeschriebenen Werk *De Natura rerum* von 1537 heißt es:

> Die generation [also Erzeugung, Hervorbringung] aller natürlichen dingen ist zweierlei, als eine die von natur geschicht on alle kunst, die ander geschicht durch kunst nemlich durch alchimiam.

Hier wie dort nun geschehe das durch »Putrefaction«, einen durch feuchte Wärme bewirkten Fäulnisvorgang, weil auch

> die putrefactio, so in einem glas beschicht, alle ding transmutirt von einer gestalt in die andere [und] einer qualitet in die ander. [Also Paracelsus: Auf die Frage,] ob auch der natur und kunst möglich sei, das ein mensch außerthalben weiblichs leibs und einer natürlichen muter möge geboren werden? darauf gib ich die antwort das es der kunst spagirica [meint: der alchymistischen Destillier- und Scheidekunst] und der natur in keinem weg zuwider, sonder gar wol möglich sei.

Seine extrakorporale In-vitro-Rezeptur beruhte noch auf der in Aristoteles' *De generatione animalium* vorgegebenen und bis ins 18. Jahrhundert vorherrschenden Theorie des ›Animalkulismus‹, welche die Spermatozoen als ›Samentierchen‹, also als alleinige Erbgutträger ansah, das Gefäß des Mutterleibes hingegen nur als deren Brut- und Pflegestätte. So lauteten hier die Versuchsanweisungen des Paracelsus,

> das der sperma eines mans in verschloßnen cucurbiten [ausgehöhlten Kürbissen] per se mit der höchsten putrefaction, ventre equino [meint: durch Pferdemist], putreficirt werde auf 40 tag oder so lang

> bis er lebendig werde und sich beweg und rege, welchs leichtlich zu sehen ist [Wagner, zu seinem Herd gewendet, »Es wird! die Masse regt sich klarer«]. nach solcher zeit wird es etlicher maßen einem menschen gleich sehen, doch durchsichtig on ein corpus. so er nun nach disem teglich mit dem arcano sanguinis humani gar weislich gespeiset und erneret wird bis auf 40 wochen und in steter gleicher werme ventris equini erhalten, wird ein recht lebendig menschlich kint daraus mit allen glitmaßen wie ein ander kint, das von einem weib geboren wird, doch vil kleiner. dasselbig wir ein homunculum nennen.

Weil das Experiment bei derart genauen Angaben denn doch leicht wiederholt, sein sensationelles Ergebnis also überprüft werden könnte, merkt der Schlaumeier freilich an – sicherheitshalber und wichtigtuerisch zugleich –, es sei das Ganze

> der aller höchsten und größesten heimlikeiten eine, die got den tötlichen [meint: sterblichen] und sündigen menschen hat wissen lassen. dan es ist ein mirakel und magnale dei [Großtat Gottes] und ein geheimnis uber alle geheimnus, sol auch bilich ein geheimnus bleiben bis zu den aller lesten zeiten, da dan nichts verborgen wird bleiben sonder alles offenbaret werden.

Damit wird die Homunkulus-Erschaffung in eine geradewegs apokalyptische Perspektive gerückt, wird ein eschatologischer Ton angeschlagen, der dann in Goethes Dichtung ein unüberhörbar-bedeutsames Echo findet.

Im Dezember 1826 hatte Goethe eine ankündigende Inhaltserzählung auch der damals geplanten, aber noch nicht ausgeführten Labor-Szene verfaßt. Die ist ganz kurz und erscheint noch sehr harmlos. Um die wachsende Ungeduld des nach dem Besitz der Helena verlangenden Faust zu beschwichtigen, beredet Mephisto ihn,

> … gleichsam im Vorbeygehen auf dem Weg zum Ziele den academisch-angestellten Doctor und Professor Wagner zu besuchen, den Sie in seinem Laboratorium finden, hoch gloriirend [sich rühmend], daß eben ein chemisch Menschlein zu Stande gekommen sey. Dieses zersprengt Augenblicks den leuchtenden Glaskolben und tritt als bewegliches wohlgebildetes Zwerglein auf. Das Recept zu seinem Entstehen wird mystisch angedeutet. (Paralipomenon 123 C)

Aber die 1829, also drei Jahre später verfaßte oder abgeschlossene Szene weicht von dem in dieser Ankündigung überlieferten ursprünglichen Plan auf bemerkenswerte Weise ab. Zunächst erfährt man von Wagner, Fausts früherem Famulus, jetzt weit mehr, als daß er inzwischen zum Doktor promoviert und zum Professor avanciert sei. Als eine Katheder-leuchte, geradezu als ein Wissenschaftspapst wird er in der vorangehenden Szene durch Mephisto in höchsten Tönen gepriesen (6643 ff.):

Wer kennt ihn nicht den edlen Doktor Wagner,
Den ersten jetzt in der gelehrten Welt!
Er ist's allein der sie zusammenhält,
Der Weisheit täglicher Vermehrer.
Allwißbegierige Horcher, Hörer
Versammeln sich um ihn zu Hauf.
Er leuchtet einzig vom Katheder;
Die Schlüssel übt er wie Sankt Peter,
Das Untre so das Obre schließt er auf.
Wie er vor allen glüht und funkelt,
Kein Ruf, kein Ruhm hält weiter stand;
Selbst Faustus Name wird verdunkelt,
Er ist es, der allein erfand.

Seinen Lehrer Faust, den Aussteiger, der sich gleich zu Beginn des Spiels enttäuscht und verzweifelt von aller Schulwissenschaft verabschiedet, hatte es noch danach verlangt und nur danach verlangt, daß er »erkenne was die Welt / Im Innersten zusammenhält.« Mit dem Wagner hier zugedachten Wort *erfinden* hingegen wird auch in Goethes Sprachgebrauch schon das Konstruieren neuer Geräte und Apparate, die Entwicklung neuer wissenschaftlicher Methoden und technologischer Verfahrensweisen bezeichnet. Der akademische Generationswechsel von Faust zu Wagner markiert einen fundamentalen naturwissenschaftsgeschichtlichen Umbruch: an die Stelle dessen, der in reinem Erkenntnisverlangen die Naturverläufe nurmehr betrachtete, ist jetzt derjenige getreten, der verändernd in sie einzugreifen sucht. »Die Schlüssel übt er wie Sankt Peter« – von dem es ja im Matthäus-Evangelium heißt: »Ich will dir des Himmelsreichs Schlüssel geben, und alles, was du auf Erden binden wirst, soll auch im Himmel gebunden sein, und alles, was du auf Erden lösen wirst, soll auch im Himmel los sein.« Und Wagners Binden und Lösen meint nicht nur eine professoral-autoritäre Machtausübung in der gelehrten Welt, sondern weist zugleich auf die Analysen und Synthesen im biochemischen Laboratorium.

Wenn wir dich, o Vater, sehen
In der Werkstatt der Natur,
Stoffe sammeln, lösen, binden,
Als seist du der Schöpfer nur –

Goethe hat diese Verse an den Jenaer Chemiker Döbereiner gerichtet (der seinerseits in einem Brief an Goethe Gott den »Chemiker der Welten« nannte). Und nach eben diesem Modell ist Wagner gebildet.

»Miene, Wink und leise Hindeutung« – dazu gehören nun auch des experimentierenden Professors allererste Worte in der Labor-Szene (6819 f.). Sie geben eine von der dramatischen Figur selber gesprochene Bühnenanweisung:

Die Glocke tönt, die fürchterliche
Durchschauert die berußten Mauern.

Verständlich wird das nur aus dem Kontext. Während das Experiment schon vonstatten geht, hält sich Mephisto noch in Fausts nahegelegenem alten Zimmer auf. Regiebemerkung (vor 6620): »er zieht die Glocke, die einen gellenden, durchdringenden Ton erschallen läßt; wovon die Hallen erbeben und die Türen aufspringen.« Wagners Assistent, sein knieweich heranwankender Famulus, der jetzt ausgerechnet den Mephisto angstvoll zum Beten auffordert, und später der heranstürmende Baccalaureus beschreiben, was da geschieht – der Boden reißt auf, die Wände und Mauern wanken, drohen mit Sturz und Fall, ein Wetterleuchten draußen. Die Glocke, »die fürchterliche«, nimmt den eschatologischen Ton auf, den die Paracelsus-Schrift angeschlagen hatte, als von dem allerhöchsten und größten Geheimnis die Rede war, welches Gott den sündigen Menschen habe wissen lassen. Apokalyptisch anmutende Begleitereignisse kündigen an, daß da an etwas Ungeheuerliches gerührt werde: »Es wird ein Mensch gemacht.«

In Johannes Praetorius' Schrift *Anthropodemus Plutonicus* von 1666, die Goethe in vielfacher Hinsicht für die *Faust*-Dichtung nutzte, gibt es ein Kapitel auch *Von Chymischen Menschen*. Da werden die Anweisungen und Behauptungen des Paracelsus korrekt referiert und – auf dem Kenntnisstand der Zeit – wohlbegründet verworfen (nebenbei gesagt: Wer etwa den Artikel der Entwicklungsbiologin Christiane Nüsslein-Volhard in der *Frankfurter Allgemeinen Zeitung* vom 2. Oktober 2001 gelesen und in Erinnerung behalten hat, wird jetzt einige erstaunliche Parallelen vermerken).

Praetorius also: Wenn Paracelsus erkläre, daß auf die angegebene Weise ein kleiner Mensch gemacht werden könnte, habe er diese Behauptung

> … vom Ey entborget: weil er nehmlich darbey innen geworden ist / daß /wenn es im warmen Orte verschlossen gehalten wird / alsdenn ein Küchlein herauß gebrütet werde / und also hat er / das solches auch mit dem Menschlichen Saamen könne verrichtet werden. Aber [… es] muß zu einer Empfängnüß einer rechten Frucht / wie man auch auß der h. Schrift siehet / beyderley Same eines Mannes und Weibes zusamen kommen: Hernach kan dennoch keine Empfängnüß geschehen / es sey denn der Mütterliche Leib oder die Beermutter recht darzu temperiret / als ein Gärtlein von Gott dem Herrn zu einer lebendigen Frucht zugerichtet; darzu nicht minder das Mütterliche Blut sich vermischen muß. Sintemal so solches aussen bliebe / der Saame weder vermehret / noch ernehret / noch die Gliedmasse recht gestaltet werden können; wie aller Weltweisen Ubereinstimmung richtig lautet. Uber das wird eine sonderliche Sympathia unter der Frucht und der schwangern Mutter erfodert [… und daß] noch andere Dinge zur Verdeuung und Auffbringung hinzutretten. Welche Stücke alle miteinander so viel zu verstehen geben / das des Paracelsi Vermuthmassung falsch und ertichtet sey: Denn derselbige hat nicht bedacht / wie das im Ey der Saamen / drauß das Hünlein wird / zugleich mit der rechten Nahrung hinein gebracht und erhalten werde / ja in der löcherichten Schale / als in Mutterleibe / eingeschlossen sey / davon das Küchelein könne ernehret werden / und auch drinnen Lufft an sich ziehen. Hingegen würde auß dem Menschlichen Saamen / die natürliche Wärme / und lebendmachender Geist / dessen es theilhafftig und habhafft ist / vermittelst welches auch die Zeugung geschiehet / ehe es in das Glaß hineinkäme / augenblicklich verhauchen / und also die Empfängnüß verschwinden.

Aber nicht allein in sachlicher Hinsicht konstatiert Goethes verständiger Gewährsmann die »Unmöglichkeit des Homunculi Chymici«. Die Erschaffung des Menschen, erklärt er, sei

> … des Allmächtigen Schöpfers letztes Meisterstück gewesen / an welchem Er alle Theile der Gütigkeit und Vollkommenheit hat wollen sehen lassen / auch dessentwegen / damit alle […] dranne zu schanden werden sollen / welche sich unterstehen mögten solchen nachzumachen; was auch gleich Paracelsus davon klügelt.

Dessen Klügeln nennt er nicht allein lächerlich, »sondern auch gottloß«. Ja, den gleichgesinnten Andreas Libavius zitierend, stellt er dem Leser hier vor:

Es komme aus der Hölle hervor der Paracelsus, und profitire mit seiner Chymischen Kunst einen Menschen zu machen: Und einer seiner Jünger stehe neben ihm.

Zu dem experimentierenden Wagner nun tritt in Goethes Labor-Szene tatsächlich der Abgesandte der Hölle. Entschieden abweichend vom Entwurf und ursprünglichen Plan, hat Mephisto den Besuch im Laboratorium jetzt keineswegs mehr arrangiert, um Faust beschwichtigend abzulenken von der begehrten Helena. Er kommt allein und kommt durchaus nicht mehr als unbeteiligter Zuschauer; sein bloßes Beobachten nimmt Einfluß auf das Beobachtete, auf das Ergebnis des Experiments. Die ersten Homunkulus-Worte (6879 ff.) gelten seinem Hersteller Wagner: »Nun Väterchen! wie stehts?« (eine ziemlich grauenvolle Anrede eigentlich). Aber dann wendet er sich auch gleich dem Mephistopheles zu:

Du aber Schalk, Herr Vetter, bist du hier?
Im rechten Augenblick, ich danke dir.

»Schalk« – das schillert zwischen der Bezeichnung eines Possentreibers und der alten Anrede für den Teufel. Possen freilich reißt Mephisto auch hier, stellt sich dumm nach Wagners atemlos gespanntem leisem »Es wird ein Mensch gemacht« und fragt (6837 f.):

Ein Mensch? Und welch verliebtes Paar
Habt ihr in's Rauchloch eingeschlossen?

– zu einem Akt, versteht sich, von dem Wagner dann mißbilligend bemerkt, daß sich »das Tier noch weiter dran ergötzt«. Allzuweit entfernt ist das ja nicht von dem heutigen ungehörigen Scherz, daß die Herstellung von Retortenbabys oder gar das reproduktive Klonen nicht nur umständlicher und teurer sei als die alte Methode, sondern auch weniger Spaß mache. Aber als Teufel spielt Mephisto hier eine weit ernstere Rolle. »Herr Vetter« nennt Homunkulus ihn eben auch, und das meint mehr als eine unbestimmte Verwandtschaftsbezeichnung, steht nämlich mundartlich für den Paten, den Gevatter, den Mitvater also.

Im Gespräch mit Eckermann sagte Goethe: »Ich habe schon gedacht, ob ich nicht dem Mephistopheles, wie er zu Wagner geht und der Homunculus im Werden ist, einige Verse in den Mund legen soll, wodurch seine Mitwirkung ausgesprochen und dem Leser deutlich würde.« Angekündigt hatte Mephisto die eigene Katalysator-Funktion bei Wagners Experiment immerhin schon in der vorangegangenen Szene (6684: »Ich bin der Mann das Glück ihm zu beschleunen«), und schließlich meinte Goethe, es »könnte dem Aufmerkenden fast genug sein«, daß Mephisto ganz am Ende der Laboratoriums-Szene von »Kreaturen« redet, »die wir machten« – »wir«! Sieht man hier das »Väterchen« Wagner (wie den Chemiker Döbereiner) »In der Werkstatt der Natur / Stoffe sammeln, lösen, binden«, als sei er »der Schöpfer nur«, so darf man auch den Katalysator Mephisto, seine Patenschaft, seine Geburtshelferrolle nicht übersehen. Sie rückt das Unternehmen in ein höchst dubioses Zwielicht. Und je genauer man auf »Miene, Wink und leise Hindeutung« achtet, desto bekannter erscheint diese Dramatisierung der alten Alchymistenlegende den von eigener »wachsender Erfahrung« geschärften Augen des heutigen Betrachters.

Da bramabarsiert der chymische Menschenmacher über sein neues Reproduktionsverfahren (6838 ff.): »wie sonst das Zeugen Mode war / Erklären wir für eitel Possen«, denn –

Wenn sich das Tier noch weiter dran ergötzt,
So muß der Mensch mit seinen großen Gaben
Doch künftig höhern, höhern Ursprung haben.

Von Künftigem redet er schon, als sei mit seinem innovativen Versuch artifizieller Herstellung eines menschlichen Lebewesens der berühmt-berüchtigte Übergang über den Rubikon bereits vollzogen. »Hier sitz ich, forme Menschen / Nach m e i n e m Bilde / Ein Geschlecht das m i r gleich sei« – auch ungesagt bleibt das notwendigerweise in Geltung. Nach wessen Bilde denn sonst? Sie erinnern sich, wie Mephisto diesen Wissenschaftspapst, diese Kathederleuchte charakterisierte; solche Professoren neigen von alters her dazu, sich selber als die Krone der Schöpfung zu verstehen. Ja, im Hinblick auf die »Gaben« des Menschen scheint Wagners Rede über dessen »künftig höhern, höhern Ursprung« (der nicht mehr auf die genetischen Zufallstreffer natürlicher Fortpflanzung angewiesen bliebe) selbst eugenische Optimierungsvorstellungen anzudeuten. Denn merklich nahe schon bei bestimmten Verheißungen oder Befürchtungen, wie sie heute umgehen, in den Feuilletons eher als etwa in den Laboratorien, heißt es da weiter (6867 ff.):

Ein großer Vorsatz scheint im Anfang toll,
Doch wollen wir des Zufalls künftig lachen,
Und so ein Hirn, das trefflich denken soll,
Wird künftig auch ein Denker machen.

– »Die Glocke tönt, die fürchterliche«!

Der spätere Leser, meinte Goethe, werde aufgrund eigener Welt- und Lebenserfahrungen in seinen Dichtungen mehr finden, als er geben konnte. Besser als von einem prophetischen Vermögen des Dichters sollte man in solchen Fällen wohl von prognostischen Potenzen des Textes reden. Und sollte jedenfalls bedenken, was Goethe einmal den Naturforschern Carus und d'Alton geschrieben hat: »daß die Ankündigung erst durch das Angekündigte klar wird, wie die Weissagung durch die Erfüllung.« Insofern eine Ankündigung überhaupt erst durch die Erfüllung als Ankündigung oder Weissagung wahrgenommen wird, läßt sich wohl sagen, daß die Zeit weiterschreibe an den großen alten Texten.

In Goethes Entwurf von 1826, den ich vorhin angeführt habe, hieß es, daß in Wagners Laboratorium »eben ein chemisch Menschlein zu Stande gekommen sey. Dieses zersprengt Augenblicks den leuchtenden Glaskolben und tritt als ein bewegliches wohlgebildetes Zwerglein auf.« Davon nun kann angesichts der 1829 fertiggestellten Szene nicht mehr die Rede sein. Am vorgesetzten Ziel gemessen scheitert Wagners Experiment. Der paracelsische Homunkulus tritt nämlich keineswegs ins Leben, bleibt vielmehr in die Phiole verschlossen und erklärt seinem Hersteller:

> Das ist die Eigenschaft der Dinge:
> Natürlichem genügt das Weltall kaum
> Was künstlich ist, verlangt geschloßnen Raum.

»Wagner«, sagte Goethe zu Eckermann, »darf die Flasche nicht aus den Händen lassen, und die Stimme [des Homunkulus] müßte so kommen, als wenn sie aus der Flasche käme. Es wäre eine Rolle für einen Bauchredner«. Bauchrednerhaft also läßt Wagners chymisches Produkt aus seiner Retorte vernehmen, daß ihm gerad »das Tüpfchen auf das I« noch fehle, der i-Punkt also, der den richtigen Buchstaben allererst ausmacht; daß »der große Zweck«, der Eintritt nämlich ins wirkliche organische Leben, noch gar nicht erreicht sei (6993 ff.). Nicht mehr im Laboratorium geschieht das. Erst ganz am Ende dieses 2. Aktes, mit der Szene in den *Felsbuchten des ägäischen Meers*, nimmt es – jedenfalls seinen Anfang. Denn folgenreich eingreifend in die Homunkulus-Rezeptur der alten Alchymisten, hatten inzwischen zeitgenössische Naturwissenschaftler mitzuschreiben begonnen auch an diesem Teil der *Faust*-Dichtung. Friedrich Wöhlers berühmte sogenannte Harnstoffsynthese kommt da ins Spiel.

Am 22. Februar 1828 hatte der 27jährige Wöhler (der acht Jahre später dann als Professor der Medizin, Direktor des Chemischen Instituts und Generalinspektor der hannoverschen Apotheken nach Göttingen kam) über eine bei der Zersetzung von cyansaurem Blei durch Ammoniak gewonnene »krystallisirte Substanz« und deren Identität mit tierischem Harnstoff einen Brief an seinen Lehrer Berzelius in Stockholm geschrieben:

> … ich kann, so zu sagen, mein chemisches Wasser nicht halten und muss Ihnen sagen, dass ich Harnstoff machen kann, ohne dazu Nieren oder überhaupt ein Thier, sey es Mensch oder Hund, nöthig zu haben.

Bei einer »vergleichenden Untersuchung mit Pisse-Harnstoff, den ich in jeder Hinsicht selbst gemacht hatte, und dem Cyan-Harnstoff« habe sich deren völlig gleichartige Zusammensetzung erwiesen.

> Diese künstliche Bildung von Harnstoff, kann man sie als ein Beispiel von Bildung einer organischen Substanz aus unorganischen Stoffen betrachten?

Anspielend auf die in alchymistischen Homunkulus-Rezepturen häufig genannten Bestandteile Urin und Sperma, antwortete Berzelius seinem damals noch an der Berliner Gewerbeschule tätigen früheren Famulus mit ironisch-spöttelndem Vorbehalt:

> Nachdem man seine Unsterblichkeit beim Urin angefangen hat, ist wohl aller Grund vorhanden, die Himmelfahrt in demselben Gegenstand zu vollenden, – und wahrlich, Hr. Doktor hat wirklich die Kunst erfunden, den Richtweg zu einem unsterblichen Namen zu gehen. […] sollte die Quantität des artificiellen [Harnstoffs] nicht genügen, so kann man leicht mit ein wenig aus dem Nachttopf supplieren. Sollte es nun gelingen, noch etwas weiter im Produktionsvermögen zu kommen (vesiculae seminales [also die Samenbläschen] liegen ja weiter nach vorn als die Urinblase), welche herrliche Kunst, im Laboratorium der Gewerbeschule ein noch so kleines Kind zu machen. – Wer weiß? Es dürfte leicht genug gehen.

Der zweifellos über Wöhlers sensationelle Harnstoffsynthese informierte Chemiker Döbereiner, den Goethe »Stoffe sammeln, lösen, binden« sah in der »Werkstatt der Natur«, sein ständiger Informant über die Fortschritte dieser Disziplin, und mit ihm Berzelius selbst, der zur Berliner *Versammlung deutscher Naturforscher* reiste, besuchten den Alten im August des gleichen Jahres in Dornburg. Zweifellos hat man dem wissenshungrigen Gastgeber damals von Wöhlers Harnstoff-Kristallisation berichtet, vielleicht auch mit dem schwedischen Herrenwitz nicht zurückgehalten – jedenfalls nicht mit dem grundsätzlichen Vorbehalt gegenüber der Möglichkeit, »im Laboratorium der Gewerbeschule ein noch so kleines Kind zu machen.« Als höchste zeitgenössische Autorität im Bereich der Chemie vertrat Berzelius entschieden die herrschende Meinung, daß zum Aufbau organischer Substanzen eine als innerer Bildungstrieb wirkende Lebenskraft erforderlich sei. Noch 1827 hat er in seinem von Wöhler übersetzten *Lehrbuch der Chemie* dekretiert:

> Wenn wir aber auch in Zukunft mehrere solche Producte, aus rein unorganischen Materien und von einer mit den organischen Producten analogen Zusammensetzung, entdecken sollten, so ist doch diese unvollständige Nachahmung immer zu unbedeutend, als dass wir jemals hoffen könnten es zu wagen, organische Stoffe künstlich hervorzubringen.

Da traut Wagner mehr sich zu:

> Was man an der Natur geheimnisvolles pries,
> Das wagen wir verständig zu probieren,
> Und was sie sonst organisieren ließ,
> Das lassen wir kristallisieren.

»Kristallisation« aber als die im Laboratorium nachvollziehbare Gestaltbildung mineralischer Körper und wachstümliche »Organisation« als Gestaltbildung der Lebewesen verstand Goethe, bezeichnete Goethe als die keinesfalls zu verrückenden »großen eingeschlagenen Merkpfähle« für die »Reiche der Natur«. So werden Wagners auf die Erschaffung eines Menschen zielende Manipulationen durch seine eigene Terminologie hier kenntlich gemacht als ein (Wöhlers Harnstoff-Kristallisation nacheifernder) hybrider, ja mephistophelischer Versuch, durch Übertragung anorganischer Bildungsgesetze auf den Bereich des Organischen diejenigen »Merkpfähle« zu verrücken, welche die Grundordnung der Natur bezeichnen.

Offensichtlich hat die aus der skeptischen Sicht damaliger Chemie-Koryphäen wahrgenommene Harnstoffsynthese dazu geführt, daß Goethe seine Homunkulus-Darstellung nicht mehr nur auf die Paracelsische Alchymie zurückbezog, sondern sie darüber hinaus auch auf die zeitgenössischen Versuche einer »Kristallisation« organischer Gebilde aus anorganischen Elementen ausrichtete. Was der durch Berzelius' Brille gesehene Wöhler damit beitrug zur *Faust*-Dichtung, hat außerordentliche Folgen gehabt. Denn das scheiternde, oder richtiger: das auf halbem

Wege steckenbleibende ›Wöhlersche‹ Experiment Wagners verlangte jetzt eine ursprünglich gar nicht vorgesehene, weil überflüssige Fortsetzung. Von dem in der Retorte *verbliebenen* kristallisierten Homunkulus erklärt der altgriechische Naturphilosoph Thales am Ufer des ägäischen Meers (8246 ff.), er *verlange* allererst danach, ins Leben zu treten – er

> fragt um Rat, und möchte gern entstehn.
> Er ist, wie ich von ihm vernommen,
> Gar wundersam nur halb zur Welt gekommen.

Und dieser Wasser-Philosoph *weiß* auch zu raten. Im Streitgespräch mit dem Feuer-Philosophen lautet *seine* Grundformel für die Entstehung des Lebens: »Im Feuchten ist Lebendiges erstanden.« Damit kommen Vorstellungen ins Spiel, wie sie in Goethes Nähe damals Lorenz Oken vertreten hat. Seine Abhandlung *Entstehung des ersten Menschen* stand unter dem Motto des biblischen Schöpferwortes »Lasset uns Menschen machen!« und erklärte: »Daß aus dem Meere alles Lebendige gekommen, ist eine Wahrheit, die wohl niemand bestreiten wird, der sich mit Naturgeschichte und Philosophie befaßt hat [...]; denn im Wasser muß alles Organische entstehen«.

Aufs weite Meer weisend, wo der Homunkulus also »anbeginnen« muß, entwirft der Ratschlag des Thales (8321 ff.) das gleichermaßen naturwahre und naturfromme Gegenbild zu Wagners aberwitzig-vermessenem Laborversuch, diesem radikalsten Experiment menschlicher Selbstverwirklichung. Wenige Worte nur. Aber was für Worte! Sie bilden eine ethisch-ästhetische Formel, die unangetastet blieb von allem, was die Entwicklungsbiologie uns bis heute gelehrt hat, eine Formel, in der sich also auch unsere neodarwinistischen Einsichten spiegeln:

> Gib nach dem löblichen Verlangen
> Von vorn die Schöpfung anzufangen,

– was doch wohl meint: ins Feuchte eingehend *so* von vorn anzufangen, wie sich die »Schöpfung« tatsächlich einmal vollzogen hat –

> Da regst du dich nach ewigen Normen [Naturgesetzen
> nämlich],
> Durch tausend abertausend Formen,
> Und bis zum Menschen hast du Zeit.

Wenn diese Verse gesprochen sind, trägt Proteus, der antike Gott der

Gestaltverwandlungen, der Metamorphosengott, umgeartet jetzt in einen Delphin, die Homunkulus-Phiole dorthin, wo sie am Muschelwagen der Galatee zerschellt und Wagners präbiotisch-chemische, kristallisierte Substanz in *das* Element sich löst, aus dem das organische Leben hervorgeht. So endet jetzt der 2. Akt. Und nach dem kühnsten Aktschnitt, den je ein Dramatiker gesetzt haben mag, wohl dreieinhalb Milliarden Jahre überbrückend, steht mit den Eingangsversen des 3. Aktes der vollkommene Mensch vor Augen. Auf dem Schiff zurückgeführt von Troja nach Griechenland, eben also vom Wasser ans Land getreten, spricht die Königliche da von sich selbst:

> Bewundert viel und viel gescholten Helena
> Vom Strande komm ich wo wir erst gelandet sind.

›Was ist der Mensch?‹ – Eine bündige Antwort auf die Leitfrage dieser Vortragsreihe, eine Antwort gar, die sich nicht begnügte mit allemal gegeneinander sperrigen Teilauskünften aus dieser oder jener Sicht (der Philosophie, Juristerei und Medizin, der Naturwissenschaften natürlich und auch der Theologie), die vielmehr aufs Ganze ginge, kann man von den Homunkulus-Szenen schwerlich erwarten. Goethe hat ja sogar vom Ganzen seiner *Faust*-Dichtung, in die so viel Welterfahrung und Menschenkenntnis eingegangen ist, zuletzt noch erklärt, es komme ihm darauf an, daß es »gleich einem unaufgelösten Problem die Menschen zu wiederholter Betrachtung immer wieder anlockt«, daß es »die Menschen fort und fort ergetze und ihnen zu schaffen mache.« Immerhin, *eine* an den Homunkulus geknüpfte, aber ihn übergreifende und weitgespannte Antwort auf die Frage nach dem Wesen des Menschen (welche die damit verbundenen Probleme nicht auflöst, sondern in sich aufnimmt) will ich vorschlagsweise noch weitergeben.

»Gib nach dem löblichen Verlangen«, rät Thales dem ins Leben drängenden, nach wirklicher Entstehung strebenden Homunkulus. Eben damit deutet sich eine der Korrespondenzen an, die in der *Faust*-Dichtung vielfach auch zwischen sehr unterschiedlichen Spielfiguren bestehen. Sie richtet sich hier auf die Kabiren: urtümliche Gottheiten eines spätantiken Mysterienkults, die in Goethes Spiel von den Nereiden und Tritonen in einer Wasserprozession herangeführt werden und das kultische Zentrum des großen Festes bilden, mit dem in den Felsbuchten des ägäischen Meers das Mysterium der Lebensentstehung vollzogen und gefeiert wird. Bei den romantischen Mythologen hatte er von diesen geheimnisvollen, stimmlos bleibenden und noch ungestalten Idolen gelesen; von ihrem

»Hunger nach Wesen«, in dem Schelling geradezu »das Innerste der Natur erkennen« wollte; von ihrer »Sehnsucht« nach Wirklichkeit, die Schelling geradezu »als Anfang, als ersten Grund zur Schöpfung« bezeichnete. Sie sind »alle noch nicht fertig«, verkünden Goethes Nereiden und Tritonen. Und dann (8202 ff.):

Diese Unvergleichlichen
Wollen immer weiter,
Sehnsuchtsvolle Hungerleider
Nach dem Unerreichlichen.

Ich bedenke nicht weiter, wie tief diese Verse in die *Faust*-Dichtung hineinreichen, wie vieles sie da widerspiegeln und wie sie dabei auch, aber keineswegs allein den Protagonisten charakterisieren, von dem Mephisto schon im Prolog gewußt hat, daß er dem Herrn »auf besondre Weise« dient:

Ihn treibt die Gärung in die Ferne,
Er ist sich seiner Tollheit halb bewußt;
Vom Himmel fordert er die schönsten Sterne,
Und von der Erde jede höchste Lust,
Und alle Näh' und alle Ferne
Befriedigt nicht die tiefbewegte Brust.

Ich will auch nicht weiter zu erörtern versuchen, inwiefern und inwieweit die Kabiren-Verse als eine aufs Ganze gehende Antwort gelten könnten auf die Frage, was der Mensch denn sei, und welche Implikationen sich da etwa ergäben für Philosophie, Juristerei, Medizin und Theologie. Menschen-Verse sind das allemal, haben etwas zu tun mit der gängigen Rede vom Menschen als dem Mängelwesen oder auch mit der Bemerkung Immanuel Kants: »aus so krummem Holze, als woraus der Mensch gemacht ist, kann nichts ganz Gerades gezimmert werden.« Aber sie reichen weit darüber hinaus. Also nur zum Mitnehmen noch und zum eigenen Nachdenken, wenn Sie mögen:

Diese Unvergleichlichen
Wollen immer weiter,
Sehnsuchtsvolle Hungerleider
Nach dem Unerreichlichen.

Literaturhinweise

Johann Wolfgang von Goethe: Faust. Text- und Kommentar-Bd. Hg. von Albrecht Schöne. Vierte, überarbeitete Auflage (Sonderausgabe), Frankfurt am Main 1999.

Gottfried Wilhelm Hertz: Natur und Geist in Goethes Faust. Frankfurt am Main 1931.

Theophrast von Hohenheim gen. Paracelsus: Sämtliche Werke. Hg. von Karl Sudhoff. Bd 11, München/Berlin 1928 (dort: *De Natura rerum, Liber primus*).

Lorenz Oken: Die Entstehung der ersten Menschen. In: Isis oder Encyklopädische Zeitung, 2: 1117-1123, 1819.

Johannes Praetorius: Anthropodemus Plutonicus. Das ist / Eine Neue Welt=beschreibung Von allerley Wunderbahren Menschen. Magdeburg 1666 (dort: *Von Chymischen Menschen*).

Schlußszene der Klassischen Walpurgisnacht von Goethes *Faust II* in einer Inszenierung von Hansgünther Heyme am Schauspielhaus Köln im Jahre 1977. Homunkulus: Gabriele Isakian, Galatee: Manuela Alphons.

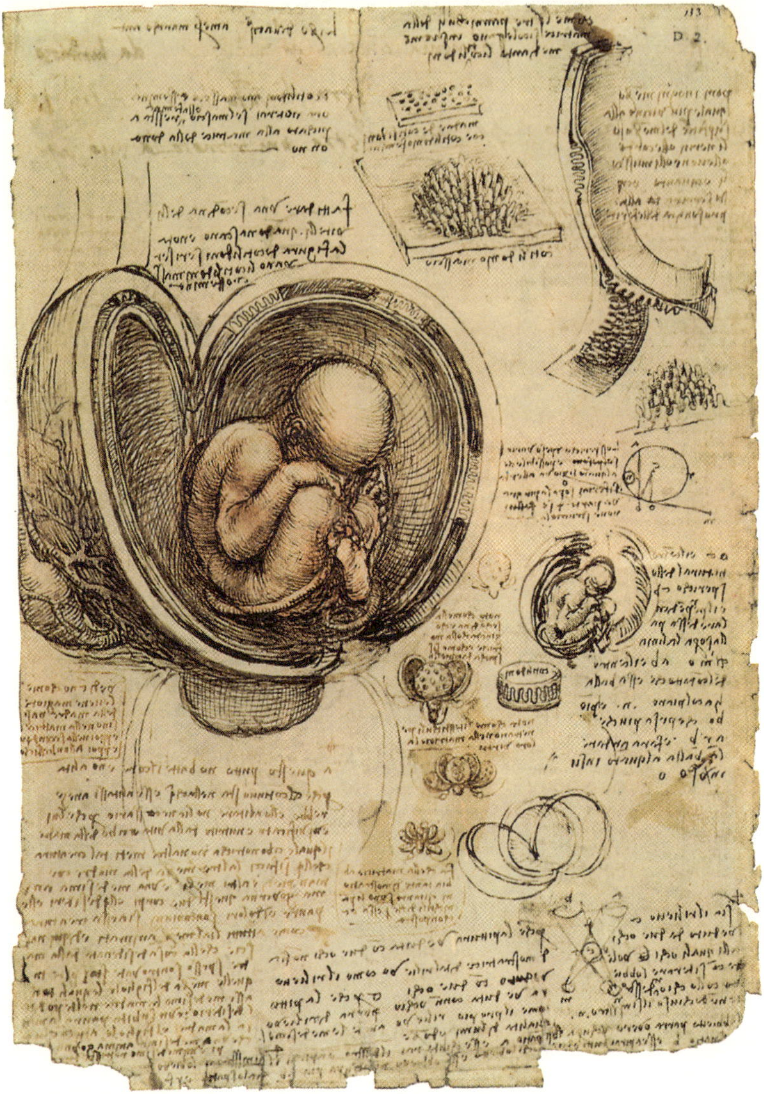

Leonardo da Vinci (1452-1519): Feder- und Tuschezeichnung eines menschlichen Fötus im Uterus. Die Anmerkungen auf dem Blatt sind in Spiegelschrift geschrieben worden. Aus der Sammlung der anatomischen Zeichnungen Leonardo da Vincis in der königlichen Bibliothek auf Schloß Windsor. Originalgröße 30,5 × 22 cm.

Woraus wir werden

Die Stammzellen und ihr Potential

von

Jan Schindehütte, Barbara Meyer und Peter Gruss

Wir müssen wissen, wir werden wissen.
Inschrift auf dem Grabstein von David Hilbert

Was mich zu meiner wissenschaftlichen Arbeit motiviert, ist kein anderes Gefühl als das unwiderstehliche Verlangen, die Geheimnisse der Natur zu verstehen.
Albert Einstein

Einige grundsätzliche Vorbemerkungen

Das Thema dieser Vortragsreihe lautet »Was ist der Mensch?« Ein Aspekt, der die Spezies Mensch auszeichnet, wird aus der obigen Grabsteininschrift des Mathematikers David Hilbert und dem Zitat des Physikers Albert Einstein deutlich – ein unvergleichlicher Wissensdrang. Dies ist sicherlich eine wesentliche Komponente unseres evolutionären Aufstiegs. Die Überzeugung, daß es einen Erkenntnisfortschritt gibt, der uns der Wahrheit über die Welt und den Menschen näherbringt, motivierte stets die wissenschaftliche Arbeit. »Aus dieser Arbeit«, so schrieb der Physiker und ehemalige Präsident der Deutschen Forschungsgemeinschaft Maier-Leibnitz, »ist ein Wissens- und Denkgebäude entstanden, das zwar immer unfertig bleibt, das aber zu den solidesten und imponierendsten unter den Besitztümern der Menschheit gehört.«

Keine andere Wissenschaft hat im vergangenen Jahrhundert so tiefgreifend zu einem Wandel des Wissens- und Denkgebäudes bezüglich des Menschenbildes beigetragen wie die Biologie und hier besonders die Genetik und die Entwicklungsphysiologie. Im Jahre 1943 konnte Oswald Theodore Avery nachweisen, daß nicht, wie man bisher geglaubt hatte, Proteine, sondern Desoxyribonucleinsäuren (DNS) die materiellen Träger der Erbinformation sind. Zehn Jahre später klärten James Watson und Francis Crick unter Verwendung röntgenkristallographischer Aufnahmen, die von Rosalind Franklin stammten, die Doppelhelixstruktur der DNS auf. Schließlich gelang es in den letzten Jahren, bei vielen Organismen – zuletzt auch beim Menschen – die Basensequenz der DNS und damit das Genom vollständig zu entschlüsseln. Hinzugekommen sind wichtige Erkenntnisse über die Steuerung der Genaktivitäten in der frühen Entwicklung. Damit hat, auch wenn noch vieles unklar ist, das Bemühen, die ursächlichen Unterschiede zwischen den Organismen, also ihre genetische Identität, sowie ihre Ontogenie und ihre Funktionen zu verstehen, eine neue Dimension gewonnen. Viele der neuen biologischen Erkenntnisse sind in ihrer Konsequenz auch außerhalb der Biologie von großer Bedeutung. Evolutionstheorie, Neurobiologie sowie molekularbiologische und embryologische Techniken zwingen zu einer Revision alter Denkweisen und beinhalten damit eine große Herausforderung für unser Weltbild.

Oberflächlich betrachtet, sind die positiven Aspekte dieser Entwicklung unverkennbar. So hat sich beispielsweise, unter anderem durch die Forschung auf dem biomedizinischen Sektor, die menschliche Lebenserwartung nahezu verdoppelt. »Wollen immer weiter: Sehnsuchtsvolle Hungerleider. Nach dem Unerreichlichen« (Goethe *Faust II* Verse 8202-8205). Doch ist es denn so einfach? Bringt der wissenschaftliche Intellekt notwendigerweise eine Verbesserung der menschlichen Lebensbedingungen mit sich, wovon der englische Philosoph Francis Bacon im 17. Jahrhundert überzeugt war? Den verbesserten Lebensbedingungen, die man sich durch weitere wissenschaftliche Erkenntnisse in der molekularen Zellbiologie erhofft, stehen zweifellos Bedenken und Horrorszenarien von gezüchteten und / oder selektionierten Menschen gegenüber. Es gibt also noch Denkbedarf in dem Spannungsfeld zwischen Erkennen und Verstehen auf der einen Seite und Anwenden und Umsetzen auf der anderen Seite. Dies gilt zur Zeit besonders für die Diskussion über den Einsatz und die Möglichkeiten von Stammzellen, eine Diskussion, die durch alle Gesellschaftsschichten geht und innerhalb derer die Ansichten sehr kontrovers sind.

Es gilt, für uns alle zwischen dem Wissen und dem Wollen abzuwägen – dem Wissen um mögliche Heilungschancen durch Stammzelltechnologie und dem Wollen, wenn Embryonen dafür geopfert werden müßten. Diesen Konflikt kann naturwissenschaftliches Tatsachenwissen natürlich nicht lösen, aber es kann helfen, sich in diesem Spannungsfeld sicherer zu bewegen. Daher sollen im folgenden einige Fakten in bezug auf diese neue Technologie dargestellt werden. Dazu erscheint es sinnvoll, zunächst einige entwicklungs- und molekularbiologische Grundlagen zu erläutern.

Die Embryonalentwicklung des Menschen

Wir wissen, daß der Mensch, wie alle sich geschlechtlich fortpflanzenden Lebewesen, durch die Befruchtung – die Verschmelzung von mütterlicher Eizelle mit der väterlichen Samenzelle – entsteht und anschließend das ›Wunder‹ der Entwicklung durchläuft. Besonders wichtig für das Verständnis der embryonalen Stammzellforschung ist die frühe Embryonalentwicklung, die in unterschiedliche Stadien eingeteilt werden kann. Am Anfang der gesamten Entwicklung muß die Samenzelle mit der Eizelle in Verbindung treten und die äußere Hülle der Eizelle, die sogenannte *Zona pellucida*, durchdringen. Der Zeitraum vor der Verschmelzung der mütterlichen und väterlichen Erbinformationen, die zu diesem Zeitpunkt in den noch getrennten Vorkernen zu finden sind, wird Vorkernphase genannt. Erst nach Fusion der Vorkerne wird die befruchtete Eizelle als Zygote oder Embryo bezeichnet. Befruchtete Eizellen in der Phase des Vorkernstadiums dürfen in Deutschland im Rahmen der Kinderwunschbehandlung (In-Vitro-Fertilisation) erzeugt, eingefroren und schließlich in die Gebärmutter einer Frau zum Auslösen einer Schwangerschaft eingesetzt werden. Tritt die Fusion der Vorkerne ein, so steht der nun entstandene Embryo unter besonderem gesetzlichen Schutz.

Wie kann aber aus dieser einen befruchteten Eizelle ein gesamter Organismus entstehen, der letztendlich aus ca. 10^{13} Zellen und etwa 200-300 verschiedenen Zelltypen besteht? Hierfür muß man die weitere Embryonalentwicklung betrachten, die man grob in zwei Phasen unterteilen kann, die Präimplantationsphase (Abb. 1) und die Postimplantationsphase. Erstere umfaßt die Entwicklung von der befruchteten Eizelle im Eileiter bis zur ihrer Einnistung in die Gebärmutter, letztere die Zeit danach bis zur Geburt.

Nach Befruchtung der Eizelle und der Fusion der Vorkerne beginnt die Zellteilung. Gleichzeitig wird der Embryo im Eileiter passiv in Richtung Gebärmutter transportiert. Bis zum Acht-Zell-Stadium haben die entstandenen Zellen noch ein unbegrenztes Potential und werden als toti- oder omnipotent bezeichnet. Dies bedeutet, daß aus jeder einzelnen dieser Zellen ein gesamter Embryo hervorgehen könnte. Kurz vor der Einnistung in die Gebärmutter hat sich der Embryo zu einem kugeligen Gebilde entwickelt, das man Blastozyste nennt (Abb. 2). In der inneren Zellmasse der Blastozyste befinden sich Zellen, die man als embryonale Stammzellen bezeichnet.

Es ist möglich, diese Zellen aus der Blastozyste zu isolieren und im Labor praktisch unendlich zu vermehren. Sie haben sich im Unterschied zu den Zellen des Acht-Zell-Stadiums schon ein wenig weiterentwickelt, das

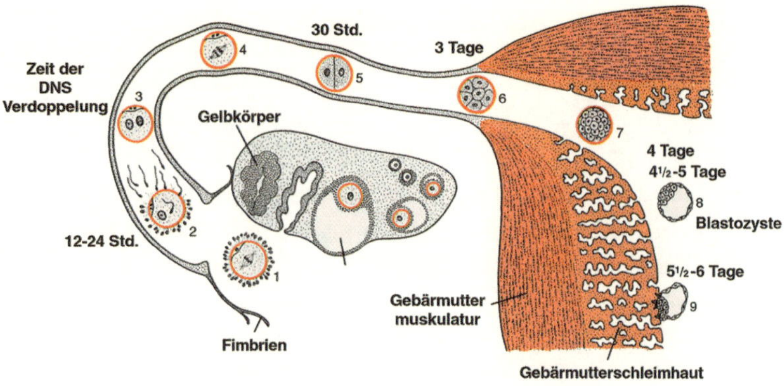

Abb. 1: Schematische Darstellung der Präimplantationsphase.
Aus: T. W. Sadler: Langman's Medical Embryology (1985), verändert.

heißt, ihr Potential ist bereits eingeschränkt. Aus einer dieser Zellen kann also nicht mehr ein vollständiger Embryo hervorgehen. Daher werden embryonale Stammzellen nicht mehr als omni-, sondern nur noch als pluri- oder multipotent bezeichnet. Das Potential dieser Zellen reicht jedoch immerhin so weit, daß aus ihnen noch alle erdenklichen Zelltypen des Organismus hervorgehen können. Prinzipiell können Stammzellen – auch adulte Stammzellen, auf die später eingegangen werden soll – durch zwei Eigenschaften definiert werden. Einerseits können sie sich selbst erneuern. Es entstehen dabei identische Tochterzellen, ohne daß diese in ihrem Reifungsprozeß weiter fortgeschritten sind. Andererseits sind Stammzellen in der Lage, in unterschiedliche Zelltypen auszureifen.

Am Ende der Präimplantationsphase erreicht die Blastozyste die Gebärmutterschleimhaut und nistet sich in diese ein. Man nennt diesen Vorgang Nidation. Dieses Ereignis markiert den Beginn der Postimplantationsphase und ist für die weitere Embryonalentwicklung, die als Embryogenese bezeichnet wird, unabdingbar. Während des Übergangs von der Prä- in die Postimplantationsphase erfolgt eine Ausreifung der embryonalen Zellen in drei unterschiedliche Gewebetypen: Ektoderm, Mesoderm und Entoderm. Diese Gewebearten werden als ›Keimblätter‹ bezeichnet; sie stellen die Vorläufergewebe der unterschiedlichen Organe dar. Man weiß beispielsweise, daß sich aus dem Ektoderm das Nervengewebe und die Haut entwickeln, aus dem Mesoderm entstehen Muskeln, Knochen und Nieren und aus dem Entoderm Darm, Leber und Lungen. Die weitere Anlage der großen Organsysteme und deren Unter-

Abb. 2: Blastozyste des Menschen mit embryonalen Stammzellen im oberen Teil. Aus: Lennart Nilsson: Ein Kind entsteht, Mosaik-Verlag München (1999).

gliederung in die speziellen Organe dauert etwa bis zum Abschluß der 8. Woche nach der Befruchtung. Sie wird im eigentlichen Sinne als die Embryonalzeit bezeichnet.

Ab der 9. Woche der vorgeburtlichen Entwicklung bis zur Geburt spricht man nicht mehr vom Embryo, sondern vom Fötus bzw. der Fötalzeit (Abb. 3, 4). Sie ist vor allem durch Wachstums-, Differenzierungs- und Reifungsvorgänge gekennzeichnet. Das letzte besondere Ereignis vor der Geburt ist in der 24. Woche die Ausreifung der Blut-Luft-Schranke in den Lungen. Von diesem Zeitpunkt an ist das Überleben einer Frühgeburt möglich.

Ontologische Fragen

Die wissenschaftlichen Darstellungen der Embryonal- und der Fötalentwicklung sind zum großen Teil noch sehr deskriptiv. Viele der eigentlichen Vorgänge und Mechanismen sind noch nicht verstanden, obwohl sich die Ontologie und die Ontogenese schon sehr lange mit den Wesensbestimmungen des ›Seienden‹ und der Entwicklung des Individuums befassen. Eine zentrale Frage, mit der sich die Ontologie im Zusammenhang unterschiedlicher naturwissenschaftlicher Erkenntnisse immer wieder beschäftigte, ist, ob der Keim oder die befruchtete Eizelle bereits alle Voraussetzungen für die spätere Existenz einschließt oder ob er lediglich das Anlagemuster ist, welches zur individuellen Existenz realisiert werden muß. Mit anderen Worten: ist das ›Sein‹ Bedingung des ›Werdens‹ oder das ›Werden‹ Voraussetzung für das ›Sein‹?

Verfolgt man die Geschichte der Ontologie, so können zwei Theorien der Individualentwicklung gegenübergestellt werden. Der Präformationstheorie zufolge sollen alle Organe, einschließlich der seelischen Komponenten, bereits in den Keimzellen auf kleinstem Raum angelegt sein. Dieser Hypothese wurde und wird die der Epigenese entgegengestellt, die von einer völligen Neubildung aller Teile des Organismus ausgeht. Der Präformationsgedanke geht von der These aus, daß das ›Sein‹ die Voraussetzung für das ›Werden‹ ist, während nach der Epigenese-Hypothese das ›Werden‹ Bedingung für das ›Sein‹ ist. Betrachtet man die beiden Theorien auf der Basis der heutigen wissenschaftlichen Erkenntnisse, so wissen wir, daß der menschliche Organismus nicht im Sinne des Vorhandenseins der Organe und seelischen Komponenten an sich präformiert ist wie ursprünglich angenommen. Vielmehr spricht vieles dafür, große Anteile der seelischen Komponente im Zusammenhang mit der postnatalen Erziehung, Sozialisation und Prägung zu sehen. Setzt man aber, und auch dafür gibt es Argumente, das Wesen mit der Kodierung seiner Anlagen, also seinem Genom, gleich, so hat auch heute die Präformationstheorie noch ihre Berechtigung. Die Kontroverse, ob sich die Ontogenese ausschließlich präformatorisch oder epigenetisch vollzieht, kann bisher nicht mit Sicherheit entschieden werden. Es stellt sich immer noch die Frage, ob bereits das Genom, also die Erbinformation, das Wesen oder Sein ausmacht.

Um der Antwort etwas näher zu kommen, müssen wir mehr über die Rolle des Genoms während der embryonalen bzw. fötalen Entwicklung lernen, um zu verstehen, wie sich aus der uniformen Zellmasse des frühen Embryos so unterschiedliche Zelltypen wie beispielsweise Nerven-, Haut-, Darm- oder Muskelzellen entwickeln, die anschließend komplexe Organe bilden.

Zelldifferenzierung und Stammzellforschung

Wir wissen, daß alle kernhaltigen Zellen in ihrem Zellkern die gesamten Erbinformationen tragen. Diese Informationen sind durch DNS-Moleküle verschlüsselt und in Informationseinheiten untergliedert, die man Gene nennt. Der menschliche Organismus enthält ca. 31 000 unterschiedliche Gene, die alle – mit wenigen Ausnahmen – in jeder Zelle vorliegen. Nun benötigt eine spezialisierte Zelle nicht alle diese Informationen, sondern nur solche, die auch für ihre Funktion relevant sind. Die verschiedenen Zelltypen werden also über ein genetisches Programm definiert, das bestimmt, welche Gene aktiv sind. Teile der gegenwärtigen Forschung beschäftigen sich mit der Frage, über welche Entwicklungskontrollgene und molekularen Mechanismen ein definierter Zelltyp, ausgehend von den embryonalen Stammzellen der Blastozyste, seine Position in Raum und Zeit sowie seine Funktion findet. Für die Analyse dieser Prozesse bietet sich die Forschung an embryonalen Stammzellen an, die man im Labor praktisch unendlich vermehren kann. Des weiteren können embryonale Stammzellen *in-vitro*, das heißt in Zellkultur, in bestimmte spezialisierte Zelltypen differenziert werden. Durch die *In-vitro*-Analyse von Faktoren, die für die Differenzierung ausschlaggebend sind, hofft man, die molekularen Mechanismen und Schalter zu entdekken, welche die Spezialisierung undifferenzierter Zellen steuern. Sicher wird auch die molekularbiologische Aufklärung solcher Vorgänge nicht die Fragen über die Wesensbestimmung des Menschen beantworten. Sie kann aber dazu beitragen, näher zu definieren, worüber man überhaupt diskutiert.

Einen weiteren Aspekt, für den es wichtig ist, die Embryonalentwicklung auf molekularer Basis besser zu verstehen, liefert die Regenerationsmedizin. Sieben von zehn der häufigsten Todesursachen liegt eine Schädigung einzelner Organe zugrunde. Eine Organtransplantation könnte bei einigen dieser Erkrankungen (zum Beispiel Herz-, Lungen-, Nieren-, Bauchspeicheldrüsen- oder Hirnerkrankungen) eine erfolgversprechende Therapieoption sein. Die auf Fremdspender angewiesene Transplantationsmedizin ist jedoch unter anderem mit folgenden Problemen verbunden: Zum einen besteht bei einer Transplantation immer die Gefahr einer immunologischen Abstoßungsreaktion sowohl von seiten des Empfängers als auch des Transplantats. Zum anderen gibt es, wie allgemein bekannt, einen Mangel an transplantierbaren Organen. Die American Heart Association publizierte im Jahr 1997, daß 40 000 Patienten eine Herztransplantation benötigten, jedoch konnten nur 2 300 Patienten ein entsprechendes Organ erhalten. Hier könnte, wie es in dem Beitrag von Axel Haverich ausführlich dargelegt ist, die Stammzellforschung ansetzen.

Das Konzept der Stammzellforschung in der regenerativen Medizin besteht in der Zellersatztherapie. Eine Strategie umfaßt die exogene Stammzellapplikation. Dabei sollen Zellen, die durch einen pathologischen Prozeß untergegangen sind, durch solche ersetzt werden, die zuvor im Labor durch Differenzierung von Stammzellen gewonnen wurden. Eine Erkrankung, bei der diese exogene Stammzellapplikation erfolgreich sein könnte, ist der *Morbus Parkinson*. Bei dieser sehr häufigen Erkrankung (1 % der Bevölkerung über 60 Jahre) sterben fast ausschließlich Nervenzellen ab, die den Botenstoff Dopamin verwenden. Aus dem Verlust der Nervenzellen resultieren die drei Hauptsymptome: *Rigor* (Steifigkeit), *Akinese* (Bewegungsarmut) und *Tremor* (Zittern). Eine langfristig befriedigende medikamentöse Therapie gibt es leider bis heute nicht. Daß die Behandlung von Parkinson-Patienten durch Zellersatztherapie generell möglich ist, bewies bereits Anfang der neunziger Jahre eine schwedische Forschungsgruppe. Sie transplantierte Vorläuferzellen dopaminerger Neurone aus abgetriebenen Embryonen in Gehirne von Parkinson-Patienten. Selbst zehn Jahre nach der Transplantation konnte eine funktionelle Integration dieser Zellen in dem Empfängergehirn durch bildgebende Untersuchungen nachgewiesen werden.

Allerdings ist eine Therapie mit fötalem Gewebe nicht unproblematisch. Es besteht wiederum ein Mangel an transplantierbarem Gewebe, für andere Erkrankungen als Parkinson bietet sich kein geeignetes Gewebe an, und nicht zuletzt ist dieser Ansatz mit ethischen Problemen behaftet. Das Ziel der Zellersatztherapie durch exogene Stammzellapplikation ist es deshalb, aus den praktisch unendlich in Gewebekultur vermehrbaren embryonalen Stammzellen zielgerichtet dopaminerge Nervenzellen zu differenzieren und diese zu transplantieren. Mit einer Abstoßungsreaktion ist in diesem speziellen Fall nicht zu rechnen, da das Gehirn durch die Blut-Hirn-Schranke von den immunkompetenten Zellen des Blutes getrennt ist. Die Transplantation von Ersatzgeweben in andere Organe ist, sofern die embryonalen Stammzellen nicht von dem Patienten selbst stammen, jedoch problematisch. In diesen Fällen wäre eine Abstoßung ohne zusätzliche Gabe von abstoßungshemmenden Medikamenten wahrscheinlich, da das Transplantat mit dem Empfänger nicht genetisch identisch ist.

Eine weitere Hoffnung in Verbindung mit der exogenen Stammzellapplikation beruht auf den adulten Stammzellen. In einem erwachsenen Körper müssen Zellen, die aufgrund von programmiertem Zelltod, Verletzung, Blutung oder aus anderen Ursachen untergehen, permanent

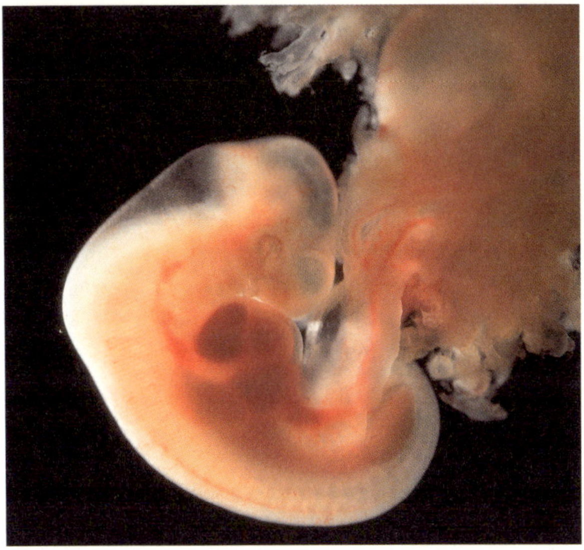

Abb. 3: Etwa fünf Wochen alter, zehn Millimeter langer menschlicher Embryo. Das verhältnismäßig große Herz ist in der Bildmitte gut zu erkennen. Aus: Lennart Nilsson: Ein Kind entsteht, Mosaik-Verlag München (1999).

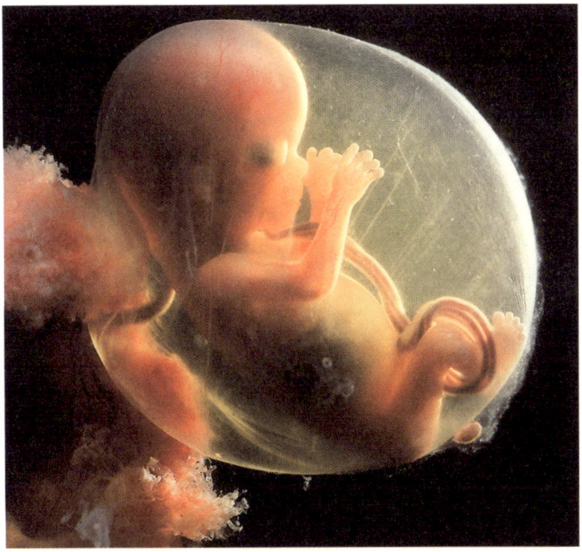

Abb. 4: Vier Monate alter, zehn Zentimeter langer menschlicher Fötus. Aus: Lennart Nilsson: Ein Kind entsteht, Mosaik-Verlag München (1999).

ersetzt werden. Der Nachschub oder die Regeneration der organspezifischen Zellen erfolgt durch adulte Stammzellen. Diese Stammzellen sind an verschiedenen Orten des erwachsenen Körpers lokalisiert, zum Beispiel im Gehirn, der Haut, der Bauchspeicheldrüse oder im Knochenmark. Bis vor kurzem dachte man, daß die adulten Stammzellen nur zu jenen Zellen ausreifen können, deren Organ sie angehören. Man glaubte beispielsweise, daß aus Blutstammzellen lediglich die zellulären Bestandteile des Blutes und aus Hirnstammzellen nur Nerven- und Gliazellen hervorgehen könnten. Neuere Untersuchungen haben jedoch gezeigt, daß adulte Stammzellen auch ›transdifferenzieren‹ können. Dies bedeutet, daß Stammzellen eines Organsystems unter bestimmten Umständen auch in Zelltypen eines anderen Organs differenzieren können. Das vollständige Differenzierungspotential der adulten Stammzellen, insbesondere, ob sie das Potential der embryonalen Stammzellen erreichen können, ist noch nicht bekannt. Wenn es aber möglich wäre, adulte Stammzellen eines Patienten, die unproblematisch isoliert werden können, im Labor in den benötigten Zelltyp umzuprogrammieren, so wäre dies eine weitere Option der exogenen Stammzelltherapie. Eine vielversprechende Ausgangszelle bei dieser Methode ist die adulte Stammzelle des Blutes. Die Gewinnung und Kultivierbarkeit anderer adulter Stammzellen eines Patienten, beispielsweise adulter Hirnstammzellen, stellt zur Zeit noch ein biologisches beziehungsweise technisches Problem dar.

Auch die andere Form der Zellersatztherapie, die sogenannte endogene Stammzelltherapie, stützt sich auf adulte Stammzellen. Hierbei sollen diese *in vivo* – also in den Organen des Patienten – durch regenerative Gentherapie oder bestimmte Moleküle und Wachstumsfaktoren so umprogrammiert beziehungsweise angeregt werden, daß sie zur Regeneration der untergegangenen Zellen führen. Denkbar wäre diese Methode bei der Zuckerkrankheit (*Diabetes mellitus*). Bei bestimmten Formen dieser Erkrankung degenerieren die Insulin produzierenden Inselzellen in der Bauchspeicheldrüse. Dies führt zu einem erhöhten Blutzuckerspiegel, da Insulin benötigt wird, um den aus der Nahrung aufgenommenen Zucker aus dem Blut in die Zellen zu transportieren. Durch die endogene Modifikation des genetischen Programms der bauchspeicheldrüseneigenen Stammzellen könnten nun die Insulin produzierenden Zellen gezielt regeneriert werden.

Sowohl adulte als auch embryonale Stammzellen verfügen über therapeutisches Potential. Da jede der genannten möglichen Strategien bezüglich ihres Einsatzes oder Angriffspunktes Vor- und Nachteile hat, ist es zur Zeit noch unumgänglich, eine vergleichende Forschung zwischen

Abb. 5: Eine befruchtete menschliche Eizelle – und was daraus werden kann.

adulten und embryonalen Stammzellen zu fordern. Diese könnte die molekularen Mechanismen der Pluri- beziehungsweise Multipotenz offenlegen, um ethisch unbedenkliche Therapiestrategien zu entwickeln.

Eine weitere Technik, die eine Anwendung der Stammzelltechnologie voraussetzt, ist die des sogenannten ›therapeutischen Klonens‹. Das mittlerweile berühmte Experiment einer schottischen Arbeitsgruppe, bei dem das erste klonierte Schaf ›Dolly‹ entstand, verdeutlicht das Prinzip dieser Methode. In diesem Experiment wurde der Kern einer Zelle aus dem Eutergewebe in eine Eizelle eingebracht, deren ursprünglicher Kern zuvor entfernt wurde. Man bezeichnet dieses Vorgehen auch als Kerntransfer. In der neuen Mikroumgebung des Eizellplasmas wurde das genetische Programm des ehemaligen Eutergewebszellkerns derart umprogrammiert, daß erneut embryonale Stammzellen entstanden und ein früher Embryo gewonnen werden konnte. Nach anschließender operativer Implantation dieses Embryos in die Gebärmutter entwickelte sich ein identisches Schaf, also ein Klon.

Etwas verändert könnte dieses Prinzip auch beim therapeutischen Klonieren eingesetzt werden. Hierbei sollen ein Kern aus einer Zelle des Patienten in eine entkernte Spender-Eizelle eingebracht und die daraus resultierenden embryonalen Stammzellen isoliert werden. Diese Stammzellen wären dann genetisch mit den Zellen des Patienten identisch. Durch anschließende Differenzierung der Patientenstammzellen in das benötigte Ersatzgewebe *in vitro* wäre bei dieser Methode nach der Transplantation nicht mit einer Abstoßungsreaktion zu rechnen.

Diese Methode sowie die Gewinnung von menschlichen embryonalen Stammzellen ist in Deutschland durch das Embryonenschutzgesetz verboten, weil hierfür ein Embryo allein zum Zwecke der Zerstörung hergestellt wird und es sich daher um eine embryonenverbrauchende Technik handelt. Selbst die Hormonbehandlung einer Frau zur Erzeugung reifer Eizellen für das therapeutische Klonen ist nicht zugelassen. Trotzdem besteht in Deutschland prinzipiell die rechtliche Möglichkeit, humane Stammzellen aus Ländern einzuführen, in denen die Gewinnung erlaubt ist, zum Beispiel in England.

Ethische und rechtliche Probleme

Wie die Diskussion zeigt, besteht ein Konflikt – ein Konflikt zwischen dem Machbaren und Wünschbaren, zwischen dem moralischen Anspruch des Patienten auf höhere Lebensqualität – im Extremfall auf Überleben – und den ethischen Werten, die uns den Respekt vor dem Embryo bewahren. Bei Konflikten von solcher Tragweite kann und darf eine Lösung nicht von Wissenschaftlern allein gefunden werden. Sie muß vielmehr als gesamtgesellschaftliche Aufgabe begriffen werden.

Man kann das moralische Obligo des Wissenschaftlers nicht oft genug betonen. Die primäre Verantwortung betrifft die Zuverlässigkeit des Wissens. Er ist dafür verantwortlich, daß sich der handelnde Mensch bei jeder Problemlösung und unter allen Umständen auf das Wissen verlassen kann, selbst wenn uns dieses Wissen wie im Fall der Herstellung menschlicher embryonaler Stammzellen eine so schwerwiegende Gewissensentscheidung abverlangt. Das Problem oder der Kern innerhalb der Gewissensentscheidung ist eng mit der Frage verknüpft: Wann ist ein Mensch ein Mensch? Nach unserer persönlichen Meinung ist das befruchtete Ei weit entfernt vom ›Menschsein‹. Es ist zum ›Menschwerden‹ vorgesehen und besitzt die Potentialität, ist aber noch kein Humanum mit Seele (Abb. 5).

Es kommt noch etwas anderes hinzu: Auch auf natürlichem Wege erlangt nur etwa ein Viertel der befruchteten Eizellen die volle Entwicklungsreife bis zur Geburt. Eine entscheidende Hürde auf diesem Weg zur Menschwerdung stellt die erfolgreiche Wechselwirkung nach der Einnistung mit dem mütterlichen Organismus dar. Ohne diese Nidation gäbe es kein lebendes Säugetier. Nicht zuletzt auf dieser Grundlage bewerten andere Länder die Rechte und Schutzkriterien für menschliche

Embryonen unterschiedlich. In Deutschland allerdings genießt der Embryo bereits direkt nach der Verschmelzung der Vorkerne ein hohes Maß an Schutz durch das Embryonenschutzgesetz. Doch dieser Schutz ist nicht absolut. Die Gesellschaft hat bereits in der Vergangenheit in bezug auf Erzeugung und auch die Verhinderung menschlichen Lebens teilweise eine andere Stellung eingenommen. So konnte mit der Einführung der künstlichen Befruchtung vielen Paaren der Wunsch nach einem leiblichen Kind erfüllt werden. Es läßt sich nicht verhindern, daß hierbei im Einzelfalle Embryonen ›übrigbleiben‹. In diesen Fällen hat sich unsere Gesellschaft *für* den Wunsch der Eltern nach einem Kind und *gegen* die Rechte der überzähligen Embryonen entschieden. Als Konsequenz gibt es weltweit und auch in Deutschland eine Vielzahl sogenannter ›verwaister‹ Embryonen sowie Vorkernstadien befruchteter Eizellen, die nicht mehr für die *In-vitro*-Fertilisation in Frage kommen.

Daß dem menschlichen Embryo kein absoluter Schutz gewährt wird, zeigt sich auch in der Verhütungs- und Schwangerschaftsabbruchpraxis. Schwangerschaftsabbrüche werden von einem Großteil der Bevölkerung akzeptiert, da sie die Abwägung der Interessen der Frau gegen die des werdenden Lebens für moralisch zulässig erachten. Exakt betrachtet ist auch die Verhütung mit der gesellschaftlich tolerierten, nidationshemmenden Spirale das Ergebnis einer Interessenabwägung zugunsten der Frau und zu Lasten des Embryos.

Eine vergleichbare Interessenabwägung muß auch der Verwendung humaner embryonaler Stammzellen vorausgehen. Man sollte in diesem Fall nicht mit zweierlei Maß messen und dies als Schritt über den Rubikon betrachten, zumal für die Herstellung von humanen embryonalen Stammzellinien nur relativ wenige überzählige Embryonen benötigt würden, die im Ausland bereits verwendet worden sind.

Schlußwort

Das ›Prinzip Verantwortung‹, das wohl jeder moralischen Ansprüchen verpflichtete Naturwissenschaftler bejaht, verpflichtet uns, symmetrisch zu argumentieren. Dies bedeutet, nach bestem Wissen und Gewissen Vorteile und Risiken gegeneinander abzuwägen und entsprechend zu handeln. Hans Jonas argumentierte, daß in der heutigen Welt bei begründetem Zweifel eine Handlung unterlassen werden müßte. Es gilt also abzuwägen, welche noch nicht übersehbaren Risiken oder negativen Wirkungen dem Nutzen der Therapie entgegenstehen. Die gilt für das Tun und für das Unterlassen.

Der ausschlaggebende Punkt für eine Entscheidung über das Tun oder Unterlassen einer Handlung wurde 1950 von dem damaligen Bundespräsidenten Heuss treffend formuliert:

> Ich glaube, vor all dieser Diskussion liegt es an der Souveränität des Menschen, daß er der Herrscher der Dinge bleibt und nicht ihr Sklave wird, auch des erkennenden Menschen. Denn Naturerkenntnis will Naturbeherrschung. Aber das Herrschliche hat in sich eine gefährliche Kraft der Verführung. Das gilt im politischen Raum, das gilt auch in der Wissenschaft; in beiden bedarf es der Kontrolle, und zwar durch etwas ganz Einfaches: durch das menschliche Gewissen.

Aber mit der Berufung auf das Gewissen ist die ethische Debatte noch nicht zu Ende. Damit beginnt sie.

Literaturhinweise

Gering, W. J.: Wie Gene die Entwicklung steuern – Die Geschichte der Homebox. Basel 2001

Gottschalk, G.: (Hrsg.) Das Gen und der Mensch. Göttingen 2000

Nilsson, L.: Ein Kind entsteht. München 1999

Schindehütte, J. und Gruss, P.: Die molekulare Basis für regenerative Medizin. In: Wissenschaften 2001 – Diagnosen und Prognosen (Hrsg. Akademie der Wissenschaften zu Göttingen). Göttingen 2001

Der reparierte Mensch

Operiert – transplantiert – kloniert

von

Axel Haverich

Ein Wort vorweg

Als Chirurg einen Beitrag zum Thema »Was ist der Mensch?« zu leisten ist eine bedeutende, aber auch eine bedeutsame Aufgabe. Ich gehe davon aus, daß die Einladung hierzu auf eine Vielzahl von Begegnungen mit Herrn Schreiber, dem hiesigen (Medizin-)Strafrechtler zurückgeht. Begegnungen beispielsweise in Arbeitsgruppen und Kommissionen der Bundes-, der Landesärztekammer, der Deutschen Stiftung Organtransplantation, der Deutschen Forschungsgemeinschaft, insbesondere aber bei den Zugfahrten dorthin. Hier wurde die eigentliche »Schnittstellen-Problematik« zwischen geisteswissenschaftlicher, juristischer und philosophischer Betrachtung einerseits und den naturwissenschaftlich-medizinischen Grundlagen andererseits erörtert. Dennoch oder gerade deshalb gelang es mir nicht leicht, das Messer an das vorgegebene Thema zu setzen.

Hintergrund der aktuellen Diskussion »Was ist der Mensch?« aus medizinischer Sicht – und damit für die Aktualität dieser Vortragsreihe – ist die Frage der Nutzung von zellbiologischen und fortpflanzungsmedizinischen Erkenntnissen um humane Stammzellen. Das Wissen um die neu entstandenen Möglichkeiten einer ungeschlechtlichen Vermehrung – exemplarisch am Schaf Dolly sichtbar – hat eine breite öffentliche Diskussion eingeleitet. Diese umfaßt – wie an den Referenten der Göttinger Vortragsreihe ablesbar – Mediziner, Ethiker, Philosophen, Juristen, Theologen und Politiker. Sowohl in den Empfehlungen der Deutschen Forschungsgemeinschaft wie auch der Bundesärztekammer steht das hohe therapeutische Potential von Stammzellen bereits in der Einleitung. Mein persönliches Mandat, als Arzt in dieser Reihe vorzutragen, erkenne ich aber aus einem Satz Immanuel Kants (1734-1804), der anläßlich seiner Erörterung zum »Streit der Fakultäten« ausführte:

> Nach dem Naturinstinkt wird dem Menschen der Arzt der wichtigste Mann sein, weil dieser ihm sein Leben fristet, darauf allererst der Rechtserfahrene, der ihm das zufällige Seine zu erhalten verspricht, und nur zuletzt (fast nur wenn es zum Sterben kommt), ob es zwar um die Seligkeit zu tun ist, der Geistliche gesucht werden; weil auch dieser selbst, so sehr er auch die Glückseligkeit der künftigen Welt preiset, doch, da er nichts von ihr vor sich sieht, sehnlich wünscht, von dem Arzt in diesem Jammertal immer noch einige Zeit erhalten zu werden.

Ich möchte zunächst einige Ausführungen zu unserer klinischen Arbeit, unseren Forschungsvorhaben sowie den sich abzeichnenden neuen Möglichkeiten in der operativen und regenerativen Medizin machen und danach, ausgehend von einem historischen Rückblick, etwas zur ethischen Problematik in der modernen Medizin sagen. Dabei wird auch nach dem Wesen des Menschen gefragt und – gerade aus chirurgischer Sicht – zu überlegen sein, ob er lediglich eine reparierbare Maschine ist, so wie es eine Schulwandtafel aus der ersten Hälfte des 20. Jahrhunderts suggerieren mag (Abb. 1). Doch zunächst zu der heute so aktuellen Frage, an welcher Stelle humane Stammzellen helfen können, Krankheiten zu lindern oder zu heilen, und in welchem Zusammenhang damit Medizin, Chirurgie, Transplantation und das Klonen stehen.

Möglichkeiten und Grenzen der Transplantationsmedizin

Einen Großteil meiner Positionen zur Stammzellforschung beziehe ich aus der Transplantationsmedizin. Die Medizinische Hochschule Hannover, an der ich tätig bin, unterhält das größte Transplantationszentrum bundesweit und nimmt im europäischen Raum eine Spitzenstellung ein. Dennoch bleibt die Anzahl transplantierter Organe hier wie überall im Bundesgebiet weit hinter dem Bedarf zurück. Seit 1990 hat es faktisch keine Steigerung der Organspende gegeben, wohingegen die Anzahl potentieller Empfänger stetig wächst. Verbunden damit ist in Hannover für den Bereich der Herztransplantation eine etwa 20%ige Sterberate auf der Warteliste und eine solche von 36 % bei Patienten, die auf eine Lungentransplantation warten, festzustellen.

Aber es gibt noch ein anderes Problem: Das Leben des Organtransplantierten, also des Empfängers eines von einem anderen Menschen stammenden Organs (Allotransplantation) ist aufgrund der zur Abstoßungsunterdrückung notwendigen lebenslangen immunsuppressiven Therapie permanent gefährdet. Jedes einzelne dieser Medikamente weist

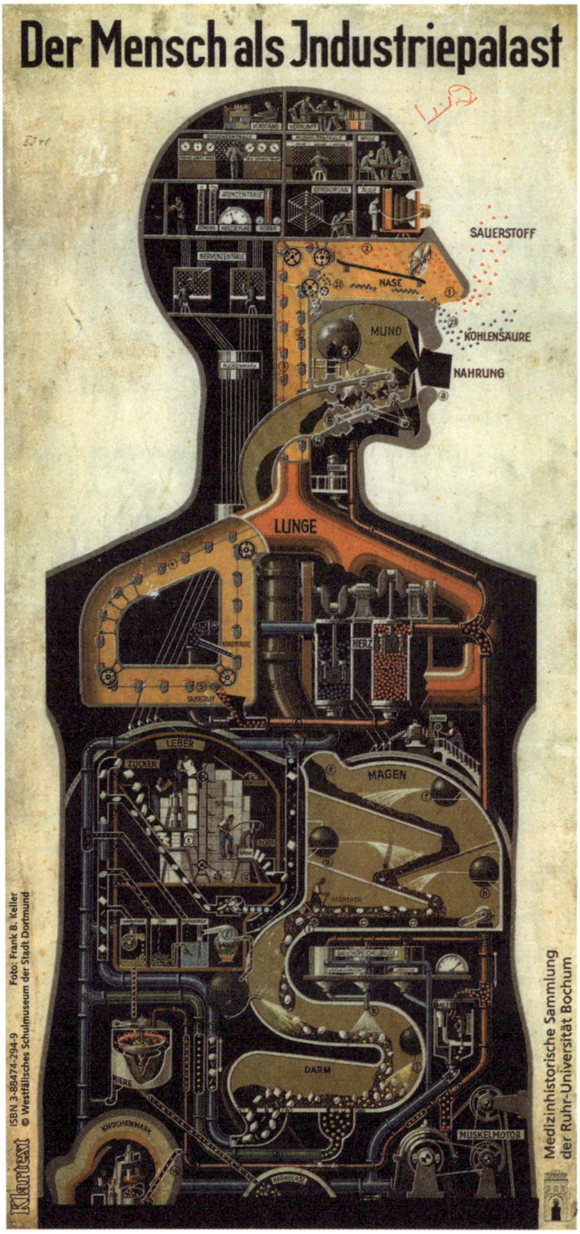

Abb. 1: Der Mensch, eine zwar komplizierte, aber doch – zumindest im Prinzip – leicht zu reparierende Maschine (?). Schulwandtafel aus der ersten Hälfte des 20. Jahrhunderts. Wiedergabe mit freundlicher Genehmigung des Schulmuseums der Stadt Dortmund.

eine erhebliche Palette von Nebenwirkungen auf und trägt insgesamt dazu bei, daß die Lebenserwartung dieser Patienten deutlich geringer als die der Gleichaltrigen aus der Normalbevölkerung ist. Trotz der hervorragenden in Hannover erzielten Resultate mit der Lungen- und der Herztransplantation, die etwa 10 % über dem internationalen Durchschnitt liegen, leben dennoch nach 10 Jahren nur etwa 50 % der Operierten. Im Vergleich zu der ursprünglichen Prognose ohne Transplantation ist dies zweifellos eine erhebliche Verbesserung, aber dennoch kein zufriedenstellendes Ergebnis.

Die Übertragung tierischer Organe auf den Menschen, die sogenannte Xenotransplantation, hat daher eine gewisse theoretische Bedeutung erlangt. Insbesondere vor dem Hintergrund der fehlenden Spenderorgane wird die Xenotransplantation als eine mögliche Alternative zum herkömmlichen Transplantationsverfahren angesehen. Neben den Hoffnungen gibt es aber auch eine Reihe von Befürchtungen. Letztere beziehen sich auf porcine endogene Retroviren, die man im Erbgut der als Spender in Frage kommenden Schweine gefunden hat. Diese haben sich als potentiell infektiös für menschliche Zellen herausgestellt und haben sicher eine gewisse Relevanz für den Organempfänger. Eine darüber hinaus von dem operierten Patienten ausgehende kritische Gefährdung der Bevölkerung über diese Viren gilt inzwischen allerdings als ausgeschlossen. Die Angst potentieller Organempfänger, durch die Übertragung eines Organs des Schweins in ein solches verwandelt zu werden, wie dies durch Kirke den Gefährten des Odysseus – freilich ohne Transplantation – widerfuhr, hält sich dabei in engen Grenzen. So empfanden übrigens, immerhin für sie ein schwacher Trost, auch die bedauernswerten Opfer der Kirke, von denen es im 10. Gesang der Odyssee heißt, daß sie zwar »... hatten von Schweinen die Köpfe, Stimmen und Leiber, auch die Borsten, allein ihr Verstand blieb völlig wie vormals«.

In einer Umfrage bei mehr als 1 000 Patienten, alles potentielle Leber-, Lungen-, Nieren- und Herzempfänger aus Hannover, war die ganz überwiegende Mehrzahl bei Zunahme ihrer Krankheitssymptome mit einer Xenotransplantation einverstanden. Die wesentliche Befürchtung betraf in der Tat die mögliche Übertragung von Krankheitserregern. Diese Befürchtung wird von den Regulierungsbehörden in der Bundesrepublik Deutschland geteilt, so daß viele Betrachter derzeit der Meinung sind, daß die Xenotransplantation keine Zukunft haben wird.

Tissue Engineering und Stammzelltherapie

Aus diesem Grunde werden vermehrt biotechnologische Strategien für den Gewebe- und Organersatz entwickelt. Hierbei spielt der Begriff des ›Tissue Engineerings‹ eine übergeordnete Rolle. In interdisziplinären Forschungsansätzen, in denen die Lebenswissenschaften mit Zell-, Molekular- und Entwicklungsbiologie, molekularer Genetik, Biochemie und Immunologie gemeinsam mit der Bioverfahrenstechnik, Zellkulturtechnik und Materialwissenschaften, aber auch den klinischen Disziplinen und medizinischen Grundlagenfächern zusammenarbeiten, werden Konzepte des Nachbaus von Geweben ›im Reagenzglas‹ verfolgt. Gemeinsam ist diesen Anstrengungen, daß das Tissue Engineering einer Matrix bedarf, auf die Zellen aufgebracht werden. Unter Einfluß biologischer Signale differenzieren diese Zellen in die gewünschte Gewebestruktur. Solche Konzepte werden in der Orthopädie für die Entwicklung von Haut, Knorpel und Knochengewebe verfolgt, aber auch in der Viszeralchirurgie, wo Leber-, Bauchspeicheldrüsen- und Darmgewebe entwickelt werden soll. Darüber hinaus werden Verfahren des Tissue Engineerings in der Augenheilkunde, in der Neurochirurgie, hier vor allen Dingen zur Behandlung der Parkinsonschen Erkrankung und der Multiplen Sklerose, eingesetzt. Weitere Anwendungsbereiche dieser Stammzelltechnologien und des Tissue Engineerings beziehen sich auf die Urologie, die Gynäkologie, viele auch im Bereich der Erkrankung von Herz und Kreislauf.

In dem Bereich der Nervenzellen ist in der Vergangenheit eine entscheidende Beobachtung gemacht worden. Bei Mäusen, denen experimentell das Rückenmark durchtrennt worden war und die daher eine Querschnittslähmung davontrugen, kam es nach Implantation von embryonalen Stammzellen (der Maus) in das Rückenmark zu einer deutlichen Besserung der Symptome. Die Tiere waren wieder in der Lage, die Hinterhand zu bewegen. Es ist sicherlich sehr viel zu früh, das in die klinische Arena zu übertragen und damit zu sagen, daß wir Querschnittsverletzten demnächst ein Behandlungsversprechen machen können, aber die experimentellen Befunde sprechen dafür, daß eine zukünftige Behandlung möglich werden könnte.

Herz- und Kreislauferkrankungen stehen nach wie vor an erster Stelle bei den Todesursachen, allen voran der Herzinfarkt. Nun halten es viele für vermessen, mit Hilfe des Tissue Engineerings ein ganzes menschliches Herz nachbauen zu wollen. Aber im Bereich meines Fachgebietes, der Herz-, Thorax- und Gefäßchirurgie gibt es eine Reihe von Ansätzen, Teile des Herzens mit Hilfe dieser Verfahren und unter Einsatz von Stammzelltechnologien zu entwickeln. Hierzu gehören die Herzklappen, die Blutgefäße und Herzmuskelgewebe. Heute verfügbare künstliche Herzklappen haben den Vorteil einer wohl unbegrenzten Haltbarkeit, beinhalten jedoch das Risiko einer lebenslangen Antikoagulation, also einer Blutverdünnung. Dies ist für den Empfänger einer solchen Herzklappe mit der langfristigen Gefahr einer Blutungsneigung verbunden. Außerdem wachsen diese Klappen nicht nach. Wir haben daher in Hannover eine Herzklappe hergestellt, die von Schweinen stammt. Sämtliche Zellen werden aus dieser Schweineklappe entfernt und im Anschluß patienteneigene (autologe) Zellen aufgetragen, die aus Stammzellen des Blutes des späteren Empfängers gewonnen werden. Die Besiedlung der azellularisierten Schweinematrix führt zu einer vollständig autologen Herzklappe, es werden also nur noch empfängereigene Zellen in der Klappe wiedergefunden. In unserem tierexperimentellen Modell war das Schaf der Empfänger. Sechs Monate danach fanden wir eine vollständig in den Empfängerorganismus integrierte Herzklappe, die von einer eigenen weder makroskopisch noch mikroskopisch zu unterscheiden ist. Die Verwendung autologer Stammzellen hat auch dazu geführt, daß diese Klappe sich bei einem größer werdenden Schaf weiterentwickelt. Wir haben hier also erstmals eine mitwachsende Herzklappe für die Anwendung im Kindesalter herstellen können. Dies ist sicherlich ein Fortschritt, denn wenn man heute bei einem Kind im Alter von zwei Jahren eine Klappe implantiert, muß man davon ausgehen, daß man sie alle zwei bis fünf Jahre ersetzen muß, weil dieses Kind eben aus deren Größe herauswächst.

Sehr viel schwieriger stellt sich die Situation bei dem Nachzüchten von Herzmuskelgewebe dar. Die sogenannten adulten, also die erwachsenen Herzmuskelzellen teilen sich nicht mehr, sind also für Zellkulturen nicht zu verwenden. Aus diesem Grunde greifen viele Experimentatoren auf embryonale Stammzellen zurück. Damit lassen sich wahrscheinlich unbegrenzt solche Muskelzellen, ebenso wie Nervenzellen oder Hautzellen entwickeln, wenn sie zum richtigen Zeitpunkt einer Blastozyste entnommen wurden (Abb. 2). Allerdings sind embryonale Stammzellen per definitionem allogen, nämlich im späteren Verlauf Abstoßungsprozessen unterzogen. Das theoretisch bessere Verfahren besteht im Kerntransferverfahren. Dies führt zur Herstellung vollständig autologer Gewebe. Der Weg dahin sieht die Zellentnahme beim späteren Empfänger vor. Ein Kern einer solchen Zelle wird entfernt und in eine ebenfalls entkernte Eizelle derselben Spezies implantiert. Diese entwickelt sich zu einem Embryo und dieser zu einem erwachsenen Tier. Auf diese Weise sind das Schaf »Dolly« und inzwischen neben weiteren Schafen auch Rinder »gezeugt« worden. Man spricht hier vom reproduktiven Klonen. Beim soge-

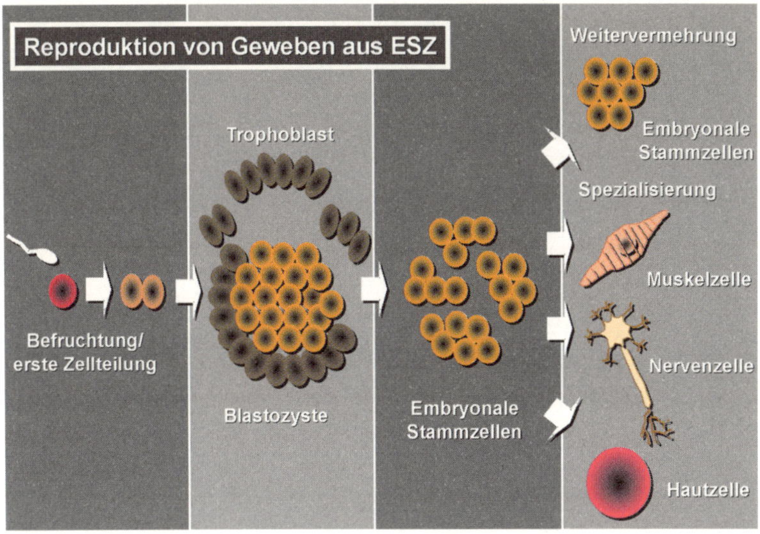

Abb. 2: Embryonale Stammzellen können sich, je nach Art der Genaktivierung, zu ganz verschiedenen Körperzellen entwickeln.

nannten therapeutischen Klonen soll nun nicht etwa ein vollständiger, gar menschlicher, Organismus entstehen. Durch die Entnahme von embryonalen Stammzellen soll mit den Methoden des Tissue Engineerings Herzmuskelgewebe gezüchtet werden, das vom Patienten nicht abgestoßen wird. Es könnte dann das durch einen Infarkt oder durch andere Herzerkrankungen geschädigte Muskelgewebe ersetzen (Abb. 3).

Die Alternative zu diesem Kerntransferverfahren oder therapeutischen Klonieren besteht in der Verwendung von adulten Stammzellen, die entweder dem Knochenmark oder dem Blut des Empfängers entnommen werden könnten. Hier werden sogenannte Kardiomyozytenvorläuferzellen gewonnen, die auf gleiche Art und Weise vermehrt kultiviert und dann für die Therapie verfügbar gemacht werden könnten (Abb. 4). Welches dieser drei Verfahren (embryonale Stammzelle, therapeutisches Klonieren, Verwendung adulter Stammzellen) für die unterschiedlichen medizinischen Anwendungsgebiete schließlich erfolgreich sein wird, läßt sich heute noch nicht absehen. Natürlich wäre es wünschenswert, mit adulten Stammzellen, also aus dem Knochenmark und dem Blut des Patienten selbst, zu arbeiten. Andererseits bietet der Kerntransfer wahrscheinlich die Möglichkeit, zu größeren Mengen von Gewebe zu gelangen. Es müßte allerdings dann ausgeschlossen werden, daß der Weg des therapeutischen Klonierens in die Möglichkeit eines reproduktiven Klonierens, also der Züchtung

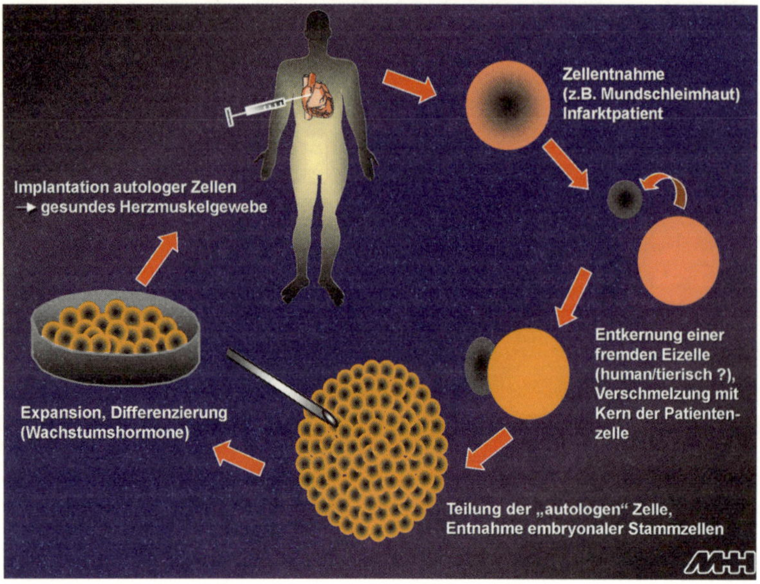

Abb. 3: Entwicklung gesunden Herzmuskelgewebes aus autologen embryonalen Stammzellen im Wege des therapeutischen Klonierens.

eines menschlichen Individuums münden könnte, was aus ethischen Gründen strikt abzulehnen ist.

Für die chirurgische Forschung wird es in den nächsten Jahren darauf ankommen, nicht nur Zellen und kleinere Gewebeverbände für die Implantation beim Patienten zu entwickeln. Wir verfolgen vielmehr die Herstellung von Herzmuskelgewebe, um ganze Herzgebiete ersetzen zu können. Anwendungsziele sind hierbei angeborene Herzfehler mit fehlenden Abschnitten des Herzens oder aber große vernarbte Anteile des erwachsenen Herzens, beispielsweise nach einem Herzinfarkt. Es ist uns, wie vielen anderen, inzwischen gelungen, solche Herzmuskelzellen von Tieren im Reagenzglas zum Schlagen zu bewegen. Ein bei uns patentiertes Verfahren, diese Herzmuskelstückchen mit arteriellen und venösen Blutgefäßen zu durchziehen, wird derzeit im Großtier experimentell erprobt. Vorstellbar ist, daß auch größere Herzabschnitte mit Herzklappen versehen und anschließend als kompletter Ersatz einer Herzkammer implantiert werden. Dies ist das nächste Ziel unserer experimentellen Forschungsarbeiten, für die wir aber unbedingt auf Stammzellen angewiesen sind. Falls es gelingt, damit eine einzelne Herzkammer oder möglicherweise das gesamte Herz nachzubilden, könnte der Druck auf die Warteliste im Bereich der Herztransplantation erheblich verringert

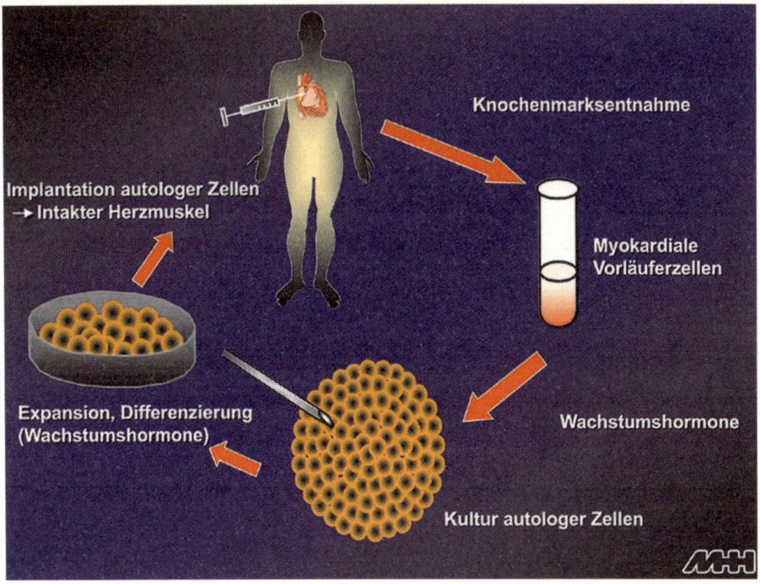

Abb. 4: Gewinnung gesunden Herzmuskelgewebes aus adulten Stammzellen des Knochenmarks.

werden. Es wäre ein großer Fortschritt, wenn Patienten mit einer koronaren Herzerkrankung, beispielsweise nach einem Herzinfarkt, nicht mehr einer konventionellen Transplantation zugeführt werden müßten. Voraussetzung, wie gesagt, ist aber die Verfügbarmachung geeigneter Zellmaterialien, seien es embryonale Stammzellen oder solche, die im Kerntransferverfahren gewonnen werden, oder aber adulte Stammzellen.

An diesem Beispiel der Herzchirurgie habe ich zu erläutern versucht, welche Möglichkeiten sich durch die Stammzelltherapie in der Zukunft eröffnen und daß zelltherapeutische Verfahren unter Umständen die subtilere ›Reparatur‹ darstellen. Im größeren Kontext werden diese Verfahren daher inzwischen auch mit dem Stichwort ›regenerative Medizin‹ gekennzeichnet.

Ethische Fragen: Grundsätzliches

Ursache der auf diesen zellbiologisch-naturwissenschaftlichen Erkenntnissen beruhenden gesellschaftlichen Diskussion ist vordergründig die Angst vor einem veränderten Menschenbild. Vor allem ist damit die Befürchtung einer zukünftigen Beeinflussung unseres Menschseins durch

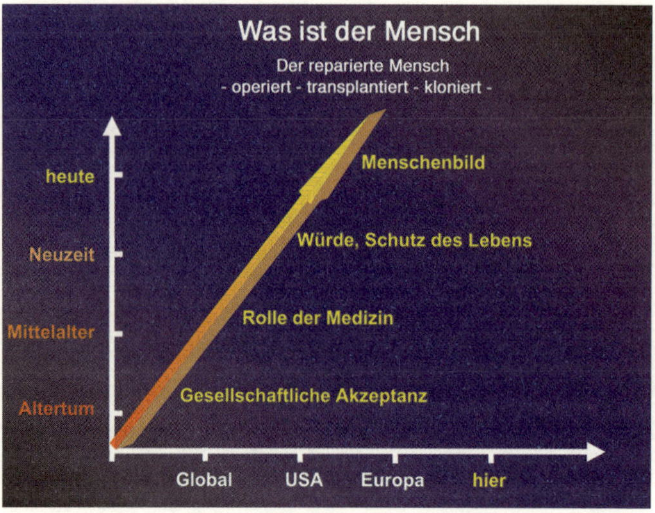

Abb. 5. Die Frage nach dem Menschen in einem räumlich-zeitlichen Koordinatensystem.

Möglichkeiten des regenerativen bzw. des reproduktiven Klonens verknüpft. Hierbei werden als Analogien aus der (Sagen-)Welt des klassischen Altertums Begriffe wie »Überschreiten des Rubikons« (Bundespräsident Johannes Rau in seiner Rede vom Mai 2001) bzw. »Öffnen der Büchse der Pandora« benutzt. Gleichzeitig erfolgt eine Verknüpfung auf einer anderen, einer philosophischen sowie einer medizin-ethischen Ebene, die das moderne Menschenbild unserer Zivilisation beschreibt. Hier spielen Begriffe wie »uneingeschränkter Schutz des menschlichen Lebens« und die »Unantastbarkeit der Menschenwürde« eine hervorragende Rolle. Dabei wird, weniger in der naturwissenschaftlichen als vielmehr in der gesellschaftspolitischen Diskussion auf die ›Erstmaligkeit‹ und die ›Einmaligkeit‹ dieser Entwicklungsmöglichkeiten, nämlich des Klonierens, verwiesen. ›Erstmaligkeit‹ beschreibt dabei einen in der Zeitachse zu erörternden Sachverhalt, ›Einmaligkeit‹ ein Phänomen, welches eine laterale Betrachtung jenseits unserer geographisch-kulturellen Grenzen erfordert.

Aus chirurgischer Sicht werde ich daher im folgenden versuchen, in einem Koordinatenkreuz aus Zeitachse und horizontaler (geographischer) Betrachtung die Frage »Was ist der Mensch?« zu beleuchten (Abb. 5). Es soll dabei deutlich werden, daß uns gerade der Begriff ›operiert‹, das heißt der chirurgische Eingriff, aber auch ›transplantiert‹, das heißt der Austausch von Organen, bei dieser Betrachtung sehr helfen. Man wird dabei hintergründig die Frage von Lebensschutz und Menschenwürde berührt sehen, aber auch die Frage, inwieweit der helfende Mensch – auch als Arzt – in Prozesse der Menschwerdung und der Lebenserhaltung – letztlich also in Fragen der Schöpfung – eingegriffen hat und eingreift. Exemplarisch werde ich auf ›öffentliche‹ Reaktionen auf solche Phänomene eingehen, soweit sie in der Parallelbetrachtung und in der Rückschau verfügbar sind. Damit versuche ich, Hinweise darauf zu geben, wie heute andernorts und früher bei uns gesellschaftlich auf medizinisch-naturwissenschaftliche Neuerungen reagiert wurde.

Ein Blick in die Geschichte der Chirurgie

Beginnen möchte ich im alten Mesopotamien. In der ersten gesetzlichen Niederschrift, dem *Kodex Hammurabi*, einer Synthese aus der Gebührenordnung für Ärzte und Strafrecht, heißt es:

> 215. Wenn ein Arzt [Barbier?] einen freien Mann wegen einer schweren Wunde mit einer Bronzelanzette behandelt und dieser Mann gesund wird, ferner, wenn er die Wolke [vor dem Auge] eines Mannes mit einer Bronzelanzette öffnet, und das Auge abgeheilt ist, so wird er zehn Silberschekel erhalten.
> 216. Wenn der Kranke ein Mann von niederem Stand war, so wird er fünf Silberschekel erhalten.
> 217. Wenn der Kranke der Sklave eines freien Mannes war, so wird dieser dem Arzt zwei Silberschekel geben.
> 218. Wenn ein Arzt einen freien Mann wegen einer schweren Wunde mit einer Bronzelanzette behandelt und dieser Mann stirbt, ferner, wenn er die Wolke [vor dem Auge] eines Mannes mit einer Bronzelanzette öffnet und das Auge dabei verlorengeht, so wird man ihm die Hände abhacken.

›Risiken und Nebenwirkungen‹ chirurgisch-ärztlichen Handelns sind hier erstmals öffentlich kommentiert und sanktioniert. Der chirurgische Eingriff als Intention zur Heilung, aber auch als ›Körperverletzung‹ (wie er auch heute noch strafrechtlich gehandhabt wird), wird als solcher aber öffentlich wahrgenommen und akzeptiert, wenngleich auch sanktioniert. Zu den gesellschaftlich akzeptierten chirurgischen Eingriffen der nächsten 2000 Jahre gehörten die Wundbehandlung, Behandlung von Knochenbrüchen und Trepanationen. Eine besondere Rolle innerhalb dieser technisch durchführbaren Eingriffe spielte der Kaiserschnitt

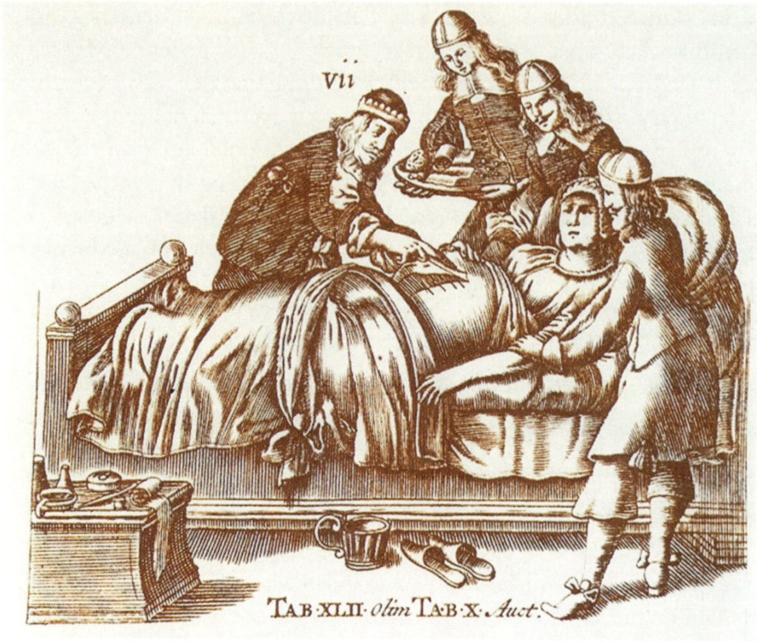

Abb. 6. Kaiserschnitt. Kupferstich aus einer französischen Übersetzung des *Armantarium chirurgicum* von Johannes Scultetus. Lyon 1675.

(Abb. 6). Er war bereits im alten Rom bekannt, wurde allerdings nur bei sterbenden oder bereits verstorbenen Frauen durchgeführt. Dem damit unzweifelhaft dem Tode geweihten Ungeborenen wurde also bereits vor 2000 Jahren – entgegen dem natürlichen Verlauf (im anglo-amerikanischen Raum auch als »natural history« bezeichnet) – via chirurgischem Eingriff zum Leben verholfen, es wurde per operationem ›Leben geschaffen‹. Im Ausgang des Mittelalters stand die medizinische Öffentlichkeit dem Kaiserschnitt abwartend gegenüber, allerdings nur aufgrund des hohen perioperativen Risikos für die Mutter. Im übrigen war diese Art der Manipulation der Schöpfung vor dem Hintergrund des Lebensschutzes des Ungeborenen durchaus akzeptiert, wer würde sie heute noch in Frage stellen?

Die allgemeine Chirurgie des 16., 17. und 18. Jahrhunderts war allerdings weitgehend durch amputative Techniken geprägt (Abb. 7). An diesem Beispiel sollen die Fortschritte unseres Faches, insbesondere die Diskussion um den Fortschritt erläutert werden. Zum Ausgang des Mittelalters bedeutete eine Beinamputation ein mindestens 50%iges Risiko zu versterben, im wesentlichen wegen Infektionen. Sir Joseph Lister

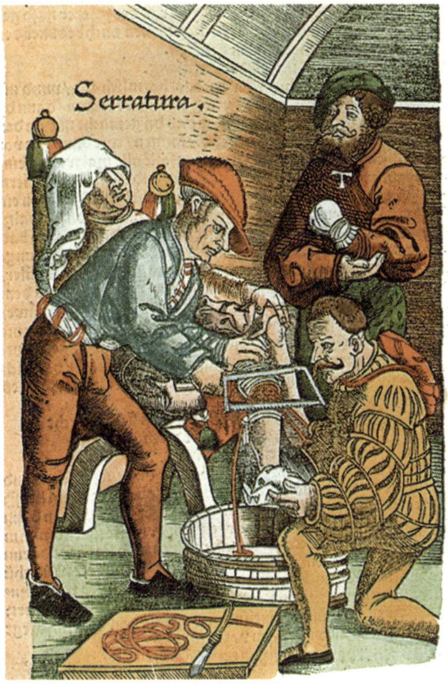

Abb. 7: Die Beinamputation. Kolorierter Holzschnitt von J. Wechtlin aus dem *Feldtbuch der Wunderarztney* von Hans von Gersdorff. Straßburg 1540.

(1827-1912), der bedeutende schottische Chirurg, führte Mitte des 19. Jahrhunderts die Desinfektion des Operationsgebietes durch Versprühen von Phenol ein, was an seiner Klinik zu einer Halbierung der Sterblichkeit führte. Die damals führende französische chirurgische Schule übernahm dieses Verfahren nur mit erheblicher Verzögerung, es wurde von »unnatürlichen Bedingungen« gesprochen. Die Ideologisierung in der Verhinderung des chirurgischen Fortschrittes durch diese französische Schule fand einen Höhepunkt in der heute kaum mehr nachzuvollziehenden Kontroverse über die Verwendung der Narkose. Zu diesem Verfahren, ebenfalls in England und vornehmlich für amputative Zwecke entwickelt, sagte Louis Velpeau (1795-1867), einer der Großen in der internationalen Chirurgengemeinschaft, noch 1839 in Paris: »... Schmerzen bei Operationen zu vermeiden, ist eine Schimäre, die man heute nicht mehr weiterverfolgen darf.«

Im 19. Jahrhundert wandelte sich das chirurgische Spektrum von der amputativen zur resezierenden, also organerhaltenden Chirurgie. Es war der berühmte Wiener Operateur Theodor Billroth (1829-1894), der erste Schilddrüsen- und Magenresektionen bei gut- und bösartigen Krankheiten durchführte. Die hohe öffentliche Anerkennung Billroths, gepaart mit der raschen internationalen Umsetzung der Konzepte, verdeutlicht das hohe Maß an professioneller, aber auch gesellschaftlicher Akzeptanz seines außerordentlich fortschrittlichen Vorgehens. Die Bevölkerung ging diesen Fortschritt mit, jeder erkannte dessen besonderen Wert für die individuelle Behandlung von Kranken. Dies bezieht sich auch auf die Akzeptanz von Impfungen, die im gleichen Zeitraum durch die Arbeiten von Edward Jenner (1749-1823), der in Schottland die Pockenimpfung einführte, sowie durch die Forschungen der Bakteriologen Robert Koch (1843-1910) und Louis Pasteur (1822-1895), der in Paris die ersten Tollwut-Impfungen durchführte, möglich wurden. Unbeschadet erheblicher Risiken und der Nutzung von Tieren zur Impfstoffherstellung fanden sowohl die Schutzimpfung als auch die Verwendung tierischer Seren zur Behandlung bereits eingetretener Infektionen rasche Verbreitung.

Dennoch war die Weitsicht der Akteure begrenzt. So formulierte Louis Ollier (1830-1900), französischer Starchirurg, zum Ende seiner Karriere (1896) über die Zukunft der Chirurgie: »Die Chirurgie hat einen Stand erreicht, der nun nicht mehr zu übertreffen sein wird«. Auch Theodor Billroth, der größte europäische Chirurg in der damaligen Zeit, äußerte sich 1880 skeptisch: »Eine Operation am Herzen wird nicht möglich sein«. Und weiter: »Jeder Chirurg, der den Respekt seiner Kollegen erhalten möchte, würde niemals versuchen, eine Naht am Herzen durchzuführen«. Nun, die Realität sah anders aus: 1895 wurde der erste Versuch in Norwegen unternommen, der freilich scheiterte, 1896 ein weiterer in Rom, der ebenfalls fehlschlug, ehe schließlich der deutsche Chirurg Ludwig Rehn (1849-1930) in Frankfurt als erster die Naht an der rechten Herzkammer anlegte und erfolgreich den Patienten behandelte. Er wurde aufgrund dieser Tat für fünf Jahre aus der deutschen Gesellschaft für Chirurgie ausgeschlossen.

Heute ist die Herzchirurgie mit der koronaren Bypass-Chirurgie eine der häufigsten überhaupt durchgeführten Eingriffe. Mit über 100 000 solcher Eingriffe jedes Jahr in Deutschland, auch hier in Göttingen, auch in Hannover, ist sie eine der meistgeübten Operationen überhaupt. Dies als kleiner Rückblick auf die Frage nach der Weitsicht der Pioniere der Chirurgie zur damaligen Zeit.

Dennoch: im letzten Jahrhundert war der medizinische Fortschritt ganz (Gesellschaft) oder überwiegend (ärztliche Kollegen) von rascher und breiter Akzeptanz medizinischer Neuentwicklungen geprägt. Röntgendiagnostik zur Erkennung der Tuberkulose, die Lungenchirurgie (Ferdinand Sauerbruch) zur Behandlung dieser Erkrankung, Antibiotika zur Therapie von bakteriellen Infektionen (Flemming, Penicillin), die offene

Herzchirurgie und die Herz-Lungen-Maschine wurden öffentlich gefeiert. Dies, obgleich anfangs unbekannte, später sehr wohl bekannte und bezifferbare Risiken mit diesem Verfahren verbunden waren. Insgesamt entwickelte sich die Chirurgie weiter in Richtung reparativer oder rekonstruktiver Operationen, weg von amputativen und resezierenden Eingriffen. Beispiele sind die Orthopädie, die plastische Chirurgie, die Herz- und Gefäßchirurgie. Der Schutz des bedrohten (weil erkrankten) menschlichen Lebens unter Berücksichtigung der Würde des Betroffenen war unzweifelhaft gewährleistet (zumindest in der überwiegenden Mehrzahl neuer Verfahren). Dennoch gab es Einsprüche. Als 1910 das Salvarsan als erstes wirksames Medikament für die Behandlung der Syphilis eingeführt werden sollte, widersprach die katholische Kirche. Schicksal und Strafe Gottes sei diese Geschlechtskrankheit, eine Behandlung kirchlicherseits nicht zu unterstützen. Selbiges wiederholte sich in den 60er Jahren, als die Periduralanästhesie, eine Rückenmarksnarkose für die Gebärende, eingeführt werden sollte. Mit dem Zitat »unter Schmerzen sollst Du gebären« versuchte der Klerus, diese inzwischen breit angewandte Schmerzbekämpfung während der Geburt zum damaligen Zeitpunkt zu verhindern. In beiden Fällen standen religiös-ideologische Gründe – basierend auf dem vermeintlichen Willen Gottes – dem medizinischen Fortschritt zeitweise – und dies auch nur in Europa – entgegen. Gesellschaftliche Reflexion und Entscheidungsprozesse gingen eine andere Richtung.

Schutz des menschlichen Lebens und Würde des Menschen standen auch Pate bei der relativ geräuschlosen Einführung der In-vitro-Fertilisation, also der künstlichen Befruchtung im Reagenzglas bei kinderlosen Ehepaaren. Erstaunlicherweise – und hier komme ich nochmals auf die geographische Achse meines eingangs erwähnten Koordinatensystems – folgte der initialen Entwicklung eine rasche internationale Anerkennung und klinische Umsetzung. Erstaunlicherweise deshalb, weil erstmals ein direkter Eingriff der Medizin in den Akt der Schöpfung zur Schaffung eines neuen menschlichen Wesens durchgeführt wurde. Wenn in der Kaskade der Entwicklung fortpflanzungsbiologischer Techniken »der Rubikon überschritten« oder »die Büchse der Pandora geöffnet« wurde, dann wohl an dieser Stelle.

Der Schutz des menschlichen Lebens: Wo stehen wir heute?

Die erste Explosion öffentlicher Meinungsbildung brach mit der Diskussion um den Schwangerschaftsabbruch aus sozialer Indikation hervor. In der politischen und parlamentarischen Auseinandersetzung um den Paragraphen 218 fielen Koalitionsschranken – heute ist diese heftige Debatte weitgehend in Vergessenheit geraten. Derzeit werden in der Bundesrepublik pro Jahr über 200 000 solcher Schwangerschaftsabbrüche, ganz überwiegend aus sozialer Indikation, vorgenommen. Weitgehend unkommentiert steht die öffentliche Meinung hinter diesem Konzept. Dies trifft ebenso auf die Verwendung der Spirale als Mittel der Empfängnisverhütung zu, die ebenfalls dazu führt, menschliches Leben in den Anfängen der embryonalen Entwicklung zu zerstören.

Mit und ohne chirurgischen Eingriff hat die Medizin des 20. Jahrhunderts, basierend auf einer 2 000 Jahre alten Entwicklung, immer wieder in die individuelle Menschwerdung eingegriffen, vor allem im Bereich der Fortpflanzungsmedizin. Vor dem Hintergrund der dennoch existenten Forderung nach dem »absoluten Schutz des menschlichen Lebens« auch für embryonale Stammzellen könnte ich zahlreiche Beispiele aus dem klinischen Alltag präsentieren, insbesondere zur Therapiebegrenzung bei schwerstgeschädigten Frühgeborenen oder im hohen Lebensalter.

Da ist zum Beispiel die Vierundneunzigjährige mit einem wiederkehrenden Darmverschluß, die wir bereits zweimal operiert hatten. Den dritten Eingriff führten wir dann nach Rücksprache mit den Angehörigen und einer vierwöchigen Intensiverfahrung dieser Patientin ohne Aussicht auf ein mittelfristiges Überleben und das Wiedererlangen von Lebensqualität nicht mehr durch. Wir bezeichnen dies als passive Sterbehilfe, und dies ist Alltag in den meisten Kliniken. An dieser Stelle gibt es keinen absoluten Schutz menschlichen Lebens.

Ein anderer Fall, die schwangere Patientin mit einer Aortendissektion. Dies ist eine schwere, in vielen Fällen tödliche Erkrankung der großen Körperschlagader. Es kommt zu einem Einriß der Aorta, der relativ häufig bei Schwangeren auftritt und den man mit einer Sterblichkeit von etwa 20-25 % operieren kann. Wir führen die Operation, die Herz-Lungen-Maschinen-Technik, die Narkose, den gesamten Eingriff so durch, daß die Mutter den Eingriff überlebt. Man nimmt an keiner Stelle Rücksicht auf die Leibesfrucht und verzichtet damit auf den absoluten Schutz menschlichen Lebens in dieser Situation, wir setzen Prioritäten.

Dasselbe trifft zu bei der Trennung siamesischer Zwillinge und auf Situationen, wo sich bei Frühgeborenen die Frage stellt, ob eine herzchirurgische Operation durchgeführt werden soll. Wenn ein Herzfehler vorliegt, beispielsweise ein Ductus Botalli, eine Kurzschlußverbindung, die unterbrochen werden muß, dann erfolgt diese Operation. Bei einem – vielleicht am nächsten Tag geborenen – Frühgeborenen, wo eine Reihe von begleitenden Erkrankungen vorliegen, wie eine Oesophagus-Atresie (Unterbrechung der Speiseröhre) oder eine Darm-Problematik, eine

Zwerchfell-Lähmung, würden wir in der gleichen Situation diese Operation nicht mehr durchführen. Nach Rücksprache mit den Eltern und allen beteiligten Kollegen wäre das Risiko einer solchen Operation vor dem Hintergrund einer nicht zu erlangenden Lebensqualität für dieses Frühgeborene nicht vertretbar.

Zu erwähnen ist hier auch noch einmal die Situation des legalen Aborts, die Situation der Abwägung des psychosozialen Status der Mutter gegen den Schutz menschlichen Lebens. Alle diese Beispiele zeigen, daß es in der heutigen medizinischen Praxis den absoluten Schutz menschlichen Lebens nicht mehr gibt. Die Chirurgie, ja die gesamte Medizin, hat unter Aufsicht des Gesetzgebers und Kontrolle durch Ethikkommissionen den Mantel der Unschuld abgelegt und das Dogma des hippokratischen Eides zugunsten einer Abwägung von Interessen in einzelnen Segmenten verlassen, ja aufgrund der komplexen Möglichkeiten moderner Medizin verlassen müssen.

Die ethische Problematik der Organtransplantation

Ein besonderes Feld im Kontext medizinischen Fortschritts ist die Organtransplantation. Sie hat nicht nur bei uns, sondern weltweit Tausenden von Schwer- und Schwerstkranken zu neuem Leben und besserer Lebensqualität verholfen. Sie ist auf Spenderorgane angewiesen, in der ganz überwiegenden Mehrzahl auf Organe Verstorbener. Eine Organentnahme bei Verstorbenen setzt einen funktionsfähigen Kreislauf voraus, es handelt sich damit um Hirntote, die nach früher gegebenem eigenem Bekenntnis oder durch Einwilligung von Angehörigen ihre Organe spenden. Die Diskussion um die Akzeptanz des Hirntodes als Endpunkt menschlichen Lebens hat Jahrzehnte gedauert, bis sie im Transplantationsgesetz von 1997 bei uns ihren offiziellen Niederschlag fand. Hier haben sich national und international die Kirchen, die katholische wie die protestantischen, sehr für den Fortschritt eingesetzt. Sie taten dies vor dem Hintergrund der bedrückenden Situation der potentiellen Organempfänger und unter dem Gesichtspunkt der Nächstenliebe der Organspender über den Tod hinaus. In anderen Kulturkreisen, namentlich in Fernost unter dem Einfluß von Buddhismus und Hinduismus, sind dagegen vor dem Hintergrund des Glaubens an eine Reinkarnation Organentnahmen von Verstorbenen und damit Organtransplantationen bei weitem nicht so geläufig.

Trotzdem nimmt weltweit die Organspende von verwandten und nichtverwandten Lebenden zu, dies gilt sowohl für die Leber- als auch für die Nierentransplantation. In einzelnen europäischen Ländern hat die Anzahl der Transplantationen von Nieren aus der Lebendspende bereits die 30%-Marke überschritten, in Deutschland beträgt sie etwa 18 %. Über dreihundertmal im Jahr verstößt danach ein deutscher Chirurg gegen den hippokratischen Eid, seinem Patienten – in diesem Falle dem Lebend-Organspender – nicht zu schaden. Gesetzlich sanktioniert, wird von Vater, Mutter, Bruder, Schwester, Sohn oder Tochter eine Niere entnommen und dem Dialysepatienten transplantiert. Dies geschieht in Kenntnis der Tatsache, daß ein zwar geringes, aber doch meßbares Langzeitrisiko für den Spender besteht: Es hat eine Güterabwägung stattgefunden: »Der reparierte Mensch«, aus Nächstenliebe versorgt mit dem Organ eines nahen Angehörigen.

Die Transplantation ermöglicht heute die Übertragung von Herzen, Lungen, Lebern, Bauchspeicheldrüsen, Nieren, Dünndarm und Kombinationen dieser Organe.

Hierzu ein Beispiel: Anja, eine Mukoviszidosepatientin, deren Leben aufgrund dieser schwer verschleimenden Lungenerkrankung jede Qualität verloren hatte. Sie schreibt im Rückblick:

> Mein Gesundheitszustand verschlechterte sich immer mehr, schon bald inhalierte ich 24 Stunden am Tag Sauerstoff. Zu Hause war ich an einen Sauerstofftank mit einem zehn Meter langen Schlauch angeschlossen, für kurze Wege außer Haus erhielt ich ein mobiles Gerät. Ich kam auf die Warteliste für eine Lungentransplantation. Ich dachte oft, ich schaffe es nicht und war deprimiert und ohne Hoffnung, meine Eltern und vor allen Dingen meine Oma halfen mir in dieser Zeit und gaben mir viel Mut. Ich brauchte rund um die Uhr Pflege. Meine Angstzustände nahmen zu und meine Eltern hielten nachts abwechselnd Wache, denn die dunkle Nacht war besonders schlimm für mich. Nach 23 Monaten kam endlich der ersehnte Anruf, ein geeignetes Organ war für mich gefunden worden. Eine halbe Stunde später wurde ich abgeholt, meine Mutter fuhr mit mir im Krankenwagen, mein Vater folgte unserem Wagen. Ich wurde transplantiert.
>
> Seitdem ging es von Tag zu Tag bergauf, ich muß zwar viele Medikamente nehmen, die auch Nebenwirkungen haben, aber das muß man in Kauf nehmen, wenn man wieder richtig atmen will. Endlich ist der Alptraum vorbei. Mein neues zweites Leben begann mit dem Tag der Transplantation. Heute, zwei Jahre danach, fühle ich mich prima, ich bin mit meinem Freund in die eigene Wohnung gezogen und arbeite wieder zweimal in der Woche, es ist einfach toll, wieder selbständig zu sein. Ich möchte mich herzlich bedanken bei den Menschen, die mir in der schweren Zeit beigestanden haben, danke auch allen Spendern

des Mukoviszidose-Vereins, die mir die Krankengymnastik bezahlten und das Durchhalten ermöglichten.

Als Arzt denke ich, daß wir uns solche Schicksale vor Augen führen müssen, wenn wir über medizinische Verfahren sprechen, herkömmliche und solche, die neu sind und die wir einführen wollen.

Was ist der Mensch? – Die inneren Organe werden über Transplantationsverfahren zu Tausenden jedes Jahr bei uns und anderswo ausgetauscht. Wird der Organempfänger dadurch zu einem anderen Menschen? Die Antwort ist nein; wenigstens nicht durch das Organ per se, möglicherweise aber durch den chronischen Krankheitsprozeß. Dies ist jedoch nicht transplantationsspezifisch, sondern eine – wichtige – psychologische Begleiterscheinung dieses Prozesses. Der Mensch als Individuum wird, auch in seiner Würde, durch die Übertragung des Organs eines anderen Menschen nicht verändert, und das gilt selbst für die Übertragung tierischer Organe, die sogenannte Xenotransplantation, auf die ich bereits zu sprechen gekommen war.

Was also ist der Mensch?

Diese Frage stellt sich erneut, wenn weder die Gliedmaßenamputation noch der Austausch lebenswichtiger Organe – selbst vom Tier – seine Individualität, seine Identität oder seine Integrität nachhaltig beeinflußt. Das mir aufgegebene Thema war »Der reparierte Mensch«. Die eigentliche Identität des Menschen – und sei er noch so repariert – bleibt erhalten, solange Geist und Bewußtsein weiterbestehen. Beides aber hat seinen Sitz im Gehirn, und daher ist verständlich, wenn ein öffentlicher Aufschrei erklang, als vor Jahresfrist ein Neurochirurg in Chicago ankündigte, einen menschlichen Kopf transplantieren zu wollen.

Die sich anschließende, kurz aufbrausende Diskussion machte die Schizophrenie dieses Vorhabens schon daran deutlich, daß nicht definierbar schien, ob der gesunde Kopf (des körperlich Erkrankten) auf den gesunden (aber hirntoten) Körper des Empfängers transplantiert oder ob der Körper des Verstorbenen Empfänger eines neuen Kopfes werden sollte. Allerdings würde wohl der potentielle Empfänger als Individuum eher dem früheren Kopfteil des Hybriden näher stehen als dem Körper. Doch dieses Vorhaben rüttelt, abgesehen von der heute noch bestehenden technischen Unmöglichkeit, den Anschluß der Nerven im Rückenmark fertigzustellen, wodurch der Empfänger somit an allen vier Extremitäten gelähmt wäre, an den Grundfesten unserer Medizin-Ethik.

Wir halten nach heutigem Verständnis die Identität, die Integrität und damit wohl auch die Würde eines solchen Individuums für nicht mehr gegeben, wenngleich wir zuvor einzelne Gliedmaßen und Organe für amputier- bzw. austauschbar hielten. Anders als bei der Amputation oder der Organtransplantation empfinden wir, daß ein solches Projekt die Erschaffung eines neuen Individuums bedeuten würde, was es abzulehnen gilt. Diese Vorstellungen erfüllen uns mit tiefer Ablehnung, ja Abscheu, insbesondere mit Blick auf ihr Potential für eine Anwendung beim Menschen. Insofern ist die Austauschbarkeit von Körperteilen eben doch begrenzt und muß wohl auch begrenzt bleiben. Die alte griechische Gesundheitslehre, »ein gesunder Geist in einem gesunden Körper«, ist eben doch nur segmental unterbrechbar, die Symbiose von Körperlichkeit und Geist unmißverständliche Grundlage unserer heutigen Betrachtung von der Identität des Menschen. »Was ist der Mensch?« Er ist nicht nur die anatomische Versammlung verschiedener Organe und Körperteile mit einem funktionsfähigen Gehirn, er ist nicht nur ein ›Industriepalast‹, wie es die in Abb. 1 gezeigte alte Schultafel vermitteln möchte. Nein, der Mensch ist die gewachsene Einheit von Körperlichkeit und Wesen. Thomas Mann hat dies in seiner Novelle *Die vertauschten Köpfe* in einer gedanklich und sprachlich meisterhaften Weise auszudrücken vermocht.

Was dürfen wir, was sollen wir tun?

Drei Grundkonstanten bestimmen die Geschichte der Medizin: die Krankheitsnot, die Hilfsbedürftigkeit und der Versuch, dem Menschen zu helfen. Der historische Rückblick, den ich gegeben habe, hat vielleicht die Verschiedenheit der historischen Bedingungen deutlich gemacht, in denen der Arzt und sein Patient jeweils stehen. Was als Krankheit gewertet wird, was als hilfsbedürftig gilt, das wird ebenso von den sozial- und kulturgeschichtlichen Verhältnissen determiniert, wie es von den geistes- und wissenschaftsgeschichtlichen Umständen abhängt, welches Medizinkonzept, welche Krankheitslehre, welche Formen und Mittel der Therapie der Arzt jeweils zur Verfügung hat und anwendet.

Wie stellt sich in diesem Kontext die Frage nach dem therapeutischen Klonen? Die so definierte individuelle Einheit Mensch in ihrer natürlichen genetischen Grundlage, des Erbgutes von Vater und Mutter macht auch die Akzeptanz der willkürlichen ungeschlechtlichen Vermehrung durch reproduktives Klonen aus heutiger Sicht unmöglich. Die artifizielle ›Schöpfung‹ eines dem Zellkernspender identischen Individuums sollte am Menschen nicht versucht werden. Dies entbindet uns allerdings nicht von der Verpflichtung, Konzepte des therapeutischen Klonens zu verfolgen, wo immer durch so erstellte Gewebe und Organe Kranken geholfen werden kann.

Ich möchte Ihnen das Beispiel eines Neugeborenen nahebringen, das mit nur einer Herzkammer auf die Welt kommt, ein relativ häufiger Herzfehler. Wenn Tierversuche belegt haben, daß die Regeneration, die Wiederherstellung von patienteneigenem Herzmuskelgewebe im Tierexperiment möglich geworden ist, dann sehe ich ethisch kein Problem darin, der Mutter eine Eizelle zu entnehmen, so sie einverstanden ist. Vereint mit einer Zelle des Neugeborenen, könnte eine neue Herzkammer daraus entwickelt und über eine chirurgische Implantation diesem Kind geholfen werden. Diese Methode ist wahrscheinlich besser als die Durchführung einer Organtransplantation.

Hier stehen wir also vor der Frage, ob solche Kerntransferverfahren ethisch akzeptabel sind oder nicht. Ich meine an diesem Beispiel verdeutlichen zu können, daß aus meiner Sicht als Herzchirurg dieses durchaus vertretbar ist. Der Bedarf an solchermaßen in vitro regenerierten, körpereigenen Materialien wird in Zukunft so erheblich sein, daß die Gewinnung pluripotenter Zellen natürlich nicht die Einnistung des Keims in die Gebärmutter rechtfertigt. Unter streng kontrollierten Bedingungen sollten wir die Forschung auf diesem Felde ermöglichen. Die Gefahr des Mißbrauchs mit dem Ziel des reproduktiven Klonens, die viele sehen, wird im Kontext internationaler Forschung durch ein generelles Verbot von Kerntransferverfahren sicher nicht zu beeinflussen sein.

Es sei bemerkt, daß die Würde des Menschen durch Beachtung seiner Individualität und seiner Integrität durch kein anderes Verfahren des Zellgewebe- und Organersatzes (sei es künstlich, durch Allo- oder Xenotransplantation) eher zu bewahren ist als durch ein Nachwachsenlassen eigenen, genetisch identischen Gewebes.

Zusammenfassung und Schlußbemerkung

Ich möchte meine Ausführungen mit folgenden Thesen zusammenfassen:

- Die Medizin hat ihre Unschuld in bezug auf das Nicht-Eingreifen in Schöpfungsprozesse seit Jahrtausenden verloren (Stichwort: Kaiserschnitt, legalisierter Schwangerschaftsabbruch, Sterbehilfe).
- International werden solche Verfahren zum »Eingriff in die Schöpfung« sehr unterschiedlich gestaltet (Stichwort: Geburtenkontrolle China, Lebensrecht Behinderter in der »Dritten Welt«)

- Medizinischer Fortschritt ist nie von ›Betroffenen‹, also den Patienten, aufgehalten worden, sondern stets von deren ›Anwälten‹, den Ärzten oder der Kirche.
- Die Nutzung der biotechnischen Möglichkeiten der Stammzellforschung wird vor allem in solchen Kulturkreisen befürwortet, wo religiöse oder philosophische Anschauungen einer Organtransplantation entgegenstehen.
- Die Schaffung neuer adulter Einheiten von Körper und Geist via Kopftransplantation und reproduktivem Klonen muß abgelehnt werden.
- Kerntransferverfahren zur Herstellung patienteneigenen (autologen) Gewebes – unter Ausschluß der Möglichkeit der Schaffung eines vollständigen Individuums – werden in der praktischen Medizin der nächsten Jahre eine hervorragende Bedeutung erlangen, embryonale (allogene) Stammzellen mit Sicherheit nicht.

Zum Schluß mein Votum als Arzt für alle diejenigen, die das Stichwort »Büchse der Pandora« immer wieder erwähnen, aber die Geschichte nicht zu Ende gelesen haben. Hesiod (700 v. Chr.) berichtet, daß Prometheus seinen Bruder Epimetheus beschworen hatte, niemals ein Geschenk vom olympischen Zeus anzunehmen, sondern es sofort zurückzusenden. Denn bisher lebten die Geschlechter der Menschen frei von Übel, ohne beschwerliche Arbeit, ohne quälende Krankheit. Epimetheus dachte nicht mehr an das warnende Wort seines Bruders, als er die von Zeus gesandte Pandora sah. Er nahm die schöne Jungfrau mit Freuden auf und empfand das Übel erst, als er es hatte. Das Mädchen trug in den Händen sein Geschenk, ein großes verschlossenes Gefäß. Vor Epimetheus schlug es den Deckel zurück, aus dem Gefäß stieg das Unheil wie eine schwarze Wolke und verbreitete sich in Blitzesschnelle über die Erde. Das war die Büchse der Pandora. Was viele nicht gelesen haben, ist der letzte Satz, und den finde ich eben für die Zukunft der Medizin und für die Patienten, die sich in unsere Obhut begeben, ganz wichtig: »Eine einzige gute Gabe war zuunterst in dem Gefäß verborgen: Die *Hoffnung*. Aber auf den Rat des Göttervaters warf Pandora rasch den Deckel wieder zu, ehe diese entweichen konnte« (Abb. 8).

Ich denke, daß wir mit den verschiedenen Verfahren der Stammzelltherapie eine Reihe von Hoffnungen aussprechen können für Patienten, die unter Krankheiten leiden, die wir heute nicht behandeln können.

Abb. 8: Guilio di Antonio Bonasones (1510-1576) Darstellung der Büchse der Pandora. Hier sind es nicht, wie bei Hesiod, Krankheit und Übel, welche dem Gefäß entsteigen und sich über die Erde ausbreiten, sondern gute Eigenschaften und Tugenden (Virtus, Fortitudo, Laetitia, Libertas, Felicitas, Pax, Clementia, Aequitas, Concordia, Salus). Man kann das Bild auf verschiedene Weise deuten: Folgt man der Version des spätantiken Fabeldichters Babrios (2. Jhdt. n. Chr.), so hat der Mensch, verleitet durch seine forschende Neugier, die guten Gaben verspielt, denn sie steigen himmelwärts und sind ihm verloren; der Deckel wird verschlossen, bevor auch die Hoffnung (Spes) entkommt. Aber könnte es nicht auch so sein, daß gerade durch den Forscherdrang die Hoffnung freigesetzt wird und sich unter den Menschen verbreitet?

Abb. 1: Horst Janssen (1929-1995) Selbstbildnis mit dem Titel »Das Bekannte«, Pastell (1982). © VG Bild-Kunst, Bonn 2002.

Der suchtkranke Mensch – In unserer Mitte

von

Hannelore Ehrenreich und Henning Krampe

Im vorliegenden Beitrag werden wir zunächst den Begriff Sucht definieren und versuchen, dieses Phänomen auf neurobiologischer Grundlage zu skizzieren. Wir wollen uns dann auf den Alkoholismus konzentrieren, das sozialmedizinische »Problem Nummer 1« in unserer Gesellschaft, um im Hauptteil des Kapitels ALITA vorzustellen, die *Ambulante Langzeit-Intensivtherapie für Alkoholkranke.* Dieses Therapiekonzept wurde in den Jahren 1993/94 in Göttingen entwickelt und läuft seither, unterstützt durch die lokalen Primärkrankenkassen, allen voran die AOK Göttingen, das Sozialamt und das Niedersächsische Sozialministerium, mit beachtlichem Erfolg. Die Anfragen aus dem ganzen Bundesgebiet auf Übernahme des Therapiekonzepts sind mittlerweile zahlreich.

Das Phänomen Sucht und seine neurobiologischen Grundlagen

Sucht – was bedeutet Sucht? Ein Verhaltens- und Erlebnismuster, das mit einem unabweisbaren Verlangen nach einem bestimmten Gefühls-, Erlebens- und Bewußtseinszustand umschrieben werden kann. Es ist eine potentiell in jedem Menschen keimende Fähigkeit, denn jede Form menschlichen Verhaltens kann süchtig entarten. Diese Vorstellung erscheint weniger abwegig, wenn man sich klarmacht, daß es morphologische Strukturen und funktionelle Interaktionen im Gehirn gibt, die das Phänomen Sucht erklären helfen. Es ist unwahrscheinlich anzunehmen, daß im Organismus Strukturen für Krankheit geschaffen worden sind; vielmehr sind Strukturen für gesundes Verhalten vorhanden, die krank werden und entarten können.

In Abb. 2 sind jene Strukturen des Gehirns skizziert, von denen man annimmt, daß sie für die Entstehung von Sucht wichtig sind. Es handelt sich vorwiegend um Teile des sogenannten limbischen Systems, das unter anderem für die emotionale Kategorisierung und Verarbeitung von Sinneseindrücken sowie für die verschiedenen Gedächtnisfunktionen bedeutsam ist. Zu nennen sind hier der *Hippocampus*, die *Amygdala*, der

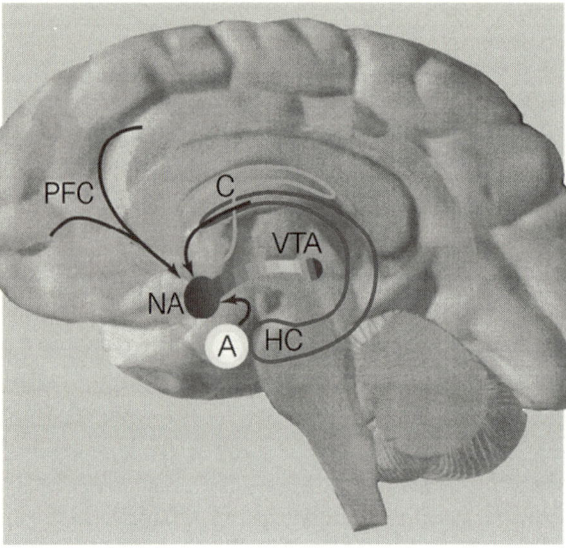

Abb. 2: Hirnstrukturen und Sucht. PFC = Präfrontaler Cortex, NA = Nucleus accumbens, VTA = Ventrale tegmentale Area, A = Amygdala, HC = Hippocampus, C = Nucleus caudatus.

Nucleus caudatus und Teile des *Frontallappens*, vor allem aber der berühmte *Nucleus accumbens*. Er ist der Lieblingskern der Suchtforscher, weil er vermutlich eine zentrale Rolle bei süchtigem Verhalten spielt. Diese Strukturen interagieren komplex miteinander und repräsentieren zusammen ein System, das wir als Belohnungssystem des Gehirns bezeichnen, im Fachjargon »reward circle« genannt.

Wenn dieses System entartet und krank wird, dann wird normales Verhalten zu süchtigem Verhalten. Gesundheit dieses Systems kann charakterisiert werden durch einen Begriff, den die Psychologen gerne verwenden, sie sprechen vom sogenannten ›*flow*‹. Damit charakterisieren sie einen Bewußtseinszustand gesteigerter Lebensfreude, der durch eine selbstgewählte, herausfordernde, kreative und bzw. oder aneignende konzentrierte Aktivität hervorgerufen wird. Gemeint ist damit eine Aktivität, die als erfolgreich und befriedigend erlebt und als Glück empfunden wird. Dies ist etwas sehr Wesentliches, nämlich eine Triebfeder menschlichen Verhaltens, welche die Basis für den Erfolg eines Individuums und den der Gesellschaft ist. Krankheit dieses Systems ist dagegen charakterisiert durch Abhängigkeit von einem primär befriedigenden Stimulus. Mit anderen Worten: Abhängigkeit ist eine Krankheit des Belohnungssystems im Gehirn.

Wenn man sich klar macht, daß Hirnfunktionen vielfach über sogenannte Neurotransmitter vermittelt werden, dann wird verständlich, daß manche Suchtstoffe diese neurochemischen, für das gesunde Verhalten notwendigen Übertragungsmechanismen nachahmen oder modulieren können. Sie können diese Mechanismen in Gang setzen, hemmen, stimulieren oder verändern. Hierbei unterscheiden wir stoffliche und nicht-stoffliche Süchte. Zu den erstgenannten gehören die sogenannten legalen Drogen wie beispielsweise Alkohol, Nikotin und Medikamente sowie die illegalen Drogen, also Heroin, Kokain, Cannabis, um nur einige zu nennen. Auch Eßstörungen gehören in den Bereich der stofflichen Suchterkrankungen. Bei den nicht-stofflichen Süchten handelt es sich um ein abnorm gesteigertes lustvolles Erleben und Verhalten, welches schließlich entartet, beispielsweise Spielsucht, Sexsucht, Kaufsucht oder Sucht zu stehlen (Kleptomanie). Heute sind zunehmend auch Suchtformen von Bedeutung, die durch übermäßige Benutzung moderner Medien entstehen. Wir sehen Kinder, die sich viele Stunden am Tag mit Computerspielen beschäftigen. Auch das ist eine Form der Sucht.

Epidemiologie von Suchtkrankheiten

Sucht ist kein Phänomen der Außenseiter. Der suchtkranke Mensch ist in unserer Mitte, er ist unter uns, neben uns, in uns. Dazu einige begriffliche Klarstellungen: Unter ›Suchtkrankheiten‹ versteht man eine Vielzahl von Störungen, die sich von riskantem Konsum über Mißbrauch bis hin zur Abhängigkeit erstrecken. Das gemeinsame Merkmal aller Suchtkrankheiten sind psychische oder körperliche Schädigungen, die durch süchtiges Verhalten entstanden sind. So kann beispielsweise erhöhter Alkoholkonsum zur Fettleber führen oder es kann Kokainmißbrauch Depressivität auslösen. Die ausgeprägteste Form von Sucht ist Abhängigkeit. Sie liegt vor, wenn ein Abstinenzversuch mit unangenehmen psychischen und bzw. oder physischen Zuständen verbunden ist, oder wenn Unfähigkeit zur Abstinenz trotz schwerer Selbst- oder Fremdschädigung besteht. Faßt man die verschiedenen Kategorien und Ausprägungen von Sucht zusammen, so ergibt sich, daß nicht weniger als 35 % der Bevölkerung suchtkrank sind.

Bei 13 % liegt eine alkoholinduzierte Suchtkrankheit vor, 7 % sind medikamenten- oder drogensüchtig und 10 % leiden unter reiner Nikotinsucht, die sich auch unter den alkohol-, medikamenten- und drogeninduzierten Störungen verbirgt. Eßstörungen finden sich bei 3 % der

Bevölkerung, und bei 2 % liegen nicht-stoffliche Süchte vor. Die letztgenannten Zahlen erscheinen auf den ersten Blick gering, aber die Bedeutung gerade dieser Süchte ist bei weitem nicht vollständig erfaßt, und sie wird mit Sicherheit unterschätzt. Man denke hierbei nur an internet- und computerassoziierte Suchtformen. Noch einmal: 35 % der Bevölkerung sind suchtkrank, das ist keine Kleinigkeit.

Alkohol als gesellschaftliches Problem

Alkohol ist die »Droge Nummer 1« in unserer Gesellschaft. Sie wird von der Gesellschaft toleriert, zelebriert, glorifiziert, verharmlost, gebraucht. Alkohol stellt ein großes Problem dar für diejenigen, die den moderaten Umgang mit diesem Suchtstoff nicht beherrschen. Dies sind die schwächsten Glieder unserer Gesellschaft, Menschen, die ihre Freiheit an den Alkohol verlieren, die alkoholabhängig werden. Eine Gesellschaft, die Alkohol akzeptiert und verherrlicht, hat jedoch auch Verantwortung gegenüber diesen, ihren schwächsten Mitgliedern. Drei Millionen Menschen sind es in Deutschland.

Ein anderer Aspekt des Themas Alkohol in der Gesellschaft: Sein Konsum bringt in Deutschland Steuern von fast vier Milliarden Euro pro Jahr ein. Im Kontrast dazu stehen 21 Milliarden Euro gesellschaftliche Verluste durch Alkohol, wobei zu bedenken ist, daß alkoholinduzierte Kosten nicht allein durch Alkoholabhängigkeit im engeren Sinne bedingt sind, sondern beispielsweise auch die Folgen von Unfällen unter Alkoholeinfluß, Arbeitszeitausfälle und vieles andere mehr umfassen. Wer bezahlt die 17 Milliarden Differenz?

Alkohol ist tief mit unserer Geschichte verwoben, von der Antike durch das Mittelalter bis in die Neuzeit (Abb. 3). Eine antike und eine spätmittelalterliche Darstellung mögen dies illustrieren; letztere ist eine Warnung an den Trinker mit dem Text: »Den menschen scheidet von dem thier / Das er bezwyngt sein boes begier.« Ergänzend einige biedermeierliche Bilder, die das Thema verniedlichend, belustigend, belächelnd behandeln: »Immer an der Wand lang« oder »Für ein paar Groschen Glückseligkeit«.

Im Kontrast zu diesen ›amüsanten‹ Bildern stehen die erschütternden Impressionen eines Künstlers, der selbst in hohem Maße alkoholabhängig war: Horst Janssen (1929 - 1995), einer der bedeutendsten Künstler des 20. Jahrhunderts, der durch alle Tiefen dieses Elends gegangen ist. Trotzdem hat er ein Werk hinterlassen, vor dessen qualitativen und quantitativen Dimensionen man fassungslos steht: im Laufe der Jahre entstan-

Abb. 3: Alkohol in der Geschichte und in der Gesellschaft. Oben links: Antikes Vasenbild. Oben rechts: »Mahnung an den Trinker«, Kupferstich von Hans Sebald Beham (um 1537). Unten links: »Staatserhaltende Besoffenheit«, Neuruppiner Bilderbogen (um 1840). Unten rechts: »Für ein paar Groschen Glückseligkeit«, Anonyme Lithographie (um 1830).

den weit mehr als 20 000 Zeichnungen, Aquarelle und Radierungen. Janssen wußte um seine Krankheit; er ging damit offen um, und er hat sie immer wieder in seinem Werk dargestellt. Dem, was er bei seiner Alkoholabhängigkeit durchlitt und wie er dabei sich selbst und seine Umwelt wahrnahm, vermochte er höchsten künstlerischen Ausdruck zu verleihen. Das gilt vor allem für viele seiner annähernd 2 000 Selbstbildnisse, die von einer schonungslosen Selbstreflexion und fast brutal zu nennenden Ehrlichkeit gegenüber sich selbst zeugen. Oft sind die Formen des Gesichtes gebrochen, ja fast aufgelöst, und in der Kombination der Porträts mit Totenschädeln drücken sich Urängste aus (Abb. 1). Auch aus Janssens Texten spricht die innere Zerrissenheit, der Konflikt mit der Gesellschaft, die Einsamkeit des Künstlers – und der Griff zum Alkohol:

> Alkohol
> Dann kommt die Einsamkeit in den Tumult. Und ährlich, ich prügel auf sie ein: ich lasse fünfe gerade sein, suche zu verstehen, drehe mein Besserwissen um, ob's auf der anderen Seite vielleicht auch eine Ansicht hat, verliebe mich in etwas, in das meine Liebe gar nicht reinpaßt. Fahre fort in eine Richtung, aus der ich mühselig zurück muß auf das Pünktchen, von dem aus ich in Liebedienerei und Gefälligkeit losgelaufen bin. Versteige mich in Belehrungen, hasse mich deshalber, wüte hinter meiner Fassade masochiere in Feigheit, und … plane Vernichtung.
>
> … zu schwach für die Einsamkeit. Und das wissen die Halunken. Und ich weiß es um so genauer und muß weitermachen, auf zu neuen Ufern. Variation der Variation. Geheimstes wird vorgezogen und ihnen vorgeworfen. Eine einzige Heckerei. Das Spielerische wird beiseite gestellt. Dümmliche Einfälle des Kunden gebe ich als eigenen Einfall aus. Ich würge das blödlächelnde Lob der Leute runter. Laße mir meine Tücken bezahlen – mäßig natürlich – als wenn ein Mäßigzeichen Moral impliziert, und meine Besseres und Bestes, was denn doch noch nebenbei blüht verschenke ich: Warum?: Weil sie's nämlich nicht haben wollen, weil sie's gar nicht sehen, ich aber davon träume, daß diese Ahnungslosen eines überraschenden Tages die Erleuchtung haben: Nicht die Erleuchtung, daß sie vormals irrten, sondern: es soll ihnen schlecht werden im Köpfchen – was sie mir alles nicht angetan aber abgezockt haben. Amen – und das Amen verwandelt meine ganze listenreiche Potenz in reine kriminelle Energie. 2,4 Promille …
>
> … wenn ich dann doch »eines Tages überraschender Stunde« auf dieser Bühne den letzten Akt ›Einsamkeit‹ zu spielen habe – ich werde mir diese Statisten als Versatzstücke, als Kulissenwald aufstellen lassen – das hebt die Wirkung. (aus: Horst Janssen *Ergo-Texte*, Hamburg 1980).

Alkoholabhängigkeit – ein hoffnungsloses Schicksal?

Alkoholabhängige Menschen sind von einer Krankheit betroffen, die bislang als irreversibel und unheilbar angesehen werden muß. Wir können die Strukturen im Gehirn, die den Schalter auf ›abhängig‹ stellen, nicht beeinflussen. Eine grundsätzliche Heilung ist daher nicht möglich. Das ist eine harte Prognose: Wer alkoholkrank ist, bleibt alkoholkrank, er kann nach einem abstinenten Leben streben, Symptome kupieren, er kann auch regenerieren, aber er wird zeitlebens alkoholkrank bleiben.

Das Dasein als Alkoholkranker ist ein schweres Leben, ein ständiger Kampf. Diejenigen Menschen, die es schaffen, abstinent zu leben, vollbringen eine großartige Leistung und verdienen unser aller Anerkennung und Unterstützung. Sie dürfen nicht ausgegrenzt werden. Wir müssen den suchtkranken Menschen in unserer Mitte lassen … Nicht versuchen, ihn wegzuschicken, weil er nicht in die Gesellschaft paßt, sondern ihm zur Regeneration und zu einem Leben ohne Alkohol verhelfen, und zwar dort, wo er krank geworden ist. Das ist das Motto unserer *Ambulanten Langzeit-Intensivtherapie für Alkoholkranke*, abgekürzt ALITA.

Die Entstehung von ALITA

Dieses Programm wurde aus der Not geboren, es ist nicht geplant oder am ›grünen Tisch‹ entworfen worden. Wir haben uns nicht überlegt, daß unser Therapiekonzept besser sein könnte als andere, denn wir wußten, daß die Alkoholkrankheit schwer behandelbar ist. Auch die besten Entwöhnungstherapien haben relativ schlechte Erfolgszahlen, so liegt beispielsweise die spontane Rückfallrate nach Entgiftung bei über 90 %. Wie und warum also entstand ALITA?

Im Jahr 1992 planten wir ein umfangreiches Forschungsprojekt, in dem Streßhormone bei Alkoholkranken untersucht werden sollten. Die Hypothese war, daß alkoholkranke Menschen aufgrund ihrer schwer gestörten hormonellen Streßkompensationsmechanismen in den ersten Wochen der Abstinenz bei Streßexposition eine extrem hohe Rückfallwahrscheinlichkeit aufweisen. In dieses Projekt sollten schwer alkoholkranke Menschen, die bereits viele Jahre abhängig waren, eingeschlossen werden. Nach der körperlichen Entgiftung, die stationär erfolgen sollte, planten wir einen ersten dreitägigen Untersuchungsblock, in welchem Streßtests durchgeführt und regelmäßig Blutproben abgenommen werden sollten. Einen zweiten Untersuchungsblock wollten wir dann nach drei Monaten Abstinenz wiederholen.

Als wir den Plan für diese Studie in der Klinik vorstellten, wurden wir einfach verlacht: »Sie wollen Alkoholiker, die jahrzehntelang getrunken haben, drei Monate lang ambulant abstinent halten? Menschen, die jede Woche mindestens einmal in der Notaufnahme auflaufen? Oder glauben Sie, daß die Krankenkassen einverstanden sind, wenn diese Patienten für drei Monate stationär aufgenommen werden?« Merkwürdigerweise kann jedoch Spott im Leben auch ungeahnte Energien und hohe Motivation freisetzen. Wir waren entschlossen: »Jetzt erst recht! Wir werden unser Ziel erreichen!« Und wir überlegten, wie es uns gelingen könnte, diese Schwerkranken drei Monate abstinent zu halten, Alkoholiker, die seit vielen Jahren keinen trockenen Tag mehr erlebt hatten (Abb. 4).

Und wir erdachten ein Konzept, das zunächst ausschließlich für diese Studie bestimmt war. Als Ziel definierten wir für die Patienten drei Monate Abstinenz. Voraussetzung dafür war natürlich eine vertrauensvolle Arbeitsbeziehung. Wenn kein Vertrauen da wäre, warum sollten die Patienten dann an der Studie teilnehmen? Da es sich um eine aufwendige und kostspielige wissenschaftliche Untersuchung handelte, mußten wir absolut sicher sein, daß die Patienten auch wirklich abstinent waren. Vertrauen ist zwar gut, aber Kontrolle ist bekanntlich besser. Deshalb mußte es tägliche Kontakte geben, auch an Sonn- und Feiertagen. Und wie sollten sie ablaufen? Selbstverständliche Voraussetzung war eine freundliche Atmosphäre, denn wer kommt schon, wenn er nicht freundlich behandelt wird? Gesprächszeit 15 Minuten, ganz pragmatisch zunächst, denn mehr Zeit hatten wir nicht. Wir sollten ja jetzt plötzlich neben unserer normalen Arbeit noch jeden Tag alle Studienpatienten sehen. Dazu aber mehr Zeit in Krisen, denn wenn es jemandem schlecht geht, braucht er mehr Zuwendung. Wir bauten außerdem noch als eine Art »Netz und doppelten Boden« ein Alkoholaversivum ein, ein Medikament, das eine Alkoholunverträglichkeit bewirkt. Und wir kontrollierten natürlich für die Studie sehr sorgfältig die Abstinenz über tägliche Urinuntersuchungen auf Alkohol.

Es geschah ein Wunder: Alle Patienten waren nach drei Monaten abstinent. Alle! Menschen, die zum Teil zwanzig Jahre keinen trockenen Tag mehr gesehen hatten, die alles verloren hatten, Gesundheit, soziale Bezüge, Familie, Beruf, Besitz, Selbstachtung. Menschen, die zum ersten Mal seit Jahrzehnten wieder erlebten, wie es ist, mit klarem Kopf zu denken, wieder aufrecht durch die Landschaft zu gehen, wieder einen Hauch von Selbstachtung zu bekommen, wieder die Umwelt wahrzunehmen und von ihr in ganz anderer Weise wahrgenommen zu werden. Und jetzt sollten wir diesen Leuten sagen: »Hier ist die Tür, die Studie ist zu Ende«. Das haben wir einfach nicht geschafft. Es war inzwischen eine therapeutische Beziehung, ein warmes, freundliches Verhältnis entstanden, das es uns unmöglich machte, zu sagen: »Gehen Sie nach Hause. Das Programm ist beendet«. Wir überlegten uns also ein Vorgehen, das ein »Ausschleichen der Patienten« ermöglichen sollte, ein Stufenprogramm mit langsamer Reduktion der Kontaktfrequenz.

Die Therapieelemente von ALITA

Und so ist ALITA entstanden, eine Therapie, die ungewöhnlich lange dauert, nämlich zwei Jahre, und die im wesentlichen die gleichen Elemente beinhaltet, die wir für die ursprüngliche Studie entwickelt hatten: (1) *Hochfrequente Kurzgesprächskontakte*, die den Patienten eine strukturierte Anbindung geben. (2) Ferner eine *Kriseninterventionsbereitschaft* über 24 Stunden am Tag und 365 Tage im Jahr. Diese wird gar nicht so häufig wahrgenommen; wichtig ist nur, daß die Patienten wissen, sie können jederzeit anrufen, wenn sie Hilfe brauchen. Diese Gewißheit ist oft entscheidend und entlastend. (3) Unterstützung der *Resozialisierung*. Bei den Patienten, die sozial entwurzelt waren, ist dies ein essentieller Faktor: Wurzeln schlagen bedeutet Festigung der Abstinenz. (4) *Medikamentös erzeugte Alkoholunverträglichkeit* stellt nach wie vor eine wichtige Stütze im Abstinenzkonzept dar. (5) Weiterhin *Kontrolle* der Einnahme dieser Medikamente und durch regelmäßige Urinkontrollen. (6) *Aggressive Nachsorge* bedeutet: »Wenn der Patient nicht kommt, dann kommen wir«. Das ist ein sehr ungewöhnliches, aber äußerst wirkungsvolles Vorgehen. Wenn der Patient nicht erscheint, dann wird er angerufen oder es werden Angehörige kontaktiert oder wir machen Hausbesuche. Man stört bewußt die Ruhe des Alkoholkranken, der sich wieder dem Alkohol zuwenden möchte. (7) *Therapeutenrotation*, das heißt viele Therapeuten sind gleichzeitig für die Patienten zuständig. Wir mußten dies anfangs aus rein pragmatischen Gründen so machen, aber der Effekt für die Patienten war exzellent.

Die praktische Durchführung von ALITA

Der praktische Plan zur Durchführung von ALITA erstreckt sich auf die stationäre Vorphase, in der die Patienten körperlich entgiften, und vier ambulante Phasen, die wir als Intensiv-, Stabilisierungs-, Ablösungs- und Nachsorgephase bezeichnet haben.

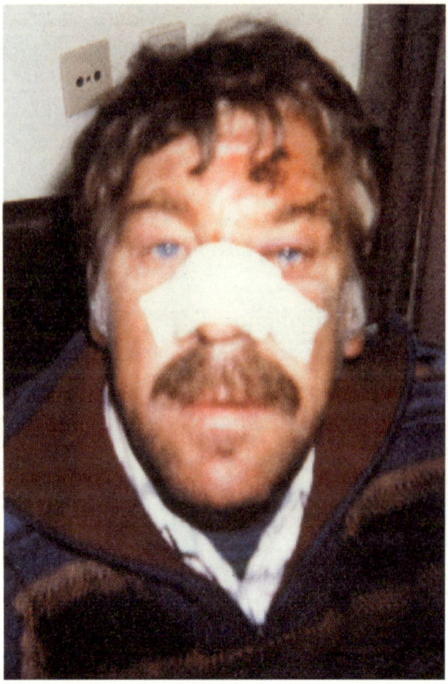

Abb. 4: Ein alkoholabhängiger Mensch – in unserer Mitte.

Die stationäre Vorphase ist ein sehr guter Arbeitsbeginn. Die Patienten kommen, aus welchen Gründen auch immer, auf Station, um dort zu entgiften. Die meisten haben in den ersten Tagen schwere Entzugssymptome. Dies ist ein wichtiger Zeitpunkt, um sich kennenzulernen und die Therapievoraussetzungen abzustecken. Wir drängen uns nicht auf, sondern wir stellen uns vor. Warum ist es so wichtig, in dieser Zeit bereits Kontakt aufzunehmen? Die Patienten sind körperlich deutlich krank, zittern, schwitzen, fühlen sich übel, würgen und brechen, sind vielleicht prädelirant oder delirant, haben Angstzustände, oft auch epileptische Anfälle. Sie spüren an ihrem Körper, daß sie abhängig sind. Und wir erleben diese Symptome mit ihnen. Ein solcher Patient wird später nicht leicht zu uns sagen: »Ich bin nicht alkoholkrank, ich habe kein Problem«.

Ein erstes Ausloten der sozialen Einbindung geschieht zu dieser Zeit. Hat der Patient noch eine Wohnung, hat er soziale Kontakte, hat er noch Arbeit, hat er noch Freunde? Viele haben keine Freunde und keine Familie mehr. Das alles sollten wir wissen, wenn die ambulanten Phasen anfangen. Und wir beginnen gegen Ende der stationären Phase bereits mit unserem therapeutischen Ritual: Termin in der Ambulanz, Urinkontrolle, Ausgabe eines Alkoholaversivums. Wir verwenden entweder Calciumcarbimid (Colme®) oder Disulfiram (Antabus®). Diese Wirkstoffe führen dazu, daß die Acetaldehyddehydrogenase, ein Schlüsselenzym im Abbau von Alkohol in der Leber, blockiert wird. Nur dann, wenn der Patient Alkohol aufnimmt, kommt es zu einer Hemmung des Alkoholabbaus auf der Stufe des Acetaldehyds, und es entsteht eine Acetaldehyd-Vergiftung. Typischerweise bekommen die Patienten einen knallroten Kopf, Pulsrasen, Schweißausbruch, Blutdruckanstieg oder -abfall, Übelkeit, Erbrechen, Angstzustände, vielleicht sogar einen Kreislaufkollaps. Diese Medikamentenwirkung muß den Patienten wiederholt erklärt und von ihnen abgefragt werden. Wir beginnen auch zu dieser Zeit bereits mit den täglichen Kurzgesprächen.

Der Übergang zur ersten ambulanten Phase, der *Intensivphase*, ist demnach gleitend. Es gibt keinen Bruch in der Behandlungskette, so daß keine Rückfälle durch Therapieunterbrechungen passieren. Wir geben Calciumcarbimid aus und untersuchen den Urin auf Suchtstoffe. Vor allem: täglich 15 Minuten Gespräch, supportiv, das heißt unterstützend, nicht nachbohrend, die Patienten können sprechen, worüber sie wollen. Meistens sind sie beladen mit den Ereignissen des Tages und dürfen sich

Therapiephase	Dauer	Gesprächskontakte
Stationäre Vorphase: Entgiftung	2-3 Wochen	täglich 15 Minuten
Ambulante Phase I: Intensivphase	3 Monate	täglich 15 Minuten
Ambulante Phase II: Stabilisierungsphase	je nach individuellem Bedarf 3-4 Monate	dreimal pro Woche 15 Minuten
Ambulante Phase III: Ablösungsphase	6 Monate	zweimal pro Woche 30 Minuten
Ambulante Phase IV: Nachsorgephase	12 Monate	einmal pro Woche ALITA-Gruppe; initial noch wöchentlich ein Einzelgespräch

Tabelle 1: Darstellung der Phasen im ALITA-Konzept

aussprechen. Nur *eine* Regel haben wir für die Gespräche in dieser frühen Phase: Das Wort Alkohol muß in irgendeiner Form fallen, der Patient soll nie vergessen, daß er alkoholkrank ist und warum er zu ALITA kommt. Schon in dieser Phase unterstützen wir die soziale Reintegration, wir beginnen mit Angehörigengesprächen und machen Hausbesuche, denn wir wollen sehen, wie der Patient lebt. Nicht aus Neugier, sondern um uns vorstellen zu können, wie sein Zuhause aussieht, worauf wir achten müssen: Gibt es trinkende Nachbarn, ist die Wohnung alkoholfrei? Die Abb. 5 zeigt ein Beispiel für das Zuhause eines alkoholabhängigen Patienten, der mit weißem, gestärktem Hemd vor uns sitzt. Nicht alle Zuhause sehen so aus, aber viele. Wie kann man in einer solchen Umgebung gesund werden?

Die Hausbesuche dienen auch dazu, Kontakte zu Angehörigen, zu Freunden und Nachbarn aufzunehmen. Denn in der Not, wenn ein Patient nicht mehr erscheint, wird nach Möglichkeit auch ein Angehöriger kontaktiert: Es geht also um den Aufbau von Hilfsstrukturen für den Akutfall.

In der zweiten Phase, *der Stabilisierungsphase*, reduzieren wir die Kontakte langsam auf dreimal pro Woche. Es gibt aber weiterhin die Gespräche von 15 Minuten Dauer. Dies ist sicherlich eine nur kurze Zeit, aber sie ist doch ausreichend, um Probleme anzusprechen und sich danach gedanklich auf das Gespräch am nächsten Tag vorzubereiten. Die Gespräche sind nach wie vor supportiv, auch die übrigen Therapieelemente bleiben gleich. Wir gehen jetzt von Calciumcarbimid auf Disulfiram über, da es aufgrund seiner längeren Halbwertszeit für die längeren Intervalle zwischen den Kontakten geeigneter ist.

Man mag fragen, warum wir uns ein halbes Jahr Zeit für ein ausschließlich supportives Arbeiten mit dem Patienten lassen und in dieser Phase nicht nachbohren und ihn nicht über Gebühr Streß aussetzen. Dieses Vorgehen basiert auf unseren eigenen Untersuchungen, nämlich auf den Ergebnissen der oben erwähnten Streß-Studie: Nach einer Woche Abstinenz finden sich bei Alkoholkranken im Tagesprofil exzessiv erhöhte Adrenalinspiegel, die sich auch nach drei Monaten Abstinenz noch nicht ganz zurückgebildet haben. Diese hohen Werte finden sich also noch zu einer Zeit, in welcher der Patient uns gegenübersitzt, wieder gut aussieht, und man ihm seine Alkoholabhängigkeit vielleicht gar nicht mehr ansieht.

Wir lassen dem Patienten ein halbes Jahr Zeit, um zu regenerieren, bevor wir in der *Ablösungsphase* bei noch zwei Kontakten pro Woche die Gesprächszeit auf dreißig Minuten erhöhen und dann mit ihm die Suchtentstehungsfaktoren analysieren. Damit sind sehr oft schmerzliche

Erkenntnisse für die Patienten verbunden. Die anderen Elemente der Therapie laufen in dieser Phase weiter, also die Therapeutenrotation, die soziale Reintegration, die Gabe des Alkoholaversivums Antabus® und die Urinkontrollen.

Die *Nachsorgephase* erstreckt sich über das zweite Jahr. Die Patienten nehmen jetzt einmal wöchentlich an einer Gruppe teil, der sogenannten ALITA-Gruppe, und haben noch ein Einzelgespräch von 30 Minuten Dauer pro Woche. Kontinuierlich findet aber die aggressive Nachsorge statt: Erscheint ein Patient nicht zum Termin, dann rufen wir ihn an. Geht er nicht ans Telefon, so rufen wir den Nachbarn, die Mutter, den Bruder oder den Freund an: »Wissen Sie, wo Herr ... ist, können Sie uns helfen?« Wenn niemand erreichbar ist, fahren wir hin und holen den Patienten notfalls auch aus der Wohnung. Manchmal gerade noch rechtzeitig. Urinkontrollen sind in dieser Phase wichtig, weil oft dadurch festgestellt wird, daß jemand einen Rückfall hat. Eine Spur von Alkohol im Urin läßt bei uns alle Alarmglocken läuten. Keine Stunde darf vergehen. *Ein Rückfall ist ein Notfall!*

In der Nachsorgephase versuchen wir dann, schrittweise die Einzelgespräche oder die Aversionsmedikation einzustellen, die Patienten auf die Zeit nach ALITA vorzubereiten. Von Anfang an werden sie zur regelmäßigen Teilnahme an Selbsthilfegruppen ermutigt. Spätestens mit Beendigung des Programms sollten die Patienten ›ihre‹ Gruppe gefunden haben. Eine freiwillige Teilnahme an der ALITA-Gruppe ist prinzipiell für alle Patienten auch nach den zwei Jahren möglich und wird vielfach wahrgenommen. Da die regelmäßigen ALITA-Kontakte eine größere Urlaubsreise zwei Jahre lang unmöglich machen, sparen viele Patienten darauf und freuen sich danach, einmal wegfahren zu können.

Die Patienten des ALITA-Programms

Wen nehmen wir in unser Therapieprogramm auf? Es sind Menschen, die gesichert alkoholabhängig sind und die keinen aktiven Gebrauch anderer Suchtmittel betreiben, außer der Einnahme von Nikotin und Koffein. Die Patienten müssen kooperationsfähig sein, denn wir können niemanden aufnehmen, dessen Gehirn durch den Alkohol schon so schwer gestört ist, daß er bereits ein Korsakoff-Syndrom entwickelt hat. Solche Patienten sind nicht geeignet, eine ambulante Therapie zu machen, denn ihnen sind wesentliche Gedächtnisfunktionen verlorengegangen, so daß sie sich beispielsweise keinen Termin mehr merken können. Für die Teilnahme am Programm ist es wichtig, daß der Wohnort in der näheren

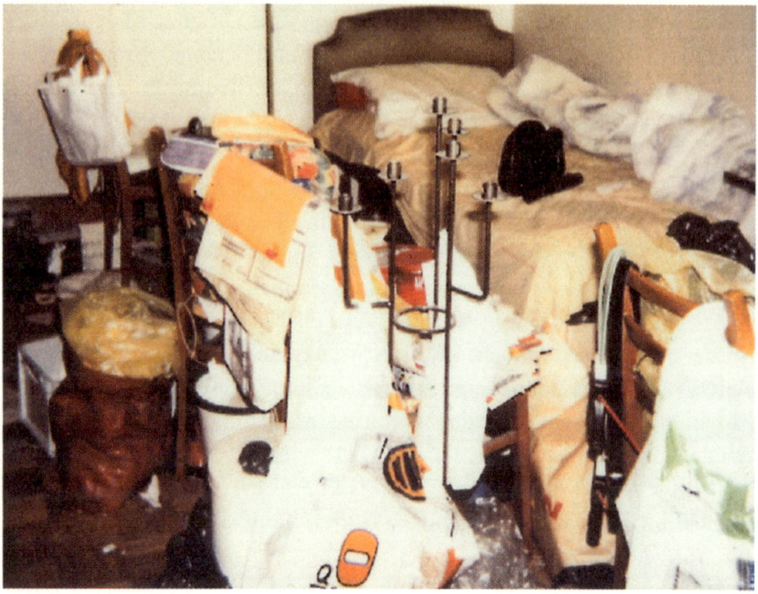

Abb. 5: Die Wohnung eines alkoholkranken Patienten:
Zeichen sozialer Desintegration.

Umgebung liegt, denn die Patienten müssen ja anfangs täglich kommen. Trotzdem haben wir Patienten, die von sehr weit weg, etwa aus Kassel, kommen und die hochmotiviert und konsequent an ALITA teilnehmen.

Seit einigen Jahren betreuen wir außerdem eine Untergruppe von Patienten, für die eine echte Versorgungslücke besteht. Es sind Menschen mit Leberzirrhose im Finalstadium. Diese Patienten werden nicht gern von Hausärzten betreut, weil sie ein großes Risiko darstellen, da sie jeden Moment dekompensieren können. Sie müßten eigentlich täglich gesehen und kontrolliert werden, was aber eine riesige Budget-Belastung für die Krankenkassen darstellt. Sie werden auch nicht gern stationär aufgenommen, weil man kaum noch etwas für sie tun kann, außer zu hoffen, daß sie irgendwann auf die Transplantationsliste kommen und eine Leber erhalten, bevor es zu spät ist. Diese Patienten sind eine Herausforderung für das Team, für dessen organmedizinische Kompetenz.

Wir haben auch Patienten, die schwere Veränderungen des Nervensystems aufweisen, beispielsweise eine alkoholinduzierte Hirnsubstanz-Minderung mit Erweiterung der äußeren und inneren Liquorräume (Abb. 6). Erstaunlich an diesem Phänomen ist, daß diese Patienten, wenn sie strikt abstinent leben, eine relativ gute Regenerationstendenz aufweisen. Nach ein bis drei Jahren finden sich häufig wieder nahezu normale Dimensionen.

Wir haben mit ALITA im Oktober 1993 begonnen und überschauen inzwischen Patienten aus fünf Rekrutierungsperioden. Insgesamt haben 156 Alkoholabhängige das Programm durchlaufen. Wie sehen diese ALITA-Patienten aus? Sie sind durchschnittlich 44 Jahre alt und im Mittel seit 18 Jahren alkoholabhängig. Sie haben sechs stationäre Entgiftungen und eine stationäre Langzeittherapie zur Alkoholentwöhnung hinter sich. Die Schwere der Betroffenheit dieser Klientel zeigen auch Daten zur psychiatrischen Komorbidität. Darunter versteht man psychische Störungen der Patienten, die neben der Alkoholkrankheit bestehen, wobei sie entweder durch den Alkohol induziert worden sind oder schon vorher bestanden haben. Immerhin 80 % der ALITA-Patienten leiden unter einer zusätzlichen psychischen Krankheit, und nicht weniger als 30 % haben ernste, schwere Suizidversuche hinter sich.

Die Abb. 7 zeigt ein schockierendes menschliches Gebiß. Auch ein solcher Mundhygienezustand kann Ausdruck von Psychopathologie sein. Welcher psychisch gesunde Mensch fühlt sich mit einem derartigen Gebiß wohl? Viele unserer Patienten haben miserable Zahnzustände, entstanden durch mangelnde Pflege im Dauerrausch. Aber Alkohol hat auch direkten toxischen Einfluß auf Zähne, Zahnfleisch und Kiefer. Hinzu kommt häufig auch eine überdimensionale, irrationale Angst vor dem Zahnarzt.

Abstinenzquote und Rückfälle

Wie kann man nun Erfolg messen, um zu ergründen, ob das ALITA-Konzept besser ist als andere Verfahren? Da es ethisch kaum vertretbar ist, einem motivierten, schwer abhängigen Patienten den Zugang zu dem Konzept zu verwehren, bleibt eigentlich nur die Möglichkeit, eine Fallkontrollstudie zu machen, also sogenannte ›statistische Zwillinge‹ zu untersuchen. Als solche gelten Patienten, die zur gleichen Zeit wie die ALITA-Patienten in der Klinik aufgenommen wurden, die sich in ihren soziodemographischen und suchtanamnestischen Daten ähnlich verhalten, sich aber für die Teilnahme an einer anderen Therapie entschieden haben.

Beim Stand von 112 Patienten im ALITA-Programm wurden diesen 224, also die doppelte Zahl, Fallkontrollen gegenübergestellt. Diese unterschieden sich in Alter, Dauer der Alkoholabhängigkeit, Zahl der

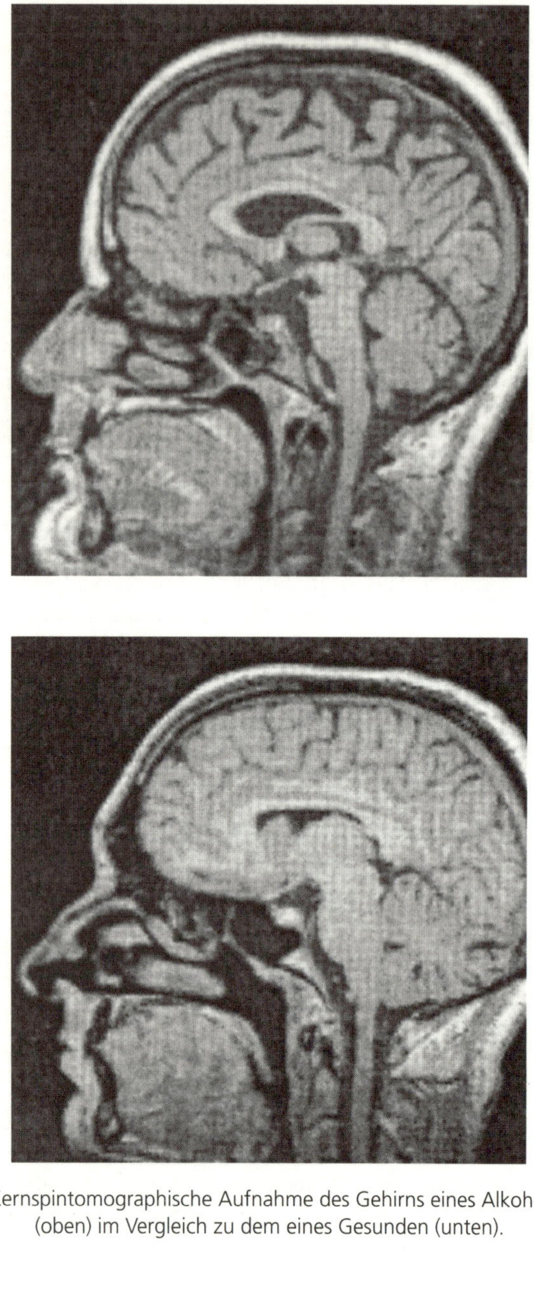

Abb. 6: Kernspintomographische Aufnahme des Gehirns eines Alkoholkranken (oben) im Vergleich zu dem eines Gesunden (unten).

stationären Entgiftungen und stationären Langzeittherapien nicht signifikant von unseren Patienten. Aus den ermittelten Rückfallkurven wird sehr schnell deutlich, daß ALITA den anderen Therapien hochsignifikant überlegen ist. Es bleiben weit über das Therapieende hinaus deutlich mehr ALITA-Patienten (50-60 %) abstinent als Kontrollpatienten (30-40 %). Eines fällt dabei besonders auf und ist uns eigentlich bis heute noch rätselhaft: Im Gegensatz zu den Fallkontrollen mit häufigen, schweren Rückfällen bereits in den ersten Tagen ihrer Therapie, bleiben fast alle ALITA-Patienten in den drei Monaten der täglichen Vorstellung abstinent und nehmen weiter am Programm teil. Die Patienten kommen jeden Tag, ob Sonntag, Feiertag, Weihnachten, Vatertag, ob es stürmt oder schneit, mit Grippe und mit Husten, sie sind da und sie machen mit. In dem engmaschigen System der Intensivphase von ALITA geschieht offenbar etwas Erstaunliches mit diesen Menschen. Und an diesem Phänomen – seinem Verständnis und seiner Ausschöpfung – müssen wir in der Suchttherapie weiterarbeiten.

Wir haben unsere Ergebnisse auch noch in anderer Weise aufzuschlüsseln versucht. Dafür vorab eine Definition: Was ist eigentlich ein Alkoholrückfall? Es ist eine nach Beginn einer beabsichtigten Abstinenz erfolgte Aufnahme von Alkohol oder anderen potentiell rückfallinduzierenden Stoffen aus Versehen oder mit Absicht.

Hierzu einige Beispiele: Wenn jemand für ein paar Tage im Gefängnis landet und keinen Alkohol verfügbar hat, dann liegt keine beabsichtigte Abstinenz vor. Wenn er also nach Entlassung wieder trinkt, hat er keinen Rückfall, sondern er trinkt weiter. Ein Rückfall aus Versehen kann etwa iatrogen zustande kommen, beispielsweise durch ärztliches Unwissen oder einen Fehler. Zahnärzte zum Beispiel wissen oft nicht, daß sie einen Alkoholkranken vor sich haben, wenn es ihnen der Betroffene nicht sagt. Bei schmerzhaften Zahnbehandlungen wird jedoch häufig ein Opiat verabreicht. Dies kann einen Alkoholrückfall induzieren. Deshalb bekommen unsere Patienten einen kleinen Ausweis, in dem verbotene Medikamente aufgelistet sind. Dieser Ausweis erleichtert das Sprechen über die eigene Alkoholabhängigkeit, er legitimiert gewissermaßen die Krankheit. *Absichtlich* passieren Rückfälle natürlich auch. Ein Patient, der viele Monate abstinent ist, bezweifelt oft seine eigene Abhängigkeit: »Wieso soll ausgerechnet ich nicht mehr kontrolliert trinken können? Was soll mir ein Bier schon ausmachen?« Und so kommt es zu dem berühmten »Testbier«, das zum Rückfall führt.

Wir unterscheiden aus pragmatischen Gründen zwei Formen des Rückfalls. Einmal den sogenannten Ausrutscher, den ›Lapse‹: Der Patient nimmt Alkohol auf, aus welchem Grund auch immer, zeigt aber sofort

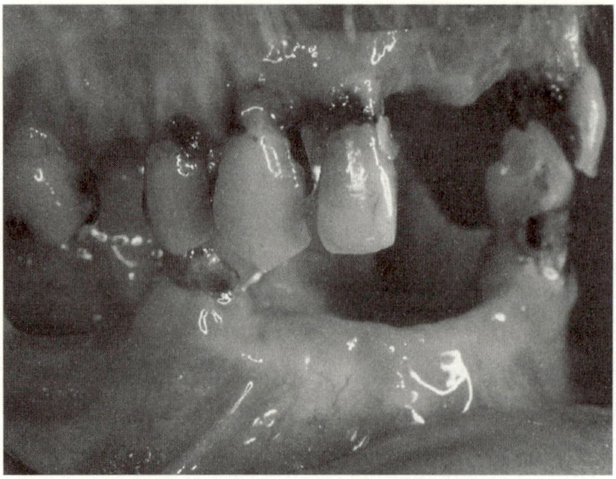

Abb. 7: Das Gebiß eines Alkoholikers:
Ausdruck der Psychopathologie.

Reue und hohe Motivation, den Rückfall zu kupieren und im Kampf um Abstinenz fortzufahren. Wenn dieser Kampf allerdings ohne Unterstützung erfolgt, dann ist der Übergang in einen malignen Rückfall, einen ›Relapse‹, meist nur eine Frage der Zeit. Deshalb ist jeder Rückfall bei einem Alkoholkranken ein akuter Notfall. Es ist ein ebenso dringlicher Notfall wie etwa Unterzuckerung beim Diabetiker oder wie ein Angina-pectoris-Anfall beim Herzkranken. Beim ›Relapse‹, dem malignen Rückfall, stehen wir im wahrsten Sinne des Wortes vor einer geschlossenen Tür. Der Patient möchte den Rückfall ausleben, er sagt »ALITA verschwinde«, ist unzugänglich für Hilfsangebote, seine Tür bleibt zu.

Was machen wir nun, wenn wir es mit einem Rückfall, also dem Notfall des Alkoholkranken, zu tun haben? Wir bemühen uns, alle Möglichkeiten der aggressiven Nachsorge auszuschöpfen. Das bedeutet sofortige Kontaktaufnahme mit dem Patienten auf allen nur erdenklichen Wegen, kein Dramatisieren des Rückfalls, aber schnellstes Ergreifen therapeutischer Maßnahmen. Wenn wir in der Analyse unserer Ergebnisse die Begriffe ›Lapse‹ und ›Relapse‹ auseinanderhalten, dann zeigt sich, daß die schweren, malignen Rückfälle bei ALITA nochmals deutlich weniger sind als die Rückfälle insgesamt. Der Unterschied zwischen Ausrutschern und malignen Rückfällen ist Ausdruck des Erfolgs der aggressiven Nachsorge: Lapse-Patienten verlieren nichts von dem, was sie sich durch ihren Kampf um Abstinenz wieder erworben haben: Gesundheit, Arbeit, Sozialkontakte, Selbstachtung.

Wiederbeschäftigung und Rückgang der Komorbidität

Nicht nur Abstinenzzahlen charakterisieren den Erfolg eines Programms, sondern natürlich auch die soziale Situation der Teilnehmer, beispielsweise deren Beschäftigungssituation. Bei Eintritt ins ALITA-Programm waren fast 60 % der Patienten arbeitslos, zumeist langzeitarbeitslos. Es gab nur wenig Teilzeitbeschäftigte, und von den Vollbeschäftigten stand ein großer Teil vor der letzten Abmahnung. Unter ALITA kommt es zu einem Rückgang der Arbeitslosigkeit auf unter 30 % und zu einer Zunahme von Teilzeit- und Vollzeitbeschäftigungen bei Rettung aller abmahnungsbedrohten Arbeitsplätze. Das Ergebnis ist vor dem Hintergrund einer regionalen Arbeitslosenquote von 17 % zu sehen.

Wir sehen auch noch ein anderes Erfolgsphänomen im ALITA-Programm, nämlich einen hochsignifikanten Rückgang der psychiatrischen Komorbidität, also der psychischen Begleit- oder Folgekrankheiten, allen voran Angststörungen und Depressionen. Zieht man von den 80 % der Patienten, die komorbide Störungen haben, den Prozentsatz derjenigen ab, die ausschließlich unter nicht veränderbaren Persönlichkeitsstörungen und bzw. oder Intelligenzminderung leiden, weisen im ersten Therapiemonat 60 % der Patienten komorbide Störungen auf, die potentiell heilbar sind. Im Vergleich dazu haben wir nach 24 Monaten nur noch 14 % komorbide psychische Störungen. Diese komorbiden Störungen werden also im ALITA-Setting erfolgreich parallel zur Alkoholkrankheit therapiert.

Der suchtkranke Mensch in unserer Mitte

Bei ALITA haben in den vergangenen fast 10 Jahren insgesamt 30 Therapeuten mitgearbeitet: ein interdisziplinäres Team aus Ärzten, Psychologen, Sozialarbeitern, Pflegekräften, Medizindoktoranden und Psychologiediplomanden. Um das ALITA-Programm mit seiner hohen Kontaktfrequenz und Krisenbereitschaft umsetzbar zu machen, wurde die Therapeutenrotation entwickelt, ein Psychotherapieverfahren, das sich mehr und mehr als eine Stärke und ein wesentlicher Wirkfaktor des Gesamtkonzeptes erweist: Mehrere Therapeuten sind gleichermaßen für alle Patienten verantwortlich. Unter anderem wird dadurch das Entstehen einer Abhängigkeit von einem einzelnen Therapeuten verhindert.

ALITA erhält heutzutage Vorstellung von Patienten über deren Angehörige, Hausärzte, Kliniken, Notaufnahmen, Bewährungshilfe, Beratungsstellen, sogar Arbeitgeber und selbst Krankenkassen. ALITA wird von Anfang an flankiert durch Arbeitsleben und Sozialkontakte, und unterstützt in der realen Welt den Kampf des Alkoholikers um Abstinenz. ALITA heißt: »Den suchtkranken Menschen in unserer Mitte lassen«.

Literaturhinweise

Deutsche Hauptstelle gegen die Suchtgefahren (Hrsg.): Jahrbuch Sucht. Geesthacht (2001).

Ehrenreich, H., Mangholz, A., Schmitt, M., Lieder, P., Völkel, W., Rüther, E. and Poser, W.: OLITA – an alternative in the treatment of therapy-resistant chronic alcoholics. First evaluation of a new approach. European Archives of Psychiatry and Clinical Neuroscience, 247: 51-54 (1997a).

Ehrenreich, H., Schuck, J., Stender, N., Pilz, J., Gefeller, O., Schilling, L., Poser, W. and Kaw, S.: Endocrine and hemodynamic effects of stress versus systemic CRF in alcoholics during early and medium term abstinence. Alcoholism, Clinical and Experimental Research, 21: 1285-1293 (1997b).

Ehrenreich, H., Krampe, H., Wagner, T., Jahn, H., Jacobs, S., Maul, O., Sieg, S., Driessen, M., Schneider, U., Kunze, H., Rusteberg, W., Havemann-Reinecke, U., Rüther, E. and Poser, W.: Outpatient long-term intensive therapy for alcoholics, »OLITA«: re-considering severe alcoholism, disease and treatment. Suchtmedizin, 2: 221-222 (2000).

Heather, N., Peters, T. J. and Stockwell, T. (Eds.). International handbook of alcohol dependence and problems. Chichester (2001).

Hübner, R. und Hübner, M.: Der deutsche Durst. Illustrierte Kultur- und Sozialgeschichte. Leipzig: (1994).

Krampe, H., Jahn, H., Wagner, T., Schwabe, U., Sieg, S., Heutelbeck, K., Stawicki, S., Maul, O., Jacobs, S., Poser, W. und Ehrenreich, H.: ALITA – Ambulante Langzeit-Intensivtherapie für Alkoholkranke: Plädoyer für eine Reform der Suchtkrankenhilfe. In: Wienberg, G. und Driessen, M. (Hrsg.) Auf dem Weg zur vergessenen Mehrheit, Innovative Konzepte für die Versorgung von Menschen mit Alkoholproblemen (S. 180-190). Bonn: (2001a).

Krampe, H., Küfner, H., Wagner, T. und Ehrenreich, H.: Die Therapeutenrotation – ein neues Element in der ambulanten Behandlung alkoholkranker Menschen. Psychotherapeut, 46: 232-242 (2001b).

Kraus, L. und Augustin, R.: Repräsentativerhebung zum Gebrauch psychoaktiver Substanzen bei Erwachsenen in Deutschland 2000. Sucht, 47: Sonderheft 1 (2001).

Tretter, F. und Müller, A. (Hrsg.): Psychologische Therapie der Sucht – Grundlagen, Diagnostik, Therapie. Göttingen: (2001).

Wagner, T., Krampe, H., Jahn, H., Stawicki, S., Heutelbeck, K., Jacobs, S., Driessen, M., Kröner-Herwig, B., Rüther, E. und Ehrenreich, H.: Psychiatrische Komorbidität (Achse-I-Störungen) bei Alkoholabhängigen im Verlauf einer ambulanten Therapie – Erste Ergebnisse einer prospektiven Studie. Suchtmedizin, 3: 41-48 (2001).

Danksagung: Dieses Projekt wird unterstützt vom Niedersächsischen Ministerium für Frauen, Arbeit und Soziales.

Identisch und doch nicht gleich: Eineiige Zwillinge.

Die Freiheit des Menschen im Zeitalter der Genetik

von

Peter Propping

›Freiheit – Gleichheit – Brüderlichkeit‹ war die Parole der Französischen Revolution. Sie war das Ideal der mit großen Opfern erkämpften modernen Demokratien. Es waren die sozialen Fesseln, die es abzustreifen galt. Es ging um die Gleichheit des Individuums vor dem Gesetz und gegenüber dem Staat, es ging um seine Rechte gegenüber der Obrigkeit. Aus der Sicht der Genetik sind die Menschen nun aber nicht gleich, sie sind voneinander verschieden. Wir lernen diese Unterschiede und ihre Auswirkungen immer besser kennen. Daher ist heute die Sorge verbreitet, durch die Genetik könnten auf biologischer Grundlage neue und – weil nicht korrigierbar – vielleicht schlimmere Unfreiheiten als in der Vergangenheit entstehen.

Die Freiheit des Menschen ist ein zentraler Gegenstand von Philosophie und Politik. Aus der Fülle der Begrifflichkeiten und Definitionen lassen sich zwei Betrachtungsweisen herauslösen: Die ›Freiheit wovon‹ und die ›Freiheit wozu‹. Die ›Freiheit wovon‹ kann verstanden werden als die Abwesenheit äußerer Zwänge und Bindungen. Dieser Freiheitsbegriff hat besonders in der politischen und sozialen Geschichte der Menschheit eine Rolle gespielt. Die ›Freiheit wozu‹ läßt sich als die Fähigkeit auffassen, seinem eigenen Wollen eine Richtung geben zu können. Man spricht auch von Entscheidungsfreiheit oder Willensfreiheit. Wir wollen die Fragen zu beantworten suchen: Was wissen wir über die genetische Determiniertheit des Menschen – bzw. konkreter in genetischer Nomenklatur – was wissen wir über die genetische Determiniertheit eines Phänotyps? Beschränken Biologie und Genetik die Freiheit des Menschen?

Das biologische Substrat eines erwachsenen Organismus ist das Ergebnis seines genetischen Programms. Mit der abgeschlossenen Befruchtung einer Eizelle durch eine Samenzelle liegt die genetische Ausstattung des späteren Individuums fest. Alle seine 10^{14} Körperzellen enthalten jeweils die gleiche, einmalige, bei keinem anderen Menschen existierende Kombination von Genotypen. An einem Genort können auf den beiden homologen Chromosomen zwei gleiche oder zwei verschiedene Ausprägungsformen eines Gens (Allele) vorkommen. Ein Mensch kann an diesem Genort daher reinerbig oder mischerbig sein. Selbst eineiige Zwillinge können in der genetischen Ausstattung ihrer Mitochondrien verschieden sein. Gegenstand der Humangenetik sind die genetische Variabilität zwischen den Menschen, die Gesetzmäßigkeiten der Weitergabe dieser Variabilität über die Generationen und ihre Bedeutung für die Umsetzung in einen Phänotyp.

Die entscheidende, in diesem Zusammenhang zu stellende Frage ist die nach der Umsetzung des Genotyps in den Phänotyp, insbesondere nach der Gesetzmäßigkeit und Zwangsläufigkeit der Umsetzung. Es ist klar: Wenn ein bestimmter Genotyp schicksalhaft mit einem typischen Phänotyp verbunden ist, dann kann man durch Erhebung des Genotyps den Phänotyp vorhersagen. Zunächst wollen wir einen Blick darauf werfen, was über die Variabilität im menschlichen Genom bekannt ist und was diese Variabilität für ihre Träger bedeutet.

Variabilität im menschlichen Genom – der evolutionäre Kontext

Das Genom des Menschen ist in Form der DNA-Doppelhelix in jeder Zelle doppelt vorhanden. Abschnitte des DNA-Fadens sind jeweils päckchenartig in den 2 × 23 Chromosomen verpackt, die man mit Hilfe des Lichtmikroskops bei einer etwa 1000fachen Vergrößerung untersuchen kann. Das haploide menschliche Genom enthält 3×10^9 genetische Bausteine, die Basenpaare des genetischen Alphabets. Die Abfolge der Basenpaare ist seit dem Jahre 2001 im wesentlichen bekannt, bedarf allerdings noch der Präzisierung. Nur 1,1-1,4 % der Basensequenzen werden in Proteine umgesetzt. Der größte Teil des menschlichen Genoms, also 98,6-98,9 %, besteht aus nicht-kodierender DNA (International Human Genome Sequencing Consortium, 2001; Venter al., 2001). Über die Funktion dieses großen Anteils weiß man wenig. Bestimmte Sequenzabschnitte haben für die Regulation der Realisierung der genetischen Information Bedeutung. Es ist gut möglich, daß diese DNA doch Funktionen hat, die aber erst noch entdeckt werden müssen.

Etwa jede tausendste Nukleotidposition im menschlichen Genom ist variabel, man spricht hier vom ›single nucleotide polymorphism‹ (SNP). Mit anderen Worten: Einerseits ist die Basensequenz zu über 99,99 % bei allen Menschen gleich, doch andererseits besitzt ein Mensch im Durchschnitt etwa 3 Millionen SNPs. In den kodierenden Abschnitten ist die Variabilität geringer als in den nicht-kodierenden Abschnitten. Man schätzt, daß nur 5-10 % der SNPs in kodierenden Abschnitten bzw. in Steuerelementen der DNA lokalisiert sind, so daß die Menschen sich durchschnittlich in 150 000 bis 300 000 funktionell relevanten SNPs unterscheiden. Ein Teil dieser Polymorphismen schlägt sich auf Proteinebene nicht in Unterschieden nieder, man nennt dies ›Same-sense-Mutationen‹. Die verbleibenden Unterschiede sind die wesentliche Erklärung für die genetische Einmaligkeit eines Menschen, für ethnische Unterschiede, Krankheitsdispositionen, für manche Besonderheiten in der Reaktion auf Pharmaka und für einen Teil der seelischen Unterschiede.

Seit einigen Jahren gelingt es immer besser, die Evolution des Menschen mit genetischen Methoden nachzuvollziehen. Zusammen mit den noch begrenzten Kenntnissen über die Populationsgenetik multifaktorieller, also genetisch komplexer Krankheiten beginnt sich auch ein Bild der Entstehung von Krankheitsdispositionen herauszubilden (Chakravarti, 1999). Für monogene Krankheiten gilt: An jedem Genort, für den eine Mendelsche Krankheit bekannt ist, gibt es zahlreiche verschiedene Mutationen. Die meisten dieser Mutationen sind selten und kommen in verschiedenen Bevölkerungen oft in unterschiedlicher Häufigkeit vor. Da die zu monogen erblichen Krankheiten führenden Mutationen für den Träger meist mit einem gewissen Nachteil verbunden sind, sind sie evolutionär eher jung. Die meisten dieser Mutationen sind wahrscheinlich nur einige tausend Jahre alt, das heißt, sie sind in Teilpopulationen aufgetreten, nachdem sich der moderne Mensch vor 100 000 Jahren von Ostafrika aus über die Welt verbreitet hat.

Es ist wahrscheinlich, daß Genvarianten, die zu einer komplexen Krankheit disponieren, unter evolutionären Aspekten älter sind als die Mutationen, die zu monogenen Krankheiten führen. Sie dürften in früheren Perioden der Menschheitsgeschichte mit einem Selektionsvorteil verbunden gewesen sein. Selektionsvorteil bedeutet, daß der Träger einer bestimmten Genvariante im Mittel mehr Kinder hat – die wiederum das reproduktionsfähige Alter erreicht haben – als der Durchschnitt der Bevölkerung. So könnten Genvarianten, die zum nicht-insulinpflichtigen Diabetes mellitus disponieren, den Trägern beispielsweise in Zeiten knapper Nahrungsverfügbarkeit sehr gut einen Selektionsvorteil verschafft haben, indem der Blutzuckerspiegel auch bei Hunger hoch gehalten wurde. Ein niedriger Blutzuckerspiegel ist mit herabgesetzter Leistungsfähigkeit verbunden. In Zeiten guter Ernährung wird die diabetische Stoffwechsellage freilich zum Nachteil, weil daraus ein überhöhter Blutzuckerspiegel resultiert. Analoge Mechanismen könnten andere Dispositionen begünstigt haben. Die folgenden, wenn auch noch schlecht gestützten Zusammenhänge werden unter anderem diskutiert: Hypertonie und kurzfristige Aktions- und Durchsetzungsfähigkeit, allergische Krankheiten und gute Infekt- oder Parasitenabwehr, manische Depression und Initiativfähigkeit sowie Furchtlosigkeit, Schizophrenie und vorsichtig-mißtrauisches soziales Verhalten.

Die angedeuteten Zusammenhänge sind derzeit noch weitgehend hypothetisch, sollten in den kommenden Jahrzehnten jedoch einer wissenschaftlichen Bearbeitung zugänglich werden. Mit Hilfe der genetischen Forschung werden die Dispositionen zu den multifaktoriellen Krankheiten aufgeklärt werden. Die Kenntnis einer Disposition wird auch einen Einblick in die genetische Beeinflussung funktioneller Regelmechanismen und Verständnis für die evolutionären Zusammenhänge ermöglichen. In diesem Lichte ist es plausibel, daß Personen, die von einer der häufigen Dispositionskrankheiten betroffen sind, die Bürde einer früheren genetischen Anpassung der Menschheit tragen. Jedenfalls gehört diese ›alte‹ genetische Variabilität zur Natur der Spezies Mensch. Mit dieser Vorstellung wäre auch vereinbar, daß Erkrankte auf Grund von Genkombinationen eine erhöhte Dosis von Dispositionsgenen besitzen.

Diese Mechanismen, die in der Evolution wirksam waren, dürften große Teile der heutigen Menschheit betreffen. Populationsgenetische Daten machen es wahrscheinlich, daß es vor etwa 100 000 Jahren – also etwa 4 000 Generationen, wenn man die Expansion des Menschen ignoriert – in der Evolution des modernen Menschen einen ›Engpaß‹ gegeben hat. Man hält es für möglich, daß nur etwa 10 000 Individuen die Vorfahren der heutigen Europäer waren (Chakravarti, 1999). Die genetischen Dispositionen sind Teil unseres biologischen Erbes und Kennzeichen der menschlichen Natur. Dafür spricht auch, daß multifaktorielle Krankheiten bei vielen Bevölkerungen der Erde in ähnlicher Größenordnung vorkommen. Die durch die Evolution herbeigeführte genetische Variabilität der Menschheit hat ihr in der Vergangenheit eine Anpassung an wechselnde Lebensbedingungen ermöglicht.

Die Vorstellungen zur Evolution der genetischen Variabilität können bei der Beurteilung der Frage hilfreich sein, in welchem Ausmaß der Mensch durch seine genetische Ausstattung determiniert ist.

Krankheiten mit monokausaler genetischer Ursache

Die Untersuchung von Krankheiten hat für der Analyse genetischer Mechanismen beim Menschen eine außerordentliche Bedeutung. Daher verwende ich im folgenden Beispiele aus der Medizinischen Genetik. Es sind zwei Typen von Mutationen, die sich obligat im Phänotyp niederschlagen, zum einen Merkmale bzw. Krankheiten mit Mendelschem Erbgang und zum anderen Chromosomenstörungen. Ein Mendelscher (monogener) Erbgang ist das Resultat einer Mutation, die zu einer Funktionsstörung führt, die so schwer ist, daß sie vom Organismus nicht kompensiert werden kann. Chromosomenstörungen – seien es numerische oder strukturelle – sind mit genetischen Imbalances verbunden, die in der Regel bereits in der Ontogenese zu schweren Entwicklungsstörungen führen.

Etwa 0,5 % aller Neugeborenen sind von einer Chromosomenstörung betroffen. Die meisten dieser Störungen sind Folge von Neumutationen, die in einer elterlichen Keimzelle aufgetreten sind. Mit Ausnahme der numerischen Anomalien der Geschlechtschromosomen (Gonosomen), die nur zu diskreten Beeinträchtigungen organischer bzw. zentralnervöser Funktionen führen, gehen Chromosomenstörungen mit einer meist schweren geistigen Behinderung einher. Dazu können die verschiedensten Fehlbildungen der inneren Organe kommen, wie Herz, Nieren, Darmtrakt, Gehirn, deren Kombination teilweise charakteristisch für bestimmte Chromosomenstörungen ist. Auch wenn manche Fehlbildungen operativ korrigiert werden können, beispielsweise Herzfehler, so legt die Art der Chromosomenstörung die Prognose des Krankheitsbildes doch weitgehend fest.

Die meisten Anomalien der Nicht-Geschlechtschromosomen (Autosomen) sind mit tiefgreifenden Störungen der Hirnentwicklung mit der Folge einer geistigen Behinderung verbunden. Beim Down-Syndrom, der Trisomie 21, gehört dazu beispielsweise auch, daß die Betroffenen ab dem 40. Lebensjahr eine Alzheimersche Krankheit zu entwickeln beginnen.

Bei den Krankheiten mit Mendelschem Erbgang hängt der Lebensweg der Betroffenen maßgeblich davon ab, ob man die Auswirkungen der Krankheit beeinflussen kann. Nicht immer ist dies möglich: So ist beispielsweise die kongenitale autosomal-rezessiv erbliche spinale Muskelatrophie mit schweren Beeinträchtigungen der Muskelfunktion verbunden. Die meisten Kinder sterben therapeutisch unbeeinflußbar im ersten Lebensjahr. Es gibt viele hundert andere genetische Krankheiten mit einem ähnlich deletären Verlauf. Die Diagnose einer solchen Krankheit legt den unglücklichen Lebensweg dieser Kinder weitgehend fest.

Es gibt aber auch andere Beispiele. Die autosomal-rezessiv erbliche Phenylketonurie führt unbehandelt zu einer schweren Entwicklungsstörung, verbunden mit Krampfanfällen und geistiger Behinderung. Durch rechtzeitige Behandlung mit einer phenylalaninkontrollierten Diät kann man aber diese Entwicklungsstörung verhindern, so daß die Kinder einen praktisch normalen Lebensweg nehmen. Ein anderes Beispiel: Das adrenogenitale Syndrom beruht auf einem autosomal-rezessiv erblichen Enzymdefekt, der eine Unfähigkeit zur Synthese von Cortisol zur Folge hat. Unbehandelt führt die Krankheit zur vorzeitigen Pubertät, bei Mädchen zur Vermännlichung, zunächst überschießendem Wachstum, dann jedoch zu Wachstumsstillstand. Durch Cortisol-Substitution kann der endogene Mangel des Hormons vollständig kompensiert werden.

Eine Reihe verschiedener Tumorkrankheiten kommt auf der Basis einer autosomal-dominant erblichen Disposition zustande. Dazu gehören zum Beispiel verschiedene Formen des erblichen Darmkrebses sowie erblicher Brust-/Eierstockkrebs. Träger einer krankheitsrelevanten Mutation haben ein hohes Risiko für eine Tumorkrankheit. Bei der häufigsten Form des erblichen Darmkrebses (HNPCC) und beim erblichen Brustkrebs beträgt das lebenslange Erkrankungsrisiko 60-80 %. Sowohl Darm- als auch Brustkrebs sind durch Operation sehr gut beherrschbar, vorausgesetzt, die Diagnose wurde früh genug gestellt. Wenn sich die Träger einer für erblichen Darm- oder Brust-/Eierstockkrebs krankheitsrelevanten Mutation einem systematischen Früherkennungsprogramm unterziehen, kann ein Tumor gegebenenfalls rechtzeitig erkannt und operativ entfernt werden. Diese Menschen müssen über die Risikokonstellation umfassend aufgeklärt und beraten sein. Man kann ihre Bedrohung mit genetischer Diagnostik prädiktiv erkennen. Wenn sie sich entsprechend verhalten, haben sie trotzdem gute Chancen für eine hohe Lebenserwartung.

Wie schwierig die detaillierte Vorhersage im Einzelfall sein kann, zeigt die familiäre adenomatöse Polyposis. Patienten mit dieser autosomal-dominant erblichen Darmtumorkrankheit entwickeln, wenn unbehandelt, durchschnittlich mit 30 Jahren Dickdarmkrebs und sterben daran mit 40 Jahren. Die Krankheitsmanifestation und auch die Lokalisation der Tumoren hängt wiederum von der Art der Mutation in dem krankheitsrelevanten Gen ab, jedenfalls bei statistischer Betrachtung. Trotzdem gibt es im Einzelfall eine beträchtliche Variabilität. Vermutlich überlagern stochastische Effekte die molekularen Effekte der für die Krebsdisposition verantwortlichen Mutationen (Friedl et al., 2001). Selbst innerhalb eines nahezu gesetzmäßig ablaufenden Malignisierungsprozesses bestehen Unsicherheiten hinsichtlich des Zeitpunkts der Manifestation. Anders gesagt: Es gibt eine Korrelation zwischen Mutationen in dem für die Krankheit maßgeblichen APC-Gen und dem Alter bei klinischer Manifestation der Polyposis. Der Zusammenhang ist jedoch nur statistischer Natur. Im Einzelfall kann man kaum eine Vorhersage machen.

Für eine ganze Reihe autosomal-dominant erblicher Krankheiten, die sich im Laufe des Lebens manifestieren, gibt es bisher keine Therapie- oder Präventionsmöglichkeiten. Dazu gehören neurologische Krankheiten wie die Huntingtonsche Krankheit, verschiedene Formen der spinozerebellären Ataxie oder die Myotone Dystrophie. Diesen Krankheiten liegen ähnliche molekulare Krankheitsmechanismen zugrunde, es handelt sich um sogenannte Trinukleotidrepeat-Krankheiten. Kinder eines Patienten haben auf Grund des Erbgangs ein Risiko von 50 % für die Entwicklung der Krankheit. Wenn die Kinder sich für eine prädiktive genetische Diagnostik entscheiden, dann kann ihnen das Schicksal bezüglich der betreffenden Krankheit mit praktisch vollständiger Sicherheit vorhergesagt werden: Entweder sie bleiben gesund, oder sie entwickeln mit Sicherheit die Krankheit. Über das Alter bei Manifestation der Krankheit kann man auch hier allerdings nur statistische Angaben machen. Neben der Art der Mutation im krankheitsverursachenden Gen dürften andere, bislang noch unbekannte Gene Einfluß auf das Manifestationsalter haben. Man kann sich etwa gewisse Kompensationsmechanismen vorstellen.

Die genetische Diagnostik ist bei Krankheiten dieser Gruppe besonders verantwortungsvoll, weil es bisher keine Interventionsmöglichkeiten gibt.

Unterschiede von Expressivität und Penetranz

Nicht bei allen monogen erblichen Krankheiten führt der Besitz einer krankheitsrelevanten Mutation schicksalhaft zur Krankheit. Als Beispiel sollen seltene Formen der Epilepsie herangezogen werden. Bestimmten autosomal-dominant erblichen Formen von Anfallskrankheiten liegen Mutationen in verschiedenen Ionenkanälen zugrunde (Steinlein et al., 1995; Biervert et al., 1998). Zwar erkranken die meisten Träger einer Mutation, aber nicht alle. Vermutlich verfügen verschiedene Menschen in unterschiedlichem Ausmaß über Mechanismen, welche die Ionenkanalstörung kompensieren können.

Genetische Dispositionen – multifaktorielle Krankheiten

Die monokausalen Krankheiten – monogene Krankheiten und Chromosomenstörungen – kommen nur in geringer Häufigkeit in der Bevölkerung vor. Sie lassen sich auf Grund ihrer Monokausalität leichter analysieren und sind in der Vergangenheit daher bevorzugt wissenschaftlich bearbeitet worden. Schwieriger zu analysieren sind die multifaktoriellen, also die genetisch komplexen Krankheiten. Viele komplexe Krankheiten kommen in der Bevölkerung mit Häufigkeiten im Prozentbereich vor.

Dazu gehören beispielsweise hoher Blutdruck, Herzinfarkt, allergische Krankheiten, Diabetes mellitus, Epilepsie und seelische Krankheiten wie Schizophrenie und manisch-depressive Krankheit. Diese Krankheiten treten zwar familiär auf, lassen aber eine Segregation entsprechend einem Mendelschen Erbgang vermissen. Bei vielen komplexen Krankheiten betragen die Wiederholungsrisiken bei Verwandten 1. Grades 10-15 %. Dieses Risiko ist also etwa 5-15 mal so hoch wie die Krankheitshäufigkeit in der Allgemeinbevölkerung. Es ist unwahrscheinlich, daß eine einzige Mutation den gesamten Krankheits-Phänotyp erklären kann. Viel wahrscheinlicher ist, daß mehrere Gene, die Mutationen tragen, zu einer Krankheitsdisposition beitragen. Es entscheiden exogene Einflüsse darüber, ob eine Krankheit resultiert. Die für die Krankheitsdisposition verantwortlichen Genvarianten müssen in der Bevölkerung häufig sein, sonst könnte man die relativ hohen Wiederholungsrisiken unter den Verwandten 1. Grades nicht erklären.

Einer genetisch komplexen Krankheit wird meist die Verschiebung eines funktionellen Gleichgewichts oder Regelkreises zugrunde liegen. Diese Verschiebung des Gleichgewichts ist mit einer Krankheitsdisposition verbunden. Der funktionelle Effekt kommt dadurch zustande, daß Mutationen an verschiedenen Genorten, die bei einem Menschen nebeneinander vorliegen, auf Proteinebene Auswirkungen haben. Derartige Effekte sind bisher allenfalls ansatzweise verstanden. Man kann aber sicher sagen, daß jede der Mutationen, die zu der Disposition zu einer multifaktoriellen Krankheit beiträgt, das Krankheitsrisiko nur in begrenztem Ausmaß erhöht. Jede der Mutationen ist mit einem ›relativen Risiko‹ für die betreffende Krankheit verbunden. Ob eine Krankheitsdisposition aber tatsächlich zu einer Krankheit führt, hängt unter anderem auch von verschiedenen äußeren Faktoren ab, so von exogenen Triggern, der Ernährung, von Infekten und seelischen Einflüssen. Dies kann beispielsweise erklären, warum nur ein Teil, wenn auch der überwiegende, der eineiigen Zwillinge für eine komplexe Krankheit konkordant betroffen ist. Bei monogenen Krankheiten ist die Konkordanz dagegen vollständig.

Die ›Labilität‹ der phänotypischen Auswirkung unterscheidet multifaktorielle Krankheiten grundsätzlich von monogenen Krankheiten. Da nicht jede genetische Disposition auch zu einer Krankheit führt, lassen sich multifaktorielle Krankheiten therapeutisch in der Regel eher beeinflussen als monogene. Dies zeigen auch die bereits existierenden Möglichkeiten der Behandlung. Krankheiten wie Hypertonie, Epilepsie, Diabetes mellitus, Allergien, Schizophrenie, manisch-depressive Krankheit sind in gewissem Ausmaß medikamentös behandelbar, jedenfalls besser als die meisten Krankheiten mit Mendelschem Erbgang.

Mit genetischen Methoden ist es nicht möglich, das Auftreten einer multifaktoriellen Krankheit zuverlässig vorherzusagen. Selbst wenn eines Tages alle Gene, welche die Disposition zu einer multifaktoriellen Krankheit beeinflussen, bekannt sind, wird es keinen genetischen Determinismus geben.

Man kann die Güte der prinzipiellen Vorhersagbarkeit sogar angeben. Hierzu kann man auf Befunde der klassischen Zwillingsforschung zurückgreifen. Man unterscheidet eineiige und zweieiige Zwillinge. Eineiige Zwillinge stimmen in ihrer genetischen Ausstattung völlig überein, zweieiige besitzen auf Grund ihrer Abstammung die Hälfte der Erbanlagen gemeinsam. Eineiige Zwillinge sind sich äußerlich zum Verwechseln ähnlich. Sie haben oft auch ähnliche Krankheiten, aber eben nicht immer. Wenn eineiige Zwillinge für eine Krankheit diskordant sind, dann weist dies auf den Einfluß exogener Faktoren hin. So liegt etwa die Konkordanzrate für die Schizophrenie bei 50 %, für die manisch-depressive Krankheit bei 70 %. Dabei handelt es sich um Spontanverläufe der Krankheiten. Man kann damit rechnen, daß die Therapie dieser Krankheiten in der Zukunft noch verbessert wird. Damit wird die ›Schicksalhaftigkeit‹ des Verlaufs weiter abnehmen. Die maximal mögliche Krankheitsprädiktion ergibt sich aus der Konkordanzrate eineiiger Zwillinge.

Genetik und die ›Freiheit wovon‹

Wenn es um Krankheiten geht – seien es somatische oder Krankheiten der Hirnfunktion –, dann kann die Freiheit des Menschen in erster Linie durch eine resultierende Behinderung eingeschränkt sein. Dies hängt entscheidend davon ab, wie gut die Krankheit behandelt werden kann. Ein Kind mit einer genetisch bedingten Krankheit, die zum Beispiel mit einer schweren Entwicklungsstörung oder einer Muskelkrankheit verbunden ist, hat bislang kaum eine Chance zur Wahrnehmung freier Entscheidungen. Trotzdem ist dies kein Grund zum therapeutischen Nihilismus.

Ich komme noch einmal auf das Down-Syndrom, die Trisomie 21, zurück. Während Menschen mit einem Down-Syndrom vor 50-80 Jahren meist schwer geistig behindert waren, können heute viele von ihnen auf Grund umfassender Förderung lesen und schreiben, haben soziale Beziehungen und besuchen beschützende Werkstätten. Man kann die Folgen dieser tiefgreifenden Entwicklungsstörungen zwar nur in Grenzen bessern, so daß weiterhin die Auswirkungen der Chromosomenanomalie den Lebensweg eines Menschen weitgehend determinieren. Es ist aber ein Gebot der Solidarität, Menschen mit diesen Krankheiten zu helfen –

die Brüderlichkeit war ja eine der drei Forderungen der Französischen Revolution. Außerdem ist es eine Aufgabe der Wissenschaft, für diese Krankheiten Therapien zu finden. In dem Moment, in dem eine Behandlung zur Verfügung steht, ändert sich die Situation vollständig. Menschen mit einer Phenylketonurie oder einem adrenogenitalen Syndrom sind in ihren Entfaltungsmöglichkeiten dank einer effizienten Therapie nicht mehr eingeschränkt.

Die multifaktoriellen Krankheiten sind – wie gezeigt – dadurch gekennzeichnet, daß es eine Labilität der phänotypischen Umsetzung einer genetischen Disposition gibt. Der Disponierte hat vielfach einen erheblichen Spielraum, die Realisierung der Disposition zu beeinflussen oder zu steuern, etwa durch Ernährung bei Diabetes mellitus, durch Vermeidung bestimmter Umweltstoffe bei Allergien, durch geregelte Lebensführung bei Epilepsien, in jedem Fall aber durch Medikamente. Die begrenzten Konkordanzraten bei eineiigen Zwillingen zeigen, wie groß der Freiraum sein kann. Außerdem gilt auch hier: Je besser die Therapierbarkeit wird, desto weniger ist der Mensch in seiner Entfaltung eingeschränkt. Die ›Freiheit wovon‹ hängt also maßgeblich davon ab, inwieweit man eine genetische Krankheitsdisposition beeinflussen kann.

Phänotyp-basierte genetische Analysen der Hirnfunktion

Wie ist es um die Freiheit des Menschen bestellt, wenn man von genetischen Krankheiten und Behinderungen absieht? Kann die Genetik hierzu etwas beitragen? Diese Frage hat die genetische Forschung beim Menschen von Anbeginn beschäftigt.

Einer der Begründer der Humangenetik, der englische Privatgelehrte Francis Galton, hat 1865 mit seiner Untersuchung *Hereditary talent and character* zeigen wollen, in welchem Ausmaß ›Begabung‹ erblich bedingt ist. Er schreibt (zitiert nach Vogel, 1961):

> Über die Vererbung von Begabungen scheinen merkwürdige Mißverständnisse zu bestehen. So nimmt man häufig an, die Kinder bedeutender Männer seien dumm; Vererbung bedeutender intellektueller Fähigkeiten erfolge von der mütterlichen Seite her; ein Sohn erhalte in der Regel alle Begabung in einer Familie. Meine eigenen Untersuchungen führten mich zu diametral entgegengesetzten Schlußfolgerungen. Ich finde, daß Begabung in sehr bemerkenswertem Umfang vererbt wird und daß ganze Familien, die aus Begabten bestehen, häufiger sind als solche, in denen nur ein Mitglied begabt ist.

Galtons Methode bestand darin, daß er verschiedene Biographiesammlungen durcharbeitete und untersuchte, wie häufig die in den Sammlungen genannten Personen miteinander verwandt waren. Er war sich der Fehlerquellen seiner Erhebung durchaus bewußt und wies unter anderem auf soziologische Einflüsse hin. Aber er glaubte trotzdem aus seiner Untersuchung auf einen sehr hohen Einfluß der Vererbung auf geistige Fähigkeiten schließen zu können.

Berühmte Beispiele für die vermutliche Wirksamkeit genetischer Faktoren bei der Entwicklung spezieller Begabungen sind die Musikalität in der Familie Bach und die mathematischen Fähigkeiten in der Familie Bernoulli (zitiert nach Vogel, 1961). Dabei handelt es sich aber eher um Sonderfälle. Einer der größten Mathematiker aller Zeiten war Carl Friedrich Gauß. Seine Herkunft prädestinierte ihn eigentlich nicht zur Mathematik. Sein Vater war Gärtner ebenso wie dessen Vater, seine Mutter war die Tochter eines Steinmetz. Nun weiß man aus der formalen Genetik, daß erbliche Bedingtheit eines Merkmals keineswegs familiäres Auftreten bedeuten muß. Man wird annehmen müssen, daß Gauß' Eltern durchaus auch mathematische Fähigkeiten hatten, die jedoch nicht in Erscheinung getreten sind, vermutlich aufgrund fehlender Förderung. Solange man über die wirksamen Mechanismen nichts weiß, ist das ›sporadische‹ Auftreten eines Menschen mit einer bestimmten Begabung sicher der überzeugendere Beleg für die Wirksamkeit genetischer Faktoren als das Auftreten bei mehreren Familienangehörigen.

Handelte es sich bei diesen Beispielen eher um feuilletonistische Beobachtungen, so versuchte man später, mit den Methoden der quantitativen Genetik Aussagen zur genetischen Determiniertheit von Merkmalen zu machen, die in der Bevölkerung eine große Variabilität aufweisen. Am meisten hat immer das Merkmal ›Intelligenz‹ interessiert, quantitativ ausgedrückt mit dem Intelligenzquotienten (IQ). Man hat insbesondere eng verwandte Personen im Ausmaß ihrer Ähnlichkeit miteinander verglichen. Hier sind besonders Untersuchungen an Zwillingen zu nennen. Wie oben erwähnt, haben eineiige Zwillinge einen Anteil gemeinsamer Gene von 1, zweieiige Zwillinge von 0,5. Für den Elternteil-Kind- sowie den Geschwister-Vergleich beträgt der Wert auch 0,5. Für das Paar Onkel-Nichte beträgt der Anteil 0,25 etc. In die Analyse werden auch Vergleiche bei Adoptiveltern-Kindern sowie getrennt aufgewachsenen Geschwistern und eineiigen Zwillingen einbezogen.

Eine große Zahl von Studien an Zwillingen hat nun zwar eine größere Ähnlichkeit an den eineiigen Paaren gegenüber zweieiigen ergeben. Der Unterschied ist jedoch begrenzt (Plomin et al. 1999).

Mit Hilfe der Methoden der quantitativen Genetik kann man die phänotypische Varianz in eine genetische und eine umweltbedingte Varianz zerlegen. Der genetische Anteil an der beobachteten phänotypischen Varianz wird als ›Heritabilität‹ bezeichnet. Man schätzt die Heritabilität, indem man das Ausmaß der Ähnlichkeit im IQ zwischen Personen verschiedenen Verwandtschaftsgrades ermittelt. Man zerlegt also die Varianzen entsprechend den Anteilen an gemeinsamen Genen, die sich aus dem Vergleich verschiedener Verwandtschaftspaare ergeben.

Als der US-amerikanische Erziehungspsychologe Arthur Jensen 1969 seinen Artikel *How much can we boost IQ and scholastic achievement?* veröffentlichte, kam es sehr bald zu erbitterten Auseinandersetzungen in der amerikanischen Öffentlichkeit. Aufbauend auf den in der Literatur vorhandenen Daten war Jensen zu dem Schluß gekommen, daß die Heritabilität des IQ 80 % beträgt. Daher wären – so Jensen – die in den USA seinerzeit praktizierten Programme der ›kompensatorischen Erziehung‹, welche die Kinder aus sozial benachteiligten Schichten besonders fördern sollten, wirkungslos. Die in Fachwelt und Öffentlichkeit in den 70er Jahren geführten Auseinandersetzungen waren unter anderem deshalb so heftig, weil die soziale Schichtung der US-amerikanischen Bevölkerung natürlich untrennbar mit ihrer ethnischen Zusammensetzung verschränkt ist.

Die Heritabilität ist ein Populationsmaß, das sich als Quotient berechnet. Der Quotient nimmt zu, wenn der Nenner (die Varianz des phänotypischen Parameters) kleiner wird, und er nimmt ab, wenn die Varianz des phänotypischen Parameters größer ist. Eine ermittelte Heritabilität gilt natürlich nur für die Bevölkerung, in der die Messungen erfolgt sind. Ihr Wert ist daher nicht auf eine andere Bevölkerung oder einen anderen Zeitpunkt übertragbar, sie ist keine Naturkonstante.

Die Heritabilität der Intelligenz bzw. einzelner Komponenten der Intelligenz ist immer wieder geschätzt worden. Wegen der komplizierten Verflechtung von Vererbung und Umwelt dürften getrennt aufgewachsene Zwillinge die genetischen Verhältnisse am ehesten widerspiegeln. Derartige Studien zeigen nun, daß verschiedene Intelligenzdimensionen etwa zur Hälfte auf genetischen Einfluß zurückgeführt werden können – wohlgemerkt unter den Bedingungen der westlichen Zivilisation.

Auch wenn in einer Bevölkerung die pauschalen Aussagen über die Heritabilität von Intelligenzmaßen zutreffen, kann man daraus kaum Schlußfolgerungen für den einzelnen herleiten, etwa für die schulische Förderung. Zur Beurteilung der Leistungsfähigkeit und des Erfolgs eines Menschen, in der Schule und insbesondere im weiteren Leben, reicht die eindimensionale Intelligenz-Betrachtung sicher nicht aus. Faktoren wie Sensibilität und Engagement, Fleiß und Ausdauer, Schaffensfreude und

Verantwortungsgefühl haben erheblichen Anteil am Lebensweg eines Menschen. Eine günstige Konstellation dieser Dimensionen kann intellektuelle Defizite kompensieren und überdurchschnittliche Intelligenz zu außerordentlichem Erfolg befähigen.

Es ist unmöglich, die Persönlichkeit eines Menschen mit quantitativen Methoden zu beschreiben. Psychologische Tests können allenfalls Anhaltspunkte für bestimmte Persönlichkeits-Dimensionen geben. Auch in dieser Hinsicht sind Zwillingsuntersuchungen durchgeführt worden (vgl. Plomin et al., 1999). In der angelsächsischen Literatur sind es die sogenannten ›Big Five‹ – Dimensionen der Persönlichkeit –, die besonders intensiv untersucht worden sind. Dazu gehören: (1) Die ›Extraversion‹, die sich aus Soziabilität, Impulsivität und Lebhaftigkeit zusammensetzt. (2) Mit ›Neurotizismus‹ ist emotionale Labilität gemeint, charakterisiert durch Launenhaftigkeit, Ängstlichkeit und Reizbarkeit. (3) ›Verträglichkeit‹ beschreibt Liebenswürdigkeit und Freundlichkeit. (4) Unter ›Gewissenhaftigkeit‹ werden Anpassungsfähigkeit und Leistungswille subsumiert, und (5) mit ›Kultiviertheit‹ ist Offenheit für Erfahrung gemeint. Zwillingsuntersuchungen zeigen nun, daß eineiige Zwillinge einander ähnlicher sind als zweieiige. Es ist freilich nicht überraschend, daß die Korrelationen niedriger liegen als bei den Intelligenzdimensionen.

Determinismus der Hirnleistungen?

Das menschliche Gehirn enthält 10^{12} Nervenzellen mit etwa 10^{15} Verbindungsstellen (Synapsen). Die Nervenzellen sind zu einem außerordentlich komplizierten, aber hochgeordneten Netzwerk verschaltet, das von einfachen Bewegungen bis zu schwierigen kognitiven Leistungen alle Lebensäußerungen eines Organismus steuert. Die Ordnung im Chaos dieser Komplexität ist das Ergebnis genau koordinierter Entwicklungsprogramme, die während der Gehirnentstehung für die spezifischen Verschaltungsmuster zwischen den Nervenzellen sorgen. Dabei bilden sich im frühen Embryo zunächst neuronale Vorläuferzellen, aus denen Stütz- und Nährzellen des Gehirns sowie unreife Nervenzellen hervorgehen. Je nach Hirnregion wandern diese unreifen Nervenzellen aus den Keimzonen zu ihrem endgültigen Bestimmungsort, um dort Fortsätze auszubilden (Brose und Song, 2001).

Der gesamte Prozeß der Bildung des Gehirns und dessen Steuerung ist bisher allenfalls ansatzweise verstanden. An der Steuerung der Morphogenese sind Gene natürlich maßgeblich beteiligt. Nur so ist erklärlich, daß Form und Funktion des Gehirns innerhalb einer Spezies immer gleich sind. Andererseits kennt man aber Mausmutanten, denen Gene für bestimmte Haftungsmoleküle fehlen. Diese Tiere können tiefgreifende Entwicklungsstörungen des Gehirns haben. Es muß physiologischerweise im Sinne einer Selbstorganisation Mechanismen der Morphogenese geben, die nur indirekt durch Gene gesteuert werden. Der Mensch besitzt 30 000-40 000 Gene, von denen jedes zwar 10 bis 100 Proteine bilden kann, aber 10^{12} Neurone. Es gibt also sehr viel mehr Nervenzellen, die ja – anders als etwa Leberzellen – sehr spezifische Funktionen haben, und es gibt noch viel mehr zentralnervöse Synapsen als Gene oder Genprodukte. Man kann sagen: Der Gesamtrahmen der Bildung und der Funktion des Gehirns ist zwar genetisch determiniert, für die individuelle Ausformung neuronaler Verschaltungen und deren Plastizität durch Erfahrungen muß es aber Freiheitsgrade geben, die über die genetische Steuerung hinausgehen.

Anhand von Tierexperimenten hat sich eindrucksvoll zeigen lassen, daß das Gehirn die Fähigkeit zu bestimmten Leistungen nur unter dem Einfluß von Erfahrung erwirbt (Propping, 1989). Die Sehleistung ist bei höheren Säugetieren beeinträchtigt, wenn die Tiere während einer kritischen Phase ihren Gesichtssinn nicht gebrauchen können. Bei der Katze, dem bevorzugten Untersuchungsobjekt der Neurophysiologie, dauert die kritische Phase, während der das Sehorgan unter dem Einfluß von Umweltreizen zur vollen Funktionstüchtigkeit heranreift, etwa drei Monate, bei Primaten ein Jahr. Kinder, die auf Grund von Verletzungen ihre Sehfähigkeit in der frühen Kindheit eingebüßt haben, deren Defekt im optischen Apparat später jedoch chirurgisch behoben werden konnte, erhalten ihre volle Sehfähigkeit nicht zurück, wenn die Operation erst nach dem Schulalter erfolgte. Die Verschaltung zwischen den Augen und den Nervenzellen in der Sehrinde, dem visuellen Kortex, ist im wesentlichen genetisch festgelegt, wenn auch zunächst noch recht ungenau. Es sind innerhalb des genetisch vorgegebenen Rahmens die ›richtigen‹ neuronalen Verbindungen auszuwählen und zu festigen. Dieser erfahrungsabhängige Entwicklungsprozeß hat die Eigenschaften eines Lernvorganges. Dies zeigt, daß sich die Hirnfunktionen im einzelnen erst unter dem Einfluß der Erfahrung entfalten bzw. darunter modifiziert werden.

Genetik und die ›Freiheit wozu‹

Die biologischen Rahmenbedingungen, denen der Mensch unterliegt, sind weitgehend genetisch vorgegeben. Diese Bedingungen zu verstehen ist eine wichtige Aufgabe der Genetik, insbesondere im Hinblick auf die

Prävention und Therapie von Krankheiten. Es ist aber sehr fraglich, ob man mit den Methoden der Genetik jemals das spezifisch Menschliche, das Empfinden und Wollen des Menschen verstehen wird. Intelligenz und Persönlichkeit eines Menschen sind auf eine unvorstellbar kompliziertе Weise miteinander verflochten. Die Freiheit des Menschen – die ›Freiheit wozu‹ – wäre dann betroffen, wenn das Denken, Entscheiden, Fühlen und Verhalten durch genetische Faktoren determiniert wäre. Die vorliegenden empirischen Befunde weisen zwar auf einen gewissen genetischen Einfluß auf einzelne, im Interesse der Meßbarkeit herausgelöste Dimensionen hin. Die Wirklichkeit des Menschen wird aber durch diesen Reduktionismus nicht erfaßt. Sieht man von schweren, nicht beeinflußbaren Beeinträchtigungen und Krankheiten ab, dann gibt es für einen genetischen Determinismus des Menschen keinen Anhalt. Die Freiheit des Menschen wird durch die Fortschritte der Genetik nicht bedroht.

Literaturhinweise

Biervert C., Schroeder B. C., Kubisch C., Berkovic S. F., Propping P., Jentsch T. J., Steinlein O. K.: A potassium channel mutation in neonatal human epilepsy. Science 279: 403-406 (1998).

Brose N., Song J.-Y.: Das Rendezvous von Axon und Dendrit. Forschung – Magazin der Deutschen Forschungsgemeinschaft Nr. 1: 7-8 (2001).

Chakravarti A.: Population genetics – making sense out of sequence. Nature Genet. Suppl. 1, 21: 56-60 (1999).

Friedl W., Caspari R., Sengteller M., Uhlhaas S., Lamberti C., Jungck M., Kadmon M., Wolf M., Fahnenstich J., Gebert J., Möslein G., Mangold E., Propping P.: Can APC mutation analysis contribute to therapeutic decisions in familial adenomatous polyposis? Experience from 680 FAP families. Gut 48: 515-521 (2001).

Galton F.: Hereditary talent and character. Macmillan's Magazine 12: 157 (1865).

International Human Genome Sequencing Consortium: Initial sequencing and analysis of the human genome. Nature 409: 860-921 (2001).

Jensen A.: How much can we boost IQ and scholastic achievement? In: Environment, Heredity and Intelligence. Harvard Educational Review, Cambridge, Mass., pp. 1-123 (1969).

Plomin R., DeFries J. C., McClearn G. E., Rutter M.: Gene, Umwelt und Verhalten. Einführung in die Verhaltensgenetik. Bern (1999).

Propping P.: Psychiatrische Genetik. Konzepte und Befunde. Berlin, Heidelberg und New York (1989).

Steinlein O. K., Mulley J. C., Propping P., Wallace R. H., Phillips H. A., Sutherland G. R., Scheffer I. E., Berkovic S. F.: A missense mutation in the neuronal nicotinic acetylcholine receptor alpha 4 subunit is associated with autosomal dominant nocturnal frontal lobe epilepsy. Nature Genetics 11: 201-203 (1995).

Venter J. C. et al.: The sequence of the human genome. Science 291: 1304-1351 (2001).

Vogel F.: Lehrbuch der allgemeinen Humangenetik. Springer-Verlag, Berlin Göttingen Heidelberg (1961).

Conditio humana aus neurobiologischer Perspektive

von

Wolf Singer

Widersprüchliche Behauptungen

Die Herausgeber dieses Sammelbandes haben mit der Themenvorgabe »Was ist der Mensch?« eine der schwierigsten aller denkbaren und wohl auch eine der ältesten und damit am häufigsten wiederholten Fragen aufgeworfen, so daß endgültige Antworten nicht zu erwarten sind. Schwierig ist diese Frage wegen ihrer Zirkularität. Auf der Suche nach Antworten werden Explanandum und Explanans eins. Das Erklärende, unser Gehirn, setzt seine eigenen kognitiven Werkzeuge ein, um sich selbst zu begreifen. Wir versuchen, uns im Spiegel unserer eigenen Wahrnehmung zu erkennen, und wissen nicht, ob dieser Versuch gelingen kann. Schwierig ist die Frage auch, weil sich der Mensch in zwei verschiedenen Beschreibungssystemen darstellt und unsere kognitiven Fähigkeiten, zumindest im Augenblick, nicht ausreichen, um diese in ein einziges überzuführen. Es gelingt uns allenfalls, Brückentheorien zu erdenken, die es ermöglichen, Phänomene aus dem einen Beschreibungssystem mit korrespondierenden Phänomenen aus dem anderen zu korrelieren. Aber wie sich zeigen wird, bleiben auch die Ergebnisse dieser Syntheseversuche unbefriedigend. Wir verfügen zur Zeit über kein widerspruchsfreies Bild vom Menschen, und dies ist ein Problem, das die Hirnforschung befördert hat.

Zum einen sind da die Attribute unseres Menschseins, die wir aus der Ersten-Person-Perspektive erschließen und beschreiben. Es sind dies die Inhalte unserer subjektiven Wahrnehmung und Selbsterfahrung. Phänomene also, die erst durch uns in die Welt gekommen sind, spezifisch menschliche, an Kultur gebundene Phänomene, die sich der Existenz von Wesen verdanken, die von sich behaupten, über Bewußtsein zu verfügen. Die Rede ist von Phänomenen, die wir nur selbst wahrnehmen können, die sogenannten Qualia, die erst in unserem Erleben wirklich werden. Glück, Schmerz, Leid, Stolz, Schmach und Kränkung sind nicht, wenn sie nicht erfahren werden. Und gleiches gilt für die Inhalte unserer Wertungen, für moralische Urteile und ethische Setzungen.

Schließlich sind da die Phänomene, die aus unserer Wahrnehmung erwachsen, über eine geistige, mentale Dimension zu verfügen, die uns befähigt, frei über uns befinden zu können, zu werten und zu entscheiden. Diese immateriellen Phänomene erleben wir als ebenso real wie die Erscheinungen der dinglichen Welt, die uns umgibt. Sie sind uns allen gleichermaßen vertraut, weshalb wir Bezeichnungen für sie erfinden konnten, auf die wir uns einigen können. Wir sprechen von freiem Willen und wissen offenbar alle, was wir darunter zu verstehen haben. Wir begreifen uns als Wesen, die über Intentionalität verfügen, die fähig sind zu entscheiden, initiativ zu werden und handelnd in den Ablauf der Welt einzugreifen. Wir erfahren uns als freie und folglich als verantwortende, autonome Agenten. Diese Überzeugungen erwachsen aus der Erfahrung, daß wir uns unserer eigenen Empfindungen, Wahrnehmungen, Erinnerungen, Absichten und Handlungen gewahr sein und auf diese Einfluß nehmen können. Wir erleben, daß wir diese mentalen Prozesse vor unserem inneren Auge Revue passieren lassen und diese selbst zu Objekten unserer Wahrnehmung machen können. Wir können über die vom inneren Auge geschauten Inhalte nachdenken und schließlich auf der Basis dieser Abwägungen Entscheidungen treffen. Diese Phänomene, die wir als geistige oder psychische oder seelische bezeichnen, erleben wir als Realitäten einer immateriellen Welt, an deren Existenz unsere Selbstwahrnehmung ebensowenig Zweifel aufkommen läßt, wie unsere Sinneswahrnehmungen Zweifel aufkommen lassen, daß die dingliche Welt um uns existiert. Es handelt sich bei diesen mentalen Phänomenen offenbar um wahrnehmbare Entitäten, die wir präzise beschreiben können, die handlungsrelevant sind, also auf Prozesse im Gehirn einwirken und folglich mit materiellen Vorgängen in Wechselwirkung stehen.

Wir begreifen uns also als beseelte Wesen, die an einer immateriellen, geistigen Sphäre teilhaben, deren Erscheinungen nur der subjektiven Erfahrung zugänglich sind. Es sind dies Erscheinungen, die nur aus der Ersten-Person-Perspektive faßbar sind und die, wie viele von uns meinen, erst dadurch in die Welt gekommen sind, daß wir sind. Zum anderen aber, und hier tritt der Konflikt auf, wissen wir uns mit der gleichen Überzeugung als der materiellen Welt zugehörig. Wir rechnen uns zu den Organismen, die ihr In-der-Welt-Sein und ihr So-Sein einem kontinuierlichen evolutionären Prozeß verdanken, der sich selbst organisierend von der unbelebten Welt über zunehmend komplexere Organismen schließlich zum *Homo sapiens sapiens* geführt hat. Alle Komponenten dieses Prozesses erscheinen uns als Phänomene der dinglichen Welt, als Naturphänomene, die sich aus der Dritten-Person-Perspektive, also aus der Perspektive eines Beobachters, objektivieren und beschreiben lassen: die Ausgangsbedingungen, die herrschten, bevor Leben in die Welt kam, die physikochemischen Wechselwirkungen, die reproduktionsfähige Strukturen ermöglichten, und die evolutionären Gesetzmäßigkeiten, die diese sich reproduzierenden Strukturen immer komplexer werden ließen und schließlich die Ausdifferenzierung zu Pflanzen und Tieren einleiteten. Wir begreifen diese Prozesse als der materiellen Welt zugehörig, können uns über sie verständigen und bezweifeln nicht, daß es sich um Phänomene handelt, die wir im Rahmen naturwissenschaftlicher Beschreibungssysteme fassen und erklären können.

Zu diesen von der Position eines Beobachters aus beschreibbaren Variablen der Evolution gehört natürlich auch das Verhalten der Organismen. Auch dieses ist für den Beobachter objektivierbar und, wie sich feststellen läßt, durch die Organisation des Organismus, der das Verhalten produziert, und insbesondere durch sein Nervensystem determiniert. Das Verhalten von Organismen ist selbst Gegenstand von evolutionären Ausleseprozessen, nicht weniger als die Form eines Flügels. Tiere, deren Verhaltensrepertoire optimale Anpassung an sich verändernde Bedingungen erlaubt, haben im evolutionären Wettbewerb die besseren Chancen. Verhalten ist somit eine Variable der dinglichen Welt, in welcher sich die Evolution ereignete, und damit den Selektionsmechanismen ebenso unterworfen wie alle anderen Eigenschaften von Organismen. Folglich muß sich jede Komponente des von außen beobachtbaren, meßbaren und objektivierbaren Verhaltens als Folge von Prozessen darstellen lassen, die, wie die Evolution selbst, im Rahmen naturwissenschaftlicher Beschreibungssysteme faßbar sind. Verhalten stellt sich dann als Eigenschaft dar, die einem Organismus anhaftet und durch sein Sosein festgelegt ist. Da, wie sich herausgestellt hat, Verhalten ganz wesentlich von Prozessen im Nervensystem abhängt, ist es vorwiegend zum Anliegen der Hirnforschung geworden, den Kausalzusammenhang zwischen neuronalen Prozessen und Verhalten zu erforschen. Jedwedes Verhalten, das auf neuronale oder andere organische Bedingtheiten zurückgeführt werden kann, muß demnach den Naturgesetzen unterworfen sein, die für alles Dingliche gelten.

Diese, wie ich glaube, zwingende Einsicht bereitet keinerlei Schwierigkeiten, solange wir mit Verhalten nur reflektorisches Reagieren einfach organisierter Tiere meinen. Wir haben kein Problem mit der Einsicht, daß solch einfaches Verhalten vollkommen determiniert ist durch die Reizkonstellation, durch die Organisation des jeweiligen Nervensystems und seinen aktuellen Zustand. Wenn es dann doch etwas anders kommt als erwartet, dann nehmen wir an, daß zufällige Schwankungen dafür verantwortlich sind. Die zunehmende Verfeinerung der Beobachtungsinstrumente und der Theoriebildung hat nunmehr die Möglichkeit eröffnet, auch die höheren kognitiven Leistungen komplexer Gehirne als objektivierbare Verhaltensleistungen aus der Dritten-Person-Perspektive darzustellen und zu analysieren. Schon jetzt zählen zu diesen behandelbaren Leistungen solche, die wir auch aus der Ersten-Person-Perspektive kennen. Darunter fallen beispielsweise die Fähigkeiten, wahrzunehmen und zu erinnern, Aufmerksamkeit selektiv auf ganz bestimmte Reize zu lenken und von anderen abzuziehen, zwischen Reaktionsoptionen auszuwählen und zu entscheiden, reflektorische Handlungen zu unterdrücken – was mit zunehmender Differenzierung der Organismen immer wichtiger wird –, den Wert von Belohnungen zu beurteilen, Bindungen zu Partnern herzustellen und diese affektiv aufzuladen, und schließlich die Fähigkeit, Emotionen zu haben, aggressiv zu sein, freudig oder niedergeschlagen. Alles das sind Verhaltensmanifestationen, die wir aus der Dritten-Person-Perspektive objektivierbar beschreiben, somit auch an Tieren beobachten und auf neuronale Prozesse zurückführen können. Es sind dies Phänomene, die in kohärenter Weise in naturwissenschaftlichen Beschreibungssystemen erfaßt werden können; denn wenn ein Prozeß zwingende Folge eines anderen ist, dann müssen beide in einem kohärenten Beschreibungssystem darstellbar sein. Entsprechend gelingt es den Neurowissenschaften auch, hochkomplexe kognitive Leistungen bestimmten neuronalen Prozessen zuzuordnen. Da diese beobachtbaren kognitiven Leistungen mit den zugrunde liegenden neuronalen Prozessen nicht identisch sind, sich also aus diesen ergeben, sagen wir, diese Verhaltensleistungen seien emergente Eigenschaften neuronaler Vorgänge. Damit soll ausgedrückt werden, daß die kognitiven Funktionen mit den physiko-chemischen Interaktionen in den Nervennetzen nicht gleichzusetzen sind, aber dennoch kausal erklärbar aus diesen hervorgehen.

Dieser Sichtweise steht die mit ihr völlig unvereinbare Überzeugung entgegen, die wir unserer Selbsterfahrung verdanken und die wir in unserem aus der Ersten-Person-Perspektive formulierten Beschreibungssystem zum Ausdruck bringen – die Überzeugung, daß wir an einer geistigen Dimension teilhaben, die von den Phänomenen der dinglichen Welt ontologisch verschieden ist. Weil wir diese geistige Dimension einer anderen Seinswelt zuordnen, gehen wir davon aus, daß sie aus der dinglichen Welt, die in der Dritten-Person-Perspektive erfaßt wird, nicht ableitbar ist. Wir erfahren unsere Gedanken und unseren Willen als frei, als jedweden neuronalen Prozessen vorgängig. Dies aber ist mit den deterministischen Gesetzen inkompatibel, die in der dinglichen Welt herrschen. Wir empfinden unser Ich den körperlichen Prozessen gegenüber als frei, ihnen gewissermaßen gegenübergestellt. Wir erfahren uns als wertende, mit Intentionalität ausgestattete Wesen, die sich selbst und anderen Verantwortung zuschreiben für das, was sie tun, und wir empfinden uns in der Lage, mit unserem Gewissen in Zwiegespräche einzutreten, mit unseren kategorischen Imperativen zu argumentieren, unsere Stimmungen zu beherrschen und uns über diese Handlungsdeterminanten hinwegzusetzen. Uns erscheint unser wahrnehmendes, wertendes und entscheidendes Ich als eine geistige Entität, die sich der neuronalen Prozesse allenfalls bedient, um Informationen über die Welt zu gewinnen und Beschlüsse in Taten umzusetzen. Damit das Gewollte zur Tat wird, muß etwas im Gehirn geschehen, was das Gewollte ausführt. Es müssen Effektoren aktiviert werden und dazu bedarf es neuronaler Signale. Entsprechend müssen die Sinnessysteme eingesetzt werden, also wiederum neuronale Strukturen, um etwas über die Welt zu erfahren. Bei all dem begleitet uns das Gefühl, daß wir es sind, die diese Prozesse kontrollieren.

Wir haben offenbar im Laufe unserer kulturellen Geschichte zwei parallele Beschreibungssysteme entwickelt, die Unvereinbares über unser Menschsein behaupten. Diese Inkompatibilität zwischen Selbst- und Außenwahrnehmung hat die Menschheit beschäftigt, seit sie begann, über sich nachzudenken. Was zunächst nur Ahnung war, wandelt sich jetzt jedoch zu einem nicht mehr verdrängbaren Problem. Verantwortlich für diese Zuspitzung zeichnen vor allem die Naturwissenschaften und in ganz besonderem Maße die Neurowissenschaften. Liefern diese doch zunehmend überzeugendere Beweise dafür, daß menschliche und tierische Gehirne sich fast nicht unterscheiden, daß ihre Entwicklung, ihr Aufbau und ihre Funktionen den gleichen Prinzipien gehorchen. Da wir keinen Anlaß haben zu bezweifeln, daß alles Verhalten auf Hirnfunktionen beruht, müssen die in den naturwissenschaftlichen Beschreibungssystemen erarbeiteten Behauptungen über die materiellen Bedingtheiten von Verhalten natürlich auch auf den Menschen zutreffen.

Unbefriedigende Lösungen

Was bedeutet nun dieser Konflikt zwischen zwei, wie es scheint, gleichermaßen überzeugenden, gleichermaßen zutreffenden, aber vollkommen inkompatiblen Menschenbildern für unser Selbstverständnis? Wie können Lösungen dieses Konfliktes aussehen und was würde folgen, falls wir solche tatsächlich anbieten können? Eine der möglichen Antworten hat vor wenigen Jahren der Papst gegeben. Der Vatikan erkannte an, daß die Evolution sich so vollzogen hat, wie Darwin erkannte und wie es mittlerweile in den meisten Lehrbüchern steht, daß sie einen kontinuierlichen

Entwicklungsprozeß darstellt, der von der Entstehung einfacher Organismen bis zum Menschen nachvollziehbar und in naturwissenschaftlichen Beschreibungssystemen faßbar ist. Aber die Kurie hat hinzugefügt, daß zur Wahrung der Würde des Menschen auf der Existenz einer zusätzlichen geistigen Dimension bestanden werden muß, daß es eine vom Materiellen unabhängige, davon ontologisch verschiedene Entität geben muß, die irgendwann im Lauf der Entwicklung den menschlichen Organismus kolonisiert, von ihm Besitz ergreift und sich durch ihn ausdrückt, ohne an seine Zeitlichkeit gebunden zu sein. Solche dualistischen Weltmodelle durchziehen die Geistesgeschichte des Abendlandes seit Anbeginn, und Descartes hat die Unterschiede zwischen geistigen und materiellen Sphären wohl am deutlichsten herausgestellt. Aber diese Sichtweise wirft eine Reihe sehr unangenehmer Probleme auf. Eines von ihnen ist, daß dualistische Positionen mit bekannten Verfahren weder durch Nachdenken noch durch Experimentieren bewiesen oder falsifiziert werden können. Als Arbeitshypothese für Erklärungsversuche sind sie somit wenig hilfreich. Dualistische Weltsysteme können behauptet werden, aber sie sind nicht ableitbar, müssen also geglaubt werden. Diese Unangreifbarkeit vermittelt jedoch nur scheinbare Sicherheit, denn es ergeben sich eine Fülle von Folgeproblemen.

Dualistische Weltmodelle bleiben die Antwort auf die Frage schuldig, wann im Lauf der Evolution oder der Individualentwicklung das Geistige vom Materiellen Besitz ergreift und sich zu erkennen gibt. Geschieht dies bei der Verschmelzung von Ei und Samenzelle oder später während der Embryonalentwicklung oder erst bei der Geburt oder gar erst dann, wenn Menschenkinder kognitive Leistungen ausbilden, über die Tiere nicht verfügen? Dasselbe Problem ergibt sich bei der Betrachtung der Evolution. Wir nehmen für uns in Anspruch, beseelt zu sein und über eine einzigartige geistige Dimension zu verfügen. Aber warum sprechen wir dies Schimpansen ab, obgleich sie uns in so vielem gleichen? Der Versuch festzulegen, wann der Phasenübergang vom Materiellen zum Geistigen stattfand oder je neu stattfindet, trifft angesichts der Kontinuität evolutionärer und ontogenetischer Prozesse auf unüberwindbare Schwierigkeiten.

Ferner stellt sich das besonders unangenehme Problem der Verursachung, für das wir ebenfalls keine denkbaren Lösungen wissen. Wenn es diese immaterielle geistige Entität gibt, die von uns Besitz ergreift und uns Freiheit und Würde verleiht, wie sollte diese dann mit den materiellen Prozessen in unserem Gehirn wechselwirken? Denn beeinflussen muß sie die neuronalen Prozesse, damit das, was der Geist denkt, plant und entscheidet, auch ausgeführt wird. Wechselwirkungen mit Materiellem erfordern den Austausch von Energie. Wenn also das Immaterielle Energie aufbringen muß, um neuronale Vorgänge zu beeinflussen, dann muß es über Energie verfügen. Besitzt es aber Energie, dann kann es nicht immateriell sein und muß den Naturgesetzen unterworfen sein. Umgekehrt stellt sich das Problem, wie sich das Immaterielle über die Welt draußen informiert. Wenn wir die Augen schließen, sind wir blind, und auch unser geistiges Auge scheint keine Möglichkeiten zu haben, sich von den Ereignissen draußen ein Bild zu machen. Offenbar muß sich auch der Geist der Augen und der nachgeschalteten neuronalen Mechanismen bedienen, um die Welt wahrzunehmen. Wie also werden die Sinnessignale, die Energie tragenden elektrischen Entladungen der Nervenzellen in die Sprache des immateriellen Geistes übersetzt? Auch dieses Problem ist in keinem der uns zugänglichen Beschreibungssysteme lösbar.

Epistemologische Vorbemerkung

Wegen dieser vielfältigen Schwierigkeiten möchte ich die dualistischen Erklärungsmodelle nicht weiter verfolgen. Statt dessen will ich versuchen, die eingangs dargelegten Widersprüche im Rahmen naturalistischer Interpretationen so weit aufzulösen, wie dies derzeit möglich scheint. Dies impliziert, daß für die Emergenz von Qualitäten, die wir nur aus der Ersten-Person-Perspektive kennen, Erklärungen gefunden werden müssen, die mit naturwissenschaftlichen Beschreibungssystemen kompatibel sind. Und hier ist die Hirnforschung gefordert, hat sie sich doch vorgenommen herauszufinden, wie Verhalten aus neuronalen Prozessen hervorgeht. Sie beschränkt sich dabei nicht auf die Untersuchung der Steuerung von Bewegungen, sondern bezieht auch höhere kognitive Leistungen und mentale Prozesse mit ein.

Bevor ich mich den neurobiologischen Konzepten zuwende, bedarf es einiger epistemologischer Vorbemerkungen, um das eingangs erwähnte Problem der Zirkularität zu konturieren. Wir haben als erkennende Subjekte widersprüchliche Beschreibungen von uns erzeugt, sind uns dieser Widersprüche bewußt und versuchen nun mit den gleichen Werkzeugen, die den Widerspruch in die Welt brachten, diesen wieder aufzulösen. Eine kritische Betrachtung der Qualität dieser Werkzeuge tut deshalb not. Wir können nur erkennen, was wir beobachten, denkend ordnen und uns vorstellen können. Was für unsere kognitiven Systeme unfaßbar ist, existiert nicht für uns. Die Grenzen des Wißbaren werden demnach durch die Beschränkungen der kognitiven Fähigkeiten unseres Gehirns gezogen. Zu fragen ist also, wie es mit der Verläßlichkeit und den Begrenzungen dieses kognitiven Apparates bestellt ist. Und auch diese Frage fällt in den Zuständigkeitsbereich der Neurobiologie. Unsere kognitiven Funktionen sind ebenso Produkt der Evolution wie die zugrunde liegenden neuronalen Mechanismen.

Nun deutet wenig darauf hin, daß die evolutionären Prozesse daraufhin ausgelegt sind, kognitive Systeme hervorzubringen, welche die Wirklichkeit so vollständig und objektiv wie nur irgend möglich zu erfassen oder gar das Wahre hinter den Phänomenen zu erkennen vermögen, falls die Welt eine entsprechende Schichtenstruktur aufweisen sollte. Im Wettbewerb um Überleben und Reproduktion kam es auf anderes an. Wichtig war und ist, aus der Fülle verfügbarer Informationen nur jene aufzunehmen und zu verarbeiten, die für die Bedürfnisse des jeweiligen Organismus bedeutsam sind. Wie die hohe Selektivität und Spezialisierung unserer Sinnessysteme ausweist, betrifft dies nur einen winzigen Ausschnitt der uns inzwischen bekannt gewordenen Welt. Organismen, die sich in andere ökologische Nischen hineinentwickelten, interessieren sich notgedrungen für andere Eigenschaften der Welt und haben ihre Sinnessysteme entsprechend angepaßt. Zusätzlich zu dieser Optimierung der Signalaufnahme kam es darauf an, die verfügbare Information möglichst schnell in zweckmäßige Verhaltensreaktionen umzusetzen. Umfassende Weltbeschreibungen sind dem wenig dienlich. Kognitive Mechanismen, die solches zu leisten vermögen, waren deshalb nie Selektionsobjekte.

Eine Fülle von Beispielen belegt, daß sich unsere kognitiven Systeme die Welt in der Tat auf sehr pragmatische und idiosynkratische Weise zurechtlegen. Obgleich unsere Sinnessysteme nur diskontinuierliche Ausschnitte aus dem physiko-chemischen Kontinuum der Welt aufnehmen, erscheint uns die Welt dennoch als kohärent. Der Grund ist, daß wir Fehlendes ergänzen und über Ungereimtheiten hinwegsehen, um ein schlüssiges Gesamtbild zu erhalten. Unsere Sinnessysteme sind zwar hervorragend angepaßt, um aus wenigen Daten sehr schnell die verhaltensrelevanten Bedingungen zu erfassen, aber sie legen dabei keinen Wert auf Vollständigkeit und Objektivität. Sie bilden nicht getreu ab, sondern rekonstruieren und bedienen sich dabei des im Gehirn gespeicherten Vorwissens. Dieses speist sich aus zwei Quellen: Zum einen ist es das im Laufe der Evolution erworbene Wissen über die Welt, das vom Genom verwaltet wird und sich in Architektur und Arbeitsweise von Gehirnen ausdrückt. Zum anderen ist es das zu Lebzeiten durch Erfahrung erworbene Wissen. Gehirne nutzen dieses Vorwissen, um Sinnessignale zu interpretieren und in größere Zusammenhänge einzuordnen. Unsere als objektiv empfundenen Wahrnehmungen sind das Ergebnis solcher konstruktiver Vorgänge. Diese wissensbasierten Rekonstruktionen können dazu beitragen, die Unvollkommenheit der Sinnessysteme teilweise zu kompensieren. Vorwissen kann genutzt werden, um Lücken zu schließen. Gleiches sollte man von Denkprozessen erwarten, vermittels derer wir Widersprüche aufdecken und tiefere Zusammenhänge erkennen können. Der Erfolg wissenschaftlicher Erkenntnisprozesse belegt die Wirksamkeit der kombinierten Anwendung unserer Wahrnehmungs- und Denkwerkzeuge. Interessant ist jedoch, daß diese Erkenntnisstrategie oft zu Erklärungen führt, die unanschaulich und gelegentlich sogar für die Intuition unplausibel sind. Wir lassen uns jedoch überzeugen, daß sie zutreffen, wenn sich aus ihnen gültige Voraussagen ableiten oder auf ihrer Grundlage funktionierende Apparate bauen lassen. Aber auch bei diesen rationalen Erklärungen handelt es sich natürlich um Konstrukte unseres Gehirns, denn auch Denkprozesse beruhen auf neuronalen Vorgängen. Sie gehen auf Leistungen der Großhirnrinde zurück, genauso wie die Wahrnehmung. Deshalb gibt es keinen Grund anzunehmen, Denken sei verläßlicher oder objektiver als Wahrnehmen. Je mehr uns die Neurobiologie über die materielle Bedingtheit unserer kognitiven Leistungen aufklärt, um so deutlicher wird, daß wir vermutlich vieles nicht wissen können und daß wir die Grenzen nicht kennen, jenseits derer unsere Kognition versagt.

Diese Vorbehalte stellen alle abschließenden Behauptungen in Frage, denn dem Argument ist schwer zu begegnen, daß jedwede Erkenntnis vorläufigen Charakter hat und sich durch Einbettung in neue Bezüge wesentlich verändern kann. Dennoch können wir nicht umhin zu versuchen, das jeweils Wißbare so zu ordnen, daß ein kohärentes Bild entsteht. Andernfalls bleibt Erkenntnis bedeutungslos.

Kontinuität des Dinglichen

Wenden wir uns also trotz dieser epistemologischen Bedenken wieder der eingangs formulierten Frage zu, ob und wie die aus der Ersten-Person-Perspektive erfahrenen Phänomene als Folge der Evolution komplexer Gehirne verstanden werden können. Zu prüfen wäre also zunächst, ob uns die Evolution irgendwelche Anhaltspunkte für Diskontinuitäten oder Entwicklungssprünge gibt, die uns den Unterschied zwischen Tier und Mensch oder das In-die-Welt-Kommen mentaler Phänomene erklären könnte. Spätestens seit Abschluß der Sequenzierung des humanen Genoms steht fest, daß sich die molekularen Bausteine von Nervenzellen im Laufe der Evolution kaum verändert haben. Die Nervenzellen von Schnecken funktionieren nach den gleichen Prinzipien wie die Nervenzellen der Großhirnrinde des Menschen. Dies gilt für die molekularen Bestandteile ebenso wie für den anatomischen Aufbau, für die Mechanismen der Signaltransduktion und für die Kommunikation zwischen Nervenzellen. Ein vergleichbarer Konservatismus kennzeichnet auch die strukturelle Organisation ganzer Gehirne. So fällt bei der Betrachtung der Säugetierevolution vor allem die Monotonie der Hirnentwicklung auf. Die Gehirne werden größer, aber an den Grundstrukturen ändert sich nichts. Es finden sich immer die gleichen Zentren, und diese weisen immer die gleiche Feinstruktur auf. Die Großhirnrinde einer Ratte ist von der eines Menschen auch unter dem Mikroskop kaum zu unterscheiden. Der einzig wirklich auffällige Unterschied zwischen den Gehirnen verschiedener Säugetierspezies ist die unterschiedliche Ausprägung der Großhirnrinde. In Relation zur Körpergröße haben wir, hat *Homo sapiens*, am meisten davon. Das führt zu der sehr unangenehmen Schlußfolgerung, daß offenbar alles das, was uns ausmacht und uns von den Tieren unterscheidet und damit auch alles das, was unsere kulturelle Evolution ermöglichte, offenbar auf der quantitativen Vermehrung einer bestimmten Hirnstruktur beruht. Diese, so muß gefolgert werden, vermag offenbar Verarbeitungsprozesse zu realisieren, deren schiere Vermehrung geeignet ist, die mentalen Eigenschaften hervorzubringen, die uns von den Tieren unterscheiden, also all die geistigen Attribute, die sich unserer Selbstwahrnehmung erschließen.

Wie könnte die quantitative Vermehrung eines bestimmten Hirngewebes zur Emergenz dieser neuen mentalen Qualitäten geführt haben und hat es vielleicht mit der Großhirnrinde etwas Besonderes auf sich? Die Großhirnrinde läßt sich in viele verschiedene Areale einteilen, von denen jedes eine ganz bestimmte Aufgabe erfüllt. Welche Aufgaben dies jeweils sind, wird durch die Herkunft der Signale festgelegt, die einem bestimmten Großhirnrindenbereich zugespielt werden. So erhalten Areale im Hinterhauptlappen ihre Eingangssignale hauptsächlich vom Auge, die im Parietallappen vom Körper selbst und die im Temporallappen vom Gehör. Andere Areale wiederum beschäftigen sich vorwiegend mit Signalen, die bereits von anderen Hirnrindenregionen vorverarbeitet wurden. So finden sich im Frontalhirn Rindenareale, die für die Einbindung des Menschen in die Zeit verantwortlich sind. Hier werden Kurzzeitspeichervorgänge realisiert, die es möglich machen, sich gewahr zu werden, daß es ein Vorher, ein Jetzt und ein Nachher gibt. Ebenfalls im Frontalhirn liegen die stammesgeschichtlich rezenten Areale, die sogenannten orbito-frontalen Areale, die für die Einbindung des Individuums in soziale Gefüge verantwortlich sind. Wenn es dort zu Störungen kommt, dann dedifferenziert die Persönlichkeit, die Menschen verlieren ihre moralischen Prinzipien und werden asozial.

Das Faszinierende ist, daß diese verschiedenen Bereiche der Großhirnrinde die gleiche Feinstruktur aufweisen, was wiederum darauf hinweist, daß sie nach den gleichen Prinzipien verschaltet sind und somit die gleichen Verarbeitungsalgorithmen anwenden. Es müssen dies sehr mächtige Algorithmen sein, da sie offenbar auf sehr viele verschiedene Verarbeitungsprobleme gleichermaßen angewandt werden können und durch Iteration, d. h. wiederholte Anwendung, neue Qualitäten hervorbringen.

Wenn sich also die Verarbeitungsstrategien in den verschiedenen Hirnrindenarealen kaum unterscheiden, so müssen die neuen Funktionen auf der spezifischen Vernetzung der Areale beruhen. In einfachen Gehirnen gelangt Information auf relativ kurzem Weg von den primären sensorischen Arealen, die sich mit der Verarbeitung der Signale von Sinnesorganen befassen, über Querverbindungen zu den motorischen Hirnrindenarealen, in welchen Bewegungsabläufe und Reaktionen auf Sinnesreize programmiert werden. Einfache Gehirne sind deshalb nicht in der Lage, über sich selbst nachzudenken. Bei den höher organisierten Tieren, und das gilt bereits für Ratten, Katzen und Hunde, aber natürlich in besonderem Maße für Primaten, kommen dann weitere Hirnrindenareale hinzu, die ihre Signale nicht mehr von den Sinnesorganen, sondern indirekt über die bereits vorhandenen, stammesgeschichtlich älteren primären sensorischen Areale beziehen. Diese neuen Areale verarbeiten demnach Signale aus dem Gehirn selbst, und zwar auf die gleiche Weise, wie die schon vorhandenen Areale Signale aus der Umwelt verarbeiten. Zudem kommunizieren diese neu hinzugekommenen Areale sehr intensiv untereinander. Eine Nervenzelle in der Großhirnrinde empfängt etwa 10.000 bis 20.000 verschiedene Eingangsverbindungen, und die meisten davon kommen von anderen Großhirnrindenzellen. Die Hirnrinde beschäftigt sich also vorwiegend mit sich selbst. Eingänge von den Sinnessystemen und Ausgänge zu den Effektoren machen einen verschwindend kleinen Prozentsatz der Verbindungen aus.

Das innere Auge

Zumindest intuitiv wird nachvollziehbar, wie diese geschichtete Architektur über die wiederholte Anwendung immer gleicher kognitiver Operationen zum Aufbau von Metarepräsentationen von Wahrnehmungsinhalten führen könnte. Wenn die Ergebnisse primärer kognitiver Prozesse erneut einer Analyse unterzogen werden, kommt dies der Reflexion eigener Wahrnehmungsprozesse gleich. Zieht man in Betracht, daß die Ergebnisse dieser kognitiven Operationen höherer Ordnung ihrerseits wiederum miteinander verglichen und verrechnet werden und daß die Ergebnisse dieser transmodalen Vergleiche wiederum in neu hinzugekommenen Hirnrindenarealen eine abstrakte Kodierung erfahren können, dann läßt sich erahnen, wie phänomenales Bewußtsein, das Sich-Gewahrsein von Wahrnehmungen, entstanden sein könnte. Es ist dies eine kognitive Fähigkeit, die wir auch Tieren mit höher organisierten Gehirnen zusprechen. Wir bezweifeln nicht, daß sich höhere Säugetiere und insbesondere alle Primaten ihrer Empfindungen gewahr sein können und daß dieses Gewahrsein handlungsrelevant ist. Demnach wäre phänomenales Bewußtsein eine operationalisierbare kognitive Leistung, die sich aus der Dritten-Person-Perspektive heraus analysieren lassen sollte. Nachvollziehbar könnte also sein, wie durch Iteration kognitiver Operationen und reflexive Anwendung auf sich selbst Metarepräsentationen eigener Zustände gebildet werden können, wie die eigene Kognition zum Gegenstand von Kognition werden kann.

Das Bindungsproblem

Dies beantwortet aber nicht die Frage, ›wer‹ sich letztlich diese Metaprozesse ›anschaut‹, wer die alles koordinierende Instanz sein könnte, die wir mit dem ›Ich‹ gleichsetzen. Die Intuition hält hier eine einfache Antwort bereit. Sie legt uns nahe, daß es irgendwo im Gehirn ein Zentrum geben müsse, in dem alle Verarbeitungsergebnisse zusammenkommen, um einer kohärenten Interpretation unterworfen zu werden. Dort wäre der Ort, wo entschieden und geplant wird, und dort müßte sich auch das ›Ich‹ konstituieren. Nun wissen wir aber heute, daß sich unsere Intuition in diesem Punkt auf dramatische Weise irrt. Schaltdiagramme der Vernetzung der Hirnrindenareale lassen jeden Hinweis auf einen hierarchischen Aufbau mit einem Konvergenzzentrum vermissen. Es gibt keine Kommandozentrale, in der entschieden werden könnte, in der das ›Ich‹ sich konstituieren könnte. Wir haben ein hochvernetztes, distributiv organisiertes System vor uns. In diesem laufen eine riesige Zahl von Operationen gleichzeitig ab, die in ihrer Gesamtheit zu kohärenten Wahrnehmungen und koordiniertem Verhalten führen und ohne Konvergenzzentrum auskommen. Das wirft die schwierige Frage auf, wie die vielen, in den verschiedenen Hirnrindenarealen gleichzeitig ablaufenden Verarbeitungsprozesse so koordiniert werden können, daß kohärente Interpretationen der vielfältigen Sinnessignale möglich werden, daß Entscheidungen getroffen und motorische Reaktionen koordiniert werden können. Und schließlich stellt sich die Frage, wie sich ein so dezentral organisiertes System seiner selbst bewußt werden kann. Wir sehen uns mit dem sogenannten Bindungsproblem konfrontiert.

Ich kann aus Zeitgründen nicht auf die verschiedenen Vorschläge zur Lösung des Bindungsproblems eingehen und beschränke mich deshalb auf die Diskussion der Hypothese, die wir in Frankfurt verfolgen. Sie geht davon aus, daß die zur Bindung verteilter Aktivitäten erforderliche Koordination über die Definition präziser zeitlicher Relationen verwirklicht wird. Der Vorschlag ist, daß das Gehirn die zeitliche Dimension als Kodierungsraum nutzt und präzise zeitliche Synchronisation als Code für die Zusammengehörigkeit neuronaler Antworten verwendet. Das neuronale Korrelat eines Wahrnehmungsinhaltes oder einer Entscheidung oder eines vorformulierten Satzes wäre dann ein komplexes raum-zeitliches Muster synchron aktiver Nervenzellen, das sich über hinreichend lange Zeit stabilisiert, um verhaltensrelevant zu sein oder sogar bewußt zu werden.

Francisco Varela, der letztes Jahr verstorben ist und vielen im Zusammenhang mit Autopoesis-Konzepten bekannt sein wird, führte Experimente durch, um die Synchronisationshypothese am Menschen zu überprüfen. Er bat Versuchspersonen, Schwarz-Weiß-Bilder anzuschauen, von denen einige als Profilansichten von Gesichtern identifizierbar waren. Während die Versuchspersonen versuchten, in diesen Bildern Gestalten zu erkennen, wurden über ein dichtes Netz von Elektroden Hirnströme gemessen. Die Versuchspersonen mußten ferner durch Drücken einer Taste angeben, ob sie ein Gesicht erkannt hatten. Jedesmal, wenn dies der Fall war, traten über den Hirnrindenarealen, die sich mit dem Sehen befassen, kurzfristig hochsynchrone Wellen im Bereich von etwa 40 Hertz auf. Dies war nicht der Fall, wenn die Versuchspersonen die Muster nicht identifizieren konnten. Diese hochsynchronen Zustände dauerten nur etwa zwei Zehntelsekunden, lösten sich dann auf und wichen einem neuen, ebenfalls synchronen Schwingungsmuster, das jetzt aber von motorischen Hirnrindenarealen ausging und zeitlich mit der Vorbereitung der motorischen Antwort zusammenfiel. Der hochsynchrone Zustand über den Sehrindenarealen stellt sich also nur dann ein, wenn Musterelemente zu einer bewußt wahrnehmbaren Gestalt zusammengebunden werden können. Dies legt nahe, daß das nicht weiter reduzierbare Korrelat eines Wahrnehmungsinhaltes ein hochkoordinierter dynamischer Zustand ist, der sich dadurch auszeichnet, daß die Neuronen, die für die Repräsentation des jeweiligen Inhalts rekrutiert werden müssen, ihre Entladungen über kurze Zeitspannen synchronisieren. Demnach wäre die Repräsentation von Verarbeitungsergebnissen, gleich, ob es sich um Wahrnehmungsinhalte oder motorische Programme, um Gedanken oder Entscheidungen handelt, ein dynamischer Zustand, der durch die koordinierte Aktivität einer sehr großen Zahl räumlich verteilter Nervenzellen charakterisiert ist. Dies müßte dann auch für die Struktur von Metarepräsentationen gelten, also für die Repräsentation der Inhalte der Selbstwahrnehmung. Ich will diese Argumentationslinie jetzt nicht weiter verfolgen. Sie führt uns schnell an die Grenzen des heute Wißbaren und überfordert unser Vorstellungsvermögen. Wir stehen an der Grenze, an der sich die Beschreibungen subjektiver Wahrnehmung und objektivierbarer neuronaler Prozesse in bislang nicht überbrückbarer Weise gegenüberstehen.

Freiheit als soziale Realität

Ich werde nun die nicht weniger problematische Frage behandeln, wie ein solchermaßen distributiv organisiertes kognitives System dazu kommt, sich ein Bild von sich selbst zu machen und sich als autonomes, frei entscheidendes Agens zu empfinden. Hiermit verlasse ich den Bereich gesicherten Wissens und kann nur noch Vermutungen anstellen. Dennoch denke ich, daß es an der Zeit ist, sich dieser Frage erneut zu stellen und Hypothesen auf der Basis des derzeit Gewußten zu formulieren. Lassen Sie mich einige Prämissen definieren. Eine, wie ich glaube, nicht unvernünftige Annahme ist, daß neuronale Erregungsmuster nur dann zu bewußten Empfindungen und Wahrnehmungen führen, wenn sie ein kritisches Maß an Kohärenz, an Ordnung, an Synchronisation aufweisen und diesen Zustand über hinreichend lange Zeit aufrechterhalten können. Ergebnisse aus Versuchen, die dem geschilderten Experiment von Varela ähneln, stützen diese Vermutung. Dies impliziert, daß alle vorbereitenden Prozesse – und schon diese müssen bereits auf sehr komplexen Selbstorganisationsvorgängen beruhen – nicht ins Bewußtsein gelangen. Es sollten also nur solche Erregungsmuster bewußt werden, die zumindest Teillösungen repräsentieren. Auch hierfür gibt es Hinweise. Manche der vom Gehirn ausgewerteten Signale haben prinzipiell keinen Zugang zum Bewußtsein. Wir haben zum Beispiel keinen bewußten Zugriff zu Informationen über unseren Blutdruck oder das Niveau des Blutzuckerspiegels, obgleich diese Variablen sehr sorgfältig gemessen, vom Gehirn ausgewertet und in Regulationsprozesse umge-

Abb. 1: Die soziale Interaktion als Voraussetzung für die Konstitution des Selbsts.

setzt werden. Aber auch von den Signalen, auf die das Bewußtsein Zugriff hat, wird jeweils nur ein kleiner Teil bewußt. Vom kontinuierlichen Strom der Sinnessignale, die im Gehirn verarbeitet und zur Verhaltenssteuerung genutzt werden, ist uns immer nur ein kleiner Ausschnitt bewußt. Nur die Aspekte, denen wir Aufmerksamkeit schenken, werden uns auch bewußt, und nur diese können wir im deklarativen Gedächtnis abspeichern, und nur über diese können wir später berichten. Natürlich hinterlassen auch die unbewußten Verarbeitungsprozesse Gedächtnisspuren und beeinflussen zukünftiges Handeln. Aber wir werden uns dieser Handlungsdeterminanten nicht bewußt.

Eine weitere Voraussetzung für die Konstitution eines Selbst, das sich frei wähnt, so mein Vorschlag, ist die soziale Interaktion. Mir scheint unser Selbstmodell wesentlich dadurch geprägt, daß wir uns in den kognitiven Funktionen, in der Wahrnehmung des je anderen spiegeln können, daß wir in Dialoge eintreten können des Formats »Ich weiß, daß du weißt, daß ich weiß« oder »Ich weiß, daß du fühlst, wie ich mich empfinde« usw. (Abb. 1). Solche iterativen Spiegelungsprozesse könnten die Erfahrung vermitteln, ein autonomer Agent zu sein, der frei über sich verfügen kann. Um in solche Dialoge eintreten zu können, müssen zwei Bedingungen erfüllt sein. Es sind dies kognitive Funktionen, über die nur menschliche Gehirne verfügen. Zum einen bedarf es der Fähigkeit, eine Theorie des Geistes aufzubauen. Dies bezeichnet die Möglichkeit, sich vorzustellen, was im anderen vorgeht, wenn dieser sich in einer bestimmten Situation befindet. Mit Ausnahme der großen Affen fehlt Tieren diese Fähigkeit. Lediglich bei Schimpansen wurden bislang Ansätze dafür gefunden. Der Grund ist, daß für diese Leistung Hirnstrukturen erforderlich sind, über die nur Menschen verfügen. Diese evolutionsgeschichtlich jungen Strukturen reifen erst im Laufe der ersten Lebensjahre aus, weshalb auch kleine Kinder keine Theorie des Geistes aufbauen können.

Ein Beispiel soll verdeutlichen, wozu eine Theorie des Geistes befähigt. Man verstecke einen Gegenstand vor den Augen von Beobachtern, schicke dann einen von ihnen vor die Tür, wechsle jetzt das Versteck vor aller Augen, und frage die Beobachter, wo der Hinausgeschickte suchen wird, wenn er hereingerufen wird. Beobachter, die über eine Theorie des Geistes verfügen, werden sagen, der Hereingerufene wird am ursprünglichen Versteck suchen, während Beobachter ohne dieses Vermögen vermuten werden, der Hereingerufene werde an dem Ort suchen, an dem sich der Gegenstand tatsächlich befindet.

Die zweite Funktion, über die dialogfähige Gehirne verfügen müssen, ist sprachliche Kommunikation. Die Gehirne müssen in der Lage sein, abstrakte Relationen symbolisch zu kodieren und syntaktisch zu verknüpfen. Sind diese Voraussetzungen erfüllt, können sich Dialoge der eben skizzierten Art zwischen Gehirnen entwickeln. Gehirne können sich dann in der Wahrnehmung des Gegenüber spiegeln, und ich schlage vor, daß diese Spiegelung zur Entwicklung eines Selbstmodells führt, in dem wir uns als freie, selbstbestimmte Wesen erfahren. Wenn es sich aber bei dieser Erfahrung um ein Phänomen handelt, das nur durch soziale Interaktion in die Welt tritt, dann haben die Inhalte dieser Erfahrung einen anderen ontologischen Status als die Inhalte der Wahrnehmung der dinglichen Welt. Erstere hätten dann den Status von sozialen Realitäten, von kulturellen Konstrukten und Zuschreibungen, die ihre Existenz zwischenmenschlicher Interaktion verdanken.

Frühkindliches Lernen und Vergessen

Wie aber kommen wir nun zu der unerschütterlichen Überzeugung, daß unser Ich freie Entscheidungen treffen und über Prozesse in unserem Gehirn verfügen kann? Eine erste und vermutlich entscheidende Erfahrung mit der Zuschreibung von Autonomie und Freiheit machen wir schon als Kleinkinder. Eltern bedeuten den Kleinen fortwährend, sie sollten dies tun und jenes lassen, weil andernfalls diese oder jene Konsequenzen einträten. Diese Verweise und die mit ihnen verbundenen Sanktionen erzwingen den Schluß, man könne auch anders und müsse nur wollen. Wir erfahren also schon sehr früh eine Behandlung, die sich durch die Annahme rechtfertigt, wir seien frei in unseren Entscheidungen – eine Annahme, die sich über Erziehung verläßlich von Generation zu Generation tradiert. Wir machen uns also vermutlich eine Zuschreibung zu eigen, internalisieren sie und verfahren nach ihr. Und dieses bereitet uns keine Probleme, da im subjektiven Erleben keine inneren Widersprüche auftreten, wenn die Prämisse gilt, daß neuronale Prozesse erst dann bewußt werden können, wenn sie sich Lösungen nähern: Wenn dem so ist, dann bleibt die Erfahrung, frei zu sein, widerspruchsfrei, weil wir uns der Aktivitäten nicht gewahr werden, welche die Entscheidungen vorbereiten. Die Strebungen und Motive, die uns letztlich dazu gebracht haben, etwas Bestimmtes zu tun, bleiben uns verborgen. Wir nehmen nur das Ergebnis wahr und sagen dann, es sei die Konsequenz einer freien Entscheidung gewesen. Im Erleben ergibt sich also kein Widerspruch.

Dennoch stellt sich die Frage, warum unsere Überzeugung, freie, selbstbestimmte Agenten zu sein, soviel unerschütterlicher ist als die Erfahrung mit anderen sozialen Realitäten. Wenn diese Überzeugung lediglich auf frühkindlicher Erfahrung beruht, also auf der Wahrnehmung von Zuschreibungen, die sich von anderem, das wir durch Erziehung über uns lernen, nicht unterscheidet, warum fühlt sich die Erfahrung, frei zu sein, so anders an als die anderen sozialen Realitäten, als die Wertesysteme und die Inhalte unseres Gewissens? Der Grund hierfür könnte sein, daß wir uns an den Lernprozeß, über den Wertesysteme vermittelt werden, zumindest teilweise erinnern können, da uns dieser während der gesamten Kindheit begleitet. Die Dialoge hingegen, die uns auf uns selbst verweisen und zur Ich-Konstitution beitragen, setzen sehr früh ein und behalten ihre Inhalte unverändert bei. Diese Dialoge beginnen in einer Entwicklungsphase, in der die Kleinkinder noch kaum über deklaratives Gedächtnis verfügen, also noch nicht in der Lage sind, den Lernprozeß selbst zu erinnern. Sie lernen, machen sich das Gelernte zu eigen, können aber nicht angeben, woher sie wissen, was sie wissen. Man bezeichnet diese Unfähigkeit, den Kontext bewußt zu erinnern, als frühkindliche Amnesie. Kleine Kinder lernen viel und schnell und wenden das Erlernte an, aber wenn sie angeben sollen, woher sie etwas Bestimmtes wissen, dann bleiben sie die zutreffende Antwort meist schuldig. Für die Kleinen erscheint das, was sie wissen, als nicht verursacht, als immer schon gewußt. Und dieses könnte der Grund dafür sein, daß uns später, wenn wir beginnen, über uns nachzudenken, die Inhalte dieses frühen Lernens als nicht verursacht, als absolut erscheinen und damit diese eigentümliche, transzendente Konnotation erhalten.

Freie und unfreie Entscheidungen

Bemerkenswert ist nun, daß wir trotz aller Überzeugung, frei zu sein, in der Selbstbewertung und im Urteil über andere zwischen freien und unfreien Akten unterscheiden. Für erstere sind wir bereit, Verantwortung zu übernehmen, für letztere fordern wir Nachsicht und machen mildernde Umstände geltend. Aus neurobiologischer Sicht ist diese Unterscheidung jedoch fragwürdig, beruht doch der Unterschied zwischen diesen beiden Beurteilungslagen nur auf dem verschiedenen Grad der Bewußtheit der Motive, die zu Entscheidungen und Handlungen geführt haben. Wir gehen offenbar davon aus, daß Motive, die wir ins Bewußtsein heben und einer bewußten Deliberation unterziehen können, dem freien Willen unterworfen sind, während Motive, die nicht bewußtseinsfähig sind, offenbar nicht dem freien Willen unterliegen. Im Bezug auf die zugrunde liegenden neuronalen Prozesse erscheint diese Dichotomie wenig plausibel. Denn in beiden Fällen werden die Entscheidungen und Handlungen durch neuronale Prozesse vorbereitet, nur daß in einem Fall der Scheinwerfer der Aufmerksamkeit auf den Motiven liegt und diese ins Bewußtsein hebt und im anderen nicht. Aber der Abwägungsprozeß selbst beruht natürlich in beiden Fällen auf neuronalen Prozessen und folgt somit in beiden Szenarien deterministischen Naturgesetzen. Zutreffend ist lediglich, daß die Variablen, auf denen der Abwägungsprozeß beruht, im Falle bewußter Deliberation abstrakterer Natur sind und vermutlich auch nach komplexeren Regeln miteinander verknüpft werden können als bei Entscheidungen, die sich vorwiegend aus unbewußten Motiven herleiten. Der Grund ist, daß bewußte Variablen sprachlich erfaßt und damit symbolisch kodiert und syntaktisch verknüpft werden können. Wegen der begrenzten Kapazität des Bewußtseins könnte es jedoch sein, daß die Zahl der Variablen, die bewußt überschaut und gegeneinander gesetzt werden können, geringer ist als die Zahl der Variablen, die im Unterbewußten miteinander verrechnet werden können.

Eine weitere Beschränkung

Bevor ich auf die Konsequenzen des bisher Ausgeführten eingehe, möchte ich noch auf eine weitere Komplikation verweisen, die unsere Handlungsoptionen einschränkt. Auch diese Komplikation verdanken wir Einsichten, die naturwissenschaftliche Neugier befördert hat. Es wird uns immer deutlicher, daß die Dynamik der lebensweltlichen Prozesse, in die wir eingebunden sind, hoch nichtlineare Eigenschaften aufweist. Es sind dies Eigenschaften, die nahezu alle Systeme aufweisen, die aus zahlreichen, miteinander vernetzten und selbst aktiven Komponenten bestehen. Dies gilt für soziale Systeme ebenso wie für Wirtschaftssysteme und ökologische Systeme. Ein Charakteristikum nicht-linearer Dynamik ist ihre begrenzte Prognostizierbarkeit. Natürlich gilt auch in diesen Systemen das Kausalgesetz, das heißt, der jeweils nächste Entwicklungsschritt ist durch den Status quo ante determiniert. Dennoch lassen sich die Entwicklungstrajektorien nicht über längere Zeiträume hinweg vorausbestimmen, da nicht-lineare Systeme vielfältig verzweigten Pfaden folgen und Richtungswechsel durch kleine, im Grenzfall auch zufällige Systemschwankungen bedingt sein können. Aus dem gleichen Grund sind solche nicht-linearen Selbstorganisationsprozesse kaum steuerbar. Eingriffe führen zwar zu Veränderungen von Gleichgewichten und Trajektorien, aber es gibt keine Gewißheit, daß diese längerfristig das Gewollte bewirken. Dies ist der banale Grund, warum Fünfjahrespläne nicht zu den gewünschten Ergebnissen führen und dirigistische Systeme immer aufs neue scheitern.

Diese von den Naturwissenschaften vermittelten Einsichten in unsere Bedingungen können unser Selbstverständnis und unsere Beurteilung von Handlungsoptionen nicht unberührt lassen. Wenn wir diese Einsichten nicht weiter verdrängen, sondern sie uns zu eigen machen, dann gibt es viel einzugestehen. Wir müssen uns eingestehen, daß unsere kognitiven Fähigkeiten beschränkt sind, daß sie keine Verankerung im Absoluten, Unrelativierbaren haben, sondern als Produkt der Evolution Idiosynkrasien aufweisen, die ihr Sosein manch zufälliger Bifurkation verdanken. Dies begrenzt natürlich auch die Möglichkeiten, uns selbst und unsere Bedingungen zu erkennen. Mit diesem Schluß, mit diesem hermeneutischen Zirkel, läßt sich natürlich all das aushebeln und zur

Makulatur erklären, was ich bisher ausführte. Als Wissensquelle wären dann aber nur noch Offenbarungen verläßlich, die unter Umgehung unserer Kognition als direkte Evidenz erfaßt werden müßten. Ein Szenario, das wiederum nur in einem dualistischen Weltbild Platz findet, das die eingangs beschriebenen Schwierigkeiten aufwirft.

Wenn wir aber an dem festhalten wollen, was wir zu wissen meinen, dann müssen wir uns eingestehen, daß wir in unseren Entscheidungen und Wertungen nicht frei sind, sondern daß die Lösungsvorschläge, die unser Gehirn erarbeitet, von all den Einflüssen determiniert sind, welche unser Gehirn geformt haben: die evolutionären Anpassungen, die als genetische Vorgaben die Grundstruktur und damit die Basisfunktionen unseres Gehirns festlegen; die frühkindlichen Prägungen, von denen wir wissen, daß sie die Feinstrukturen neuronaler Verschaltung nachhaltig verändern können und damit direkten Einfluß auf Funktionsabläufe im Gehirn nehmen; und schließlich die Lernprozesse, die uns ein Leben lang begleiten und ebenfalls zu Veränderungen der funktionellen Architektur von Nervennetzen führen, auch wenn sich die Strukturänderungen in diesem Fall nur noch auf submikroskopischer und molekularer Ebene abspielen. Alle diese Vorgaben legen fest, was im Gehirn als je nächstes geschieht, wenn es sich in einem bestimmten Zustand befindet, wobei die jeweiligen Zustände wiederum von der Gesamtheit der vorangehenden Sinnessignale abhängen. Das Zusammenspiel all dieser Variablen legt fest, auf welchen Wegen das Gehirn sich Lösungen und Entscheidungen nähert. Auch wenn dabei einige der Variablen ins Bewußtsein dringen und wir die resultierenden Entscheidungen dann als frei gefällte wahrnehmen, bleibt festzuhalten, daß auch die bewußten Deliberationen auf neuronalen Prozessen beruhen und somit deterministischen Mechanismen gehorchen müssen.

Und schließlich müssen wir uns eingestehen, daß wir in Systeme eingebunden sind, deren Entwicklung wir weder prognostizieren noch wirksam steuern können. Erschwerend kommt hinzu, daß wir uns die Dynamik komplexer, nicht-linearer Systeme auch nicht gut vorstellen können. Weil sich hoch nicht-lineare Prozesse ohnehin kaum prognostizieren und steuern lassen, gab es in der Evolution keine Notwendigkeit, kognitive Systeme zu entwickeln, die sich komplexe nicht-lineare Vorgänge ›vorstellen‹ können. Für die kurzen Zeitspannen, über die Prognosen überhaupt nur sinnvoll gewagt werden können, reichen jedoch lineare Annäherungsmodelle aus – und deshalb vermutlich ist unsere Vorstellungswelt eine vorwiegend lineare.

In ihrer Summe bedeuten diese Eingeständnisse, daß wir uns als Komponenten eines evolutionären Prozesses sehen sollten, der uns nicht nur hervorbrachte, sondern in den wir immer noch eingebunden sind. Wir nehmen handelnd Einfluß auf diesen Prozeß, befördern ihn durch unser Tun, müssen aber zugleich erkennen, daß unser Mitspiel nicht ›freiwillig‹ ist und daß wir den Prozeß weder prognostizieren noch effektiv und zielgerichtet steuern können – selbst dann nicht, wenn wir alle Variablen kennten und unserer Kognition die Prozeßdynamik vorstellbar wäre.

Alles weist somit darauf hin, daß wir unsere Welt nicht unseren Bedürfnissen entsprechend frei strukturieren können. Die von uns induzierten Änderungen haben einen ähnlichen Status und Effekt wie die Mutationen in der biologischen Evolution. Sie erhöhen die Variabilität, halten den Prozeß in Bewegung, steuern ihn aber nicht. Was rückblikkend als Steuerung erscheinen mag, ist in Wirklichkeit Folge von Selbstorganisationsvorgängen, die festen Regeln gehorchen, aber ohne zentrale Steuerung, ohne Dirigenten auskommen. Ich meine, daß aus diesen Einsichten Maximen für unser Werten und Handeln ableitbar sind, die wir möglichst bald erkennen, ernst nehmen und umsetzen sollten. Wir werden natürlich nicht innehalten können und dem Lauf der Dinge tatenlos zusehen mit der Begründung, wer nicht weiß, was er tut und was die Folgen sind, tue lieber nichts. Wir werden weiter handeln, planen und somit entscheiden, da dies konstitutiv für Leben ist. Aber ich denke, wir sollten und werden in Zukunft unser Tun vor einem anderen Hintergrund verstehen, beurteilen und rechtfertigen lernen. Und ich denke nicht, daß uns dabei die Würde abhanden kommen wird.

So werden wir uns zum Beispiel eine andere Haltung gegenüber Menschen mit abweichendem Verhalten angewöhnen müssen. Wir werden diese Menschen als Opfer des großen Würfelspiels begreifen lernen, die das Pech hatten, sich in der Normalverteilung der Dispositionen in einem Bereich aufzuhalten, der von der Mehrheit nicht gebilligt wird. Das ist etwas anderes als zu behaupten, es handle sich um einen bösen Menschen, der vorsätzlich Gemeines geplant und ausgeführt hat. Die Konsequenzen, die sich aus dieser Sichtweise für die Behandlung des ›Täters‹ ergeben, werden de facto jedoch nicht sehr anders sein als bisher, da sich die Gesellschaft vor Angriffen schützen muß. Wir werden also auch in Zukunft Menschen, von denen besonders große Gefahr ausgeht, durch besonders strenge Maßnahmen daran hindern müssen, anderen zur Gefahr zu werden. Aber die Begründungen werden andere sein. Wir bedürfen eines neuen Toleranzkonzepts für die Beurteilung ›abweichenden‹ Verhaltens.

Eine weitere Konseqenz unseres Eingeständnisses ist – und das werden die Lenker in Politik und Wirtschaft vermutlich nicht gerne hören –, daß Handlungsbegründungen mißtraut werden muß, die sich mit langfristigen Prognosen zu rechtfertigen suchen. Es kann nicht angehen, daß Menschen Opfer abverlangt werden mit dem Argument, die Maßnahme führte zwar vorübergehend zu vermehrtem Leid, sei aber unverzichtbar, um auf lange Sicht diesen oder jenen erwünschten Effekt zu erzielen. Begründungen dieser Art sowie jedem Gerede über sogenannte ›zielführende Maßnahmen‹ muß mit methodischem Zweifel begegnet werden. In vielen Fällen wird sich dann erweisen, daß die Begründungen unstatthaft sind, da sie von einer Beherrschbarkeit zukünftiger Entwicklungen ausgehen, die nicht gegeben ist. Handlungsbegründungen dieser Art sollten deshalb generell abgelehnt werden, und sie sollten vor allem dann geächtet werden, wenn auch nur der geringste Verdacht aufkommt, die Maßnahme könne trotz gut gemeinter Zieldefinition auf dem Weg dahin Leid erzeugen.

Es folgt ferner, daß jedwede Eingriffe in komplexe Systeme behutsam sein müssen. Die Evolution bedarf der Änderungen, aber diese müssen in kleinen Schritten erfolgen. Alle großen Eingriffe laufen Gefahr, tödliche Mutanten hervorzubringen. Zudem hat, wer eingreift, die Verpflichtung, auf möglichst kurzem Wege Rückmeldung darüber zu suchen, welchen Effekt die induzierte Veränderung hatte. Nur dann können Korrekturen vorgenommen werden, bevor globalere Auslesemechanismen die Fehler ausmerzen, was meist mit erheblichem Leid verbunden ist. Weil unser Wissen begrenzt ist und unsere Systeme nicht prognostizierbar sind, folgt zwingend, daß jeder Handelnde, der in komplexe Systeme eingreift, nur nach dem Prinzip von Versuch und Irrtum vorgehen kann. Damit wird für ›Lenker‹ von komplexen Systemen, für alle also, die Macht ausüben, der Irrtum zum konstitutiven Merkmal ihres Tuns. Wenn aber Irren unvermeidlich ist, dann darf es nicht geächtet werden, das Eingeständnis von Irrtum darf kein Makel sein. Im Gegenteil, dem Bekenntnis zum Irrtum muß, weil dieser konstitutiv für menschliches Tun ist, ein hoher moralischer Wert zugestanden werden. Wir brauchen eine Irrtumskultur. Von denen, die Macht ausüben, verlangt sie Demut und Einsicht in die Begrenztheit ihrer Möglichkeiten. Und von allen fordert sie, das Nichtwissenkönnen auszuhalten.

Da Lenker wie Gelenkte im gleichen Unwissen gefangen sind, folgt ferner, daß es in unserem System keine übergeordnete Intelligenz geben kann, auf die Verlaß wäre. Zwar wird es immer quantitative Unterschiede im jeweiligen Sachwissen geben und somit verschiedene Zuständigkeiten, aber es müßte streng darauf geachtet werden, daß Macht und Kompetenz in Deckung bleiben. Einfluß und Verfügungsgewalt müssen sich durch Kompetenz legitimieren und dürfen nicht über den Zuständigkeitsbereich hinaus sich ausdehnen. Wo keine Metaintelligenz, keine höhere Weisheit sein kann, darf Macht sich nicht konzentrieren. Es wird demnach notwendig sein, über unsere Führungsstrukturen nachzudenken. Wenn die kollektive Intelligenz aller Mitspieler optimal genutzt werden soll, dann bedarf es einer fortwährenden Optimierung von Strukturen, welche Selbstorganisationsprozesse begünstigen. In komplexen Systemen erfordert dies einen klugen Kompromiß zwischen horizontalen und vertikalen Architekturen. Erreicht werden muß, daß das Verhalten der Komponenten aufeinander abgestimmt ist. Eine Option besteht darin, die Abstimmung sich selbst organisieren zu lassen. Dies aber bedingt, daß möglichst jeder von allen wissen sollte, um sein Tun einordnen zu können. In größeren Systemen würde vollständige Vernetzung die informationsverarbeitenden Kapazitäten der Mitspieler jedoch schnell überfordern. Ausschließlich horizontal gekoppelte Systeme sind jenseits einer kritischen Größe nicht zu realisieren, da die Systemkomponenten nicht mehr gebunden werden können. Das andere Extrem wären die vertikalen Strukturen, die wir zur Genüge aus der Geschichte kennen. Diese umgehen das Bindungsproblem durch zentrale Koordination des Komponentenverhaltens. Damit aber opfern sie die Vorteile von Selbstorganisationsprozessen. Sie vernichten die sich selbst optimierenden Regulationspotentiale distributiv organisierter Systeme. Zudem überfordern sie notwendig die Kompetenz der Koordinationszentren, da diese, wie ausgeführt, nicht über die erforderliche Steuerungskompetenz verfügen können. Deshalb funktionieren auch vertikale, dirigistische Strukturen nur in kleinen, überschaubaren Einheiten, in denen nur lineare Funktionsabläufe organisiert werden müssen. Für unsere heutigen politischen, wirtschaftlichen und sozialen Systeme trifft dies schon längst nicht mehr zu. Wir müssen uns folglich auf die Suche nach neuen Kompromissen zwischen horizontalen und vertikalen Organisationsformen begeben, die der Prämisse Rechnung tragen, daß es keine übergeordnete Metaintelligenz auf Führungsebene geben kann und daß, selbst wenn sie in Führungskollektiven organisierbar wäre, sie aus prinzipiellen Gründen nicht in der Lage wäre, die Entwicklungstrajektorien des Gesamtsystems durch dirigistische Eingriffe in die gewünschte Richtung zu lenken.

Die Evolution hat eine Fülle solcher Kompromisse gefunden, und es könnte sich lohnen, einige der bereits erprobten Strategien versuchsweise zu implementieren. Die natürlich gewachsenen Netzstrukturen weisen alle recht ähnliche Kompromisse zwischen horizontaler Koppelung und vertikaler Koordination auf, die vermutlich optimale Lösungen für das Bindungsproblem in komplexen, distributiv organisierten Systemen darstellen. Die in solchen Netzen implementierten Knoten haben dabei weniger die Funktion von Kommando- und Steuerungszentralen, sondern dienen vielmehr der Bündelung, Verdichtung und Rückverteilung von Information. Die eingebauten Knoten dienen also in erster Linie der Reduktion von Verbindungen zwischen Komponenten, indem sie diesen die für sie relevanten Informationen über den Zustand des Gesamtsystems zur Verfügung stellen und damit vollständige Vernetzung eines jeden mit jedem verzichtbar machen. Natürlich wird eine direkte Übertragung solcher, von der Evolution optimierter Netzstrukturen auf soziale Systeme nicht möglich sein, da wir als bewußte, von unseren Kulturen geprägte Wesen zu Recht zunehmend hohe Ansprüche auf die Autonomie und Unversehrtheit des einzelnen erheben. Aber gerade deshalb sollten wir nach Strukturen suchen, die sich nicht an der Illusion orientieren, durch Metaintelligenz stabilisier- und lenkbar zu sein. Wir sollten jedweder Machbarkeitsphantasie abschwören und Strukturen erfinden, die es unmöglich machen, daß einige wenige, sollten sie solche Phantasien dennoch hegen, tiefgreifende Veränderungen im Gesamtsystem induzieren.

Was aber bleibt uns, wenn wir uns von der Utopie der Planbarkeit der eigenen Zukunft verabschieden und mit den Einsichten in unsere Begrenztheit Ernst machen – und das in einer Zeit, in der uns zudem eine konsensfähige metaphysische Verankerung abhanden gekommen ist? Vielleicht, so meine Hoffnung, könnte dies der Anstoß zur Entwicklung einer neuen Kultur der Demut sein, in der pragmatische Nahziele wie etwa Leidensminimierung, Empathiefähigkeit und Toleranz zum Primat werden. Wenn wir uns bescheiden und ablassen von finalen Projektionen, die wir ohnehin nicht durch ›zielführende‹ Maßnahmen verwirklichen können, dann wird vielleicht der Blick frei für die vielen kleinen Änderungen, die wir gefahrlos induzieren könnten, um die Vielfalt der Daseinsmöglichkeiten zu erhöhen und zu erproben. Wenn wir uns dann auch noch in dem Konsens solidarisieren könnten, daß uns unser Nichtwissenkönnen eint, wenn wir lernen könnten, diese kollektive Geworfenheit auszuhalten und uns nicht wie bisher durch Abgrenzung vom anderen als besser Wissende bestätigen müßten, dann hätten wir durch die Einsicht in unsere Grenzen die Würde wiedergefunden, die uns diese Einsicht vermeintlich geraubt hat. Demut als Utopie.

Literaturhinweise

Engel, A. K., Fries, P. and Singer, W.: Dynamic predictions: oscillations and synchrony in top-down processing. Nat. Rev. Neurosci. 2: 704-716 (2001).

Rodriguez, E., George, N., Lachaux, J.-P., Martinerie, J., Renault, B. and Varela, F. J.: Perception's shadow: long-distance synchronization of human brain activity. Nature 397: 430-433 (1999).

Roth, G.: Fühlen, Denken, Handeln, wie unser Gehirn unser Verhalten steuert. Frankfurt am Main 2002.

Singer, W.: Neuronal synchrony: a versatile code for the definition of relations? Neuron 24: 49-65 (1999).

Singer, W.: Phenomenal awareness and consciousness from a neurobiological perspective. In: Metzinger, T. (Ed.): Neural Correlates of Consciousness. Cambridge, Ma., pp. 121-137 (2000).

Singer, W.: Vom Gehirn zum Bewußtsein. In: Elsner, N. und Lüer, G. (Eds.) Das Gehirn und sein Geist, pp. 189-204. Göttingen 2000.

Singer, W.: Der Beobachter im Gehirn. Essays zur Hirnforschung. Frankfurt am Main 2002.

Singer, W.: Ein neues Menschenbild? Gespräche über Hirnforschung. Frankfurt am Main 2002.

Varela, F., Lachaux, J.-P., Rodriguez, E. and Martinerie, J.: The brainweb: phase synchronization and large-scale integration. Nat. Rev. Neurosci. 2: 229-239 (2001).

Lucas Cranach d. Ä. (1472-1553): Der Sündenfall.

›Contra naturam‹ – Sünde oder Pflicht?

Warum die Natur für uns kein Vorbild ist

von

Wolfgang Wickler

Warum die Natur für uns kein Vorbild ist – das scheint ein verwunderliches Thema. Haben wir uns nicht vom Jugendstil bis zur Bionik die Natur sehr erfolgreich zum Vorbild genommen? Zugegeben: In der Japanischen Naturphilosophie wie in Art Nouveau geht es um Naturformen, deren Schönheit als Grundlage für das menschliche Gestalten dient. Aber was schön ist, entscheiden wir; wir sehen nach einem von uns ausgehenden Bewertungsschema die Schönheit in die Welt hinein. Wir wählen nach unserem Geschmack aus. Weiterhin zugegeben: Schon Leonardo da Vinci studierte den Vogelflügel als Vorlage für Flugmaschinen. Sir George Cayley schnitt vor 200 Jahren hartgefrorene Forellen in Scheiben und konstruierte nach den Querschnittselementen ideale Schiffsrümpfe. Heutige Bioniker studieren die Schalen von Kieselalgen als Vorlage für Wabenstrukturen, etwa für den Kuppelbau des Reichstags. Hier wird zweckbezogen etwas imitiert, was sich in Anpassung an die Gesetze der Physik in der Natur bereits bewährt hat.

Meine Rede hier gilt aber nicht der Ästhetik oder der Technik, die getrost Natur kopieren und variieren mögen, sondern sie gilt der Ethik, und die darf sich kein natürliches Vorbild nehmen. Warum nicht? Weil unsere Ethik Ziele hat, für die es in der Natur kein Vorbild geben kann. Eben darum, samt einigen daraus zu ziehenden Folgerungen, geht es hier.

Ethik hat mit dem Verhalten zu tun, mit Weisungen für menschliches Verhalten, und mit den Begründungen für solche Weisungen. Verhalten ist die Domäne der Lebewesen, und die sind aus einer langen Evolution hervorgegangen. Man redet gemeinhin – bedacht oder unbedacht – von der Natur als Schöpfung und von den Lebewesen als Geschöpfen. Wer die Natur als Schöpfung ansieht, muß die Evolution als Mechanismus der Schöpfung akzeptieren.

Evolution spielt sich in der Generationenfolge ab, an etwas, das die Generationen überdauert. Das sind zunächst die genetischen Programme, die kopiert und als Kopien an die nächste Generation weitergegeben werden. Bei höheren Tieren kommen geistige Programme hinzu, die per Tradition weitergegeben werden. Sie spielen beim Menschen die Hauptrolle und bilden so etwas wie seine zweite Natur, neben der ersten, der genetischen Natur. Deren Evolutionsmechanismus ist einfach zu verstehen und sollte allgemein bekannt sein: Durch unvermeidbare Kopierfehler entstehen ständig leicht abgewandelte Programm-Varianten. Unterschiedliche Vervielfältigungsraten dieser Varianten sind das, was wir Selektion nennen. Diejenigen Varianten, die mit den jeweiligen Umweltbedingungen besser zurande kommen – das heißt die besser angepaßt sind, so daß sie mit weniger Zeit und Aufwand mehr Nachkommen hinterlassen –, verdrängen dadurch die anderen, die sich weniger ökonomisch vermehren. Die in der Evolution relevanten Größen sind deshalb ›Nutzen‹ als Zuwachs an Reproduktions-Chance und ›Kosten‹ als Einbuße an Reproduktions-Chance, je bezogen auf ein bestimmtes erbliches Programm. Die in der Natur (oder der Schöpfung) erfolgreichen Lebewesen sind zwangsläufig diejenigen, die besonders erfolgreich Nachkommen hinterlassen und, wenn das Aufziehen des Nachwuchses aufwendig ist, auch diesen Aufwand möglichst ökonomisch einsetzen.

Da natürlicherweise die genetischen Varianten durch zufällig auftretende Mutationen entstehen, spielt für die Evolution der Zufall eine Rolle als Lieferant von Ausgangsmaterial. Aber auch gezielt herbeigeführte genetische Mutationen wären der anschließenden Selektion und selektiven Weitergabe an die Nachkommen unterworfen. Im Verlauf der Evolution ist also der Zufall unwichtig.

Das Erfolgskriterium der effektiveren Reproduktion durchzieht das Verhalten von jedem Individuum, nicht nur bei möglichst effektiver Nahrungssuche und geschickter Feindvermeidung, sondern auch im Umgang mit Artgenossen. Und da wird es nun brisant, falls die erreichbaren Vorteile von mehreren Individuen kollidieren. Eben das sind die in der Ethik relevanten Fälle.

Sie treten auf in ganz typischen Bereichen, dadurch gekennzeichnet, daß ein Individuum seinen eigenen Vorteil auf Kosten anderer vergrößern kann. Bekannt sind uns diese Bereiche aus dem Dekalog, aus den Zehn Geboten, speziell den letzten sieben, die vom Zusammenleben der Menschen untereinander handeln. Darin stecken fünf Maximen elementarer Menschlichkeit, die in allen großen Weltreligionen gelten und zu denen wohl jeder von uns steht. Hans Küng (1990) erkennt diesen Maximen den Rang unbedingt geltender ethischer Normen zu: nicht töten, nicht lügen, nicht stehlen, nicht Unzucht treiben, die Eltern achten – das dürfte bekannt sein. Allerdings sind diese Normen oder Gebote Leerformeln, sie markieren nur das Problemfeld, legen aber nicht im einzelnen fest, was denn als Lüge, Diebstahl usw. zu gelten habe.

Diese Problemfelder sind nicht menschenspezifisch. Wie man als Ethologe leicht merken kann, markieren die genannten Gebote vielmehr die kritischen Stellen jedweden sozialen Zusammenlebens, an denen ein Individuum sich ›sozialparasitisch‹ verhalten und seinen eigenen Vorteil zu Lasten anderer ausbauen kann. Es sind die gleichen Stellen für alle in überlappenden Generationen lebenden sozialen Tiere, von Insekten bis zu Menschenaffen. Deswegen war und ist man immer wieder versucht, die außermenschliche Natur zu befragen, wie dort diese Probleme gelöst sind. Wer hinter der Schöpfung einen Schöpfer glaubt, könnte guten Mutes annehmen, dessen Plan in diesen Problemlösungen zu finden, um diesen Plan zum Vorbild für den Menschen zu nehmen. In meinem Buch über *Die Biologie der Zehn Gebote* habe ich versucht, gerade vor diesem Vorgehen eindringlich zu warnen, weil die Natur in keinem Verhaltensbereich, den man unter die letzten sieben Gebote subsumieren kann, unseren Zielvorstellungen entspricht. Die natürliche Selektion begünstigt nämlich jede Verhaltensvariante, die eine höhere Fortpflanzungs-Chance bietet, unabhängig davon, wie wir sie bewerten. – Ich will das kurz erläutern.

Das Diebstahl-Problem tritt zum Beispiel beim Nestbau vieler Vögel auf. Krähen, die in einer kleinen Kolonie ihre Nester bauen, brauchen dazu Zweige. Die können sie mit einigem Aufwand vom Waldrand holen, bequemer aber aus dem angefangenen Nest eines Nachbarn. Letzteres führt dazu, daß manche Zweige eine Rundreise durch die Kolonie machen. Nur durch wechselseitiges Stehlen werden allerdings keine Nester fertig; wer andererseits selbst nie stiehlt, wird der verläßlichste Zweigebeschaffer für alle. Mit einer Balance zwischen ›ehrlichem‹ Zweigeholen und Stehlen fährt unter diesen Bedingungen jedes Individuum letztlich am besten, obwohl dann das Nestbauen insgesamt für alle länger dauert. Es geht in der Natur um die Fortpflanzungs-Chancen jedes Einzelindividuums, nicht um das Wohlergehen einer Gemeinschaft.

Bei Vögeln ebenso wie bei Affen kommt es immer wieder vor, daß ein Individuum, das sich einen Leckerbissen sichern will, ›Feindalarm‹ ruft, so daß alle anderen in Deckung sausen und der Rufer sich in Ruhe den Happen holen kann. Wir nennen so etwas Lügen. Freilich kommt dann jeder auch in die Lage, zu seinem Nachteil selbst belogen zu werden. Wieder pegelt sich ein Gleichgewicht zwischen Vor- und Nachteilen des Lügens ein. Eingedämmt wird damit beides, das Überhandnehmen des Lügens wie auch eine über den Gleichgewichtszustand hinausgehende Vorherrschaft der ›Ehrlichkeit‹.

Ferner kommt es regelmäßig vor, daß Individuen bei der Verpaarung durch Artgenossen behindert werden. Ein eindrückliches Beispiel liefern die Laubfrösche im Frühjahr. Die Männchen rufen in Büschen am Wasser und locken damit Weibchen an, mit denen sie dann im Wasser ablaichen. Oft findet man da, wo oben einer ruft, unten am Boden noch ein oder zwei Männchen sitzen, die nicht rufen. Nun könnte man meinen, oben im Busch gäbe es eine Stelle, von der aus sich Weibchen besonders gut anlocken lassen, und die Männchen unten warteten, bis der Rufer sein Weibchen hat, um dann selbst nachzurücken, wie Engländer an einer Bushaltestelle. Aber nein: Das Weibchen kommt bei den Wartenden vorbei, einer fängt sie ab und geht mit ihr zum Wasser, und der oben merkt nichts und ruft weiter. Wenn zu viele bei einem Rufer warten, verringert sich die Chance, daß jeder zu einem Weibchen kommt, und der eine oder andere bequemt sich, selber zu rufen. Wenn viele rufen, dann kann man sehr viel Energie sparen, indem man selbst den stummen Beisitzer spielt. Selektionsgemäß stellt sich zwischen beiden Taktiken ein Erfolgsgleichgewicht ein, bei dem jeder gleiche Paarungs-Chancen hat. Dann ist der Fortpflanzungserfolg auf beiden Wegen gleich, also ist keiner von der Selektion benachteiligt. Die uns unfair erscheinende Taktik der sogenannten Satelliten, die auf Kosten eines anderen zum Erfolg kommen, findet man weit verbreitet unter Tierarten, deren Männchen aufwendig balzen müssen.

Auch das Töten von Artgenossen ist in der Natur gang und gäbe. Gegenteilige Meinungen entstammen der Tatsache, daß die Tötungstendenz nicht offen zutage liegt. Verdeckt ist sie zum Beispiel im sogenannten Kommentkampf derjenigen Tierarten, die mit Zähnen, Klauen und Hörnern sehr wohl imstande sind, einen Artgenossen zu töten, aber gewöhnlich diese Waffen gegen Artgenossen nicht einsetzen. Sie bevorzugen einen geregelten Kommentkampf, tun das aber nicht dem Artgenossen zuliebe. Der erste, dem sein genetisches Programm einen brutalen Beschädigungskampf nahelegte, hätte überdurchschnittliche Erfolge in Rivalenkämpfen um Weibchen und überdurchschnittlich viele Nachkommen. Die aber erben seine Kampftaktik. So wächst die Zahl der Beschädigungskämpfer und damit für jeden die Wahrscheinlichkeit, selbst auf einen solchen zu treffen und entsprechend übel zugerichtet zu werden. Deshalb ist es günstiger, den Gegner zunächst mit harmloseren Mitteln einzuschätzen und gegebenenfalls rechtzeitig den Rückzug anzutreten – der eigenen Haut zuliebe.

In solchen Kommentkämpfen hat meist der Größere von vornherein einen Vorteil. Entsprechend versucht jeder, sich so groß wie möglich darzustellen, durch Aufrichten, Aufblasen, durch Rückenkämme, Mähnen, riesige Geweihe und anderen Bluff. Auch solches Wettrüsten setzt sich allgemein durch. Wenn dann jeder behauptet, er sei größer, muß schließlich im Ernstfall doch die reale Stärke entscheiden. Aber das Bluffen bleibt, denn wer darauf verzichtet, wird von den anderen unterschätzt und muß entsprechend öfter seine Kräfte beweisen, und das ist viel kostspieliger. Deshalb ist ein Rüstungswettlauf bei Lebewesen, die keinen Verstand haben, nicht zu stoppen.

Das Töten von Artgenossen spielt aber auch eine Rolle, wo man es zunächst wohl nicht erwartet, nämlich in der Beziehung von Mutter und Kind. Zur Erläuterung denken wir uns eine theoretische Tierart, bei der ein normaler Wurf aus sechs Jungen besteht. Wenn die Mutter bei einer Geburt feststellt, daß es diesmal nur zwei Junge sind, hätte sie dann am Ende der normalen Brutpflegezeit nur ein Drittel des normalen Erfolges. Die Alternative ist, daß sie diese zu wenigen Jungen im Stich läßt, vielleicht sogar auffrißt, die ganze Brutpflegezeit spart und sofort mit einer neuen Brut beginnt, die dann wieder die normale Anzahl von Jungen verspricht. Mütter, die konsequent diesem Programm folgen, erzielen eine höhere Kinderdichte pro Lebenszeit, ihr Programm setzt sich mit Sicherheit durch gegen das von Müttern, die auch zu kleine Würfe aufziehen.

Das sieht beim Hausschwein als realem Fall folgendermaßen aus: Die Hausschwein-Mutter kann bis zu zwölf Ferkel auf einmal haben. Am zwölften Tag nach der Konzeption stellt ihr Körper fest, ob sich dieser Wurf lohnt oder nicht. Die Uteruswände geben nämlich da, wo sich Embryonen einnisten, das Schwangerschaftshormon ab, die frei gebliebenen Wandflächen aber das normale Zyklushormon. Sind es ganz wenige Embryonen, dann geht nur ein kleiner Bereich der Uteruswand auf Schwangerschaft über, der überwiegende Teil bleibt beim Zyklus, und die wenigen Embryonen werden abortiert. Rechnet man Nutzen und Kosten für die Mutter genau nach, so müßte sie bis zu sieben Embryonen abortieren. Das tut sie aber nicht, sondern akzeptiert schon fünf. Begründet liegt das darin, daß das Naturgesetz, den eigenen Fortpflanzungserfolg zu maximieren, nicht nur für die Mutter, sondern auch für die Kinder gilt. Ein Embryo hat überhaupt nur dann eine Chance sich fortzupflanzen, wenn er geboren wird; die Selektion belohnt jedes Mittel dafür. Nun gibt es zwischen Embryonen und der mütterlichen Uteruswand eine chemisch-hormonelle Kommunikation. Falls, vereinfacht gesagt, die fünf Embryonen sich chemisch so stark bemerkbar machen, als wären es acht, werden sie akzeptiert und haben die Chance, ihr Programm in die nächste Generation zu bringen. Jede Mutter freilich, die nicht ›darauf hereinfällt‹, ist ihrerseits besser dran. Als Konsequenz aus beidem verfeinert sich das Täuschen und Erkennen von beiden Seiten immer weiter; es führt zu einem – stets instabil bleibenden – Kompromiß. Da aus erfolgreichen Embryonen auch Mütter werden, stecken dann im selben Individuum zwei Programme, die gegeneinander arbeiten.

Ein solcher Widerstreit zwischen Mutter und Kind herrscht auch beim Menschen. Jeder Mutterorganismus ist auf die Gesamtheit seiner gegenwärtigen und zukünftigen Kinder (also auf seinen Lebens-Fortpflanzungserfolg) eingestellt und bremst übertriebenen Aufwand für vorhandene Kinder, der den Gesamterfolg voraussehbar verringern würde. Das heranwachsene Kind jedoch ist, ebenfalls von Natur aus, darauf eingerichtet, seine eigenen Lebensaussichten zu maximieren. Schon der Embryo sucht regelmäßig seine Mutter mehr auszubeuten, als sie zuzulassen bereit ist. Das läßt sich bereits an der Plazenta ablesen. Die Plazenta wird vom Embryo gebildet. Und der Embryo – nicht die Mutter – sorgt vordringlich für das Wachstum der Plazenta. Je schlechter ernährt die Mutter ist, desto mehr überwiegt das frühe Wachstum der Plazenta, desto mehr sorgt also der Embryo für seine eigene Ernährung.

An der Grenze zwischen mütterlichem und embryonalem Gewebe spielt sich dabei ein heftiger Konflikt ab zwischen mütterlichen Zellen und den Embryozellen. Der Pathologe W. E. Fothergill benutzte dafür 1899 das Bild von einem Schlachtfeld mit Toten auf beiden Seiten: Die Mutter versorgt den Embryo durch besondere Spiralarterien, deren Wandungen elastisches Gewebe und glatte Muskelfasern enthalten. Mit beidem könnte die Mutter den Blutzufluß zum Embryo kontrollieren. Aber in dieses mütterliche Körpergewebe wandern besondere Zellen des Embryos (Zytotrophoblasten genannt) ein und zerstören dort sowohl die elastischen Gewebeteile wie auch die glatten Muskelfasern der mütterlichen Arterien. So bleiben die Arterien weit und ihre Wände unelastisch, obwohl als Gegenaktion mütterliche Zellen die Zytotrophoblasten zu demontieren suchen.

Ferner bekommt der Embryo mehr Nahrung, wenn mehr mütterliches Blut zur Plazenta strömt. Erreichen läßt sich das durch höheren Blutdruck der Mutter. Tatsächlich erhöhen wiederum Plazenta-Faktoren den mütterlichen Blutdruck, während mutter-eigene Faktoren ihn wieder zu senken suchen. Als Ergebnis enthält das Blut der Mutter schließlich zugleich gefäßerweiternde und gefäßverengende Hormone, und zwar beide in Überdosis. Die Aktionen des Embryos richten sich nur gegen das Körpergewebe und den Blutdruck der Mutter, nicht gegen seinen eigenen Körper. Und der mütterliche Organismus reagiert entsprechend abwehrend darauf. Diese gegeneinander gerichteten Aktionen treiben die Gesamtaufwendungen für Mutter und Kind ›unnötig‹ in die Höhe und verhindern eine ideale Gesamt-Effizienz. Lebten Mutter und Kind in harmonischer Übereinstimmung, dann wäre ihr eskalierendes Gegeneinander überflüssig.

Der Embryo bekommt allen Sauerstoff und alle Nahrung aus dem Blut der Mutter. Die Mutter kann in der frühen Schwangerschaft die zusätzliche Ernährung des Embryos aus ihrer täglichen Nahrung aufbringen und daneben noch ein Fettdepot für die Zukunft anlegen. Sie teilt sich ihre Blutzuckermenge mit dem heranwachsenden Kind. Den nach jeder Mahlzeit zunehmenden Blutzucker baut sie mit Hilfe von Insulin ab und legt Reserven an. In der späteren Schwangerschaft klappt das allerdings oft nicht mehr so recht. Einerseits werden die Insulin produzierenden Zellen der mütterlichen Bauchspeicheldrüse extrem groß und geben immer mehr Insulin ins Blut ab, zugleich aber wird ihr Körper immer unempfindlicher gegen Insulin. Ursache ist ein in der Plazenta produzierter Stoff, der die Insulinrezeptoren der Mutter blockiert. Um diesem Einfluß des Embryos entgegenzuwirken, produziert der mütterliche Organismus zwar immer mehr Insulin, das aber wird vom Embryo mit einem Plazenta-Enzym rasch abgebaut. Etwa 2,5 % der schwangeren Frauen haben deshalb Mühe, den Blutzucker abzubauen, und werden nach einer Mahlzeit vorübergehend ›zuckerkrank‹; man nennt das ›Schwangerschafts-Diabetes‹. Den Erfolg kann man messen: Je höher zwei Stunden nach einer Mahlzeit der Blutzuckergehalt einer Schwangeren, desto höher ist schließlich das Geburtsgewicht ihres Kindes. Dieser Vorteil, den sich der Embryo so verschafft, senkt allerdings die Fähigkeit der Mutter, weitere Kinder zu versorgen, und geht zu Lasten der mütterlichen Gesundheit; denn Frauen, die zu Schwangerschafts-Diabetes neigen, unterliegen einem erhöhten Risiko, später wirklich zuckerkrank zu werden. Würde ein erwachsener Mensch so an der Mutter handeln, wie es der Embryo tut, machte er sich strafbar.

Hier liegt eine unerledigte Aufgabe für die Naturgläubigen und manche Theologen. Für viele ist Natur eine Macht, welche Ideale ins Reale transformiert; Natürliches wird zum irdischen Abbild des göttlichen Willens. Dafür, daß es in der Natur dennoch so idealwidrig zugeht, nehmen Theologen gern die Erbsünde, die Gefallenheit des Menschen in Anspruch, der die ideal geschaffene Natur verdorben habe. Das ist eine fadenscheinige Ausrede. Denn die Programme, die das Verhalten der nicht-menschlichen Lebewesen steuern, gab es ja schon viel früher als den Menschen. Das gilt für alle genannten Fälle. Der natürlicherweise vorprogrammierte Konflikt zwischen Mutter und Embryo zeigt sich bei allen lebendgebärenden Tieren, zum Beispiel bei Haien, die viele Millionen Jahre älter sind als der Mensch. Daran kann der Mensch nicht schuld sein.

Wir bezeichnen Ehrlichkeit, Nächstenliebe, Fairneß als gutes, hingegen Lügen, Betrügen, Morden als böses Verhalten. Zwar soll man die Bezeichnungen ›gut‹ und ›böse‹ nicht auf Tiere anwenden; wohl aber wird man sie auf Menschen anwenden, wenn sie sich ein entsprechendes Verhalten anderer Lebewesen zum Vorbild nehmen. Insofern ist unsere intuitive Gut-Böse-Bewertung auch tierischen Verhaltens nicht ganz von der Hand zu weisen. Der Natur oder dem Schöpfungsplan gemäß werden nun aber gutes und böses Verhalten zu einem effektiven Erfolgs-Gleichgewicht geführt, keines von beidem wird ausgerottet. Der Natur sind, etwas poetisch ausgedrückt, alle Individuen gleich lieb, egal ob sie sich fair oder unfair verhalten, solange sie erfolgreich mit ihren genetischen Pfunden wuchern. Dieses überall in der Natur anzutreffende, aus allseitigem Eigennutz erwachsende Gut-Böse-Gleichgewicht muß aus einer Zeit stammen, da der Bibel zufolge der Schöpfer sah, daß alles sehr gut ist. Warum aber ist es dann für uns nicht gut genug? Ethiker und Moralphilosophen tun sich bisher mit einer Antwort schwer. Mir scheint die sogenannte Erbsünde darin zu bestehen, daß wir eine andere als die vorhandene Natur haben wollen.

Ein unseren ethischen Zielen entsprechendes Verhalten ist in der Natur nicht programmiert, wohl auch in unserer menschlichen Natur nicht, soweit von der genetischen Natur die Rede ist. Daneben besitzen allerdings schon viele höhere Lebewesen, vor allem aber wir Menschen, nichtgenetische Handlungs-Programme, die wir tradieren und im sozialen Kontakt erlernen. Überträger genetischer Programme sind die Gene, Überträger außergenetisch tradierter Programme und Ideen nannte Richard Dawkins ›Meme‹. Unsere ganze Kultur beruht auf tradierten Programmen, derentwegen sich der Mensch für die Krone der Schöpfung hält – ungeachtet der Tatsache, daß es der gesamten übrigen Schöpfung ohne diese Krone besser ginge. Die Philosophie seit der Zeit des Konfuzius um 300 v. Chr. sagt, der Mensch habe als einziges irdisches Lebewesen den Status eines sittlichen Subjektes. Sie spricht von der besonderen Würde des Menschen, begründet in seiner Fähigkeit, sich in Freiheit durch Vernunft zum Handeln zu bestimmen, Verantwortung und Pflichten zu übernehmen, Interessen zu verfolgen und sein Leben nach einem Lebensentwurf zu gestalten. Das alles gehört zur Kultur, und es setzt Ziele voraus, die der Mensch hat. Nur im Hinblick auf solche Ziele lassen sich ethische Forderungen aufstellen.

Welche Ziele also haben wir? Zur Zeit, so scheint es, ist es ein vorrangiges Ziel, die uns auszeichnende Ideen-Kultur hintanzustellen und die allgemein biologischen Gene in den Mittelpunkt zu rücken. Genetische

Programme breiten sich durch Zeugung aus, nicht-genetische durch Überzeugung. Zum Überzeugen braucht man Argumente; aber nicht irgendwelche, sondern überprüfbar richtige. Daran hapert es leider zur Zeit gerade in dem für die Verbreitung ethischer Modelle relevanten Bereich. Ich gebe ein paar Beispiele:

In seiner jüngsten Schrift über *Die Zukunft der menschlichen Natur* schlägt sich Jürgen Habermas auf die Seite derer, die dem Individuum vor allem ein Recht auf ein unmanipuliertes Genom zusprechen möchten (was schon die Parlamentarische Versammlung des Europarates vorgeschlagen hat). Bemerkenswert ist Habermas' Argumentation zugunsten der Gene (p. 86-89): Er wendet sich energisch gegen eine Parallelisierung von Gewachsenem und Gemachtem, wie er es ausdrückt, gegen eine Einebnung der ihm wesentlichen Differenz zwischen Eugenik – der genetischen Modifikation von Erbanlagen – auf der einen, und Erziehung – der sozialisatorischen Modifikation von Einstellungen und Erwartungen – auf der anderen Seite. Habermas protestiert gegen »die Vorstellung, daß sich die Einflußnahme auf die Zusammensetzung des menschlichen Genoms von der Einflußnahme auf die Umwelt einer heranwachsenden Person nicht wesentlich unterscheidet«. Dem Protest kann ich zustimmen, jedoch mit genau umgekehrter Gewichtung der verglichenen Einflußnahmen. Nach allem, was wir wissen, überflügelt der erzieherische Einfluß auf unsere »Einstellungen und Erwartungen« jeden möglichen genetischen Einfluß darauf. Eugenik gegen Erziehung: Welcher Einfluß wiegt schwerer? Nun, mit Eugenik wird sich kein angestrebtes Erziehungsziel erreichen lassen, wohl aber mit Erziehung ein Eugenik-Ziel. Eben das befürchtet Habermas ja. Dennoch versucht er, auf einem skurrilen Denkpfad das Problem von den zuständigen Philosophen und Moralpädagogen weg- und den dafür nicht zuständigen Biologen und Genetikern hinzuschieben. Wörtlich sagt er (p. 94): »Unabhängig davon, wie weit eine genetische Programmierung die Eigenschaften, Dispositionen und Fähigkeiten der künftigen Person tatsächlich festlegt« – Anmerkung von mir: also völlig unabhängig von den relevanten Fakten! – »könnte im Kopf des Heranwachsenden das Bild eines instrumentalisierten Ichs entstehen«. Aber, bitte, das Bild entsteht doch nicht durch den Einfluß der Gene, sondern höchstens durch sozialisierende Einflüsse aus der Umwelt. (Durch Einflüsse übrigens aus einem sozialen Feld, dem bei uns mit jeder Revision des Schulunterrichts mehr biologisches Wissen vorenthalten bleibt. Sonst könnten Gemüsehändler auf dem Münchner Viktualienmarkt nicht erfolgreich ›gen-freie Tomaten‹ anbieten).

Ähnlichen Unsinn über die Bedeutung der Gene verzapft in der *Frankfurter Allgemeinen Zeitung* vom 28. November 2001 der Freiburger Philosoph Gerold Prauss. Er betont, der Anfang eines Menschen sei gegeben mit dem Verschmelzen von Ei und Spermium, und er behauptet weiterhin, das damit verbundene Auftreten eines ganz bestimmten Chromosomensatzes liefere die volle Aktualität und volle Wirklichkeit eines ganz bestimmten Menschen. Etwa 20 Millionen heute lebender eineiiger Zwillinge müßten protestieren; denn einer ist nicht durch Verschmelzung von Ei und Spermium, sondern durch nachträgliche ungeschlechtliche Teilung entstanden, beide haben einen identischen Chromosomensatz gemeinsam und sind dennoch zwei eigenständige Personen, unterschieden nicht durch ihren Chromosomensatz, sondern durch nicht-genetische und soziale Einflüsse. (Biologie, so scheint es, ist für manche Philosophen schlicht zu einfach.)

Die genzentrierte Sichtweise ist nicht nur falsch, sondern gefährlich, denn sie lenkt ab von dem Bereich der nicht-genetischen Handlungsprogramme, auf den wir uns konzentrieren müssen, wenn es um die Ausbreitung von Ideen und Moralvorstellungen geht. Wie gesagt, traditive, sozial vermittelte Handlungsprogramme gibt es schon bei Tieren, und sie werden dort quasi-kulturell tradiert. In der Verhaltenssteuerung des Menschen schließlich spielen solche traditiven Programme die Hauptrolle. Deshalb verstehe ich nicht, wie man sich so viele Köpfe ausschließlich über Gene und Genmanipulation zerbrechen kann, statt über Schulen und über die Grundlagen für Indoktrination.

Durch Indoktrination lassen sich auch biologisch widersinnige Handlungsprogramme in menschlichen Hirnen verankern. Menschen besitzen einerseits eine genetisch programmierte Immunschranke, die körperfremde Organe abwehrt, selbst wenn diese – beispielsweise nach einem Unfall – lebensrettend wären. Der Arzt muß dann, um dem Patienten zu helfen, dessen Immunsystem lahmlegen. Daneben besitzen Menschen so etwas wie eine geistige Immunschranke, ich nenne sie Plausibilitäts-Schranke, die alle Ideen abwehrt, die nicht zum bereits vorhandenen tradierten Programmrepertoire passen. Ideen, die uns nicht plausibel erscheinen, akzeptieren wir nicht. Um sie dennoch in unseren Programmspeicher zu schaffen, muß man diese Plausibilitätsschranke überwinden, zum Beispiel in einer mehr oder minder umfassenden Gehirnwäsche, Bekehrung oder Umschulung. Die nötigen Argumente zur Verbreitung irgendwelcher Ideen wirken natürlich dann am überzeugendsten, wenn sie auf ein aufnahmebereites Gehirn treffen. Solchermaßen vorbereitet ist das Gehirn durch bestimmte basale Programme, die einerseits angeboren, andererseits in einer Frühphase des Individuums durch prägungsartige Einflüsse fest in ihm verankert wurden. Sie geben einen verläßlichen Plausibilitätsrahmen vor, in den sich dann allerlei Ideen einpassen lassen.

Dazu gehören, was ich plausible ›adaptive Glaubensinhalte‹ nenne. Es sind traditiv kulturell übermittelte geistige Konzepte, die sich jedoch biologisch durch eine positive physiologische Auswirkung auf das betroffene Individuum bewähren, so etwa ein Konzept (oder Glaubensinhalt) vom Weiterleben nach dem Tode mit einer ausgleichenden Gerechtigkeit im Jenseits. Das läßt sich in folgenden sechs Schritten nachvollziehen:

1. Alle lernfähigen Lebewesen behalten erwünschte positive und unerwünschte negative Folgen bestimmter Ereignisse im Gedächtnis. Sie können dann solche Folgen vorhersehen und sich entweder darauf einstellen oder sie vermeiden.

2. Höhere soziale Lebewesen lernen zudem, andere Gruppengenossen als spontan handelnde Individuen zu berücksichtigen, die sich jedoch durch geeignete Mittel beeinflussen lassen. Unerklärte, vor allem für das Individuum negative Ereignisse werden vom Menschen typischerweise einer verursachenden ›höheren Gewalt‹ angelastet, die personifiziert gedacht sein kann und die man dann wie ein ranghohes Gruppenmitglied zu beeinflussen sucht.

3. In der Sozialisierungs-Phase lernt das Individuum, mit welchem Verhalten es sich positive, mit welchem anderen Verhalten negative Folgen einhandelt. Aus eigener Erfahrung sowie durch Beobachten anderer Individuen erfährt jeder aber auch, daß diese Zuordnung oftmals nicht eintrifft: Eigenes Bemühen um Wohlverhalten kann mit negativen Folgen verbunden sein, und offenkundiges Fehlverhalten anderer kann für sie vorteilhafte Folgen haben. So etwas widerspricht der anerzogenen Alltagserfahrung und erzeugt in verschiedener Weise ausgeprägtes Unbehagen oder Streß.

4. Der Mensch ist in besonderem Maße fähig, die Zukunft einzurechnen. Ich zitiere Romano Guardini (1962), der einen Bruch sieht zwischen Gut- und Glücklichsein, Gerechtigkeit und Erfolg: »Eigentlich müßte beides sich decken. Der Gute müßte glücklich, der Reine schön, der Gerechte erfolgreich – überhaupt das Wertvolle wirklich sein. So ist es aber nicht«. Jedenfalls noch nicht: »Einst, nach dem Tode, soll die Einheit werden«. Durch die ganze Menschheitsgeschichte zieht sich ein reiches Angebot an eschatologischen Aussichten und Hoffnungen auf einen Ausgleich im Jenseits für Ungemach und Ungerechtigkeit auf Erden. Die Vorstellung eines ewigen Lebens und einer ausgleichenden Gerechtigkeit im Jenseits war ein zentraler Gedanke der Spätantike.

5. Alle Lebewesen vermeiden Zeit- und Energieverschwendung sowie unnötige Risiken. Eine Nutzen-Kosten-Abschätzung ist notwendig für jedes situationsangemessene Verhalten. Es gibt jedoch eine Hierarchie

der Bedürfnisse, und dieselben Individuen können sehr wohl Zeit und Energie aufwenden als auch Risiken eingehen, wenn es um übergeordnete (vordringliche) Bedürfnisse oder Ziele geht. So wagt sich zum Beispiel ein sehr hungriger Löwe eben doch an einen wehrhaften Büffel. Belastungen und Unbilden werden in Kauf genommen, wenn es um höherrangige Ziele geht. Auch erheblicher Streß wird ertragen, zum Beispiel im Leistungssport, wenn eine entsprechende Belohnung winkt. Belanglos ist, ob es sich dabei um eine naturgesetzlich eintretende oder um eine willkürlich eingesetzte Belohnung handelt.

6. Alle Lebewesen, die überhaupt zu Planhandlungen fähig sind, planen de facto auch über den Tod hinaus, weil dieser ja zu einem unbekannten Zeitpunkt in ihre Pläne tritt. Auch eine bewußte Planung über den Tod hinaus, in der Vorstellung von einem – wie auch immer gearteten – Weiterleben nach dem Tod, unterliegt keiner Gegenselektion, auch keiner gedanklichen. Die Hoffnung auf ein Leben nach dem Tod kann nicht enttäuscht werden, denn entweder wird sie erfüllt, oder man erfährt es nicht. Und die ausgleichende Gerechtigkeit darf um so länger auf sich warten lassen, und sei es (unerwarteterweise oder einkalkuliert) bis nach dem Tod, je sicherer sie erwartet wird.

Physiologisch aber kann sich diese Vorstellung vorteilhaft auswirken. Denn im Hinblick auf die Möglichkeit, sogar über die nur ausgleichende Gerechtigkeit hinaus eine unendlich große Belohnung zu erlangen, kann das Individuum die Ungerechtigkeiten des Lebens mit wenig Streß ertragen. Da Streß das Immunsystem schädigt, fördert Streßabbau die Gesundheit (im Diesseits!) und damit auch die Überlebens-Chancen des Individuums, die der Selektion unterliegen. Paulus (Röm 8,18) war davon überzeugt, »daß die Leiden der Gegenwart nichts sind gegen die Herrlichkeit, die sich künftig an uns offenbaren soll«. Auf dieser biologisch-physiologischen Grundlage entsteht die Bereitschaft zum Märtyrertum; »Dulce et decorum est pro patria mori« predigte schon vor 2000 Jahren Horaz. Wie es scheint, werden gegenüber einer unendlich großen Belohnung sogar die Randbedingungen für manches Verhalten unwichtig, so daß wir schließlich Verhaltensweisen konzipieren können, welche nicht nur unter bestimmten Bedingungen richtig, sondern unbedingt gefordert sind.

Solange das Individuum nur seine eigene Zukunft im Diesseits berücksichtigt, ist die Möglichkeit einer Strafandrohung und damit eine Korrektur seiner Vorhaben gegeben. Bei Märtyrern und Selbstmordattentätern aber, die auf das Jenseits rechnen, geht jede nacheilende Strafverfolgung ins Leere – es sei denn, man versucht, auf Sippenhaft zu setzen, wie es der Gott des Alten Testaments tat, der Strafen bis in die dritte und vierte Generation androhte.

Man könnte sagen, durch die genetischen Programme entsteht bei der Zeugung die erste Natur, durch tradierte Programme und Überzeugung eine zweite Natur des Menschen. Diese beiden Programmgarnituren müssen nicht miteinander im Einklang stehen (ebensowenig wie die zwei genetischen Programme im Falle des Mutter-Kind-Konflikts). Im Dissonanzfall spürt der Mensch »zwei Seelen in seiner Brust, deren eine wider die andere streitet«. Auf welche Natur soll er dann mehr Rücksicht nehmen, auf die erste oder auf die zweite? – Ich will die Frage zuspitzen mit Hilfe einer Kollision zwischen Arterhaltung und Menschenrechten. Dazu drei Vorbemerkungen:

Erste Vorbemerkung: Die Erhaltung der Art ist ein vom Menschen erdachtes Konzept, für das es in der Natur keine Grundlage gibt. Weder die evolutions-biologischen Gesetzmäßigkeiten noch das Verhalten der Individuen lassen einen Vorrang für die Arterhaltung erkennen. Die meisten Arten bleiben ja auch nicht erhalten. Bereits im Laufe der vor-menschlichen Geschichte des Lebens gab es minimal geschätzt eine Milliarde Arten von Lebewesen, die wieder ausgestorben sind. Die heute lebenden Tier- und Pflanzenarten machen kaum 1 % dieser Menge aus.

In der Natur ist auch kein Vorrang für das Überleben des Individuums erkennbar. Schon mit der gewöhnlichen Brutpflege und Jungenaufzucht erhöhen die Eltern ihr eigenes Überlebensrisiko und verkürzen ihre Lebenszeit. Brutpflege ist scheibchenweiser Selbstmord. Aber Individuen, welche auf Fortpflanzung verzichteten, gäben dieses Programm, das ihnen vielleicht ein längeres Leben ermöglichte, nicht an künftige Generationen weiter. Überdies gehen die meisten gezeugten Individuen noch vor der Reife wieder zugrunde. Beim Menschen wie bei anderen Lebewesen sind 50 % aller befruchteten Eizellen schadhaft und werden abortiert. Von den intakten Embryonen werden 55 % abgestoßen, ehe die Schwangerschaft klinisch erkannt ist, und weitere 15 % noch zwischen der 6. und 28. Woche. Daß ein gezeugtes Individuum überhaupt geboren wird, ist eher die Ausnahme als die Regel. Daß ein bereits geborenes Individuum dann wenigstens bis zur eigenen Fortpflanzung erhalten bleibt, ist unter den nicht-menschlichen Lebewesen wiederum die Ausnahme. Denn wo die Populationen im Schnitt konstant bleiben, werden jeweils zwei Eltern durch zwei Nachkommen ersetzt; alle darüber hinaus erzeugten Nachkommen (und das sind oft Tausende) gehen vorzeitig zugrunde. Weil wir das Leben von seiten der wenigen Überlebenden her beurteilen müssen, übersehen wir leicht, daß Erhaltenbleiben für Individuen und Überleben für Arten die große Ausnahme ist. Wir Überlebenden argumentieren aus einer Ausnahmesituation heraus! Folglich sollten wir uns nicht auf das in der Natur Normale berufen.

Zweite Vorbemerkung: Mit der Erklärung der Menschenrechte haben die Vereinten Nationen 1948 ein von allen Völkern und Nationen zu erreichendes gemeinsames Ideal umschrieben. Kernbestand des Menschenrechtskatalogs sind die zur *Conditio humana* gehörenden unveräußerlichen Grundrechte und Grundfreiheiten jedes Individuums. Freilich sind die Menschenrechte völkerrechtlich unverbindlich. Ideale sind nicht einklagbar. Die Menschenrechte sind, wie die Würde, kulturelle Zuschreibungen. Zu behaupten, Würde und Rechte seien inhärent vorgegeben und eigneten anderen Wesen auch ohne unser Zutun, ist ein eher hinderliches hypothetisches Konstrukt; es wäre nutzlos für ein Wesen, Würde und Rechte zu haben, wenn sie ihm nicht zuerkannt werden. Es ist wie mit dem Sinn des Lebens: Unser Leben hat den Sinn, den wir ihm geben; wer seinem Leben keinen Sinn gibt, für den hat es auch keinen (obschon andere ihm einen geben könnten).

Dritte Vorbemerkung: Um zu klären, welche Lebewesen als Mensch zu gelten haben, verwenden viele Philosophen und ihnen nahestehende Geisteswissenschaftler »das grundlegende Definitionskriterium, wonach ein Mensch von Menschen abstammen muß«. Eine solche Definition hilft freilich gerade da nichts, wo sie gebraucht würde; denn wie will man so herausfinden, ob etwa Ainus oder Yetis oder Siamangs Menschen sind? Mit diesem Kriterium wird aber sogar die ganze Kategorie ›Mensch‹ inhaltsleer, sobald man entweder die reale Stammesgeschichte berücksichtigt, derzufolge Menschen letztlich von nichtmenschlichen Ahnen abstammen, oder die biblische Geschichte, derzufolge ja Adam ebenfalls nicht von Menschen abstammt. Wenn also nach dem grundlegenden philosophischen Definitionskriterium schließlich weder der biblische noch der biologische Adam Mensch waren, wie können wir es dann sein?

Nun zur Kollision: Trotz dieser brüchigen Grundlagen arbeiten wir mit den Konzepten der Arterhaltung und der Menschenrechte, als gäbe es sie auch außerhalb unseres Zentralnervensystems. Wir benutzen diese Konzepte zur Formulierung von Handlungszielen. Mit dem unnatürlichen Argument der Arterhaltung wird sogar auf höchster ethischer Ebene argumentiert. Immanuel Kant behauptete 1792 in seiner *Kritik der Urteilskraft*, daß »ohne den Menschen die ganze Schöpfung umsonst und ohne Endzweck seyn würde«. – Hans Jonas formuliert 1979 in seinem philosophischen Hauptwerk *Das Prinzip Verantwortung* die Maxime: »Handle so, daß die Wirkungen deiner Handlung verträglich sind mit der Permanenz echten menschlichen Lebens auf Erden«. Nach Jonas besitzt der Imperativ, »daß eine Menschheit sei«, höchste Verbindlichkeit. – Im gleichen Sinne koppelte Hubert Markl 1989 die Verantwortung des Menschen für sein Handeln mit der Menschenwürde, zu der unabdingbar »die Zukunftsfähigkeit der menschlichen Spezies« gehöre, also die Erhaltung seiner Art. Markl betont: »Es läßt sich keine Freiheit rechtfertigen, die den Verzicht auf dieses Ziel einschließt«. Hier geht es wieder einmal um die Gene als Bausteine des Menschen. Da eine glaubhafte Begründung für die höchste Verbindlichkeit des Imperativs, »daß eine Menschheit sei«, aus der Natur nicht abzulesen ist, bildet dieser Imperativ eine rein philosophische Aussage.

Im Katalog ethischer Ziele sind auch die Menschenrechte enthalten. Schon Kant hat als eigenständig philosophische Aussage das Selbstbestimmungsrecht begründet und betont, daß eben wegen der Würde der Person kein Mensch als Mittel zum Zweck benutzt werden darf. Aber mit diesen beiden Maximen, der Selbstbestimmung und der Erhaltung der Menschheit, manövrieren sich Moralphilosophen und Ethiker in eine Patt-Situation hinein, denn die beiden Maximen gehen nicht zusammen. Der Philosoph Philip Kitcher hat das an einem konstruierten Fall eindrücklich aufgezeigt: Angenommen, nach einer größtdenkbaren Katastrophe gäbe es auf der Welt nur mehr wenige Menschen, darunter eine Frau. Der Fortbestand der Menschheit hängt jetzt davon ab, daß sie Kinder bekommt. Aber sie willigt nicht ein. Darf sie zur Fortpflanzung gezwungen werden? – Es kommt hier nicht auf die Rollenverteilung der Geschlechter an. Man steht vor demselben Problem, wenn umgekehrt ein Mann gezwungen werden müßte, wie Lot von seinen Töchtern. Man kann das Thema verschieden variieren. Was wäre, wenn bei einer denkbaren Übervölkerung der Fortbestand der Menschheit davon abhinge, daß die Zahl der lebenden Menschen reduziert wird oder ihnen wenigstens das Grundrecht auf Fortpflanzung entzogen werden müßte. Wenn keiner freiwillig zurücktritt, wieviel Zwang darf ausgeübt werden?

Es geht um die Frage, welche ethische Maxime man aufgeben darf, den Fortbestand der Menschheit oder die Unverfügbarkeit der Person. Und, um das Denkmodell vom Gesichtspunkt der Evolution her anzugehen: Angenommen, es gäbe den gleichen Katastrophenzustand in zwei Welten, von denen die eine auf die Unverfügbarkeit der Person verzichtet, die andere auf den Fortbestand ihrer Menschheit – welche Maxime würde überleben?

Ich fasse zusammen: Erstens habe ich versucht, die Gesichtspunkte aufzufächern, die zu berücksichtigen wären, wenn man in der außermenschlichen Natur nach Richtlinien für ethisch-moralisches Handeln sucht. Zweitens habe ich – hoffentlich erfolgreich – begründet, warum eine solche Suche erfolglos bleiben muß. Drittens habe ich den Unterschied zwischen unserer genetischen ersten Natur und der kulturellen zweiten Natur betont. Das genetische Substrat ist zwar unabdingbare Voraussetzung für alle Tradition und Kultur, aber aus den meisten Diskursen (außer manchen aktuellen Genom-Debatten) geht hervor, daß den kulturellen Programmen ein höherer Rang gebührt als den genetischen – schon weil Ethik und Moral rein kulturelle Produkte sind. Im Konfliktfall müßten dann ethische Programme gegenüber genetischen Bedürfnissen den Vorrang bekommen. Der Ausgang der letzten Zuspitzung zwischen dem biologischen Fortbestand und dem Recht der Selbstbestimmung ist wohl noch unentschieden.

Die in den Zehn Geboten verschlüsselten und in vielen Religionen verankerten ethischen Werte liegen mir am Herzen. Eben deshalb versuche ich seit 30 Jahren, den Theologen und Moralphilosophen alle aus der Biologie stammenden Argumente als Begründung für ihre ethisch-moralischen Weisungen aus der Hand zu nehmen, weil sie der Glaubwürdigkeit schaden. Denn – wie eben erörtert – mit der Natur oder der Schöpfung zu argumentieren kann nur zu ethisch falschen Folgerungen führen. Ethik steht gegen die naturgegebene Situation. Naturwidriges Handeln galt lange Zeit als sündhaft; naturwidriges Argumentieren scheint geboten. So komme ich zur Titelfrage meines Vortrags: »Contra naturam – Sünde oder Pflicht?«

Literaturhinweise

Dawkins, R.: Das egoistische Gen. Heidelberg 1994.

Guardini, R.: Welt und Person. Würzburg 1962.

Habermas, J.: Die Zukunft der menschlichen Natur. Auf dem Weg zu einer liberalen Eugenik. Frankfurt am Main 2001.

Haig, D.: Genetic conflicts in human pregnancy. In: Quart. Review in Biology 68, pp. 495-532, 1993.

Jonas, H.: Das Prinzip Verantwortung. Frankfurt am Main 1979.

Kitcher, P.: Vier Arten, die Ethik zu ›biologisieren‹. In: (K. Bayertz ed.) Evolution und Ethik, pp. 221-242, Stuttgart 1993.

Küng, H.: Projekt Weltethos. München 1990.

Markl, H.: Wissenschaft: Zur Rede gestellt. München 1989.

Wickler, W.: Die Biologie der Zehn Gebote. München 1991.

Wickler, W. und Seibt, U.: Das Prinzip Eigennutz – Ursachen und Konsequenzen sozialen Verhaltens. Hamburg 1977.

Homo sociologicus – heute

VON

KARL OTTO HONDRICH

Vor nicht ganz fünfzig Jahren erschien ein dünnes Buch mit dem Titel *Homo sociologicus.* Er spielte auf den *Homo oeconomicus* der Wirtschaftswissenschaften an. Handelt dieser rational, indem er seinen individuellen Nutzen und seine Kosten kalkuliert, so richtet sich der *Homo sociologicus* in seinem Handeln an Rollenerwartungen aus; er handelt normkonform.

Natürlich wußte der Verfasser des Buches, daß er mit dem *Homo sociologicus* keinen wirklichen, sondern einen Modellmenschen beschrieben hatte, genauer: einen Ausschnitt aus dem ganzen Menschen. Er gestand seiner Zunft zu, daß es nützlich sei, mit einem solchen Typus zu arbeiten, aber er schlug eine Modelländerung vor: Neben der Konformität solle die »Befreiung des Einzelnen vom Ärgernis der Gesellschaft« problem- und forschungsleitend für die Soziologie sein. Ein sympathisches, ein liberales Leitbild. Und weiter: »Nur dann, wenn er den Gedanken an politische Veränderungen zugunsten des freien Einzelnen nicht scheut [...] wird der Soziologe vom Hemmschuh zum Motor der Entwicklung einer Gesellschaft freier Menschen.« Den jungen Autor hielt es allerdings nicht in der Soziologie. Sein Tatendrang führte ihn direkt in die Politik. Er heißt Ralf Dahrendorf.

Was aber wurde aus dem – schon damals ungeliebten – Leitbild des *Homo sociologicus*? Eine Zeitlang überdauerte es unter dem Deckmantel des »sozialistischen Menschen«. Nach dessen Untergang verflüchtigt es sich in zwei Richtungen. Zum einen löst es sich im Menschenbild einer »Individualisierungstheorie« auf, die das moderne Individuum, seinem Selbstverständnis entsprechend, von Rollenzwängen und Traditionen kraft eigner Entscheidung zusehends frei wähnt. Zum andern fällt es der Systemtheorie Niklas Luhmanns zum Opfer, der die Soziologie so radikalisiert hat, daß der Mensch in ihrem Gesichtsfeld keinen Platz mehr findet. Weit entfernt davon, im Mittelpunkt zu stehen, wird er nicht einmal mehr als Teil des sozialen Geschehens, sondern nur noch als Umwelt sozialer Systeme begriffen, die sich selbst beobachten, selbst organisieren, selbst steuern, kurz, ganz mit sich selbst beschäftigt sind.

Leitbilder schweben nicht im luftleeren Raum. Sie entstammen einer sozialen Realität. Den *Homo sociologicus* modellierte und kritisierte Dahrendorf vor dem Hintergrund der Kriegs- und Nachkriegszeit und der 50er Jahre, in denen die »autoritäre Persönlichkeit«, der Mitläufer, der Pro-forma-Demokrat noch überall präsent waren. Ihnen wollte Dahrendorf den Weg in die Freiheit weisen. Die Studentenbewegung der sechziger und siebziger Jahre nahm sich dann allerdings Freiheiten, von denen sich der *Homo sociologicus* und sein Autor noch nichts hatten träumen lassen. Im Gefolge kam es zu einem »Wertwandelsschub«. Der Zugewinn an sexueller, religiöser, politischer etc. Freiheit bildete den Erfahrungshintergrund für das Menschenbild der Individualisierungstheorie. Und auch das systemtheoretische Verschwinden des Menschen findet seine Anhaltspunkte in der Realität: Fabriken ohne Arbeiter, Familien ohne Kinder, die Anonymität und Kälte der großen Systeme der Wirtschaft, der Politik, der Wissenschaft. Die Systeme bewegen sich mit einer Eigendynamik, in der der einzelne Mensch gar keine Rolle mehr zu spielen scheint.

Kein Wunder, daß Rollenzwänge, anders als in der Sturm- und Drang-Soziologie des jungen Dahrendorf, sich als Problem gleichsam erübrigt haben. Wer, ob jung oder alt, beschwert sich denn heute noch hierzulande über mangelnde Freiheit? (Die einzige Klage, die ich in meinem Umfeld höre, ist die meines Sohnes über das Verbot des Hanfanbaus – und auch da bin ich mir nicht so sicher, ob es de facto noch gilt.) Den Frauen, die heute für die Vereinbarkeit von Beruf und Familie streiten, geht es nicht um neue Freiheiten, sondern um Zeit und Mittel, um vorhandene Freiheiten nutzen zu können. Dahrendorfs Attacke gegen Rollenkonformität würde heute offene Türen einrennen. Der *Homo sociologicus* ist auf der ganzen Linie auf dem Rückzug. Die menschenfreie Gesellschaft und die Gesellschaft freier Menschen – diese beiden scheinbar sich widersprechenden Konzepte haben den ehrwürdigen Alten beerbt und sein Erbe durchgebracht.

Aber übersehen wir nicht etwas, wenn wir uns der Befreiung aus Rollenzwängen erfreuen? Sind wir nicht viel tiefgründiger und unausweichlicher von Gesellschaft durchdrungen und in das soziale Leben eingebunden als über Rollen und Normen? Dieser Frage möchte ich im Folgenden nachgehen. Meine Überlegungen dazu schließen sich an zwei Ereignisse an, für welche die Jahreszahlen 1989 und 2001 stehen. Sie haben das soziale Leben in jüngster Zeit dramatisch verändert.

1989 – das war das Jahr, in dem der Eiserne Vorhang sich hob, die Teilung der nördlichen Hemisphäre in zwei ideologisch begründete feindliche

Machtblöcke zu Ende ging, die alptraumhafte gegenseitige atomare Bedrohung wich, die Verklammerung des Ostblocks durch die imperiale Gewalt der Sowjetunion sich löste, der Sozialismus abdankte. Dies alles bedeutete einen großen, bewegenden Fortschritt zur Freiheit. So sahen es besonders die Menschen in Osteuropa. Viele Träume schienen in Erfüllung zu gehen – auch wenn es für die meisten nur kleine Träume waren. Von weltbewegenden Ideologien hatten sie die Nase voll. Sie wollten nicht mehr als einen kleinen Schritt tun: in Richtung auf die individuellen Entfaltungsmöglichkeiten, die es im Westen bereits gab.

Aber was taten die Russen und Ukrainer, Litauer, Letten und Esten, Georgier und Tschetschenen, Tschechen und Slowaken, Slowenen, Kroaten, Bosnier, Kosovo-Albaner – und nicht zuletzt die Deutschen – mit der neu gewonnenen Freiheit tatsächlich? Befremdlicherweise hatten sie nichts Eiligeres zu tun, als nationale Grenzen wiederzuerrichten und sich notfalls darum zu schlagen. Was uns auf den ersten Blick als Rückfall in einen obsoleten und längst überwunden geglaubten Nationalismus erscheint, könnte sich bei weiterem Nachdenken als weltgeschichtliche Notwendigkeit erweisen: Menschen, die unter Fremdherrschaft gelitten haben, spüren am eigenen Leib, daß individuelle Freiheit in Zukunft für sie nicht zu haben ist ohne Neu-Organisation und Selbst-Kontrolle kollektiver Gewalt in einem staatlichen Rahmen, den sie als ihren eigenen empfinden und akzeptieren.

Welcher Rahmen aber könnte dies sein? Linien in der Landschaft, wie die Kolonialmächte sie in Asien und Afrika zogen, um Interessensphären abzugrenzen, ohne Rücksicht auf gewachsene Gefühle der Zusammengehörigkeit zu nehmen, erzeugen Fremdherrschaft und Gegengewalt. Ein legitimes Gewaltmonopol kann nur entstehen, wenn diejenigen, die ihm unterworfen sind, es gemeinsam tragen: sei es durch gemeinsame Sprache, gemeinsame Religion, gemeinsame Wertvorstellungen, gemeinsame Erinnerungen, gemeinsamen Stolz und gemeinsame Schuld, kurz: durch gemeinsame Kultur. Eine individuelle Zukunft gibt es nur im Schutz gemeinsamer, kollektiver Herkunft. Herkunft heißt Nation. Deshalb suchen die neuen Staaten zuerst ihren Rahmen als nationale Staaten. Sie tun dies nicht wegen ökonomischer Interessen – vielmehr oft: ökonomische Verbindungen zerreißend. Sie tun es auch nicht, um ihre politische Macht zu vergrößern – im Gegenteil, als Klein- und Kleinststaaten büßen sie oft Macht ein. Die Bildung von Nationalstaaten folgt weder der Logik der Wirtschaft noch der der Politik. Gleichwohl erfolgt sie nicht beliebig. Sie folgt einer Sozio-Logik, die niemand treffender formuliert hat als Willy Brandt 1989: »Jetzt wächst zusammen, was zusammengehört.«

Was ist es, das zusammengehört? Wenn es nicht so handfeste Dinge sind wie politische und ökonomische Interessen, was dann? Es sind geteilte Gefühle. Gefühle sind stärker als Interessen. Sie sind der Träger von Moral. Gewachsene kollektive moralische Gefühle – nur ein anderes Wort für Kultur – sind die wahre Großmacht der modernen Welt. Daß sie stärker sind als wirtschaftliche Interessen und politische Macht, klingt so unwahrscheinlich, daß es angebracht ist, denselben Vorgang noch einmal von der andern Seite zu betrachten:

Was zusammengehört, wächst zusammen. Das heißt auch, was nicht zusammengehört, trennt sich. Auch im Trennenden erscheint die Macht der Kultur, die Macht kollektiver moralischer Gefühle, als unbezwingbar. Sie bezwingt alle politischen und militärischen Mächte, die gegen sie aufgeboten werden. Serbien, die regionale Militärmacht, will das Kosovo als Teil Jugoslawiens behalten. Dasselbe, nämlich ein multikulturelles Kosovo als Teil eines multikulturellen Jugoslawiens, will auch die globale Militärmacht der Nato. Die Uno will nichts anderes. Aber Uno, Nato, Jugoslawien, alle politischen und Militärmächte dieser Welt, scheitern in ihrem gemeinsamen politischen Willen – an den kollektiven Gefühlen der Kosovo-Albaner und der Serben, die auf Trennung drängen. Der Kampf der Kulturen an dieser Stelle der Welt ist so gut wie entschieden: das Kosovo hat sich faktisch von Serbien getrennt. Gemeinsam haben die feindlichen Kulturen, in völlig ungeplanter Kooperation, ihre kulturellen Grenzen als politische durchgesetzt – *gegen* die politisch-militärischen Mächte.

Sehen wir im Licht dieser Erfahrung noch einmal auf die Entwicklung der Welt in den letzten fünfzig Jahren, dann fällt es uns wie Schuppen von den Augen: Die Bildung nationaler Staaten ist nicht der Schnee von gestern, sondern frischer Schnee von heute und morgen. Und immer sind es die kulturellen Grenzen, die den politischen den Weg vorzeichnen, nicht umgekehrt.

Und noch etwas lehrt das Beispiel: Die Versuche, den Lauf der sozialen Welt absichts- und machtvoll zu bestimmen, münden in unbeabsichtigte Ergebnisse. Auch darin zeigt sich die Macht der Kultur über Wirtschaft und Politik. Während Wirtschaft und Politik Pläne machen, wächst Kultur ungeplant. Während Wirtschaft und Politik handelnd bestimmen wollen, wie die Welt in Zukunft aussehen wird, entfaltet sich Kultur in spontaner Bewegung.

In Bewegung ist sie immer. Sie ist nichts Fixiertes. Erst recht ist sie nicht auf einen *bestimmten* Herkunftsrahmen festgelegt. Vielmehr bildet sie sich unablässig in einem Wechselspiel von unbestimmter Zukunft und bestimmter Herkunft. Wenn sich Wirtschafts- und politische Beziehungen in Zukunft immer weiter in einem globalen Rahmen aufspannen, dann erweitert sich auch der Rahmen der Bindungen, die wir als unsere Herkunftsbindungen definieren; als Geschäftsleute oder Wissenschaftler nach Asien reisend, empfinden wir uns dort nicht nur als Deutsche, sondern als Vertreter einer europäischen Kultur. In der Begegnung und Auseinandersetzung mit europäischen Partnern aber bleibt die nationale Kultur ein unterscheidendes und bestimmendes Herkunftsmerkmal. Angesichts der Freiräume einer unbestimmten Zukunft, die zu füllen sind, greifen wir auf bestimmte, wenn auch unterschiedliche Herkunftsbindungen zurück, um unserem Handeln Halt und Rahmen zu geben.

Daß der zukunftsweisende Weg in individuelle Freiräume immer auch zurückverweist auf kollektive Herkunftsbindungen; daß kollektive Herkunftsbindungen als Kulturen durch alle Individualisierungen hindurch an Bedeutung gewinnen, weil anders individuelle Freiheitsgewinne keinen Halt hätten; daß die spontanen Bewegungen der Kultur, oft durch ökonomisch und politisch zielgerichtetes Handeln ausgelöst, sich als stärker und nachhaltiger erweisen als diese – das sind die soziologischen Lehren, die wir aus dem Jahr 1989 und den Folgen ziehen können. Sie haben die Soziologie als Kulturwissenschaft wiederbelebt – und den Kulturwissenschaften schlechthin eine Blüte beschert. Dahinter steht die Einsicht, daß *Homo sociologicus* sein Wohl und Wehe und seine Freiheiten und Freiheitsbeschränkungen nicht so sehr den Einbindungen in seine Rollen, sondern den weitergreifenden Einbindungen in die eine oder andere Kultur und der Macht der Kulturen verdankt.

Wie das Interesse an Rollenzwängen und Rollenfreiheiten die Soziologie jahrzehntelang für die Macht der Kulturen unempfindlich, ja manchmal blind gemacht hat, so verdrängt das neue Interesse für die Differenzen und den Kampf der Kulturen, daß es noch eine tiefere soziale Einbettung gibt als die in Kulturen. Die Gesellschaftlichkeit des Menschen ist nicht nur eine kulturelle, von Kultur zu Kultur verschiedene, sondern auch eine subkulturelle, in allen Kulturen gleiche. Als soziale Wesen unterliegen die Menschen, ob in Deutschland oder Grönland, in den USA oder Afghanistan, gleichen Grundprozessen und -prinzipien, die das soziale Leben regeln.

Das möchte ich im folgenden zeigen, wenn ich über das jüngste katastrophale Weltereignis spreche, für das die Jahreszahl 2001 steht. Ich werde den terroristischen Angriff auf Amerika nicht als Kampf der Kulturen analysieren – obwohl er das, aller beschwichtigenden Vogel-Strauß-Politik zum Trotz, sicher auch ist –, sondern als ein Ereignis, das noch tieferen Mächten gehorcht: elementaren dialektischen Prozessen, den Urkräften der Sozialität.

Es sind dies der Prozeß des Erwiderns, der jede einseitige Bewegung zwischen Lebewesen in eine gegenseitige und wechselseitige verwandelt; der Prozeß des Wertens, der in jeder Anziehung und Bejahung auch eine Zurücksetzung und Verneinung impliziert und die moralische Gliederung der Welt in Präferenzen und Diskriminierungen, Gut und Böse unablässig erneuert; der Prozeß des Ineinssetzens oder Miteinander-Teilens, der die Welt unweigerlich in kollektive Identitäten, in ›Uns‹ und ›Sie‹ teilt; der Prozeß des Sich-Mitteilens, der in jeder Reflexion und Kommunikation ungewollt oder gewollt das Unbewußte und Verborgen-Verdrängte miterzeugt; schließlich der Prozeß des Bestimmens, in dem sich jedes absichtsvolle Bestimmenwollen, sei es noch so mächtig, an der Unbestimmtheit der Zukünfte und der Bestimmtheit der Herkünfte bricht und in unbeabsichtigte, spontane, wenn nicht schicksalhafte Folgen mündet.

Noch nie hat ein einzelnes Ereignis so viele Menschen so sehr erregt wie der Anschlag auf Amerika am 11. September 2001. Der Gegenschlag, alle wußten es, *mußte* kommen. Jetzt warten wir auf die nächste, die terroristische Erwiderung. Nicht anders als unsere Urahnen sind wir Gefangene im Wechselspiel von Handeln und Entgegnen, Tat und Vergeltung, Verbrechen und Strafe. Wir sind eingebunden in den elementaren Sozialprozeß des Erwiderns. Was aber ist eine angemessene Erwiderung auf das Großverbrechen von New York?

Angenommen, Bin Laden und die 20 Männer, die als Drahtzieher für die Attentate am 11. September gesucht werden, würden gefangen, als schuldig überführt und lebenslang hinter Gitter gesteckt. Nehmen wir ferner das ganz und gar Unwahrscheinliche an: der islamische Terrorismus sei damit am Ende. Der »Verteidigung der Rechtsordnung«, der die Strafe nach hier herrschender Rechtstheorie zu dienen hat, wäre Genüge getan. Die Milde der Strafe aber spräche den verletzten Rechtsgefühlen Hohn. Nehmen wir an, die Schuldigen würden, etwa im Staate Texas, mit dem Tode bestraft. Auch dies würde unsere Rechtsgefühle kaum beruhigen: Was wiegt das Leben von 20 Schuldiggesprochenen gegen das Leben von 3000 Unschuldigen, das sie heimtückisch genommen haben? Und gegen die tiefe Kränkung, Angst und Verunsicherung, die sie über Amerika und die westliche Welt gebracht haben?

Hier bleibt eine Rechnung offen, welche die Strafjustiz nicht begleichen kann. Denn für sie »spielen insoweit der Gesichtspunkt der Sühne oder der Tatvergeltung, die Schwere der Schuld als solche, das Genugtuungsinteresse des Verletzten und seiner Angehörigen keine Rolle«, wie es im Standardwerk »Praxis der Strafzumessung« des Vorsitzenden Richters am Bundesgerichtshof Gerhard Schäfer heißt. Die geregelten Verfahren des modernen Rechtsstaats sind darauf gerichtet, individuelle Täter dingfest zu machen. Für kollektive Taten und Schuld hat er kein Sensorium. Für kollektive Opfer und Leiden auch nicht. Erst recht nicht für das schreiende Mißverhältnis zwischen unermeßlichem kollektivem Leid und der Individualisierung der Schuld bei einzelnen Tätern. Es gibt Schuld, die so groß ist, daß sie mit den Werkzeugen des Rechts und der humanen Strafe nicht zu sühnen ist

Die kollektiven Gefühle, ignoriert und vom Rechtsstaat im Stich gelassen, suchen Genugtuung für ihre Verletzung woanders: »Die USA müssen jetzt nach außen losschlagen, sonst bricht die Wut gegen die Muslime sich im Innern Bahn«, sagt eine verzweifelte Amerikanerin. Deshalb ziehen die Amerikaner in den Krieg. Krieg ist die Suche nach Sühne, von der der Rechtsstaat nichts wissen will.

Entgegen aller humanen Ermahnung spielen Sühne und Vergeltung, Schwere der Schuld und Genugtuung für die Opfer und ihre Angehörigen doch eine Rolle – eine viel größere, als uns lieb ist. Das Prinzip der *Reziprozität* – »Wie du mir, so ich dir« –, das auch dem Markttausch und der Liebe unterliegt, gehört zu den sozio-moralischen Grundgesetzen des Zusammenlebens, die zwar verdrängt, aber nicht außer Kraft gesetzt werden können. Dasselbe gilt für das Prinzip der *kollektiven Identität*, das durch noch so viele Individualisierungs-Anstrengungen nicht auszuhebeln ist, und für das Prinzip der *Präferenz für das Eigene*, das sich gegen alle Versuche durchsetzt, das Eigene und das Fremde als gleichwertig zu sehen. Moderne Gesellschaften, die diese ›archaischen‹ Prinzipien durch eine christlich-aufklärerische Gegenmoral überwunden glauben, verdrängen mehr, als sie erkennen. Immer mehr sind sie deshalb auf das Prinzip des *Tabu* angewiesen, um das falsche Bild ihrer selbst als individualistische und rational wertende Gesellschaften aufrechtzuerhalten, die ohne Strafe als Vergeltung auskommen.

Aber die Grundgesetze der Moral verdrängen wir nicht ungestraft. Ein Verbrechen, dem die Sühne versagt bleibt, sucht sich die ihm gemäße Sühne selbst. Es erklärt sich zum – heiligen – Krieg. Oder es wird ihm der Krieg erklärt. Das Gesetz der Reziprozität besorgt das Weitere. Krieg ist Gemeinschaftswerk der Feinde in beiderseitigem Interesse. Die Amerikaner brauchen ihn, weil anders sie das Verbrechen an ihren kollektiven Gefühlen nicht vergelten könnten; die Terroristen, weil sie allein ihr Verbrechen nicht sühnen könnten – und weil sie sich nicht als Verbrecher, sondern als Krieger sehen.

Heute wie früher gilt: Krieg kann nur geführt werden für eine gute Sache. Deshalb wird jeder Kriegsgrund zu einem guten Grund. Und in gleichem Zuge wird jeder Feind, mit seinen Gründen, zum Bösen. Den Krieg des Guten gegen das Böse hat deshalb Präsident Bush erklärt. Für diese deutliche Sprache muß man ihm dankbar sein – auch als Soziologe. Jeder Krieg erneuert den elementaren Prozeß des Wertens und damit die Unterscheidung zwischen Gut und Böse, die Grundlage aller Moral.

Mögen wir, friedfertig wie wir sind, uns noch so sehr winden und nach Zwischentönen, Vorbehalten, Versöhnendem suchen; oder nach einer Rückverlagerung von Schuld auf die Opfer mit dem heute vielgehörten Satz: »Die Amerikaner haben sich ja manches selbst zuzuschreiben«: Niemand kann sagen: »Das, was in New York geschehen ist – es ist mir eigentlich egal«, oder: »Ich will noch mal überlegen, ob ich gutheiße oder schlecht«. Das meine ich, wenn ich sage: der elementare Prozeß des Wertens ergreift uns mit Haut und Haaren. Er ist, als sozialer Prozeß, absolut existentiell für unser Leben. Er duldet, im Ernstfall, keine Ausflüchte, kaum Toleranzen. Ambivalenzen ja: Wir haben gehört, daß es unter Palästinensern angesichts der einstürzenden Türme zu spontanen Freudenausbrüchen kam, die dann aber, aus Klugheit, Angst oder Entsetzen, in Beileidsbekundungen umschlugen. Das ist alles andere als Wertfreiheit, als die Freiheit, aus dem Prozeß des Wertens auszusteigen. Im Gegenteil, es ist eine Verdopplung des Wertens. Es bekommt eine offizielle Ebene und, von ihr verdeckt, eine spontane. Authentisch sind beide Ebenen sozialen Erlebens. Doppelbödigkeit ist für das moralische Leben in unserer Welt normal. Allerdings: so viele verbotene moralische Gefühle wie angesichts der Attacke auf Amerika gab es selten, vielleicht nie in der modernen Welt.

Im Krieg, anders als in der Verbrechensbekämpfung, wird der Tod Unschuldiger in Kauf genommen. Beim Kampf gegen das Böse infiziert sich das Gute mit dem Bösen. So wie das Gute im Krieg mit dem Bösen böse wird, nähert sich das Böse im Krieg mit dem Guten dem Guten an. Das Verbrechen, das aus dem Verborgenen hervortritt, gewinnt im offenen Kampf Ansehen und Statur. Wer im Krieg dem Feinde standhält, ist ihm insoweit ebenbürtig. Je länger der Krieg Amerikas gegen die Taliban und Bin Laden dauert, desto mehr adelt er die Bekriegten, verwandelt sie von Verbrechern in Kriegsgegner, die der Supermacht und den Zuschauern Achtung abnötigen. Dies umso mehr, je größer der Machtunterschied zwischen Goliath und David am Anfang zu sein schien.

Nicht nur im Großen und im Kriegerischen, sondern auch im Kleinsten und Liebevollsten sind wir unablässig hineingezogen in die Produktion von Gut und Böse. Die Liebenden wollen einander nur Gutes. Und doch liegt nichts näher beisammen als Liebe und Gewalt. Der Liebesakt verwandelt sich, manchmal von einem Augenblick zum nächsten, in einen Akt der Gewalt – nur dadurch, daß die Übereinstimmung aus ihm entweicht.

Daß wir selbst, in der eigenen Liebe, in der eigenen Familie, in der eigenen Nation böse werden, ist für die Selbsterhaltung dieser wertvollen Bezüge die größere Gefahr als der Feind von außen. Wie schützt sich das soziale Leben gegen diese Gefahr? Es kann, erstens, das Böse nach außen wenden und auf den Feind projizieren; der Mechanismus ist uns geläufig. Oder es kann, zweitens, das Böse verbieten wollen. Aber was bewirken Verbote gegen die Dialektik der elementaren Sozialprozesse? Verbote sind nicht nur zu schwach. Sie schwächen sich zudem aus sich selbst heraus. Denn als wissentliche Verbote erzeugen sie das Wissen des Verbotenen immer mit – und damit den Reiz, es zu tun. Dagegen gibt es nur einen Schutz, der das Wissen um die Möglichkeit des Verbotenen gar nicht erst aufkommen läßt, es als ekelhaft und ungeheuerlich aus allen Vorstellungen vorweg verbannt: die Tabuisierung, in der das Böse sich überhaupt nicht, nicht einmal im Verbot mitteilen darf. Es bleibt verborgen, aber damit auch geborgen.

Tabuisierung erfolgt nicht durch Verbieten und Verschweigen, sondern ganz im Gegenteil, durch ein Sich-Mitteilen. Denn alles, was sich mitteilt, verbirgt unweigerlich etwas anderes. Damit bin ich beim dritten elementaren Prozeß des sozialen Lebens angelangt, beim Mitteilen, das zugleich ein Verbergen ist. Die Kriegsziele, die sich uns mitteilen, also Bin Laden zu fangen und den Terrorismus unschädlich zu machen, verbergen, wie sehr das, was jetzt geschieht, unter der Herrschaft des Reziprozitätsprinzips »Auge um Auge …« steht. Wir verbergen das nicht wissentlich. Wir dürfen es selbst nicht wissen. Wie stark ein Tabu ist, können wir am Grad der Empörung und des Entsetzens ermessen, wenn daran gerührt wird. Ich tue es nur ahnungsweise: Könnte es sein, daß gerade dies ein unaussprechlicher, uneinsehbarer Sinn des Krieges ist: den Tod der Unschuldigen von New York durch den Tod von Unschuldigen in Afghanistan zu sühnen?

»Diese Leute sind nicht unschuldig«, schreibt ein Mr. Checketts aus Los Angeles, »sie nehmen teil, sie unterstützen, sie versorgen diejenigen, die die Verbrechen heute und in Zukunft begehen …« Mit diesen Argumenten, die ja rationale sind, wird die Sühne der Unschuldigen verdrängt, bevor sie überhaupt denkbar wird. So schreitet Tabuisierung fort.

Zugleich erscheint, im Zitat, der vierte elementare Sozialprozeß vor unseren Augen: Das In-eins-Setzen von Terroristen und einer unbestimmten Zahl von Sympathisanten – Afghanen, Muslimen? – zu *einer* kollektiven Identität, dem schuldig gewordenen und zu bestrafenden Feind. Damit ist, auf der eigenen Seite, eine ebenfalls diffuse, nichtsdestoweniger reale und mächtige kollektive Identität der Freunde entstanden. Die Welt teilt sich in die Andern und Uns. So entstehen Gefühlsgemeinschaften, Übereinstimmungen und Entzweiungen, ob wir es wollen oder nicht. Ohne kollektive Identifikationen könnten wir, von der Geburt bis zum Tode, nicht einen Augenblick lang überleben. Würden wir nicht mit andern übereinstimmen, uns in eins setzen, gäbe es keine Mutterliebe, keine Mitmenschlichkeit, keine Brüderlichkeit, keine Loyalität.

Spontan fühlt sich fast die ganze Welt mit den Vereinigten Staaten in Mitleid verbunden und bekundet Solidarität im Kampf gegen den Terrorismus – solange dieser als ein Weltverbrechen definiert wird. In dem Augenblick aber, wo sich die Verbrechensbekämpfung in einen konkreten Krieg gegen Afghanistan verwandelt, schmilzt, ebenso spontan, die Übereinstimmung dahin und schlägt, besonders bei Muslimen, in Haß auf die Großmacht um. Vergebens beteuern die Amerikaner, daß sie keinen Krieg gegen den Islam oder Afghanistan führen; Millionen Muslime empfinden jeden Angriff auf Glaubensbrüder als einen Angriff auf sich selbst. »Ich bin kein Freund der Taliban, aber ich kämpfe an ihrer Seite, wenn die Amerikaner angreifen«, hört man von vielen Afghanen. Das zeigt, wie stark die religiöse und ethnische Identifikation ist. Sie ist nichts Feststehendes, sondern erneuert und verstärkt sich in der Auseinandersetzung mit einem Angreifer, der zum gemeinsamen Feind wird. Allerdings: wie die Probe auf die Einigkeit der islamischen Welt ausgehen wird, die der Afghanistan-Krieg darstellt, ist ungewiß. Im Augenblick sieht es nach noch mehr innerer Zerrissenheit aus.

Auf der andern Seite verdichtet sich die Gemeinschaft der Gefühle. »Dem Westen hat Osama Bin Laden seine gemeinsame Identität zurückgegeben«, sagt Samuel Huntington. Das ist viel zu schwach gesagt. Denn es handelt sich nicht nur um Wiederaufnahme, sondern um Neubildung von kollektiver Identität. Und sie umfaßt nicht nur Amerika und Westeuropa, sondern auch Rußland. Anders als im Golfkrieg und im Balkankrieg ist es nun mit im Boot. Nicht aus bloß taktischem Kalkül oder Opportunität, sondern weil es die Gefühle der Gefahr durch islamistische Angreifer mit dem Westen teilt; ja es weiß sich ihm darin voraus, gleichsam klüger, und nun endlich, zumindest annähernd, in seinem Tschetschenienkrieg verstanden. Zum ersten Mal schält sich gegen den islamischen Süden eine nachhaltige Gefahrengemeinschaft des Nordens heraus. Sogar China und Japan, in gewisser Weise auch Indien, gehören, weniger involviert, dazu.

Wir mögen das als einen Fortschritt auf dem Weg zu einer Weltgemeinschaft sehen – oder als eine furchtbare Replikation von Freund-

Feind-Verhältnissen in immer größeren, schließlich globalen Rahmen. In jedem Falle haben die Prozesse der kollektiven Identifikation, des Ein- und Ausschließens, eine solche Eigenmacht, daß kein Staat, erst recht kein Individuum, sich ihnen entziehen kann. Daß Deutschland etwa aus der Gefühls- und Interessengemeinschaft des Nordens ausscheren könnte – undenkbar. Und wir hier, jeder von uns einzeln, sind wiederum über zahllose engere Identifikationen unweigerlich in die größeren eingebunden. Dies läßt uns zumindest erahnen, daß die individuellen Freiheiten, die wir vielleicht dem *Homo sociologicus* in unsern Rollen abgerungen haben, dadurch relativiert, verkleinert, ja vielleicht unwichtig werden, daß wir uns aus der Dialektik des Eingeschlossen- und Ausgeschlossen-Werdens niemals befreien können.

Das trifft auch zu für die Dialektik des Bestimmens und Bestimmtwerdens, die zur Selbstentmachtung der Macht führt. Die islamistischen Terroristen, welche die Macht des Westens brechen wollten, haben diese bestärkt. Die USA, die den islamischen Terrorismus vernichten wollen, erfahren die Grenzen ihrer Macht und ernten mehr Gegenmacht, als ihnen lieb ist. Immer sind die Folgen des Bestimmenwollens anders als gewollt. Je stärker der Wille zur Gestaltung der Welt, desto stärker weicht das Ergebnis vom Gestaltungsplan ab.

Lassen Sie mich zusammenfassen. Hinter den Rollenzwängen, von denen sich *Homo sociologicus*, von Lord Dahrendorf angespornt, vielleicht ein Stück weit befreien kann, warten andere, stärkere Zwänge: die Kulturen, die ihn binden, und die dialektischen Prozesse, denen alles soziale Leben gehorcht: Prozesse des Erwiderns, des Auf- und Abwertens, des Enthüllens und des Tabuisierens, des Ein- und Ausschließens, des Bestimmens und des Bestimmtwerdens mit unbestimmten Folgen. Aus diesen Prozessen gibt es keine Befreiung, es sei denn den Tod.

Oder doch? Da die sozialen Elementarprozesse ja durch die Menschen hindurch wirken, und nicht ohne sie – könnte nicht ein anthropologisch anderer Mensch mit gentechnologisch gesteigerter Selbstbestimmung die Fremdbestimmung durchbrechen, die ihm die sozialen Prozesse antun? Jeder Versuch dazu müßte beim Ungeborenen ansetzen, erzeugt demnach eine neue Art von Fremdbestimmung durch Genmanipulateure und deren Auftraggeber, in der Regel die Eltern. Aus dieser Dialektik sozialer Prozesse kann man auch dadurch nicht aussteigen, daß man auf gentechnologische Eingriffe grundsätzlich verzichtet. Denn dann werden uns unsere Kinder und Kindeskinder im Einzelfall vorhalten: Warum habt ihr mich vor einem Übel nicht bewahrt, das vor meiner Geburt erkennbar und heilbar war?

Nehmen wir das Unmögliche an: es gelänge, alle Menschen mit Hilfe gentechnischer Eingriffe selbstbestimmter, duldsamer, aggressionsfreier, kurz besser zu machen. Wie würden die genetischen Mustermenschen miteinander umgehen?

»Man stelle sich eine Gesellschaft von Heiligen, ein vollkommenes und musterhaftes Kloster vor. Verbrechen im heutigen Sinn des Wortes werden dort unbekannt sein; dagegen werden Vergehen, die dem Durchschnittsmenschen heute verzeihlich erscheinen, dort dasselbe Ärgernis erregen wie gemeine Verbrechen«, schrieb der Gründervater der Soziologie, Emile Durkheim, vor 100 Jahren. Wenn der ideale Mensch zur Normalität geworden ist, wird das, was heute als normal gilt, als Verbrechen oder Gewalt definiert und geächtet werden. Jede Verbesserung zieht das Böse nach sich. Jede Übereinstimmung erzeugt ihre Außenseiter. Diese Dialektik läßt sich genetisch nicht stoppen. Sie folgt einem stärkeren, einem soziologischen Gesetz.

Auch umgekehrt gilt: Außenseiter schaffen sich ihre Normalität, das Böse bringt das Gute hervor. Man solle »auf die Entwicklung der Verbrecher-Kolonie in Botany-Bay aufmerksam sein«, schrieb Heinrich von Kleist 1810. Dort hatten die Briten begonnen, Australien mit Strafgefangenen zu besiedeln. Alle Bösewichter der Erde, auf einer wüsten Insel zusammengebracht, würden, so glaube er, nicht das Böse potenzieren, sondern wohl bald die »göttlichsten Tugenden« unter sich hervorbringen. Eine dichterische Übertreibung, gewiß. Aber, so darf man 200 Jahre später nüchtern mit Blick auf Australien korrigieren: Aus den Bösewichtern entstand eine ganz normale Gesellschaft. Dies ist das Werk der dialektischen Grundprozesse.

Unsere Angst, daß beim gentechnologischen Experimentieren am Menschen etwas Böses herauskomme, ist durch diese soziologische Überlegung sicher nicht abzustellen. Aber ein Trost liegt doch darin: Vor den elementaren sozialen Prozessen hat das Böse so wenig Bestand wie das Gute. Sie reproduzieren beides und verschleifen es zur Normalität. Der einzelne Mensch, ja der Typus des Menschen mag gentechnologisch, politisch, pädagogisch oder sonstwie verbessert werden: Gegenüber den elementaren sozialen Prozessen und Prinzipien, denen alle Menschen im Zusammenleben unterliegen, erweist sich der Mensch immer – als unterlegen.

Eine letzte Frage liegt nahe: Wenn elementare Gesetze der Sozialität das soziale Leben regieren und durch nichts zu erschüttern, gleichsam unangreifbar sind: Wie steht es dann mit der Freiheit des Menschen, politisch überhaupt noch etwas zu gestalten? Seine Chancen sind nicht anders als die eines Steuermanns auf hoher See: Er kann die Wellen, den

Wind, die Tiefe des Ozeans und die Höhe des Himmels nicht ändern. Aber er kann etwas über sie wissen. Und er kann sein Schiff klug und kraftvoll lenken. Er muß es. Resignation ist nicht erlaubt.

Literaturhinweise

Dahrendorf, R.: *Homo sociologicus.* Ein Versuch zur Geschichte, Bedeutung und Kritik der Kategorie der sozialen Rolle. Josef König zum 65. Geburtstag 1959. Zuerst veröffentlicht in: KZfSS X, 1958, Heft 2: S. 178-208 und Heft 3: S. 345-378.

Durkheim, E.: Die Regeln der soziologischen Methode, Neuwied u. Berlin 1961, S. 158; zuerst: Paris 1895.

Hondrich, K. O.: Lehrmeister Krieg 1992.

Hondrich, K. O.: Der Neue Mensch, Frankfurt a. M. 2001.

Hondrich, K. O. und Koch-Arzberger, C.: Solidarität in der modernen Gesellschaft, Frankfurt am Main 1992.

Nicht einmal ein Mensch: *Caliban mit Prospero und Miranda*. Kupferstich zu Shakespeares *Sturm* von Daniel Chodowiecki (1726-1801). Abdruck mit freundlicher Genehmigung der Theaterwissenschaftlichen Sammlung Schloß Köln-Wahn.

Übermenschen, Untermenschen, Herrenmenschen

von

Ruth Klüger

I.

Mein Platz in diesem Band, der sich mit dem Wesen des Menschen befaßt, ist der einer Überlebenden des Holocaust. Ich habe vor etwa zehn Jahren ein Erinnerungsbuch geschrieben über ein Leben, das vor mehr als einem halben Jahrhundert beinahe hier in der Nähe, nämlich in Bergen-Belsen, wie das der Anne Frank, geendet hätte. Dieses Schicksal ist mir nur durch eine geglückte Flucht von einem der sogenannten Todesmärsche erspart worden. Ich fühlte mich also aufgefordert, ein eher negatives Zeichen in Beantwortung unserer Frage »Was ist der Mensch?« zu setzen und habe diese Skepsis in einem ironisch leichtfertigen Titel anzudeuten gesucht, der mit Facetten der Ausgrenzung anderer und der eigenen Selbstüberhöhung zu tun hat.

Die drei Einheiten, die ich hier beschworen habe, sind alle Auswüchse der Phantasie, sind Hirngespinste. Denn es gibt natürlich keine Über-, Unter- und Herrenmenschen. Das sind die Spiegelungen des mit sich unzufriedenen Menschen, der gerne sich selbst überhöht, andere erniedrigt oder sogar ausgemerzt sehen will. Es sind Phantasmen, die wir unseren Wunschvorstellungen und Aggressionen verdanken. Das Wort verleiht eine scheinbare Objektivität, als gäbe es den Gegenstand, der da angesprochen wird, denn wie sonst hätten wir den Begriff? Es ist der Fehlschluß, die Wirklichkeit mit dem Wort zu verwechseln, vor dem Ludwig Wittgenstein gewarnt hat. Ein Wort macht noch keine Schöpfung aus. Es ist nur die *Phantasie* vom Untermenschen, die den Begriff und das griffige Wort braucht. Als solche sind sie dann allerdings beachtlich und haben in unserem sozialen Umgang miteinander wie im Schrifttum ihre Spuren hinterlassen. Es sind Varianten des Aberglaubens.

Den Aberglauben gibt es ja nicht nur als Auswuchs der Religion, sondern auch in der Wissenschaft. Der Rationalismus birgt immer die Gefahr, das er sich auf Grund vorgefaßter Meinungen ein zusammenhängendes Menschen- und Weltbild schafft, das nur den einen Nachteil hat, daß es nicht stimmt, daß es in der Luft hängt. Der Rassismus ist die blindwütigste dieser vorgefaßten, pseudo-wissenschaftlichen Meinungen in unserer Zeit, doch auch verschiedenste Formen der Frauenverachtung, die auf pseudo-wissenschaftlicher Grundlage aufbauten, lassen sich als Beispiele zitieren.

Der andere Aberglaube, der von den Religionen ausgeht und oft im Jenseitsglauben verankert ist, birgt die Gefahr, daß das Hiesige unterschätzt und verachtet wird. Da kann dann die Erde geplündert werden, die Kinder können massenhaft sterben, denn es geht ja um ihre Seelen, nicht um ihr irdisches Leben, man wünscht den Jüngsten Tag, die Herrschaft Gottes herbei und steigert sich in eine Opferbereitschaft, die die sündigen Ungläubigen, sprich Untermenschen, mit in den Abgrund reißt. Man sagt heute gerne, daß im Christentum ein solcher Fanatismus vorbei sei, wie wir ihn von den Kreuzzügen und der Gegenreformation (vielleicht auch ein wenig von der Reformation) kennen, doch die Bürgerkriege im früheren Jugoslawien, wo die Gruppierungen religiös bedingt waren, legen ein anderes Zeugnis ab.

Der politisch-ideologische Fanatismus ist oft eine Mischung von wissenschaftlichen und religiösen Momenten. So war's wohl im Nationalsozialismus, der sich zwar wissenschaftlich gab, in dem aber auch unentwegt von der Vorsehung die Rede war und was sie nicht alles mit den Herrenmenschen noch vorhätte. Ich erinnere mich gut an diese flackernde Undurchdringlichkeit des Glaubens an sich selbst und die Bedrohung, die davon ausging, wenn und da man nicht dazugehörte. Ältere Leser werden sich noch besser daran erinnern, und besser als ich abschätzen können, wieviel davon einen religiösen Anstrich hatte, sofern ihnen die Emotionen, die die Bewegung auslöste, nicht fremd waren. Jürgen Habermas hat in seiner Friedenspreisrede in der Paulskirche neulich so aufmunternd über Wissen und Glauben gesprochen, daß er mich fast von den ausschließlich progressiven Tendenzen dieser beiden Hauptrichtungen unseres Denkens überzeugte – bis ich wieder an ihre gräßlichen Kehrseiten dachte.

Bei meinem Dreiergespann hat es zunächst den Anschein, als gehörten die ersten beiden, die Übermenschen und die Untermenschen, als Gegensätze zusammen, doch bei näherem Hinschauen stellt sich heraus, daß der Übermensch relativ harmlos ist, denn er ist die Projektion des Menschen als etwas Höherem, das Wunschbild dessen, der mit sich unzufrieden ist. An sich ist die Idee vom Übermenschen eine Münchhausen-Geschichte mit Pathos, der Versuch nämlich, sich an den Schnürsenkeln der eigenen Geistigkeit aus dem Sumpf der eigenen Körperlichkeit zu ziehen. Freilich ist letzten Endes die Sehnsucht, sich zum Übermenschen aufzuschwingen, wohl die Ahnherrin des Herrenmenschen. Doch sind

Eltern und Großeltern ja nicht unbedingt verantwortlich für ihre mißratenen Kinder und Enkel.

Wir lassen ihn also zunächst beiseite und wenden uns dem eigentlichen Kontrastpaar zu, den Untermenschen mit ihren Herrenmenschen. Herrenmenschen, das dritte Wort in meinem Titel, ›the master race‹, sind dazu bestimmt zu herrschen, und zwar rassisch, genetisch dazu bestimmt. Sie müssen also etwas zum Beherrschen haben, und Untermenschen eignen sich zur Unterwerfung und womöglich zum Zwang zum Dienen. Doch ist der Untermensch nicht nur Gegenstand der Verachtung und der »gerechten« Ausbeutung als Sklave, sondern auch des Hasses. In der Literatur ist das Kontrastpaar Herrenmensch/Untermensch am schönsten – und das meine ich wörtlich – in einer Komödie von berückender lyrischer Klangmusik, nämlich Shakespeares letztem Stück, *Der Sturm*, vertreten. Dort hat der Herr der Insel, Prospero, den Wilden Caliban, dem die Insel ursprünglich gehörte und der sie nach wie vor besser kennt als alle Zugereisten, enteignet, nachdem dieser versucht hatte, Prosperos Tochter Miranda zu vergewaltigen. Prospero haßt Caliban seither, wie Antonio den Shylock haßt, weil er so andersartig ist. Die sehr überzeugende ›new historical‹ Interpretation des Dramas sieht darin den Konflikt der Kolonisatoren und der Kolonisierten im 17. Jahrhundert. – Caliban wird dementsprechend jetzt manchmal als ein zum Verlieben berückender Kraftprotz dargestellt, und Prosperos Herrschsucht hat ja wirklich sadistische Züge, obwohl er wiederum derjenige ist, der alles in Ordnung bringt. Aber man kennt auch Aufführungen, wo Caliban im Gegenteil nicht einmal ein echter Wilder, sondern einfach ein Scheusal war, kein richtiger Mensch. Diese widersprüchlichen Interpretationen ändern nichts an der Figuren-Konstellation, sie ergänzen einander sogar: Da ist der Fürst, der sich der Herkunft halber und durch Bildung und Wissen als zum Herrschen befugt sieht und der arme Teufel von Naturkind, der den gestrandeten Fremden anfänglich auf der Insel willkommen hieß und zutraulich war, der jedoch mit seinen kulturfeindlichen und amoralischen Instinkten, die ihn zum Untermenschen stempeln, wirklich nicht frei und ohne Überwachung herumlaufen darf. Für unsere Zwecke kommt es nicht darauf an, ob wir mit Caliban oder mit Prospero mehr Sympathie empfinden – mein Augenmerk ist das Paar, diese Ballung von Herrschen und Dienen, ausgeübt von zwei so andersartigen Menschen, daß sie alle Rassentheorien vorwegnehmen. Es bleibt also dahingestellt, was Caliban eigentlich ist, gerade weil er sich auf einer so niedrigen Stufe des Menschseins befindet. Sicher ist, daß er sich schrecklich benachteiligt fühlt und diesen weißen Italienern, der Herrenrasse, schaden will, womöglich durch Rassenschande, das Zeugen von kleinen Calibanen mit Miranda. – Der Untermensch par excellence.

Und nun ein großer Sprung. *Ist das ein Mensch?* so heißt die vielleicht berühmteste Beschreibung des Lebens eines KZ-Häftlings, das Auschwitzbuch von Primo Levi. Fast identisch mit dem Titel dieses Bandes, handelt es sich dabei um das Thema meines Beitrags, das Untermenschentum, wie Levi es erlebte und das ihn als Problem nicht mehr losgelassen hat. Er war zur Zeit seiner Verhaftung ein promovierter junger Chemiker, ein Partisan, ein gebildeter Italiener, fremdsprachenkundig, der die Literatur seines Landes kannte und liebte und auch das Deutsche offenbar recht gut verstand. Er war weder ein Caliban noch ein Prospero. Und dann doch von den Nazis zum Caliban gestempelt. Nach Monaten von Hunger, Frost und qualvoller Arbeit unter gesundheitsschädigenden Bedingungen in Auschwitz-Buna bietet sich ihm eine Gelegenheit, aus der Winterskälte herauszukommen und in einem Chemielabor zu arbeiten.

Er beschreibt das: Ein Doktor Pannwitz – »hochgewachsen, mager und blond... [mit] Augen, Haaren und Nase, wie alle Deutschen sie haben müssen« – soll ihn auf seine chemischen Kenntnisse prüfen, »in einem richtigen Arbeitszimmer, klar, sauber und ordentlich, und mir ist, als müßte ich überall, wo ich hin komme, Schmutzflecken hinterlassen.« Man sieht schon, was hier vorgeht. Es ist die Situation eines Mannes, der sich Gedanken darüber macht, wie ein Herrenmensch ihn als Untermenschen sieht. Pannwitz sitzt hinterm Schreibtisch.

> Er hebt die Augen und sieht mich an ... Seit ich wieder ein freier Mensch bin, wünsche ich mir besonders, ihm noch einmal zu begegnen, nicht aus Rachsucht, sondern aus Neugierde auf die menschliche Seele. Denn dieser Blick wurde nicht zwischen zwei Menschen ausgetauscht. Könnte ich mir aber bis ins letzte die Eigenart jenes Blickes erklären, der wie durch die Glaswand eines Aquariums zwischen zwei Lebewesen getauscht wurde, die verschiedene Elemente bewohnen, so hätte ich damit auch das Wesen des großen Wahnsinns im Dritten Reich erklärt.

Der Gefangene seinerseits denkt: »Jede Verständigung ist ausgeschlossen. Ich bin spezialisiert in Bergbau-Chemie. Ich bin spezialisiert in organischen Synthesen. Ich bin spezialisiert ...« Er besteht die Prüfung, überlebt, teils weil er im Winter nicht im Freien arbeiten muß, und macht später das Rätsel dieser imaginierten Ungleichheit zum Kern seines Auschwitzbuches und wohl auch seines restlichen Lebenswerkes. Es ist sein eigentlichstes Thema, über alle informativen Einzelheiten des KZ-Lebens hinaus, und er hat nie aufgehört, nachzugrübeln über diesen Blick, der den Gleichgeschaffenen im anderen nicht sieht. Er war später besonders an der deutschen Rezeption von *Ist das ein Mensch?* interessiert. Er stieß auf Verdrängungen, die ihn verblüfften und die er in *Das periodische System* in der Erzählung *Vanadium* beschrieben hat. Schon bei der Laborarbeit in Auschwitz quälte ihn, sowie er den Luxus eines warmen Zimmers genoß, die erlebte, die verlorene Menschenwürde:

> Meine Kameraden vom Kommando beneiden mich mit Recht. Müßte ich mich nicht glücklich schätzen? Aber kaum bin ich morgens der Wut des Windes entronnen und trete über die Schwelle des Labors, ist mir schon die Gefährtin aller Augenblicke der Entspannung ... zur Seite: die Qual der Erinnerung, die alte grausame Sehnsucht, sich wieder als Mensch zu fühlen, die mich wie ein Hund in dem Augenblick anfällt, da das Bewußtsein aus dem Dunkel tritt.

Einmal hat er eine kurze Szene beschrieben, in der ein Kapo, der sich die Hände beschmutzt hatte, sie einfach an ihm, dem Sträfling, dem Untermenschen, abwischte. Wie in der Unterredung mit Pannwitz ist es bezeichnend für Levi als Schriftsteller, wie gerade diese Geste, die den anderen als gefühlloses, ja lebloses Objekt behandelt, eine eindringlichere Symbolkraft besitzt als grausamere Zusammenstöße. Das ist eines der Merkmale, die Levis Schriften aus der Masse von Auschwitzliteratur herausheben.

Was dachte der Herrenmensch? Was war Dr. Pannwitz' Rechtfertigung, als er dem Dr. Levi gegenübersaß, seinem italienischen Kollegen im selben Fach? Vielleicht und gar nicht so unwahrscheinlich war dieser Pannwitz ein Leser von Artur Dinter, einem erfolgreichen Schriftsteller der zwanziger Jahre, der in der Nazizeit immer erfolgreicher wurde und mit seinen propagandistischen Fiktionen Höchstauflagen erzielte. Er starb erst 1948. (Ältere Leser werden sich vielleicht noch an ihn erinnern, aber heute sind seine Bücher nur mehr im Antiquariat aufzutreiben.) Er schrieb eine Reihe von ›Zeitromanen‹, wie er sie nannte, mit Titeln wie *Die Sünde wider den Geist, Die Sünde wider die Liebe* und diverse andere Sünden. Ich zitiere einen Absatz aus dem Roman *Die Sünde wider das Blut*, wohl sein erfolgreichstes Machwerk. Damals meinte man noch, die genetisch bedingten Eigenschaften würden im Blut vererbt. Es erschien kurz nach dem Ende des ersten Weltkriegs und ist »Dem Deutschen

Houston Stewart Chamberlain« gewidmet. Tatsächlich ist es weitgehend abhängig von Chamberlains Arbeit *Die Grundlagen des neunzehnten Jahrhunderts*, seit 1899 *die* rassistische Bibel und ein Bestseller. Das Zitat könnte eine Antwort auf Levis Frage geben, »was wohl im Innern dieses [Dr. Pannwitz] vorgegangen sein mag«. Hier erfahren wir, warum sich Dinters Protagonist Hermann, der wie Levis Dr. Pannwitz und wie Artur Dinter selbst ein ausgelernter Naturwissenschaftler ist, als Herrenmensch vorkommt:

> Mit freudigem Stolz setzte er der Geliebten auseinander, daß auch die gewaltigen Meister der italienischen Renaissance, Michelangelo und Leonardo da Vinci, germanischen Geblütes waren und es sich, wohin man auch blicke, immer wieder erweise, daß keine Rasse der Welt, an Gedanken und Gestaltungskraft sich mit der germanischen messen könne. Eine gewisse triebartige Angst vor der unbegreiflichen Schöpferkraft der Deutschen sei einzig und allein die Ursache, daß wir so viele Feinde in der Welt hätten. Nur weil man nicht begreifen könne, daß wir unsere unerschöpflichen Lebenskräfte einzig nach innen und nicht nach außen richteten, deshalb dichte man uns Welteroberungspläne an und verfolge mit solchem Mißtrauen und solcher Eifersucht unser unaufhörliches Werden und Wachsen, während wir doch nur darauf bedacht seien, den uns zum Leben nötigen Platz an der Sonne zu erhalten und gegen feindliche Anstürme zu sichern.

Das ist mehr als die allzu menschliche Tendenz, die Errungenschaften der eigenen Gemeinde höher einzuschätzen als die der fremden. Doch dieser Unsinn über die großen Italiener germanischen Geblütes benötigt den Untermenschen, der in Dinters Buch ein gewisser Baron Werheim ist – nicht Wertheim, das ›t‹ hat er fallen lassen, um seine Herkunft zu kaschieren. Integration, die ja heute als die Lösung für Einwandererprobleme gilt, ist hier nicht gefragt. Sie ist nichts als Heuchelei. Werheim und das internationale Judentum planen den sogenannten Dolchstoß, der laut der Nachkriegslegende zur Niederlage Deutschlands führte. Der Roman ist auch nach dem ersten Weltkrieg geschrieben, doch beschreibt er, wie die Juden den Krieg anzetteln und die Niederlage Deutschland planen. Ich zitiere:

> Der allgemeine europäische Krieg, den man in ›ihren [sprich jüdischen] Kreisen‹ erhoffe, und der mit den Stammesunterschieden und ›sonstigen Vorurteilen‹ [in ironischen Anführungszeichen] gegen die Juden gründlich aufräumen und vor allen Dingen das jüdische Kapital

> zum alles beherrschenden Einfluß in Deutschland bringen werde, stehe nahe bevor. Es sei jedoch die große Gefahr vorhanden, daß Deutschland in diesem Weltkampf Sieger bleibe. Das müsse mit allen Mitteln verhindert werden.

Soweit der Jude. Solche Verschwörungstheorien scheinen völlig überholt, bis wir daran denken, daß nach dem Anschlag vom 11. September monatelang ein weitverbreitetes Gerücht in der islamischen Welt kursierte, demzufolge die Israelis die Terroristen gewesen seien, mit der Absicht, die Araber in ein schiefes Licht zu setzen. ›Beweis‹: alle Juden, die im World Trade Center tätig gewesen wären, seien gewarnt worden, an diesem Tage nicht zur Arbeit zu gehen.

Ein Merkmal von Werheims Untermenschentum hat mit Frauen zu tun: »Für deutsches Frauentum fehlte dem fremdblütigen Wüstensohne aus naturnotwendigen Gründen jedes Organ.« – Caliban und Miranda? Der Erzähler gibt sich mit auktorialer Stimme als Verfechter edlen Frauentums. Über die durchwegs negativ gezeichnete Figur des Baron Werheim heißt es: »Er kannte nur Weiber, keine Frauen. Und auch die Damen seiner Kreise waren für ihn nur Weibchen im rein zoologischen Sinne.« Bei näherem Hinsehen steckt hinter dieser scheinbaren Hochachtung für den Geist der Frau die Angst vor weiblicher Sinnlichkeit, die durchwegs abgewertet wird. Hermann heiratet Elisabeth, eine arisch aussehende Halbjüdin, und ist abgestoßen von ihr:

> Hermann, dessen Wesen im Geistigen wurzelte, litt unsagbar unter dem rein sinnlichen Zustand, zu dem Elisabeths Liebe herabgesunken war. Aber dem immer neuen Verlangen seiner schönen jungen Frau, die mit allen Evaskünsten ihn umstrickte, vermochte er nicht zu widerstehen. Als schließlich dieses an Ausschweifung grenzende Liebesleben seine Geisteskräfte zu lähmen drohte, benutzte er die nächste sich bietende Gelegenheit zu einer längeren Geschäftsreise. Nur mit größter Mühe gelang es ihm, Elisabeth davon abzuhalten, ihn zu begleiten.

So werden normale, oder zumindest nicht ungewöhnliche Eheprobleme von der Psychologie auf die Rassentheorie verlagert. Frauenfeindlichkeit ist nicht untypisch für antisemitische Werke und entspricht der männerbündischen Tendez der Rechtsextremen. Die Auffassung von einem gewissen Untermenschentum der Frauen kann von ihrer Mißachtung bis zur genitalen Verstümmelung, fälschlich als Beschneidung bezeichnet, führen. Beides dient oft nichts anderem als der Verhinderung normaler weiblicher Sinnlichkeit, die ein tiefes Mißtrauen einflößt, wo Männer sich als die eigentlichen Menschen sehen. An dieser Stelle treffen der Aberglaube der Wissenschaft und der religiöse Aberglaube zusammen. Luther meinte in seinem Traktat über die Ehe, das Weib müsse sich dem Manne unterwerfen, wegen ihrer sündigen Natur, die sie im Paradies zur verbotenen Frucht greifen ließ. Die Unterwerfung sei ausdrücklich vom Allmächtigen als Strafe verhängt, nicht als Schutz der Frau.

Da hat Habermas neulich in seiner Friedenspreisrede ein wenig gemogelt, wenn er den Glauben an die Seite des Wissens stellte, mit einer Interpretation der Schöpfungsgeschichte, derzufolge Gott Männer und Frauen nach seinem Ebenbilde geschaffen hätte. In der Tradition aller biblischer Religionen sind Frauen nicht das Ebenbild Gottes, denn Gott schuf den Adam in seinem Ebenbilde, die Eva war späteres Nebenwerk, dem männlichen Menschen zur Zierde und zum Spaß geschaffen. Sogar wenn man einwendet, die Frauen seien auch Gotteskinder, nur halt ein wenig anders, so müssen wir immer noch zugeben, daß wir eben keine Ebenbilder des Allmächtigen sind. Daher eignen wir uns besser zum Untermenschentum als zum Übermenschen, obwohl es ja auch die Superwoman gibt, die aber nur in der Popculture, die sowieso frauenfreundlicher ist.

In der Sprache ist die Frau oft Neutrum, wenn sie als das Weib erscheint, das Mädchen (ja ich weiß, das ist ursprünglich ein Diminutiv, aber da wir nicht mehr Maid sagen, ist es jetzt kein Diminutiv mehr, sondern ein sächlicher Artikel für ein weibliches Wesen). Und da ist noch ›das Ding‹, wie in ›das junge oder das hübsche Ding‹. Es heißt *der* Mensch, ein Wort, das beide Geschlechter bezeichnet, doch wenn das die Sprache im Ernst wollte, so wäre es ja wohl *das* Mensch, wie auch ›das Kind‹ neutral ist, um sowohl Jungen wie Mädchen miteinzubeziehen. ›Das Mensch‹ bedeutet aber bekanntlich eine Frau, und zwar eine, die keine Dame ist.

In unserer Gesellschaft mag man das belächeln als überholten Fundamentalismus einerseits, überholten Feminismus andererseits, doch es gibt genügend Länder, wo die Frauenverachtung sich nicht nur als ein Ärgernis für die Betroffenen äußert, sondern als Verstümmelung, Mißhandlung, Verweigerung der medizinischen Versorgung, kurz in lebensbeschneidenden und lebensverkürzenden Maßnahmen. Sklavenhandel in der Gegenwart ist vor allem Handel mit Frauen, die in die Zwangsarbeit zu Hungerlöhnen oder in die erzwungene Prostitution, die nichts anderes ist als Vergewaltigung am laufenden Band, verkauft werden. Insofern das in Ländern der drei biblischen Religionen geschieht, läßt es sich auch auf unsere Schöpfungsgeschichte zurückführen. Man sage nicht, daß die

Herabsetzung, das Untermenschentum von Frauen, keine Konsequenzen habe. – Zur Verachtung des einzelnen, ›anderen‹ Menschen, noch einmal das Zeugnis Primo Levis:

> Für die Zivilisten sind wir in der Tat Unberührbare. Sie glauben – mehr oder weniger unverhüllt und mit allen Nuancen von Verachtung und Mitleid –, daß wir uns, um zu diesem Leben verurteilt worden zu sein, um auf diesen Zustand herabgesunken zu sein, mit wer weiß was für einer mysteriösen, ungeheuer schweren Schuld beladen haben. [...] Sie kennen uns als diebisch, unzuverlässig, verdreckt, zerlumpt, ausgehungert und meinen, die Wirkung mit der Ursache verwechselnd, daß wir dieses Verworfensein verdient haben. Wer könnte unsere Gesichter unterscheiden? Wir sind für sie ›Kazet‹, Neutrum und Einzahl.

Ich betone noch einmal, daß Artur Dinter promovierter Naturwissenschaftler war, weil ich ja anfänglich die Afterwissenschaft, den Aberglauben der Wissenschaft, erwähnt habe. In *Die Sünde wider das Blut* kann Hermann mit seiner halbjüdischen Frau, so germanisch sie aussehen mag, nicht die ersehnten reinrassigen Kinder erzielen. Das Untermenschentum setzt sich unweigerlich durch. Doch Dinter geht weiter. Er, der ausgebildete Wissenschaftler, vertritt die Meinung, daß selbst eine reinrassige Frau, die mit einem Juden geschlafen hat, keine reinrassigen Kinder mehr haben wird, auch wenn der Vater Arier ist. Die Verunreinigung hat stattgefunden, und das Kind wird die Merkmale – und natürlich die Untugenden – des früheren Geliebten tragen. Ebenso verhalte es sich mit Pferden: eine reinrassige Stute, die einmal mit einem andersartigen Hengst gepaart worden sei, ist nachher in der hochkarätigen Pferdezucht nicht mehr brauchbar. Ich habe mir sagen lassen, daß Hundezüchter noch immer so verfahren. Ein britischer Freund, der im Zweiten Weltkrieg Offizier war, erzählte mir von einem deutschen Kriegsgefangenen, der eine Bluttransfusion brauchte, sich aber weigerte, englisches Blut in seine deutschen Adern aufzunehmen. Die Ärzte zuckten die Achseln. Der arme Kerl starb in und an seinem Irrglauben.

Die Titel von Artur Dinters Romanen spiegeln die Mischung von Wissenschaft und Glauben im Aberglauben wider. Es sind alle Sünden (wider Blut, Geist etc.), also Vergehen, die aus dem Begriffskomplex der Religion stammen, während sich die Bücher als wissenschaftlich ausweisen wollen. Der parallele Begriff zur Sünde im säkularen Bereich ist das Verbrechen. Und so könnte man meinen, das Verbrechen sei einfach die säkularisierte Sünde. Doch gottgewollte Verbrechen sind möglich, während gottgewollte Sünden ein terminologischer Widerspruch wäre. Ein gottgewolltes Verbrechen hingegen ist eine Tat, die, meist im Hinblick aufs Jenseits, moralisch gerechtfertigt ist, da das Gottesgebot die Mittel heiligt. Der Staat verurteilt die Tat, doch Gott segnet sie, denn sie dient einem höheren Ziel, in das nur eingeweiht Gläubige Einsicht haben. Der Gott, der die Verbrechen empfiehlt, ist aber in Wirklichkeit einer, den der Mensch erfunden hat, und da er ihn erfunden hat, fällt es ihm leicht, sich in ihm zu spiegeln, sich für das Ebenbild dieses Gottes zu halten und eine beliebige schwarze Schrift, die er selber mit mitunter schwarzem Inhalt geschrieben hat, für eine heilige zu halten, also eine, die Gefolgschaft, nicht Kritik fordert. Oder wenn Kritik, so doch nur behutsame, immer mit dem Vorbehalt, daß man es mit Übermenschlichem zu tun hat – Übermenschliches, durch das man selbst, im Gehorchen von absoluten Geboten, seien sie auch noch so toll, zum Übermenschen wird. Den Selbstmordterroristen von New York und Washington war es verboten, den Sünden der Hurerei und des Alkoholgenusses zu erliegen, während das Verbrechen des Massenmords geboten war.

II.

Wir kommen zum Übermenschen. Hier gibt es wieder ein semantisches Problem, nämlich daß das Wort sein scheinbares Gegenteil, den Untermenschen suggeriert. Wo es das eine gibt, müßte es mutatis mutandis auch das andere geben. Und so wird aus der Spielerei mit den Entwicklungsmöglichkeiten des Menschen im Handumdrehen der Rassismus, obwohl das Spiel einen edleren Ursprung hat.

Das Wort Übermensch taucht in der deutschen Literatur an prominenter Stelle zuerst in Goethes *Faust* auf, und zwar schon in der frühen Fassung, dem sogenannten *Urfaust* (den wir besser nicht so nennen sollten, wie Albrecht Schöne erläutert hat), taucht also schon um 1775 auf. Da tritt, schon im Sinne späterer Auffassungen, der Mann auf, der über sich hinauswill, zu den unsterblichen Geistern hindrängt und dem es auch gelingt, einen derselben, den Erdgeist, in Erscheinung treten zu lassen. Das ist ein Sturm-und-Drang-Begehren. Von der angelsächsischen Forschung, mit ihrem umfassenderen Begriff der Romantik, wird es unter diese subsumiert. Goethes Faust ist in angelsächsischer Sicht eine romantische Gestalt, etwa wie Byrons Manfred. Tatsächlich wird dieses Begehren auch von der deutschen Romantik später wieder aufgegriffen und von den Romantikern variiert als die religiös gefärbte Hoffnung des Menschen, sich mit höheren Wesen zu vereinigen und so zu werden wie sie. In der frühen Studierzimmerszene jedoch überwiegt die Skepsis, und diese Skepsis, meine ich, ist Produkt der Aufklärung, und läßt sich nicht auf den Nenner einer romantischen Träumerei bringen. Der den Ausdruck ›Übermensch‹ gebraucht, ist nicht Faust selbst, sondern der irritierte Erdgeist, an dessen Sphäre der Mensch »lang gesogen« hat und der diesen Menschen eher verachtet. Denn als Faust sich unumwunden überwältigt von der Erscheinung zeigt (»Weh! ich ertrag dich nicht«), spricht der Erdgeist höhnisch oder sarkastisch: »Welch erbärmlich Grauen / Faßt Übermenschen dich!« Faust sei ja im Augenblick nur »ein furchtsam weggekrümmter Wurm«. Darauf Faust, nun seinerseits bei seiner Ehre als Krone der Schöpfung gepackt, auftrotzend: »Soll ich dir Flammenbildung weichen! / Ich bin's, bin Faust, bin deines gleichen.« Das sei er nun ganz und gar nicht, antwortet der unfreiwillige Besuch: »Du gleichst dem Geist den du begreifst, / Nicht mir!« Und Faust, zusammenstürzend, fragt ganz im Sinne unserer Problemstellung nach der Bedeutung des Menschseins, fragt ›Was ist der Mensch?‹, wenn er ausruft: »Nicht dir! / Wem denn? / Ich Ebenbild der Gottheit, und nicht einmal dir!«

Der Faust der Legende und auch Marlowes Faust sind Teufelskerle, die über die Beschränkungen hinauswollen, die ein gerechter Gott dem Menschen auferlegt hat, und sie werden dementsprechend im christlichen Rahmen bestraft. Beim vorshakespeareschen Marlowe sieht Faust, wie in einem mittelalterlichen Gemälde, in einer schaurigen Verdammungsszene, das Blut Christi am Firmament verströmen. Beim aufgeklärten und späteren Goethe wird die Sache undurchsichtiger, Faust stellt und entzieht sich der Strafe, Übermensch möchte er gerne sein, aber auch alles Menschliche erleben, überheblich ist er wohl, aber wenn er über Leichen geht, so sind die Konsequenzen derart komplex, daß Generationen von Deutern sich daran die Zähne ausgebissen haben.

Das Wort ›Übermensch‹ kommt bei Goethe noch einmal vor, und zwar zehn Jahre später in dem Gedicht »Zueignung«, in dem das lyrische Ich in einer Vision »der Dichtung Schleier aus der Hand der Wahrheit« empfängt. Der Dichter, der überheblich in selbstherrlicher Einsamkeit schwelgte, muß sich von der Verkörperung der Wahrheit rügen und belehren lassen: »Kaum bist du Herr vom ersten Kinderwillen, / So glaubst du dich schon Übermensch genug, / ... Erkenne dich, leb' mit der Welt in Frieden!« Die Göttin der Wahrheit hat, wie der Erdgeist, wenig Geduld mit solchen, die Übermenschen sein wollen.

Doch den Begriff des Übermenschen verbinden wir ja vor allem mit Nietzsches *Also sprach Zarathustra*. Und Nietzsche verwendet ihn gleich in der Vorrede mit einer merkwürdigen Verbeugung vor Goethe. Denn so wie Goethe innerhalb von zehn Versen den »Übermenschen« und den

»furchtsam weggekrümmten Wurm« verbindet, so auch Nietzsche. Da heißt es, gesperrt gedruckt im Original:

> Ich lehre euch den Übermenschen. Der Mensch ist Etwas, das überwunden werden soll ... Was ist der Affe für den Menschen? Ein Gelächter oder eine schmerzliche Scham. Und eben das soll der Mensch für den Übermenschen sein: ein Gelächter oder eine schmerzliche Scham. / Ihr habt den Weg vom Wurme zum Menschen gemacht, und Vieles ist in euch noch Wurm. [Vorrede 3].

Bis hierher hätte auch Goethes Erdgeist nichts einzuwenden. Aber dann wird's brenzlig. »Was groß ist am Menschen, das ist, daß er eine Brücke und kein Zweck ist« [Vorrede 4]. Nun hatte aber der Aufklärer Kant gelehrt, daß der Mensch niemals Mittel zum Zweck sein soll, sondern selber Zweck ist. Darüber setzt sich Nietzsche hinweg. Er will den Menschen als Brücke zu einer anderen ›Spezies‹, wie Primo Levi sagen würde, natürlich Brücke zu etwas Besserem, denn: »was geliebt werden kann am Menschen, das ist, daß er ein Übergang und ein Untergang ist.« Und hier sind wir an der Stelle, wo das Konzept des Übermenschen zu einer Quelle des Herrenmenschen wird.

Zweifel am Sinn des progressiven Fortschritts im Zeichen der Aufklärung meldete auch Rilke an, ein apolitischer Dichter, der sich ausgerechnet in seinen *Sonetten an Orpheus*, die berühmt sind für ihre metaphysische Schwierigkeit, über die Abschaffung der Tortur und der Todesstrafe ausgelassen hat. Er meint da, keine Gesinnungsänderung sei mit solchen Verboten verbunden, die nicht mehr seien als reine Äußerlichkeiten. Es sind Verse, die mir früher als inhuman und verstiegen vorkamen. Und tatsächlich kann man Rilke kaum einen Humanisten nennen. Ja, dachte ich, was will er denn?

> Rühmt euch, ihr Richtenden, nicht der entbehrlichen Folter /und daß das Eisen nicht länger an Hälsen sperrt. / Keins ist gesteigert, kein Herz –, weil ein gewollter / Krampf der Milde euch zarter verzerrt. // Was es durch Zeiten bekam, das schenkt das Schafott / wieder zurück, wie Kinder ihr Spielzeug vom vorig / alten Geburtstag ... [Zweiter Teil, IX]

Heute scheint mir ein klarer, harter Blick in diesen Versen zu wohnen. Wir haben natürlich die Folter nicht abgeschafft, wir haben sie nur verboten. Die heutige staatliche Tortur, mit ihren Finessen an elektronischen Geräten, macht es den Folterern leichter, das Opfer am Leben zu erhalten, solange es ihnen noch nützlich sein kann. Die modernen Methoden übertreffen die mittelalterlichen weit an Wirkungsfähigkeit, denn damals starben den Folterknechten mit ihren plumpen Geräten die Menschen unter den Händen weg. Staatliche Tortur wurde im zwanzigsten Jahrhundert gegen mehr Menschen ausgeübt, wenn auch meist heimlich, als je in den finsteren Zeiten, als so was noch öffentlich vonstatten ging. Amnesty International berichtet darüber jährlich im Detail. Es sieht nicht so aus, als ob sich das im einundzwanzigsten Jahrhundert ändern wird.

Für Rilke ist ein Wandel, der über das Menschliche hinausgeht, die Antwort. Also eine Art Übermenschentum. Der Gott wirklicher Milde müßte ins Herz eintreten, ein Fall, der im Gedicht aber nur im Konjunktiv erwogen wird. Der konservative, vielleicht sogar reaktionäre Dichter wirkt erfrischend unbeeindruckt von der Gegenwart, die das optimistische Gerede der Politik uns schmackhaft machen will. Besonders reizvoll ist das Bild vom Schafott als einem Kinde, das sein Spielzeug, vermutlich hingerichtete Menschen, weiterschenkt, so daß andere die grausamen Spiele fortsetzen können.

Wie wir wissen, haben die Nazis sich Nietzsche mit Stumpf und Stiel einverleibt, haben ihn sozusagen mit Haut und Haar aufgefressen, und nach dem Krieg war er jahrzehntelang verpönt. Nur ganz wenige zaghafte Stimmen – der jüdische Emigrant Walter Kaufmann in Princeton zum Beispiel – baten, man möge ihn doch bitte erst lesen, bevor man ihn verurteile. In den sechziger und siebziger Jahren, im Sog der Rebellion gegen alle Autorität, weil alle Autorität verlogen schien, war Nietzsche zeitgemäß und ist es seither so sehr geblieben, daß man sich fast lächerlich macht, wenn man daran erinnert, daß er von fanatischen Ideologen mißbraucht werden konnte, und das vielleicht nicht von ungefähr. Ich habe hier nicht die Absicht, Partei zu ergreifen, sondern im Gegenteil darauf hinzuweisen, wie ein Autor, besonders ein bedeutender Autor, von keinen zwei Lesern auf dieselbe Weise aufgenommen wird und wie eine so schillernde Idee wie die des Übermenschen die Phantasie auf ganz unterschiedliche und unähnliche Weise in Bewegung setzen kann.

Und es gibt den Übermenschen noch einmal, als amerikanischen Pop-Helden, den Superman der Comics. Dieser letztere ist eine freundlich-sehnsuchtsvolle Utopie-Gestalt, nicht ganz Mensch, denn er ist auf einem anderen Planeten geboren. Er kann dank seines berühmten Mantels fliegen und setzt sich überall für Gerechtigkeit ein. Er lebt gut mit der Technik, ist alles andere als zivilisationsfeindlich, zieht sich sogar in Telefonzellen (oder tat's, als es noch Telefonzellen gab) in sein Superman-

Gewand um, das ihm Macht verleiht. Er ist der Übermensch für Kinder, aber unvergessen von Erwachsenen, die ihm seit der Kindheit ihr Vertrauen schenken, ein amerikanischer Mythos, in Zeichnungen und im Film verewigt. Er hat zwar zwei Erfinder oder Autoren gehabt, doch seither haben viele an ihm gearbeitet. Er ist vielleicht ein bißchen sehr patriotisch, aber ansonsten harmlos. Er verkörpert noch immer das Ideale, das Absolute im Menschen, aber der Stachel ist ihm genommen. Er ist unproblematisch. Gesunkenes Kulturgut? Gewiß. Aber auch ein Beitrag zum Kulturgut.

Dieser liebenswürdige Kämpfer gegen das Böse, der immer rechtzeitig vom Himmel kommt, wenn man ihn dringendst benötigt, mit seinem Wahrzeichen, dem großen ›S‹ auf dem Mantel, ist ein Produkt des Optimismus, den Europa schon längst verloren hat. In diesen Tagen ging er auch in Amerika in Flammen auf, denn was sich aus dem Himmel auf die New Yorker Türme senkte, das waren Übermenschen nur in dem Sinne, daß sie von einem Aberglauben fanatisiert waren. – Ich wollte zuerst einen Beitrag über Vergangenes schreiben und Geschichten aus der Historie und der Literatur erzählen, die sich mit vorgefaßten Meinungen und Feindschaften, die solchen Ausgrenzungen zugrunde liegen, befassen. Doch seit dem 11. September 2001 ist das Präteritum in Sachen blinder Feindseligkeit gegen andersartige Gruppen zur Lüge geworden.

Mein alter Freund Martin Walser warnt dieser Tage vor ›Vibrationen der Empörung‹. Ja wären denn Versteinerungen der Gleichgültigkeit angebrachter? Gelassenheit ist nicht immer die richtige Reaktion, und der Angriff auf New York und Washington war doch wohl ein Anlaß für Vibrationen der Gefühle. Ich habe den Holocaust überlebt, bin aber trotzdem nicht besonders paranoid. Das heißt, ich lebe ziemlich optimistisch in den Tag hinein, bilde mir ein, daß ich die Aufgaben, die ich mir am Morgen stelle, bis Abend fertig haben werde, oder – langfristiger – daß meine Enkelkinder mich überleben werden. Aber gelegentlich packt's mich aus dem Blauen heraus; da sehe ich dann meine Schwiegertochter mit ihren kleinen Kindern und denke mir: »Die könnte man ihr wegnehmen, einfach so, und nichts würde bleiben als eine unfaßbare Trauer.« Die Trauer meiner Mutter, die bis zum Alter von 97, als sie im Jahre 2000 starb, nie zurechtkam mit dem Gedanken an ihren ermordeten Sohn.

Wenn ich in Amerika vor dem 11. September über einen der gepflegten, behüteten und so einladenden College Campuses ging, die schon längst meine eigentlichste Heimat geworden sind, dachte ich oft unwillkürlich, diese Ortschaften geistiger Tätigkeit machten deshalb einen so vertrauensheischenden und selbstsicheren Eindruck, weil sie noch nie angegriffen worden waren, am wenigsten aus der Luft. Was ich vor mir sah, war Gebautes und Erhaltenes, doch was mir vors innere Auge sprang, war das Gegenteil, nämlich Bombenangriffe, die wir erlebt haben und die wir nicht vergessen können, wenn wir sie auch ganz gern in der Rumpelkammer des Gedächtnisses in die hinterste Ecke rücken. Seit dem 11. September sind alle Gebäude und Institutionen in Amerika, denen eine wie immer geartete symbolische Bedeutung zukommt, alle, denen irgend etwas innewohnt, worauf Amerika stolz sein könnte – sie alle sind bedroht.

Türme haben eine mythische Ausstrahlung: Schon immer waren sie Symbole des Menschen, der mehr sein will, als ihm zusteht, sündigen oder doch einem Fluch offenen Strebens. In Türmen ist keine Demut: der Turmbau von Babel, der den Himmel stürmen sollte; Priams Palast in der *Ilias*, ein Turm, von den feindlichen Griechen zerstört. Gryphius schreibt in seinem zu Recht berühmten Kriegsgedicht *Tränen des Vaterlands*:

> Die Türme stehn in Glut, / die Kirch ist umgekehret,
> Das Rathaus liegt im Graus, die Starken sind zerhaun …

Die verbrannten Türme kommen zuerst dran, dann erst die Kirche, Sitz des Glaubens, und das Rathaus, Sitz der staatlichen Gewalt, und als drittes die ›Starken‹, die mächtigen Menschen. Aber zuerst die Türme, die sich der Mensch in seiner selbstherrlichen Überheblichkeit gebaut hat und die jetzt ›in Glut‹ stehen. Die Türme des New Yorker World Trade Centers waren nicht sehr beliebt, wurden viel kritisiert und kamen von Anfang an manchen Besuchern protzig – Stahl und Stein der Hybris – vor. Architektonisch waren sie wenig geschätzt, wohl weil sie genau die Eigenschaften verkörperten, die dem Anblick von Türmen seit eh und je innewohnen, dieser Stolz, der vor dem Fall kommt. Übermenschenprodukte. – Ich habe in Manhattan studiert, war einmal dort heimisch und habe dort Freundschaften fürs Leben geschlossen. In den Fernsehbildern von dem Staub, der über dem südlichen Manhattan lag, graue Straßen, Farblosigkeit, lebten für mich die damals zerstörten Städte Deutschlands auf, die Fragmente menschlicher Kunst und Leistung, ein Anblick, der hoffnungsvernichtend wirkt. Dann wurden die Türme in ihrer Zerstörung schön, nicht mehr Verkörperung menschlicher Herrlichkeit, sondern, im Gegenteil, Symbol des Leidens und der menschlichen, nicht übermenschlichen Selbstbehauptung. Ich denke hier an die bewundernswerte Disziplin und Hilfsbereitschaft der New Yorker im World Trade Center, die sich und andere durch unerhörte Disziplin retteten, als sie geduldig und ohne Panik achtzig Stockwerke hinunterstiegen, stundenlang im verrauchten Treppenhaus.

Konfus fragen sich die Amerikaner dieser Tage: »Warum werden wir nur gehaßt?« Jeder, der als absoluter Feind behandelt wird, stellt diese Frage in äußerster Verwirrung, wenn auch nicht alle mit dem Genie eines Primo Levi. Denn wie kann das nur sein, ich kenne mich doch, ich weiß, wer ich bin, ein ordentlicher Zeitgenosse, der es gut meint. Die Amerikaner sind jetzt in der Lage der Juden, die meinen, sie haben der Welt doch allerhand gegeben, Fortschritte in der Medizin, den Naturwissenschaften, progressivem Denken, und was ernten wir dafür? Versuche, uns auszuschalten, weil wir angeblich nur reich und häßlich und arrogant sind und die falschen Werte vertreten und uns nur um materielle Güter sorgen. Die Amerikaner reagieren mit Verblüffung und Verwunderung. Wie kann man uns nur nicht mögen? Wir haben doch so viel für die Welt getan. Ein Teil der Welt, und nicht nur in islamischen Ländern, setzt Juden und Amerikaner gleich, aber die Amerikaner haben das – bis jetzt – nie verstanden.

Der neue weltweite Anti-Amerikanismus enthält, ist vielleicht sogar in der Hauptsache, eine horrende Schadenfreude: Seht, denen ging's gut, jetzt geht's ihnen schlecht, das ist nur gerecht. Hier in Deutschland werden alte Bombardements aufgezählt, Bomben auf Dresden, Hiroshima, aber nicht auf Guernica, Coventry, London, also nicht die ersten Luftangriffe, die ja von Deutschland ausgingen und mit denen diese Art der Kriegsführung angefangen hat. Guernica, im Spanischen Bürgerkrieg, verewigt in Picassos Gemälde; der Blitzkrieg auf die kleine Stadt Coventry und dann auf die Hauptstadt, Angriffe, die den englischen Wortschatz mit dem heute geläufigen Wort ›blitz‹ bereicherten.

Es ist jetzt üblich zu sagen, daß der Fanatismus, und damit der Terrorismus, dort wächst, wo die Menschen Hunger leiden. Doch die Rechnung geht nicht so leicht auf. Nicht alles ist aus der wirtschaftlichen Lage zu erklären. Die heutigen Terroristen sind keine Hungerleider, die deutschen Terroristen der Bundesrepublik waren es auch nicht. Und dem Deutschland der Weimarer Republik, das sich von Hitler verleiten ließ, ging es wirtschaftlich zwar relativ schlecht, aber nicht so schlecht wie den wirklich Armen der Welt, der Unterschicht der indischen Städte, zum Beispiel. Der Faschismus blühte unter frustrierten, nicht aber unter völlig verelendeten Menschen. Menschen, die für die Sorte Aberglauben anfällig sind, von denen hier die Rede war, können meistens ganz gut lesen.

Die Verbindung Hunger / Fanatismus kann auch die mißliche Folge haben, daß die Hungrigen, nur weil es ihnen schlecht geht, verdächtig werden; daß diese also doppelt leiden müssen, weil die Satten sich vor ihnen fürchten. Tatsächlich ist der menschenmordende und selbstmörderische Fanatismus aber eine Sache, die nur indirekt mit der Volkswirtschaft zu tun hat. Daß man von konservativer oder puritanisch-calvinistischer Seite den Armen oft genug Schuld für ihre Armut gibt, ist schlimm genug, aber es wird nur schlimmer, wenn die Progressiven die Armen in einen Verdacht des Fanatismus bringen, der sich nicht erhärten läßt.

Es sind schwere Zeiten, und eine Lösung bietet sich nicht an. Das zwanzigste Jahrhundert war eine Zeit von so gigantischer gegenseitiger Menschenverachtung, daß wir es im Jahre 2000 gerne hinter uns gelassen hätten und deshalb so jubelnd drauflos feierten. Inzwischen ist uns wieder bewußt geworden, wie willkürlich solche Jahreszahlen und historischen Einteilungen sind. Manche Anthropologen meinen, daß unsere Vorfahren in grauer Vorzeit einen anderen Typus Mensch, der vielleicht weniger aggressiv war als *Homo sapiens sapiens*, ausgerottet hätten. Wenn das stimmt, so hat's ja früh angefangen und seither nicht aufgehört. Doch obwohl die Milleniumsfeiern schon ein Jahr später wie des Kaisers Worte anmuten, die er 1900 sprach, jenes berühmte: »Herrlichen Zeiten führe ich euch entgegen«, meine ich trotzdem, daß unsere einzige Hoffnung in der verfließenden Zeit liegt.

Man sieht auf die nächste Generation und denkt sich, daß die noch unschuldig sind. Wir Juden haben immer gewußt, auch theologisch, daß die Erlösung bei den Nachkommen liegt. Zwar ist es, historisch gesehen, unwahrscheinlich, daß sie es besser machen werden. Aber möglich ist's doch. Die Zukunft hat noch nicht stattgefunden, ist nirgends festgeschrieben, ergo wird sie nicht unbedingt so sein wie die Vergangenheit und die Gegenwart. Man muß auf die Kinder setzen, weil es schlicht keine andere Karte in diesem Spiel gibt, das den Einsatz unserer Hoffnung verdient.

Ich komme zum Ende. Es sind schwere Zeiten, aber für etwas Galgenhumor vom Dichter der *Galgenlieder* ist es die richtige Zeit. So wie Goethes Wort vom Übermenschen wohl Nietzsche inspiriert hat, so hat seine Vorstellung vom Homunkulus, dem Albrecht Schönes Beitrag gewidmet ist, den großen expressionistischen Humoristen Christian Morgenstern inspiriert. Dessen Homunkulus will aber nicht wie Goethes Geschöpf von vorn die Schöpfung anfangen, um ein menschliches Dasein zu erlangen, sondern er will sich im Gegenteil tunlichst gegen die menschliche Gesellschaft und die menschliche Natur verwahren. Und wie bei Rilke geht es um die Todesstrafe. Während Goethes Homunkulus unter dem Gesang der Sirenen: »So herrsche denn Eros, der alles begonnen!« im ursprünglichen Element, dem Wasser, zum neuen Dasein hinstrebt, setzt sich Morgensterns Homunkulus dezidiert vom Menschen ab. Und insofern als er, das Menschlein, aus der ›Menschlichkeit‹ ausschert, bildet er ein überraschendes Gegenstück zum Übermenschen, der über das Menschliche, Allzu-Menschliche hinauswill. Morgensterns Homunkulus empört sich gegen die von Repräsentanten des Staates verhängte und gerechtfertigte Todesstrafe. Homunkulus wettert:

> Ich weiß Gott, bin ohne Schuld daran. / Ich bin kein Politiker wie dies Produkt, / er und ich, wir haben nichts gemein. / Ich bin außerhalb der Welt erzeugt, / keine Mutter hat mich je gesäugt, / künstlich trat ich in dies Dasein ein. / Ein Homunkel bin ich, weltenfern / aller wirklichen Humanität, / und ich appelliere früh und spät: / Schützt mich vor dem Menschen, hohe Herrn!

Nur leider sind die »hohen Herren« auch nur weitere Menschen. Die poetische Bitte von Morgensterns Fabelwesen entlarvt die Schutzlosigkeit einer Menschheit, die nichts mehr zu fürchten hat als sich selbst. Letzte Ironie des Traums vom Übermenschen.

Literaturhinweise

Dinter, A.: Die Sünde wider das Blut. Leipzig 1918.
Habermas, J.: Glauben und Wissen. Rede zur Verleihung des Friedenspreises des Deutschen Buchhandels. Frankfurt am Main 2001.
Klüger, R.: weiter leben – eine Jugend. Göttingen, 7. Aufl. 1993.
Klüger, R.: Katastrophen. Über deutsche Literatur. Göttingen 1994.
Klüger, R.: Frauen lesen anders. München 1996.
Kluger, R.: Still Alive. A Holocaust Girlhood Remembered. New York 2001.
Levi, P.: Ist das ein Mensch? München, 10. Aufl. 2001.

Ethische Prinzipien und biotechnologische Entwicklungen

VON

JULIAN NIDA-RÜMELIN

I. Vorbemerkung

Ich werde im folgenden nicht versuchen, ethische Lösungen für schwierige und gegenwärtig heftig diskutierte Probleme der Bioethik zu präsentieren. Dies nicht nur deswegen, weil ich selbst die Lösungen für die meisten dieser Fragen nicht habe, sondern auch aufgrund meines Verständnisses der Rolle der Philosophie. Aufgabe der Philosophie ist es, Begriffe zu klären, zu prüfen, ob Argumente kohärent oder inkohärent sind, ob etwas ein gutes oder schlechtes Argument ist. Damit kommt ihr natürlich auch die Aufgabe zu, unsere moralischen Überzeugungen einem kritischen Test zu unterwerfen. Jedoch darf die Philosophie nicht in die Rolle des Priesterstandes fallen und statuieren, was im Einzelfall moralisch geboten ist oder nicht. Damit würde sich die Philosophie überheben und sich selbst karikieren. Die Klärung dieser Fragen muß vielmehr von der Gesellschaft insgesamt geleistet werden, die sich auf einen weitgehenden Konsens verständigen muß, so divergent die Ausgangspositionen auch erscheinen mögen. Auch jede einzelne Person ist gefordert und oft genug überfordert, wenn sie etwa als Vater oder Mutter, oder als Angehöriger von Kranken, mit konkreten bioethischen Problemen konfrontiert ist. Wir brauchen einen intensiven öffentlichen Diskurs, von dem man sich wünscht, daß er möglichst rational geführt wird. Was die Rolle rationaler, begründungsorientierter und sensibler Abwägung angeht, ist die Situation nach meinem Eindruck in den letzten Monaten besser geworden, aber sie kann noch besser werden. Eigentlich erübrigt sich nun schon eine Bemerkung, nämlich, daß ich meine Einladung als an einen Philosophen und nicht an den Kulturstaatsminister gerichtet verstanden habe. Ich spreche hier also nicht, um die Position der Bundesregierung zu ethischen Fragen der neuen Biotechnologie zu erläutern.

II. Die moralische Dimension

Die Veranstaltungsreihe hat als Gesamttitel die anthropologische Grundfrage »Was ist der Mensch?«. Darauf sind in den bisherigen Vorträgen sicher schon einige Antworten gegeben worden. Ich möchte heute folgenden Aspekt ansprechen: Es scheint mir ganz zweifelsfrei zu sein, daß zum Menschsein die Fähigkeit gehört, moralisch zu handeln und seine Handlungen gegenüber Kritikern moralisch zu begründen. Die moralische Dimension menschlicher Existenz ist unaufgebbar, sie ist Teil der *Conditio humana*. Nun gibt es ganz unterschiedliche Auffassungen darüber, was diese moralische Dimension eigentlich ausmacht. Mir scheint, daß moralische Handlungsmotivationen sich gegenüber zwei anderen Einflüssen behaupten müssen. Der erste Einfluß ist der der äußeren Erwartungen. Unsere soziale Umgebung erwartet etwas von uns, und der bequemste Weg ist, die Erwartung zu erfüllen. Die moralische Autonomie dagegen verlangt, daß man gegenüber diesen Erwartungen eine kritische Distanz aufrechterhält, deswegen nicht notwendigerweise zum Sonderling mutiert, aber sich zum Beispiel gängigen Praktiken, die man für unmoralisch hält, nicht anschließt und den Urteilen, die solche Praktiken begründen, widerspricht. Dazu gehört Zivilcourage – ein Teil der moralischen Dimension der menschlichen Existenz. Der zweite Einfluß, gegenüber dem sich die Moralität des Individuums behaupten muß, ist das Eigeninteresse. Die naturgemäß starke Orientierung an dem, was im eigenen Interesse erscheint, gerät in vielen Fällen in Konflikt zu dem, was man für moralisch richtig hält. Nur wer in der Lage ist – und dazu gehört Ich-Stärke –, sich gegenüber diesen beiden Einflußformen zu behaupten, kann sich als eine kohärente Persönlichkeit behaupten und so etwas wie eine moralische Existenz führen.

Nun klingt das ziemlich hochtrabend, und ich will es daher gleich etwas anbinden. Die moralische Dimension ist eingebettet in bestehende menschliche Interaktionsmuster, Strukturen der Interaktion, aus denen wir uns nicht herauslösen können. Es gibt keinen externen Standpunkt, von dem aus sich die moralische Dimension bestimmen läßt. Wir sind beispielsweise angewiesen auf eine Vielzahl von Institutionen, wobei ich diesen Begriff in dem umfassenden, eigentlich nur englischsprachigen Sinne verwende, in dem zum Beispiel auch das Versprechen eine Institution ist. Diese ist definiert durch bestimmte Regeln, die von uns allen, impliciter jedenfalls, akzeptiert werden und auf deren Grundlage nur so etwas funktionieren kann wie dieses – wittgensteinianisch gesprochen – Sprachspiel, in dem eine Person einer anderen Person etwas verspricht, was mit bestimmten Erwartungen und Intentionen verbunden ist. Wenn diese Intentionen und Erwartungen nicht vorhanden sind, ist etwas schiefgelaufen, das Sprachspiel gehorcht nicht den einschlägigen Regeln. Es ist dann unter Umständen sogar unklar, ob es überhaupt so etwas wie ein Versprechen gegeben hat. Eine Institution wie das Versprechen ist eingebettet in eine Sprache, in eine Lebenspraxis, in eine Gesellschaftsform, und die moralische Analyse steht nicht einfach außerhalb dessen, sondern knüpft dort an. Die moralische Theorie, und damit bin ich auch schon beim Titel des Vortrages, bezieht ihre Prinzipien, die Regeln, an denen sich das Handeln und das moralische Argumentieren orientieren, nicht von einem Standpunkt außerhalb. Die Rechtfertigung geschieht gegenüber anderen Personen, mit denen wir hinreichend viele Überzeugungen, einschließlich moralischer Überzeugungen, Grundhaltungen und Verhaltensmuster, teilen müssen, um uns überhaupt verständlich und unsere Handlungsgründe plausibel machen zu können. Begründung findet also stets vor einem geteilten Hintergrund von Überzeugungen, Grundhaltungen und Lebensformen statt, und die moralische Analyse, d. h. die Ethik, kann sich von diesem schon Vorgegebenem, nur schrittweise lösen, indem sie Inkohärenzen aufdeckt und vorschlägt, eine Überzeugung zugunsten einer anderen, fundamentaleren, aufzugeben. Die Theorie bleibt damit auf der einen Seite angebunden an unsere moralischen Überzeugungen und greift nicht auf einen Standpunkt außerhalb zurück, den es nicht gibt. Moralische Prinzipien sind nicht vorgegeben, und sie sind nicht, wie viele Ethiker glaubten, aus selbstevidenten Wahrheiten ableitbar.

Ich will noch eine Bemerkung machen zum zweiten Einflußbereich, gegenüber dem sich die Moral behaupten muß, nämlich dem Eigeninteresse. Die Gegenüberstellung von Moral und Eigeninteresse ist von mir zunächst nur heuristisch gemeint. Eine genauere Analyse zeigt in meinen Augen, daß praktische Vernunft eine Vielfalt von Handlungsgründen beinhaltet, denen man folgen kann und die in sich ein kohärentes Bild abgeben müssen. Die sorgfältige Trennung zwischen moralischen und selbstsüchtigen Motiven, die sich eigentlich erst ab dem 18. Jahrhundert im Denken etabliert, läßt sich bei einer genaueren Analyse der Vielfalt von guten praktischen Gründen nicht aufrechterhalten. Näheres hierzu kann man nachlesen in meinem kürzlich bei Reclam erschienenen Essay *Strukturelle Rationalität.*

Ich komme noch einmal auf die Frage zurück, ob es so etwas gibt wie den moralischen Standpunkt. Eine einflußreiche ethische Theorie, der Utilitarismus, ist überzeugt, daß es den externen moralischen Standpunkt gibt. Der Utilitarismus glaubt, das Gesamt der moralischen Verpflichtungen aus einem einzigen moralischen Prinzip ableiten zu können, nämlich dem Gebot, das Wohlergehen im Universum zu maximieren. Soweit Tiere zum Wohlergehen fähig sind, was für einen Teil der Tiere jedenfalls kaum bestreitbar ist, ist das tierliche Wohlergehen in das Maximierungsgebot mit einbezogen. Mit diesem Gebot haben wir einen klaren moralischen Standpunkt: Die empirische Abwägung der verschiedenen Handlungsoptionen und deren Folgen bestimmt, was moralisch geboten ist. (Es kann sein, daß es Unterbestimmtheiten gibt, da zum Beispiel zwei oder drei Handlungsoptionen zum selben Erwartungswert des Wohlergehens im Universum führen. In diesem Fall könnte man würfeln oder beliebig eine Option auswählen. Wenn man Subjektivist hinsichtlich der Wahrscheinlichkeitstheorie ist, gibt es keine weiteren Unterbestimmtheiten; wenn man Objektivist ist, entstehen Unterbestimmtheiten anderer Art.) Ich bin der festen Überzeugung, daß es diesen moralischen Standpunkt nicht gibt, oder besser formuliert, daß dieser moralische Standpunkt in die Irre führt. Das gleiche gilt für andere einfache Theorien des moralischen Standpunktes, wie sie in der Geschichte der Ethik entwickelt wurden. Solche Theorien können sich angesichts der Vielfalt guter, lebensweltlicher, praktischer Gründe in ihrem radikalen Reduktionismus nicht behaupten. Die Komplexität der Moral ist zu groß, um sie in dieser schlichten Form zu vereinfachen. Das heißt aber nicht, daß man, wie beispielsweise Bernard Williams, einen Standpunkt der Antitheorie einnehmen und empfehlen muß, die analytische Klärung moralischer Pflichten in Gestalt ethischer Theoriebildung ganz zu unterlassen.

III. Moralische Komplexität

Ich will wenigstens einen Hinweis geben, was die Komplexität der moralischen Dimension, wenn man sie adäquat versteht, ausmacht. Wenn man sich verschiedene Alltagssituationen vorstellt, in denen Menschen begründen, warum sie das eine für richtig halten und das andere für falsch, dann ist eine zentrale Kategorie das jeweils akzeptierte individuelle Recht, ein individueller Anspruch, den die menschliche Person jeweils hat. Manche Ethiker, zeitgenössische Ethiker eingeschlossen, sind der Auffassung, daß es möglich sein müßte, das Gesamt der moralischen Gründe auf diese Kategorie zu reduzieren. Diese Ethiker vertreten sogenannte *right-based moral theories*. Ich glaube nicht, daß das funktioniert.

Es gibt eine zweite Kategorie, die ebenfalls in unseren alltäglichen Argumentationen eine wichtige Rolle spielt: moralische Verpflichtungen, die entstanden sind, weil eine Person sich verpflichtet hat. »Verpflichtung« ist hier also in einem Doppelsinne verwendet. Im technischen Sinne versteht man unter Verpflichtungen bestimmte Handlungsweisen, mit denen sich eine Person bindet. Eine Person muß sich nicht binden, aber wenn sie sich bindet, nimmt sie damit eine moralische Folgelast auf sich, derer sie sich nicht ohne weiteres entledigen kann. Es gibt mit dem Kontraktualismus einen wichtigen Theorienstrang der zeitgenössischen Ethik, der genau das zum Zentrum der Analyse macht und glaubt, das Gesamt der moralischen Verpflichtungen (im nicht-technischen Sinn) auf diese Kategorie reduzieren zu können.

Wir sind alle überzeugt, daß mit sozialen, beruflichen und anderen Rollen bestimmte Pflichten und Erwartungen verbunden sind. Ethische Theorien, die dies in den Mittelpunkt der Analyse rücken, werden heute oft als Tugendethik bezeichnet. Nach ihr machen Rollen, die in eine Umgebung von moralischen Erwartungen eingebettet sind, den Kern der Moral aus. Es sei eine Fehlentwicklung der modernen Ethik gewesen, diesen Aspekt weitgehend ausgeblendet zu haben, und daher müsse man sich wieder auf eine eher aristotelisch verstandene Ethik besinnen. Schließlich gibt es noch Prinzipien, die sich nicht auf eine dieser drei anderen Kategorien zurückführen lassen, etwa Gerechtigkeitsprinzipien und viele andere.

IV. Menschenwürde

Die ethische Analyse spielt eine Rolle insofern, als sie anknüpfend an unsere moralischen Überzeugungen versucht, das Gesamt dieser Überzeugungen in einen kohärenten Zusammenhang zu bringen, Widersprüche zwischen ihnen zu beheben und damit auch das kritische Potential der Moral zu stärken. Man könnte sagen, die Philosophie verstärkt die kritische Dimension des moralischen Urteils. Im Kern dieser so verstandenen Moralität, die an Vorgegebenes anknüpft, aber sich insoweit kritisch distanziert, als sie versucht, Kohärenz herzustellen, liegt ein Komplex von geteilten moralischen Überzeugungen. Zu diesen gehört beispielsweise die Verpflichtung, Rücksicht zu nehmen gegenüber anderen Personen und ihrer je selbstgewählten Lebensform, oder anders ausgedrückt, die Achtung der individuellen Freiheiten, weil sie erst den Handlungsspielraum eröffnen, um ein selbstbestimmtes, auch moralisch selbst verantwortetes Leben zu führen.

Dieser Kernbereich an geteilten moralischen Überzeugungen, den man mit Rawls einen »overlapping consensus« nennen könnte, ist, jedenfalls zu wesentlichen Teilen, sehr schön von Immanuel Kant rekonstruiert worden. Das macht auch die gerade in Deutschland besondere Rolle des Terminus »Menschenwürde« aus, weil man ihn als eine Kurzfassung interpretieren kann für dieses zentrale und weitgehend konsensuale Element unserer moralischen Überzeugungen. Dieser Kernbestand hat zwar in der europäischen Aufklärungsbewegung einen wichtigen Quell, es deutet aber doch alles darauf hin, daß er auch in anderen großen Kulturen – Konfuzianismus, Buddhismus, Hinduismus und Islam – verankert ist. Daher ist es in meinen Augen ganz wichtig, diesen Kern, diesen Zentralbereich eines kulturübergreifenden Ethos nicht durch Überdehnung zu gefährden.

Das war übrigens Teil der bioethischen Kontroverse, die ein Zeitungsartikel von mir Anfang 2001 ausgelöst hatte und in der ich von den meisten Kollegen aus der philosophischen Zunft, die sich dazu äußerten, unterstützt wurde – mit einer charakteristischen Ausnahme. Ich plädiere weiterhin dafür, daß man die Rede von Menschenrechten und Menschenwürde so diszipliniert führt, daß, um einen Verfassungsrechtler zu zitieren, die Menschenwürde nicht zu kleiner Münze geschlagen wird und die normative Kraft dieses zentralen Bestandteils eines gemeinsamen, auch international akzeptablen, begründungsfähigen Ethos nicht verlorengeht.

V. Die bioethische Herausforderung

Worin besteht eigentlich die biotechnologische Herausforderung der Ethik? Ich denke, sie besteht im wesentlichen aus vier Herausforderungen. Erstens verschiebt sich, um einen altmodischen, aber ganz passenden Sprachgebrauch zu verwenden, die Grenze zwischen Verfügbarem und Unverfügbarem. Diese Terminologie ist nicht ganz unproblematisch, weil sie normative Assoziationen beinhaltet, die gar nicht gemeint sind. »Verfügbar« meine ich zunächst nur in einem empirischen Sinne. Menschen verfügen über das eine oder andere, oder sie können nicht darüber verfügen, weil es zum Beispiel von der Natur vorgegeben ist. Technologische Veränderungen verschieben diese Grenze. Es wird vieles verfügbar, was vorher unverfügbar war.

Die zweite Herausforderung besteht darin, daß sich die Kausalketten durch technologisch verändertes Handeln in der Regel verlängern. Sie kennen die ethische Theorie von Hans Jonas, der mit dem Prinzip Verantwortung vor allem dieses Spannungsverhältnis zwischen einer auf den Nahbereich ausgerichteten lebensweltlichen Moral einerseits und der notwendigen Fernbereichsethik, die als Antwort auf die technologischen Veränderungen notwendig wäre, in den Mittelpunkt seiner Analyse gestellt hat. Ich glaube, daß das im Kern richtig ist, ohne daß ich die Antwort, die Jonas entwickelt hat, für die richtige halte.

Drittens verändert sich das Verhältnis der Adressaten des Handelns. Adressaten meines Handelns sind davon Betroffene sowie diejenigen Personen, gegenüber denen ich bereit sein muß, mein Handeln bei Kritik zu rechtfertigen. Es gibt Betroffene, die weitab von meiner Lebenswelt existieren, mit denen ich daher nie zu tun haben werde und bei denen das natürliche Mitgefühl, das im Nahbereich wirksam ist, in der Regel nicht mehr greift.

Die vierte Herausforderung liegt darin, daß die Folgenabschätzungen durch die verlängerten Kausalketten und die Verschiebung der Grenzen zwischen Verfügbarem und Unverfügbarem sehr erschwert werden. Diese Folgenabschätzung verstehe ich in einem umfassenden Sinne und nicht nur in dem engen Sinn der unmittelbaren Veränderung der Welt: Schon die vollständige Beschreibung der Handlungen und die vollständige Erfassung dessen, was ich da eigentlich tue, wird erschwert.

VI. Ethik des Risikos

Nun könnte man sagen, die angemessene Antwort auf die technologische Herausforderung der Ethik ist die Technikfolgenabschätzung. Es gibt bedeutende Einrichtungen, wie beispielsweise die Akademie für Technikfolgenabschätzung in Stuttgart und viele andere auf der Welt, die versuchen, genau mit diesem Konzept den neuen Herausforderungen zu begegnen. Es besteht überhaupt kein Zweifel, daß in diesen Institutionen ein wesentlicher Beitrag geleistet wird, um dieser technologischen Herausforderung ethisch begegnen zu können. Aber es wäre ein gefährliches Mißverständnis, zu glauben, daß die bloße Abschätzung der möglichen Folgen nach einem wie auch immer bestimmten Bewertungsmaß ausreicht, um der technologischen Herausforderung ethisch zu begegnen. Ich denke, daß die Ethik des Risikos, die angesichts der technologischen und speziell der biotechnologischen Herausforderung erforderlich ist, sehr viel komplexer aussehen muß. Dies deshalb, weil Individuen bestimmte Rechte haben und wir eine Pflicht haben, diese Rechte zu beachten. Gegen den Willen einer Person darf man ihr kein erhöhtes Risiko auferlegen, selbst dann nicht, wenn man überzeugt ist, daß die Person davon profitieren würde.

Das können Sie sich sofort an lebensweltlichen Beispielen klarmachen. Außer vielleicht bei Menschen, die noch nicht volljährig sind, ist es uns moralisch untersagt, anderen, auch in ihrem eigenen Interesse, zusätzliche Risiken aufzuerlegen. Das heißt, es gibt strikte individuelle Ansprüche und Rechte, die nicht in einem Kalkül aufgehen dürfen, in dem die sozialen und anderen Vor- und Nachteile einer bestimmten technologischen Strategie abgewogen werden. Es macht beispielsweise einen großen Unterschied aus, ob diejenigen, die die Vorteile genießen werden, auch diejenigen sind, die ein Mehr an Risiko auf sich nehmen oder ob diejenigen, welche die Vorteile genießen werden, gerade diejenigen sind, die nur wenige oder gar keine zusätzlichen Risiken auf sich nehmen, während andere das tun. Bei jedem normalen Maß der Risikooptimierung, im Sinne einer Bewertung von Gesellschaftszuständen gewichtet mit Wahrscheinlichkeiten, schlägt sich dieser Unterschied nicht nieder. In solchen Kriterien kann er sich gar nicht niederschlagen.

Die biotechnologische Herausforderung der Ethik bedarf daher als Antwort eines neuen Gesellschaftsvertrages, also einer Verständigung innerhalb der Gesellschaft über die Kriterien des Umgangs mit den technologischen Möglichkeiten, Chancen und Risiken. Es geht nicht kleiner, wenn man so will, sofern man nicht von vornherein individuelle Rechte und Ansprüche von Menschen verletzen will. Mir ist bewußt, daß das sehr idealisiert ist. Es werden nicht alle an einem solchen öffentlichen Diskurs teilnehmen. Nicht alle werden bereit sein, einen solchen neuen Gesellschaftsvertrag zu schließen. Wir haben in den gesellschaftlichen und staatlichen Institutionen eine Vielzahl von abgestuften Verfahren, Anhörungsverfahren und ähnliches, die versuchen, dem zu entsprechen. Es ist also nicht so, daß wir in unserer demokratischen Ordnung keine Ansätze hätten, diesem Modell eines neuen Gesellschaftsvertrages nahezukommen, aber wir sind, denke ich, noch relativ weit davon entfernt.

VII. Ethik der Gentechnik

Bei der Anwendung der Gentechnik müssen verschiedene Dimensionen unterschieden werden, und man sollte sich sehr davor hüten, eine zu einfache Antwort auf komplexe Fragen zu geben. Ich denke, daß es ein vernünftiger Ansatz ist, bei der biotechnologischen Herausforderung der Ethik das zu praktizieren, was ich im folgenden als ethische Prophylaxe bezeichnen möchte. Ethische Prophylaxe geht von der Erfahrung aus, daß Menschen angesichts völlig veränderter oder weitgehend veränderter Handlungsbedingungen mehr Fehler machen als in vertrauten Situationen. Das ist eine Erfahrung, die jeder aus seinem Alltagsleben kennt und welche die Gesellschaft als ganze in ihrer Geschichte immer wieder, oft schmerzlich, gemacht hat. Unter stark veränderten Handlungsbedingungen besteht die Gefahr einer moralischen und kognitiven Überforderung der Gesellschaft.

Beginnen wir mit einer ersten Dimension der biotechnologischen Herausforderung, der sogenannten grünen Gentechnik, also der Anwendung gentechnischer Verfahren auf Pflanzen, insbesondere in der Agrarwirtschaft. Eine Reihe von Forschungsprojekten im Grenzbereich zwischen Biologie und Ethik hat sich in den vergangenen Jahren mit den Risiken und Chancen der grünen Gentechnik beschäftigt. Sie machen deutlich, daß es eine Ambivalenz der Anwendung der Gentechnik in der Landwirtschaft, speziell in der Zucht- und Pflanzennutzung, gibt. Man kann beispielsweise gentechnisch Pflanzen herbizidresistenter oder gegenüber einem *bestimmten* Herbizid resistent machen, was die Ausschüttung weit höherer Dosierungen ermöglicht, aber ökologisch insgesamt schädlich sein kann. Es gibt andererseits Verfahren, die Schädlingsresistenz von Pflanzen zu erhöhen und damit den Einsatz von Herbiziden entsprechend abzusenken oder ganz unnötig zu machen, die also ökologisch ausgesprochen vorteilhaft sind. Ausschlaggebend sind hier komplexe empirische Fragen, zu denen der Philosoph wenig beitragen kann.

Wenn man noch einmal an die Skizze der Risikoethik von vorhin denkt, wird man allerdings sofort erkennen, daß es nicht um eine bloße summarische Bewertung gesellschaftlicher Vor- und Nachteile gehen darf, sondern um einzelne Betroffene, die unter Umständen höhere Risiken in Kauf nehmen. Auch ökologische Veränderungen bewirken bei Menschen in ganz unterschiedlichem Maße Belastungen oder Schädigungen, je nachdem, ob sie sich beispielsweise der Verschlechterung der Umweltbedingungen entziehen können oder nicht, wobei, wie wir wissen, die Grenzen dieser individuellen Flucht aus der Umweltproblematik unterdessen immer enger gezogen sind. Es gibt aber keinen guten ethischen Grund – kein ethisch begründbares moralisches Motiv, sollte man genauer sagen –, das dafür spricht, die ethische Prophylaxe, für die ich plädiere, dadurch herbeizuführen, daß man Pflanzen einen intrinsischen moralischen Status einräumt. Das würde heißen, sie quasi zu Personen zu machen, die ein Recht auf Unverletztheit haben, also zum Beispiel ein Recht haben, in ihrer natürlichen genetischen Verfaßtheit zu bleiben. Ein ethisches Postulat dieser Art (*deep ecology*) scheint mir persönlich ganz unplausibel zu sein, was allein noch kein Argument ist. Aber ein Argument ist, daß die von der Gesellschaft insgesamt in ihrer großen Mehrheit akzeptierten Umgangsweisen mit pflanzlichem Leben mit einer solchen Hypostasierung im Widerspruch stünden. Die ethische Prophylaxe sollte nicht diese mystifizierende Form annehmen, sondern sollte ethische Prophylaxe bleiben. Gehen wir behutsam um mit der Anwendung der Gentechnik auf Pflanzen in der Landwirtschaft, weil wir aus Erfahrung wissen, wie schwer die möglichen Folgen abzuschätzen sind! Unterdessen, nach einigen Jahren der Praxis, sind übrigens die Sorgen sehr zurückgegangen, speziell die Angst vor unkontrollierter Ausbreitung gentechnisch veränderter, transgener Pflanzen. Aber das sind empirische Befunde, und es können neue Fälle auftauchen, die zeigen, daß es doch sehr viel riskanter ist, als es unterdessen erscheint. Ethische Prophylaxe ohne Mystifizierung ist also mein Plädoyer angesichts der neuen Möglichkeiten der grünen Gentechnik. Mystifizierung verschleiert die eigentliche ethische Herausforderung. Die ethische Herausforderung besteht darin, daß wir uns selbst Beschränkungen auferlegen, zu denen wir stehen, von denen wir auch von vornherein wissen, daß wir sie uns auferlegen und daß wir sie in dem Moment wieder aufheben können, in dem sich die Risikosituation deutlich verändert.

Nun zur zweiten Dimension der biotechnologischen Herausforderung, der sogenannten roten Gentechnik, also der Anwendung der Gentechnik auf Nutztiere in der Landwirtschaft. Hier gibt es einen tiefgreifenden ethischen Dissens hinsichtlich der Frage, ob Tiere einen intrinsischen moralischen Status haben oder nicht. Ich bin der Meinung, empfindungsfähige Tiere haben einen intrinsischen moralischen Status, der sie von nicht empfindungsfähigen Lebewesen, speziell von Pflanzen, unterscheidet. Tiere, sofern sie empfindungsfähig sind, verdienen unsere Rücksichtnahme, nicht als Quasi-Personen, nicht weil sie etwa mit Menschenwürde ausgestattet sind – die Schweizer Verfassung kennt ja seit einigen Jahren die Würde der Kreatur, was in meinen Augen eine problematische Begrifflichkeit ist, da sie eine Ausweitung der kantischen Ethik auf Tiere nahelegt –, sondern weil es moralisches Unrecht ist, empfindungsfähigen Lebewesen Leid zuzufügen. Nun ist diese Verpflichtung umstritten. Es ist interessant zu sehen, wie das Recht mit dieser Problematik umgeht, und immerhin besteht heute Konsens darüber, daß Tiere nicht bloße Sachen sind. Allerdings ist dies in Deutschland nicht in der Verfassung festgelegt. Es gab ja mehrfach den bisher gescheiterten Versuch, einen entsprechenden Passus in die Verfassung einzufügen. Es hat sich zwar im Bundestag eine Mehrheit gefunden, aber nicht die erforderliche Zweidrittelmehrheit. Dennoch ist im Tierschutzgesetz, wenn man sich dessen ersten Paragraphen ansieht, ausdrücklich davon die Rede, daß einem Tier ohne vernünftigen Grund keine Schmerzen, Leiden oder Schäden zugefügt werden dürfen. Jede Leidzufügung bedarf besonderer Gründe, und zu diesen wird im deutschen Tierschutzgesetz einiges gesagt. Bei der roten Gentechnik kommt also eine neue moralische Dimension ins Spiel, nämlich der moralische Status von empfindungsfähigen

Lebewesen. Ich sage noch einmal deutlich, daß es keinen vollständigen Konsens über diese Frage in der Gesellschaft gibt. Ich bin aber der Meinung, wir sollten Tieren einen intrinsischen moralischen Status zuschreiben. Bei der roten Gentechnik gibt es also eine tierethische Dimension, die es vergleichbar bei den Pflanzen nicht gibt. Es gibt zum zweiten eine ökologische Dimension, die analog ist zur grünen Gentechnik, und schließlich eine, nennen wir sie medizinische Dimension, wenn es um Nutztiere geht, deren Fleisch vom Menschen gegessen wird.

Der am meisten diskutierte Bereich ist natürlich der der Anwendung der Gentechnik und anderer Biotechnologien auf den Menschen. Und hier wird der Aspekt, von dem ich als erste Herausforderung der Technologie gesprochen habe, besonders deutlich. In der Anwendung der Biotechnologien auf den Menschen verschiebt sich die Grenze zwischen Verfügbarem und Unverfügbarem, verändert sich der lebensweltliche Rahmen unserer Entscheidungen. Wir stehen damit vor neuen und zwar kategorisch neuen Situationen, und die Kriterien, die wir vertrautermaßen auf Situationen eines bestimmten Typs anwenden, erscheinen nicht mehr brauchbar oder jedenfalls strittig. In der Tat spielt gerade in der Anwendung der Biotechnologie auf den Menschen das Selbstbild, also das, was in der Überschrift dieser Veranstaltungsreihe steht, eine zentrale Rolle. Ich will das nachher zum Schluß noch einmal zum Bildungsbegriff und zu den Inhalten einer humanistischen Ethik in Verbindung bringen.

Ich will ein Problem herausgreifen, das der genetischen Beratung, speziell der Pränataldiagnostik. Die Pränataldiagnostik hat Jahr für Jahr zugenommen, was zum Teil daran liegt, daß das Durchschnittsalter der gebärenden Frauen deutlich gestiegen ist, aber zum Teil auch daran, daß die Pränataldiagnostik heute zunehmend weit über den Bereich hinaus zur Anwendung kommt, der offiziellen ärztlichen Empfehlungen entspricht. Die Debatte über die moralische Zulässigkeit der Pränataldiagnostik mit der Intention, im Falle einer genetischen Schädigung abzutreiben, wird öffentlich sehr heftig geführt. Da ist beispielsweise davon die Rede, daß mit einer solchen Intention das Lebensrecht derjenigen, die vergleichbare genetische Behinderungen haben, bestritten würde. Das klingt plausibel, ist es aber nicht, wie man sich sofort klarmachen kann, wenn man die Kohärenz dieser Auffassung mit unseren anderen Meinungen prüft. Wenn Eltern, in deren Familie bestimmte genetisch bedingte und vererbbare Krankheiten auftreten, auf Nachwuchs verzichten, um nicht ein Kind mit der gleichen genetischen Schädigung in die Welt zu setzen, würde niemand sagen, daß damit ein Lebensrecht bestritten würde. Das Argument ist daher in dieser Form nicht haltbar. Es mag vielleicht eine andere Variante des Arguments geben, aber so, wie es meist vorgebracht wird, ist es nicht akzeptabel.

Es gibt auch ein merkwürdiges Spannungsverhältnis zwischen der Straffreiheit der Abtreibung bis zu einer gewissen Grenze auf der einen Seite und der Diskussion darüber, daß eine Abtreibung aus dem Grund genetischer Schädigung der Leibesfrucht nicht zulässig sei, während Abtreibungen aus beliebigen anderen Gründen strafrechtlich nicht verfolgt werden. Es wird viel und bewundernswerter juristischer Scharfsinn aufgewandt, um diese Spannung aufzulösen, aber überzeugt haben mich diese Argumente bislang nicht.

Ein weiterer Streitpunkt in der gegenwärtigen Diskussion hängt mit der Annahme zusammen, daß sich die Problematik der Pränataldiagnostik wesentlich verschärfen wird, weil in Zukunft die In-vitro-Fertilisation zunehmen werde und damit die Schwelle zur Abtötung der Leibesfrucht, weil sie noch nicht im Körper der Frau ist, wesentlich heruntergesetzt wäre, womit möglicherweise das Tor zu eugenischen Programmen aufgeschlossen werden könnte.

Es ist sehr schwierig, hier eine Abwägung vorzunehmen. Ich will dazu nur soviel sagen: Ich halte es für völlig legitim, wenn man sich selbst als Person und wenn die Gesellschaft sich im Sinne einer ethischen Prophylaxe Einschränkungen auferlegt aus Sorge um eine mögliche ethische Überforderung der Gesellschaft und des Individuums sowie aus Sorge vor einer neuen Planung der genetischen Ausstattung des Menschen, von der wir nicht wissen, ob sie nicht inhumane gesellschaftliche Folgen haben würde.

In diesem Zusammenhang hat Jürgen Habermas ein Argument eingebracht, das nach meiner Erinnerung etwa so lautet: Ein Kind, das weiß, daß die Eltern seine genetische Ausstattung bestimmt haben, käme damit in ein asymmetrisches Verhältnis zu seinen Eltern, weil die Eltern auf diese Weise über das Kind verfügt haben. Auch hier muß ich sagen, daß dieses auf den ersten Blick vielleicht plausible Argument nicht überzeugen kann. Es ist schon deswegen kein gutes Argument, da wir unseren Eltern natürlich auch keine Vorwürfe machen, wenn sie in unserer Kindheit versucht haben, günstige Bedingungen für unsere Entwicklung zu schaffen, obwohl wir die Auswirkungen dieses Bemühens im Guten wie im Schlechten auch nicht mehr rückgängig machen können. Obwohl ich also auch dieses Argument nicht für plausibel halte, erscheint mir doch eine strenge ethische Prophylaxe geboten zu sein.

Dies ist auch der Grund, warum ich Anfang des Jahres 2001 dafür plädiert habe, daß wir gerade in Deutschland zum jetzigen Zeitpunkt nicht dem britischen Beispiel folgen und therapeutisches Klonen freigeben, also Klonen mit dem Ziel, beispielsweise für eine Person Organe, die nicht mehr abgestoßen werden, herzustellen. Hier scheint mir die Gefahr der ethischen Überforderung sehr nahezuliegen, was auch ganz deutlich geworden ist durch einzelne Mediziner, die angekündigt haben, dieses Verfahren zum reproduktiven Menschenklonen zu benutzen. Eine kleine Bemerkung am Rande zu dem Artikel, in dem ich für diese Form der ethischen Prophylaxe plädiert habe und dafür, auch beim Klonen keine Mystifizierungen vorzunehmen. Um es noch einmal ganz deutlich zu sagen, ich glaube nicht, daß die Aufwertung des moralischen Status der befruchteten Eizelle vor der Nidation der richtige Weg ist. Das scheint schon deshalb der falsche Weg zu sein, weil er sich zum Beispiel nicht mit der Praxis straffreier Verhütung mit der Spirale in einen ethischen plausiblen Einklang bringen läßt.

VIII. Humanistisches Ethos

Ich möchte zum Schluß als Antwort auf die biotechnologische Herausforderung für etwas plädieren, was ich als humanistisches Ethos bezeichnen möchte. Dieses Ethos hat drei Elemente: Das erste Element ist das der individuellen menschlichen Verantwortung und damit der Anerkenntnis der Autonomie der einzelnen Person. Das zweite Element ist das des gleichen Respekts bzw. das Ethos der Menschenwürde. Das dritte Element verlangt als Antwort auf die biotechnologische Herausforderung selbstgesetzte, ethisch begründete Einschränkungen vorzunehmen und nichts zu mystifizieren. Mit anderen Worten, dieses humanistische Ethos wendet sich gegen den manchmal zu beobachtenden Rückfall in ein voraufklärerisches Ethos, das in Verletzung des ersten Elements paternalistisch ist, dem Menschen keine individuelle moralische Verantwortung zutraut und deswegen glaubt, man dürfe ihn gar nicht erst in schwierige Situationen kommen lassen. Ein solcher Rückfall in ein voraufklärerisches Ethos liegt auch vor, wenn man entgegen dem zweiten Element anstelle eines öffentlichen kritischen Diskurses einen zumindest impliziten Elitismus bevorzugt, in dem eine Expertokratie der wenigen Eingeweihten wichtige Fragen entscheiden soll. Ein Indiz für Elitismus dieser Art ist besipielsweise die Auffassung, daß man zwar an der Universität das eine oder andere behaupten und begründen kann, nicht aber in der Öffentlichkeit. Auch die Zuflucht zu Tabus, so entlastend sie angesichts existentieller Situationen sein können, ist mit einem humanistischen Ethos nicht vereinbar, da diese an die Stelle wohlbegründeter, selbstgesetzter Einschränkungen im Sinne der von mir vorgeschlagenen ethischen Prophylaxe treten würden, ohne diese wirklich ersetzen zu können.

Wir müssen auf gesellschaftlicher Ebene gegenwärtig ein Spannungsverhältnis aushalten zwischen der Bildungsidee der Aufklärung einerseits und diesem Ethos der Selbstbeschränkung – das ich für notwendig halte – gegenüber den neuen biotechnologischen Möglichkeiten. Die Bildungsidee beinhaltet gerade das Verändern der natürlich und traditionell vorgegebenen Bedingungen menschlicher Existenz. Dieses Verändern im Sinne von mehr Humanität, von Vervollkommnung des Menschen durch Bildung, Erkenntnis, Moral, sowie die Vorstellung, daß ein Mehr an Gestaltbarkeit immer etwas Positives ist, gerät in einen Gegensatz zur Sorge, daß die Menschen durch die Verschiebung der Grenzen zwischen Verfügbarem und Unverfügbarem überfordert sein könnten. Das heißt, daß sie nicht mehr wüßten, wie darauf angemessen zu reagieren sei, weshalb sie im Sinne einer ethischen Prophylaxe vorsichtig, behutsam und risikoavers mit dieser neuen Situation umzugehen haben und nicht alles ausschöpfen und ausprobieren dürfen, was empirisch und technisch möglich ist. Dieses Spannungsverhältnis wird uns nach meiner Einschätzung noch viele Jahrzehnte begleiten, und daher ist es um so wichtiger, daß wir, und damit meine ich gerade auch die akademische Welt, einen Beitrag zu einem möglichst rationalen öffentlichen ethischen Diskurs leisten. Angesichts der ethischen Verantwortung von Naturwissenschaft und Medizin sind wir dazu aufgerufen, eine Ausbildung, die in erster Linie auf empirisches Wissen gerichtet ist, zu ergänzen um Inhalte, die Naturwissenschaftler und Mediziner befähigen, in neuartigen, durch den Fortschritt der Biotechnologien entstandenen und oft existentiellen Situationen einen moralisch gut begründeten Ratschlag zu geben. Da gibt es noch viel zu tun.

Literaturhinweise

Nida-Rümelin, Julian: Angewandte Ethik. Die Bereichsethiken und ihre theoretische Fundierung. Stuttgart 1996.

Nida-Rümelin, Julian: Demokratie als Kooperation. Frankfurt am Main 1999.

Nida-Rümelin, Julian: Strukturelle Rationalität. Ein philosophischer Essay über praktische Vernunft. Stuttgart 2001.

Nida-Rümelin, Julian: Ethische Essays. Frankfurt am Main 2002.

Die Würde des Menschen – eine rechtliche Fiktion?

von

Hans-Ludwig Schreiber

I.

Was kann das Recht davon wissen, was der Mensch ist? Woher er kommt, wohin er geht, was sein Ziel sein kann, wie er sein Leben im Verhältnis zu den anderen einrichten kann, was er tun darf und nicht soll?

Sicher weiß das Recht von sich aus mittelbar vom Menschen weniger als andere Wissenschaften, die sich mit dem Menschen befassen, etwa die Naturwissenschaften und die Medizin, die Theologie und die Ethik. Recht hat aber zentral mit dem Menschen zu tun, mit dessen Leben. Es regelt, wie man gemeinhin sagt, das äußere Zusammenleben der Menschen, betrifft aber auch das innere. Es erläßt weitreichende Verbote und Gebote, begründet Pflichten und Rechte, Ansprüche und Verbindlichkeiten, gründet und regelt Institutionen, wirkt auf den Menschen und sein Leben ein. Man spricht von einem Menschenbild des Rechts, das in seinen tragenden Grundregeln und in Einzelvorschriften zum Ausdruck komme und das es von da aus in seiner Gesamtheit präge, seine Auslegung und Anwendung bestimme.

Die Würde des Menschen wird in der ersten Bestimmung der Verfassung für unantastbar erklärt. Sie zu achten und zu schützen ist Verpflichtung der staatlichen Gewalt (Art. 1 GG). Art. 2 Grundgesetz gibt jedem das Recht auf Leben und körperliche Unversehrtheit. Recht nimmt den Menschen in Haftung für bestimmte Taten, wenn er frei, verantwortlich gehandelt hat.

Seine Vorschriften gründen sich auf philosophische Reflexionen, insbesondere auf die Ethik. Recht muß aber mehr und anderes leisten als die Ethik, die letztlich nur in immer neuen Diskursen redet und von der wir in den aktuellen Diskussionen über Stammzellverwendung und Klonen, wie Julian Nida-Rümelin in seinem Beitrag eindrücklich schildert, keine konkreten Aussagen erwarten dürfen. Das Recht muß für das Leben der Menschen verbindliche, tatsächlich geltende Regeln schaffen, die einen den möglichen Krieg aller gegen alle beendenden Frieden für das Leben in einem sozialen Integrat entwickeln.

Das Recht kann es nicht beim bloßen Reden lassen und nur sagen, daß es notwendig sei, das Leben unter dem ethischen Gesichtspunkt des Sollens zu sehen. Der Schweizer Hans Ryffel hat formuliert, das Recht sei das »vorläufig wirklich Maßgebliche«. Das ist zugleich seine Bedeutung und seine Last. Es ist nichts vom Himmel Gefallenes, nichts mit der Natur schon Gegebenes, sondern von Menschen gemachte, wie die Erfahrung zeigt, häufig wechselnde, stets änderbare und auch häufig geänderte, aber auch in erstaunlicher Weise bleibende, verschiedene gesellschaftliche und politische Regime überdauernde Ordnung.

Die Übereinstimmung, ja nahezu Deckungsgleichheit von Recht und Ethik ist längst aufgelöst, wenn die materialen Inhalte des Rechts teilweise auch aus unter dem Titel der Ethik abgehandelten Vorstellungen stammen.

II.

Die Themen, die einen der Anlässe für diesen Band gegeben haben, nämlich Genetik, Stammzellforschung, Präimplantationsdiagnostik, Klonen, werden in der gegenwärtigen Diskussion stets mit der Menschenwürde verbunden. Der Bundespräsident spricht davon, die Menschenwürde stehe auf dem Spiel, wenn es um verbrauchende Forschung an Embryonen gehe. Kardinal Meissner sagt, es gehe um die Verdinglichung des Menschen. Das Bild des Menschen stehe auf dem Spiel.

Der frühere Präsident der Deutschen Forschungsgemeinschaft Frühwald spricht von einer Auseinandersetzung zwischen einem christlichen bzw. zumindest kantianischen Menschenbild mit einem scientistisch-darwinistischen, das das Recht zu überwältigen drohe. Mit Recht sprächen Schriftsteller heute von »Trübsal am Rande der posthumanen Wüsten«, vom »Putsch im Labor«. Die Menschenwürde sei vorgegebenes Konstitutivum des Staates und seiner Ordnung. Die Deutsche Forschungsgemeinschaft solle der Stimme ihrer Philosophen und Ethiker mehr Gewicht geben als dem »Formalismus ihrer Juristen« und dem »Experimentalismus ihrer Biochemiker«.

Nach Hubert Markl, dem scheidenden Präsidenten der Max-Planck-Gesellschaft, spielt sich im Streit um die Stammzellforschung eine weltanschauliche Auseinandersetzung über Natur und Wesen des Menschen und daraus folgend seine Rechte und Pflichten ab, die von profunder Bedeutung für das Selbstverständnis des Menschen, die Grundlagen seines gemeinschaftlichen Lebens sei. Letzten Endes gehe es darum: »Was ist der Mensch?«

Grundgesetz
für die Bundesrepublik Deutschland

I. Grundrechte

Art. 1
[Menschenwürde, Menschenrechte, Rechtsverbindlichkeit der Grundrechte]

(1) Die Würde des Menschen ist unantastbar. Sie zu achten und zu schützen ist Verpflichtung aller staatlichen Gewalt.

(2) Das deutsche Volk bekennt sich darum zu unverletzlichen und unveräußerlichen Menschenrechten als Grundlage jeder menschlichen Gemeinschaft, des Friedens und der Gerechtigkeit in der Welt.

(3) Die nachfolgenden Grundrechte binden Gesetzgebung, vollziehende Gewalt und Rechtsprechung als unmittelbar geltendes Recht.

Art. 2
[Allgemeines Freiheitsrecht, Teilrechte auf Leben, Unversehrtheit und Bewegungsfreiheit]

(1) Jeder hat das Recht auf die freie Entfaltung seiner Persönlichkeit, soweit er nicht die Rechte anderer verletzt und nicht gegen die verfassungsmäßige Ordnung oder das Sittengesetz verstößt.

(2) Jeder hat das Recht auf Leben und körperliche Unversehrtheit. Die Freiheit der Person ist unverletzlich. In diese Rechte darf nur auf Grund eines Gesetzes eingegriffen werden.

III.

Was bedeutet die Menschenwürde mit den anderen Grundregeln unseres Rechtes nun für diese Frage? Können daraus Verhaltensanweisungen für die derzeitig so umstrittenen biopolitischen Fragen hergeleitet werden? Ist die Menschenwürde nur ein Thema für Feierstunden oder eine reale, nicht nur fiktive Maßgabe für unser staatliches Leben?

Festzuhalten ist zunächst, daß das Würdeprinzip als Reaktion auf das Unrechtssystem der nationalsozialistischen Diktatur in die Verfassung aufgenommen worden ist. Es muß zusammen mit den in den Art. 2 ff. festgehaltenen Menschenrechten, wie dem Recht auf freie Entfaltung der Person, dem Recht auf Leben bis zum Schutz von Ehe und Familie, der Freiheit der Wahl des Berufes und der Unverletzlichkeit der Wohnung, gesehen werden. So kann man schon von einem Menschenbild des Grundgesetzes sprechen. Das gilt umso mehr, als Praxis und Rechtsprechung über das ursprüngliche Verständnis der Grundrechte als Abwehr und Schutzansprüche der Menschen gegen den Staat hinausgegangen sind und über den Weg der sogenannten Drittwirkung die Grundrechte als Prinzipien und Leitlinien für die gesamte Rechtsordnung verstehen und aus ihnen Schutzpflichten des Staates für die Bürger etwa in der Gewährung staatlicher Fürsorge für die Gesundheit und das Leben hergeleitet haben.

Über die Herkunft des Würdeprinzips ist viel geschrieben worden. Es erscheint richtig, seine Wurzeln im Christentum zu suchen. Kardinal Lehmann hat es in seinem Beitrag auch in Anspruch genommen. Charakter und Stellung des Menschen sind dadurch bestimmt, daß er als Ebenbild Gottes geschaffen ist. Damit ist er ein Spiegel dessen, der die Freiheit ist. Im Menschen findet sich die Freiheit des Schöpfers wieder gegenüber allen anderen Dingen, insbesondere der Natur. Damit ist der Mensch als einmalige von Gott beim Namen gerufene Person Träger einer unverletzbaren Menschenwürde.

Seine Säkularisierung erfährt dieser Würdebegriff in der Aufklärung und den Entwürfen des Vernunftrechts, wie sie seit dem siebzehnten Jahrhundert entstehen. Der Mensch als vernünftiges Wesen hebt sich aus der übrigen Natur durch seine Bestimmung zu Freiheit und Selbstverantwortung heraus. Klassisch findet sich dieses Verständnis der Würde bei Kant, der den Menschen über allen möglichen Zwecken sieht:

> Allein der Mensch als Person betrachtet, ist über allen Preis erhaben, er ist nicht bloß als Mittel zu anderen, ja selbst zu eigenen Zwecken, sondern als Zweck an sich selbst zu schätzen. Das ist, er besitzt eine Würde

> (einen absoluten inneren Wert), wodurch er allen anderen vernünftigen Weltwesen Achtung für ihn abnötigt, sich mit jedem anderen dieser Arten messen und auf dem Fuß der Gleichheit schätzen kann (Methaphysik der Sitten).

Das aufgeklärte Naturrecht, das bis in die heutigen Staatsverfassungen weiterwirkt, sieht den Menschen, und zwar zunächst im Ansatz den einzelnen, freien, auf sich gestellten individuellen Menschen als Basis. Aus dem ursprünglichen Recht folgen Menschenrechte, die unabhängig von allem staatlichen Recht gelten und die ihm auch durch menschliche Gesetze nicht entzogen werden können. Schutz dieser Menschenrechte ist Aufgabe des Staates und die Grenze seiner Wirksamkeit. Ich halte es nicht für richtig, wenn man der Aufklärungsphilosophie einen ausgeprägten Individualismus zugrunde gelegt sehen will. Alle sozialen und sonstigen Gemeinschaftsbeziehungen seien dann nachgeordnet.

Die Subjektstellung des einzelnen und dessen Vorrang bilden zwar den Ausgangspunkt, sie haben eine ungeheure emanzipatorische, ja zerstörende Kraft im Verhältnis zu den überlieferten Ordnungen entfaltet. Die Freiheit wird dahin verstanden, daß zugleich die Grenzen der gleichen Freiheit aller gemeint sind, so daß die Freiheit des einen mit der des anderen zusammen bestehen muß und damit das Notwendige für das Zusammenleben der Menschen fordert.

IV.

Was aber bedeutet die Menschenwürde? Mit der Würde hebt sich der Mensch aus der übrigen Natur hervor. Er schützt und sichert sich gegenüber Gefahren aus der Welt vor den Gefahren aus sich selbst und den anderen. Man hat gesagt, die Menschenwürde sei die Chiffre, mit der das, was den Menschen und seine Mitmenschlichkeit ausmacht, zu beschreiben versucht werde. Menschenwürde meint, daß der Mensch und sein Leben den höchsten Schutz besitzen und daß seine Entfaltung und Freiheit im Mittelpunkt staatlichen und gesellschaftlichen Lebens zu stehen habe.

Was das für die menschliche Lebenswelt bedeutet, ist angesichts des Meinungsstreites über die richtige Ordnung und des heute geltenden Puralismus nicht einfach auszumachen. Das Würdeprinzip wird überfordert, wenn mit seiner Hilfe die Probleme des menschlichen Zusammenlebens entschieden werden sollen. Mit Recht hat der Göttinger Staatsrechtler Christian Starck hervorgehoben, daß mit der Menschenwürde nicht das ganze Recht unter maximale Forderungen gesetzt werde, die sich an Utopien orientieren oder gesellschaftliche Korrektheitsforderungen durchsetzen wollen. Der Menschenwürdeschutz kann nicht alles denkbar Gute, Angenehme und Nützliche, sondern nur die elementaren Rechte und Ansprüche des Menschen betreffen. Es wäre interessant, anhand der Rechtsprechung herauszuarbeiten, wofür überall die Menschenwürde in Anspruch genommen worden ist. Es zeigt sich, daß mit dem Griff nach der Würde die rationale Diskussion über die richtige menschliche Ordnung quasi erschlagen werden, der Gegner ins prinzipielle Abseits gedrängt werden kann. Teilweise wird das Würdeprinzip wie eine Art Naturrecht in Anspruch genommen. Der Fehler aller Naturrechtslehren in ihren historisch verschiedenen Gestalten war es ja, Elemente der empirischen menschlichen Natur in ein transzendent verstandenes Wesen des Menschen zu projizieren und daraus im Wege der Ableitung für höchst streitige und wechselnde Anschauungen Begründungen zu gewinnen. Was hat man nicht alles unter Berufung auf die Natur des Menschen zu rechtfertigen gesucht: Sklaverei und Emanzipation, autoritäre Überordnung und Gleichheit aller, das Recht zum Krieg und die Pflicht zum prinzipiellen Frieden. Oft ersetzt der Rückgriff auf das vielen Auslegungen zugängliche Prinzip der Menschenwürde die konkrete Begründung politischer Forderungen. Hans Welzel hat zutreffend von der ›Proteusgestalt‹ menschlicher Natur gesprochen.

Besonders problematisch ist, wenn man im Bereich des Lebens, seiner Entstehung und seines Endes auf die Menschenwürde zurückgreift. So hat man das Prinzip der In-vitro-Fertilisation, die heterologe Insemination und die Zulässigkeit einer Leihmutterschaft, das heißt das Auseinanderfallen von genetischer, austragender und sozialer Mutterschaft für mit der Menschenwürde unvereinbar erklärt. Was kann der Menschenwürdesatz überhaupt hergeben? Herbert Giersch hat kritisch bemerkt, der Menschenwürdesatz habe etwas Retrospektives, sei das Programm eines Menschen, der schon erreicht habe, was er wolle. Er habe etwas ›Rentnerhaftes‹ an sich. Richtig daran ist, daß er ökonomischem Denken Grenzen setzt, einem ›Homo *oeconomicus*‹ steht er – wie ich meine zu Recht – entgegen.

Wenn wir zunächst einmal in die vielfältige Rechtsprechung des Bundesverfassungsgerichts blicken, so hat man etwa die Folter und unmenschliche Strafen, nicht jedoch jede Prügelstrafe als gegen die Menschenwürde verstoßend angesehen. Auch der Tatbestand der Unfallflucht verstößt nicht gegen die Menschenwürde. Ebenso körperliche Untersuchungen für Zwecke des Strafprozesses. Keine Herabwürdigung zum Schauobjekt oder eine sonstige Verletzung der Menschenwürde hat man in einer Veränderung der Haar- und Barttracht eines Angeklagten zum Zwecke seiner Gegenüberstellung mit Zeugen zur Identifizierung gefunden. Art. 1 Abs. 1 fordert nicht unbedingt eine künstliche Ernährung. Auch die allgemeine Wehrpflicht verstößt nicht gegen die Menschenwürde. Den finalen Rettungsschuß der Polizei hat man nicht als menschenunwürdig angesehen.

Wie aber steht es nun mit den Gegenständen des gegenwärtigen Streites um Stammzellenverwendung, Präimplantationsdiagnostik und therapeutisches Klonen?

V.

Im Kern der Diskussionen geht es um Status und Schutz des menschlichen Embryos. Wenn die Würde des Menschen unantastbar ist, ist der Embryo Mensch? Im Grundgesetz heißt es in Art. 2 Abs. 2: »Jeder hat das Recht auf Leben und körperliche Unversehrtheit«. Ist der Embryo ein ›Jeder‹? In diese rechtliche Frage gehen auch die ethischen Thesen ein, die mit erheblichen Differenzen heute erörtert werden. Filter und Maßstab ethischer Thesen muß das Verfassungsrecht sein. Die Verfassung wird damit praktisch auch zur Determinante der allgemeinen Ethik, ebenso wie in die Verfassungsauslegung die ethischen Argumente eingehen.

Der Verfassungsgeber selbst hat die Sache nicht ausdrücklich entschieden. Die Aufnahme des ungeborenen Lebens in Art. 1 und 2 Grundgesetz hat im Parlamentarischen Rat beim Entstehen des Grundgesetzes keine Mehrheit gefunden. Das besagt freilich nichts gegen die heute anstehende Auslegung des Lebens- und Würdeschutzes im Grundgesetz. Wie wird das Wort ›Mensch‹ in Art. 1 Grundgesetz ausgelegt?

Die eine Position wird besonders deutlich von Reinhard Merkel vertreten, aber auch von Norbert Hoerster unter Berufung auf Peter Singer. Merkel will einem Menschen erst dann einen Rechtsstatus und subjektive Rechte und damit auch Menschenwürde und Lebensrecht zugestehen, wenn er Selbstbewußtsein, eigene Interessen und Selbstverfügung aktuell subjektiv besitzen kann, also keinesfalls vor der Geburt, eigentlich auch noch nicht mit der Geburt. Aus pragmatischen Gründen wird aber dann auf den Zeitpunkt der Geburt abgestellt. Wer bestimmte Interessen nicht haben kann, habe auch kein Recht auf die Berücksichtigung solcher Interessen. Fähigkeit zu Ich-Bewußtsein und Zukunftsinteressen ist für das Leben konstitutiv.

Als Grundlage eines Würdeschutzes und eines Lebensrechtes, die nur zunächst einmal zusammen gesehen werden sollen, wird die empirisch feststellbare prinzipielle Fähigkeit zu Freiheit und Selbstartikulation genannt. Dies aber fehle vollständig dem Embryo. Beurteile man ihn nach seinem aktuellen Status quo, sei es nicht möglich, ein eigenes subjektives Recht auf Leben und Würde zu begründen. Es gelte zwar das rechtliche und ethische Prinzip ›neminem laede‹, aber der Embryo sei noch kein ›Jemand‹, den man verletzen könne. Erkenne man ihm Rechte zu, weil er der menschlichen Gattung angehört, so sei das ein naturalistischer Fehlschluß.

Die Gegenposition spricht dem Embryo von der Kernverschmelzung von Ei und Samenzelle an den Status des Menschen zu, gibt ihm Menschenwürde und Recht auf Leben. Der Embryo entwickele sich, so hat das Bundesverfassungsgericht formuliert, als Mensch, nicht erst zum Menschen. In seinen beiden Abtreibungsentscheidungen hat das Gericht das sich im Mutterleib entwickelnde Leben als selbständiges Rechtsgut unter dem Schutz von Art. 2 Abs. 2 und Art. 1 Grundgesetz gesehen.

Es hat also die rechtliche Kernfrage nach dem ›Jeder‹ und der ›Menschqualität‹ des Embryos im Mutterleib grundsätzlich bejaht. Freilich hatte es nur die Frage der Schutzpflichten des Staates von der Nidation an, also der Einnistung des befruchteten Eis in der Mutter, ausdrücklich zu entscheiden. Deutlich sagt das Gericht, daß ein Lebensrecht nicht erst durch die Annahme der Mutter begründet werde. Menschenwürde komme schon dem ungeborenen Leben zu, nicht erst dem menschlichen Leben nach der Geburt oder gar bei ausgebildeter Personalität. Es zitiert § 10 I 1 des Preußischen Allgemeinen Landesrechts von 1794: Die allgemeinen Rechte der Menschheit gebühren auch den ungeborenen Kindern schon von der Zeit ihrer Empfängnis an.

Die Stellungnahmen anderer, insbesondere der in der Tradition kantianischer bzw. transzendentalphilosophischer Orientierung stehenden Ethiker gehen ebenfalls vom Menschenwürdeschutz vom Zeitpunkt der Kernverschmelzung an aus. Freilich mit teilweise erheblichen Abweichungen hinsichtlich des Zeitpunktes der Embryonalentwicklung, von dem an ein unbedingter Schutz des Embryos zu gewähren ist, und hinsichtlich möglicher Zäsuren im Maße des Schutzes während dieser Entwicklung.

Die verschiedenen ethischen Positionen kehren in der Interpretation der Menschenwürde wieder. Das zeigt die bleibende Abhängigkeit des Rechts von ethischen Positionen und Vorverständnissen.

Ganz eindeutig argumentiert Christian Starck übereinstimmend mit vielen Verfassungsrechtlern im Grundgesetzkommentar von Mangoldt / Klein / Starck, die natürliche Finalität der befruchteten Eizelle sei eine Vorgegebenheit des Rechts, die sich einer beliebigen Bewertung entziehe. Andere Grenzziehungen für den Beginn eines Würdeschutzes, wie Nidation, Beginn der Hirnentwicklung, Lebensfähigkeit, Geburt etc. bedeuteten Selektion. Diese Selektion würde jeweils von den Starken gegenüber den Schwachen erfolgen.

Das gleiche Argument wird auch in den Auseinandersetzungen in der Präimplantationsdiagnostik verwendet. Dabei geht es um die Frage, ob in-vitro-fertilisierte Eier nach genetischem Test von einer Implantation in die Mutter dann ausgenommen werden dürfen, wenn sie genetisch schwer geschädigt sind. Das will ein Gesetzentwurf der FDP-Fraktion und auch ein Vorschlag im Diskussionsentwurf der Bundesärztekammer. Die in der Petrischale liegenden Embryonen bedürften – so wird dagegen argumentiert – der Unterstützung und der Hilfe durch das Recht: Der noch nicht im Mutterleib nidierte Embryo sei in besonderer Weise gefährdet: Daher bedürfe er auch vorrangig des Schutzes.

Insbesondere Reinhard Merkel hat als angeblich naturalistischen Fehlschluß kritisiert, mit der Verschmelzung von Samen und Eizelle und der Bildung eines neuen doppelten Chromosomensatzes als Träger der Erbanlagen entstehe schutzwürdiges menschliches Leben. Wie sollte ein Stück Biologie, wie die Zusammenfügung zweier Genomhälften in der befruchteten Eizelle, fundamentale Rechte für ein Subjekt begründen können?

Die Kernverschmelzung begründe, so argumentieren andererseits die Befürworter des Menschenrechtsstatus, bereits eine Potentialität für die künftige Personentwicklung, eine eigene Individualität und Identität sowie eine in sich durchgängige ungebrochene Kontinuität.

Gegen dieses Argument gibt es vielfältige Einwände. Einer der wichtigsten scheint mir zu sein, daß Potentialität und Kontinuität sich nur entfalten können, wenn andere notwendige Rahmenbedingungen hinzutreten, die Zäsuren im Schutz des Menschen sein könnten, wie etwa die Festlegung der Körperachsen, die Individuation in der Nidation, bis zu der noch eine Mehrlingsbildung möglich ist. Genannt wird weiter die Entwicklung des Neuralrohrs mit dem Beginn des Hirns, das dem Hirntod gegenübergestellt wird.

Hubert Markl kritisiert die Kernverschmelzungsthese, wenn er schreibt, die alleinige Fixierung des Beginns des Menschen auf den Besitz eines Satzes menschlicher Gene degradiere diesen Menschen zum reinen Biowesen und nehme ihm seine kulturbedingte Entscheidungsfreiheit, sich nicht nur blind hoffend und leidend dem Naturgeschehen ausliefern zu müssen.

Auf der anderen Seite wird auf die volle Potentialität einer menschlichen Zygote hingewiesen, in der sich die gesamte Entwicklung des Menschen versammle. Wie solle es demgegenüber auf subjektive Kriterien wie Interessen und Wahrnehmung dieser Interessen ankommen? Sicher läßt sich nicht aus rein biologischen Fakten allein ableiten, wann der Mensch beginnt. Es geht stets auch um die normative Bewertung dieser biologischen Fakten. Aber es geht auch nicht ohne den Blick auf diese Fakten.

Man muß Reinhard Merkel fragen, an welcher Stelle er denn seinen naturalistischen Fehlschluß mache und den Menschen beginnen lassen wolle. Er bezog sich jetzt auf etwa den 30. Tag nach der Empfängnis, den Beginn des Neuralrohrs als des Organs, in dem später das Gehirn gebildet werde, von dem aus Interessen ausgingen. Aber ist nicht das Gehirn potentiell bereits in der Zygote enthalten?

Das Menschsein erst mit der Geburt anfangen zu lassen – da gibt es im übrigen weitere Schwierigkeiten, weil das Neugeborene durchaus noch kein Selbstbewußtsein und keine Interessen artikulieren kann. Die Position Merkels und anderer halte ich auf der Basis unseres geltenden Rechts für nicht vertretbar. Die Qualität Mensch kann nicht von seinem Bewußtsein, seinen Interessen, seiner subjektiven Wahrnehmungsfähigkeit abhängen. Ich meine, daß auch ein utilitaristischer Ansatz nicht dazu führen muß. Über die Qualität Mensch kann nicht nur nach seinem subjektiven Vermögen entschieden werden. Bei allen möglichen Zäsuren in einem Kontinuum der Entwicklung kann die Qualität Mensch jedenfalls dem Embryo nicht abgesprochen werden. »Embryonen haben noch keine Würde«, ist daher eine unbedachte These gewesen. Mit Recht wird der Embryo überwiegend nicht als bloße Sache angesehen. Er ist nach Art. 2 Abs. 2 Grundgesetz bereits ›Jeder‹ und auch ›Mensch‹ im Sinne des Menschenwürdegrundsatzes.

Ist damit bereits über die Fragen der Embryonenforschung, der Präimplantationsdiagnostik und des therapeutischen Klonens entschieden? Ich meine, nein. Es sollten vielmehr Stufen des Schutzes möglich sein, wie es inzwischen in der neuen Diskussion entwickelt wird. Das im Embryo mit der Kernverschmelzung fertige genetische Programm ist sicher noch kein entwickelter Mensch. Die Nidation bedeutet jedenfalls eine weitere wesentliche Voraussetzung der Entfaltung der Potentialität und könnte eine Schutzstufe darstellen. Der Schutz von Leben und körperlicher Unversehrtheit ist in Art. 2 unter den Vorbehalt eines Gesetzes gestellt. Er wäre also einschränkbar durch Gesetz. Würde das nicht aber eine Verletzung der Menschenwürde bedeuten? Die Menschenwürde enthält keinen Gesetzesvorbehalt. Sie ist also uneinschränkbar gewährleistet. Erneut stellt sich danach die Frage, ob der Embryo wirklich vom Menschenwürdeschutz schon erfaßt wird. Was soll den unbestimmten Rechtsbegriff der Menschenwürde ausmachen?

Das Bundesverfassungsgericht hat es bisher abgelehnt, positiv zu sagen, wie weit der Menschenwürdeschutz reiche und was ihn ausmache. Es ist im Ansatz dem Vorschlag gefolgt, den Inhalt des Menschenwürdebegriffes eher negativ vom Verletzungsvorgang her zu bestimmen. Den Ausgangspunkt bildet, daß die Menschenwürde betroffen ist, wenn der konkrete Mensch zum Objekt, zu einem bloßen Mittel, zur vertretbaren Größe herabgewürdigt wird. Es geht um die Degradierung des Menschen zum Ding, das total erfaßt, liquidiert, ersetzt, eingesetzt und ausgesetzt wird.

Das Bundesverfassungsgericht ist aber bei dieser von Günter Dürig zuerst entwickelten Objektformel, die deutlich im Anklang an Kant gebildet ist, nicht stehengeblieben, sondern es hat geschrieben, allgemeine Formeln, wie die, der Mensch dürfe nicht zum bloßen Objekt der Staatsgewalt herabgewürdigt werden, könnten lediglich die Richtung andeuten, in der Fälle der Verletzung der Menschenwürde gefunden werden können. Der Mensch ist nicht selten Objekt nicht nur der Verhältnisse in der gesellschaftlichen Entwicklung, sondern auch des Rechts, insofern er ohne Rücksicht auf seine Interessen sich fügen muß, etwa bei seiner Inhaftierung wegen Gefährlichkeit aufgrund einer Maßregel. Eine Verletzung der Menschenwürde könne darin allein nicht gefunden werden. Hinzukommen müsse, daß er einer Behandlung ausgesetzt wird, die seine Subjektqualität prinzipiell in Frage stellt oder daß in der Behandlung im konkreten Fall eine willkürliche Mißachtung des Menschen liegt. Die Behandlung des Menschen durch die öffentliche Hand, die das Gesetz vollzieht, muß also, wenn sie die Menschenwürde berühren soll, Ausdruck der Verachtung des Wertes, der dem Menschen kraft seines Personseins zukommt, also in diesem Sinne eine verächtliche Handlung, sein.

Von dieser Fassung des Menschenwürdegrundsatzes aus ist nicht etwa jede Tötung eine Würdeverletzung. Lebensschutz kann nicht mit Menschenwürdeschutz gleichzusetzen sein. Beide stehen nebeneinander. Das Recht kennt Verletzungen des Lebens, die aufgrund eines Gesetzes gerechtfertigt sind, wie etwa eine Tötung in Notwehr oder durch einen sogenannten Rettungsschuß der Polizei. Um menschenwürdewidrig zu sein, müßte diesen Handlungen das vom Verfassungsgericht genannte Spezifische der Verletzung der Würde immanent sein, die Herabwürdigung zum Objekt in menschenverachtender Erniedrigung. Nicht jede Tötung eines Menschen berührt die Menschenwürdegarantie, sondern erst dann, wenn besondere Begleitumstände damit verknüpft sind. Ist aber der Verbrauch von Embryonen zur Forschung nicht typisch im Sinne der Objektformel eine Verwendung für fremde Zwecke? Der Vorrang ökonomischer Zwecke allein würde gegen das Prinzip der Würde verstoßen.

Nicht nur die Rechtsordnung der Bundesrepublik, sondern die meisten anderen Rechtsordnungen erkennen an, daß ungeborenes Leben zugunsten anderer Rechtsgüter zurücktreten kann. Der Schwangerschaftsabbruch ist in den ersten drei Monaten nach der Nidation lediglich nach einer obligatorischen Beratung aufgrund Entschlusses der Mutter straffrei, in den Monaten danach aufgrund einer Indikation dann, wenn der Mutter die Schwangerschaft nicht weiter zuzumuten ist. Das zeigt, daß sowohl der Lebensschutz als auch die Menschenwürdegarantie nicht absolut sind, sondern Unterschiede und Abstufungen kennen.

In der Präimplantationsdiagnostik kann danach ein Verfahren vorgesehen werden, mit dem der in-vitro-fertilisierte Embryo nach einer Prüfung auf eine schwere genetische Schädigung der Mutter nicht implantiert und nicht verwendet wird. Darin liegt zwar eine gegen das Leben des Embryos gerichtete Unterlassung, aber keine Verletzung seiner Menschenwürde. Denn es geht um ein Verfahren, Leben entstehen zu lassen unter Vermeidung schwerer genetischer Schädigung. Sicher ist die Konfliktsituation zwischen Embryo und Mutter im Falle der Schwangerschaft eine andere, als wenn es um die Nichtverwendung eines in der Petrischale liegenden Embryos geht. Es ist aber verfehlt, wenn die Position vertreten wird, Präimplantationsdiagnostik und Schwangerschaftsabbruch seien unvergleichbar und hätten nichts miteinander zu tun. Die Präimplantationsdiagnostik kann ein auf einen früheren Zeitpunkt verlegtes, das Leben eines Embryos beendendes Unternehmen sein, das von der Konfliktsituation her durchaus vergleichbar ist. Denn im Präimplantationsverfahren steht die Mutter vor der Alternative, ein voraussichtlich schwer genetisch geschädigtes Kind anzunehmen, auszutragen und mit ihm zu leben. Soll man sie tatsächlich zwingen, sich den Embryo implantieren zu lassen, um ihn dann anschließend nach Pränataldiagnostik bei Feststellung einer genetischen Schädigung im Wege des Schwangerschaftsabbruches herausnehmen zu lassen?

Ich meine, daß Präimplantationsdiagnostik in den Grenzen genetischer Indikation zugelassen werden müßte, will man nicht den Vorwurf der Widersprüchlichkeit und der Heuchelei auf sich ziehen, wenn man in so weitem Umfang, wie es unser gegenwärtiges Recht tut, den Abbruch der Schwangerschaft erlaubt. Sonst trifft der Satz von Erwin Deutsch zu, der zugespitzt ausgeführt hat, der Embryo werde in der Bundesrepublik Deutschland so lange absolut geschützt, bis er abgetrieben werden kann.

VI.

Wie steht es mit der Stammzellverwendung für Forschung und Therapie? Hier, scheint mir, erkennt man dem Embryo überhaupt einen Rechtsstatus zu, es soll nicht zulässig zu sein, Embryonen speziell zur Verwendung in der Forschung zu erzeugen. Der Embryo ist nicht bloß, wie es ein früherer Präsident des Bundesverfassungsgerichts einmal ausgedrückt hat, ein »himbeerartiges Gebilde«, sondern zwar noch kein entwickelter Mensch, aber doch ein Rechtssubjekt, das die sich entfaltende Potentialität einer Entwicklung zum Menschen in sich trägt. Das verbietet es, ihn zu instrumentalisieren.

Anders stellt sich die Frage nach der Verwendung vorhandener überzähliger Embryonen, etwa solcher, die bei der Präimplantationsdiagnostik entstehen und nicht verwendet werden, weil die Mutter eine Übertragung ablehnt oder erkrankt. Hier ergibt sich durchaus die Frage, ob solche vorhandenen Embryonen nicht für Forschungs- und Therapiezwecke verwendet werden dürfen. Insoweit würde ich die Möglichkeit einer Einschränkung des Lebensschutzes ohne Verletzung der Menschenwürdegarantie sehen.

Umstritten ist, ob aus Embryonen gewonnene Stammzellen in die Bundesrepublik aus Ländern importiert werden dürfen, in denen ein Verbot der Gewinnung von Stammzellen aus Embryonen nicht gilt, etwa aus England. Ein Gesetzentwurf im Bundestag will die Zulassung des Imports auf zu einem Stichtag schon vorhandene Zellinien beschränken, so wie es Präsident Bush für die öffentlich geförderte amerikanische Forschung angeordnet hat. Die Zahl der benötigten Stammzellen wird voraussichtlich nicht hoch sein, denn Stammzellen lassen sich leicht vermehren. Gegen die Zulassung des Imports wird sicher nicht ohne Grund eingewendet, das sei eine bedenkliche Doppelmoral: Deutschland hat die Moral, die anderen machen die Arbeit.

VII.

Die gegenwärtig sicher am schwierigsten zu beurteilende Frage ist, ob das sogenannte therapeutische Klonen zugelassen werden soll. Das Verfahren ist allgemein bekannt, Axel Haverich hat es in seinem Beitrag noch einmal ausführlich dargestellt. Eine menschliche Eizelle wird entkernt, in sie wird der Kern einer menschlichen Zelle des potentiellen Empfängers transferiert. Ziel dieses Vorgehens ist nicht, ein neues menschliches Lebewesen zu generieren, wie beim sogenannten reproduktiven Klonen. Ziel ist vielmehr, Gewebe oder vielleicht später auch Organe herzustellen, die zum Ersatz zerstörten menschlichen Gewebes oder geschädigter menschlicher Organe verwendet werden können. Das in therapeutischer Hinsicht daran besonders Interessante ist, daß eine Gewebegewinnung im autologen System erfolgen würde. Das bis heute gravierendste Problem der Transplantation, die Immunabstoßung, wäre überwunden, wenn solches Gewebe und solche Organe produziert und übertragen werden können, die keiner Abstoßung unterliegen.

Die Frage geht dahin, ob mit dem therapeutischen Klonen, bei dem nach heutiger Erkenntnis das Stadium der Totipotenz im Durchgang der Entwicklung, jedenfalls für einen bestimmten Zeitraum, in Kauf genommen werden muß, eine verbotene Instrumentalisierung menschlicher Embryonen zu sehen ist. Beabsichtigt ist zwar nur die Gewinnung pluripotenter Stammzellen und nicht eines mit totipotenten Zellen versehenen Embryos. Im Augenblick sieht es aber so aus, daß der Weg der Entwicklung durch das Stadium eines mit totipotenten Stammzellen versehenen Embryos gehen müßte.

Zweifelhaft ist, ob dieses therapeutische Klonen einen Verstoß gegen die Menschenrechte enthält. In Ergänzung zu Art. 18 Abs. 2 der Menschenrechtskonvention der Biomedizin wurde ein Zusatzprotokoll zum Verbot des Klonens menschlicher Lebewesen geschaffen. Mit diesem Hintergrund haben die Niederlande bei Zeichnung des Klonprotokolls erklärt, daß sie den Begriff menschliches Lebewesen in Art. 1 des Protokolls dahin interpretieren, daß es sich ausschließlich auf geborene Menschen, also nicht auf Embryonen bezieht. Die EU-Grundrechte-Charta ebenso wie die Unesco-Deklaration zum menschlichen Genom und zu den Menschenrechten von 1997 verbieten ausdrücklich lediglich das reproduktive, nicht aber das therapeutische Klonen. In Japan wie in Israel gilt ein Klonverbot nur für die Schaffung eines vollständigen Menschen.

Es wird dahin argumentiert, daß mit dem therapeutischen Klonen ein vollständiger Mensch eben gerade nicht angestrebt wird, sondern lediglich Organersatz für einen bestehenden Menschen aus eigenem ›Material‹. Andere sehen dagegen im Klonieren die Erzeugung eines menschlichen Embryos für einen kurzen Zeitraum, sozusagen eines Duplikates, aus dem dann für das Original zur Reparatur Material gewonnen wird. Das aber sei ebenso verboten wie das reproduktive Klonen.

Angesichts der Durchgangsstation durch einen totipotenten Embryo scheint mir das therapeutische Klonen in der Tat problematisch. Wird hier ein ›Mensch‹ produziert, nur um seine Stammzellen zu nutzen? Wird ein ›Ableger‹, eine Art Kind generiert, um ihn gleich zu verbrauchen?

Es sollte ein Weg gefunden werden, diesen Durchgang durch einen Embryo zu vermeiden. Das könnte, wie es zur Zeit offenbar Versuche zeigen, durch das Klonen von Stammzellen geschehen, die damit nicht zum vollständigen Embryo reprogrammiert würden, sondern im Bereich pluripotenter Zellen blieben. Dann wären die Bedenken gegen das therapeutische Klonen ausgeräumt. Hier würde dann kein menschliches Wesen für den Verbrauch instrumentalisiert, die Menschenwürde wäre nicht tangiert.

Der Menschenwürdesatz der Verfassung hat danach im Verbund mit dem Recht auf Leben beim Beginn des Lebens durchaus eine konkrete Bedeutung. Er steht beliebig utilitaristischer Verwendung von Embryonen im Wege. Ob und wieweit das auch beim Ende des Lebens der Fall ist und ob hier nicht das Menschenwürdeprinzip eher eine begrenzte Freigabe der Lebensbeendigung als Weg für ein würdiges Sterben verlangt, soll hier und heute nicht behandelt werden. Lassen wir es bei diesem Hinweis.

VIII.

Das Prinzip der Menschenwürde als ›eiserne Ration‹ unserer Verfassung hilft uns weiter als manche neue Ethiken. Es hat sich freilich auch gezeigt, wie schwierig die Ummünzung des Prinzips in konkrete Entscheidungen über das Leben ist. In unserem pluralistischen System findet sich eine Vielzahl verschiedener Optionen, aus Religion, Ethik und Bildung für eine Lebensführung, die unterschiedlich sein kann. Auch der christliche Glaube erhält in der gegenwärtigen Rechtsordnung den Charakter, wie es Wolfgang Böckenförde und in dieser Reihe Kardinal Lehmann ausgedrückt haben, eines konkurrierenden Angebotes.

Bestimmte materiale Gehalte sind aber vor der Konkurrenz der Angebote im anthropologischen Apriori der Menschenwürde und den sie konkretisierenden Menschenrechten festgelegt und verbürgt. Ohne die Sicherung eines solchen Kernbereichs materialer Rechte, die zugleich Elemente einer materialen Ethik ausmachen, könnte kein Staat existieren.

Andererseits ist es gerade Kennzeichen des demokratischen Staates und seiner Ordnung, daß es keine durchgängige, von Staats wegen maßgebliche Deutung des Wahren und Richtigen für den Menschen gibt. Das Bild des Menschen im heutigen Recht ist kein geschlossenes. Es ist vielmehr ein Gebilde durchaus heterogener Elemente, das Züge eines Kompromisses trägt. Zutreffend hat Peter Häberle von einem ›gemischten Menschenbild‹ gesprochen. Es enthält aber doch so viel Konturen, daß es in Kernbereichen als Maß der Rechtsgestaltung wirken kann, auch wenn es nicht zur Ableitung vieler konkreter Rechtsentscheidungen und etwa auch der Entscheidung über die Güterverteilung taugt. Man mag gegen das von der Menschenwürde geprägte Bild eines *Homo juridicus* einwenden, der Mensch in der Sicht des Rechts sei statisch und inhaltsleer. Den Menschen als Träger gleicher Würde und vernünftigen Freien gebe es nicht, er sei nur eine ideale Fiktion, die mit den wirklich lebenden, liebenden, hassenden und leidenden Menschen in ihrer Verschiedenheit nicht übereinstimme. Sicher unterliegen auch die Grundprinzipien des Rechts wie die Menschenwürde ständig sich verändernder Auslegung. Sicher ist richtig, daß Recht nicht verbindliche Sinninstanz ist, die dem Menschen sagen könnte, was er wirklich zu tun hat. Recht ist änderbar. Es gewährleistet nur die Bedingungen der Möglichkeit von Leben, Freiheit und Kultur. Recht mit der Maßgabe seines Bildes vom Menschen bildet aber doch eine notwendige Basis für menschliches Leben. Die Menschenwürde ist keine bloße Fiktion.

Literaturhinweise

Böckenförde, E. W.: Das Tor zur Selektion ist geöffnet. In: Süddeutsche Zeitung vom 16. 5. 2001, S. 11.

Böckenförde, E. W.: Der Wandel des Menschenbildes im Recht. In: Zur Debatte, Heft 5, S. 22, (2001).

Dürig, G.: Die Menschenauffassung des Grundgesetzes. In: Juristische Rundschau, S. 259 (1952).

Frühwald, W.: Der ›optimierte‹ Mensch. In: Forschung und Lehre, S. 402 (2001).

Giersch, H.: , Kommentar. In: Wirtschaftswoche vom 20. 12. 2001, S. 110.

Habermas, J.: Die Selbstinstrumentalisierung und ihre Schrittmacher. In: Süddeutsche Zeitung vom 15./16.9.2002, S. 15.

Häberle, P.: Die Menschenwürde als Grundlage der staatlichen Gemeinschaft. In: Handbuch des Staatsrechts (Hrsg. Isensee, J. und Kirchhof, P.), Bd. I, § 20, Heidelberg 1987.

Höffe, O.: Wessen Menschenwürde? In: Die Zeit vom 5. 2. 2001.

Hoerster, N.: Zur Bedeutung des Prinzips der Menschenwürde. In: Juristische Schulung, S. 93 (1983).

Kant, I.: Grundlegung zur Metaphysik der Sitten. Ausg. Weischedel, Darmstadt 1956.

Markl, H.: Rom liegt jenseits des Rubikons. In: Süddeutsche Zeitung vom 25.6.2001, S. 14.

Merkel, R.: Rechte für Embryonen. In: Die Zeit vom 25. 1. 2001, S. 37.

Nipperdey, H. C.: Die Würde des Menschen. In: Neumann / Nipperdey / Schenker: Die Grundrechte, Bd. II, S. 1 ff. (1954).

Rau, J.: Wird alles gut? Frankfurt am Main 2001.

Schröder, R.: Was dürfen, was sollen wir tun? Frankfurter Allgemeine Zeitung vom 21. 6. 2001, S. 8.

Starck, Ch.: In: v. Mangoldt, Klein und Starck, Das Bonner Grundgesetz, 4. Auflage, 1999.

Wachsmuth, W. und Schreiber, H.-L.: Die Würde des Menschen ist jedes Menschen eigene Aufgabe. In: Frankfurter Allgemeine Zeitung, 5.8.1986, S. 9.

26 Und Gott ſprach: Laſſet uns Menſchen machen, ein Bild, das uns gleich ſei, die da
herrſchen über die Fiſche im Meer und über die Vögel unter dem Himmel und über
das Vieh und über die ganze Erde und über alles Gewürm, das auf Erden kriecht.
27 **Und Gott ſchuf den Menſchen ihm zum Bilde, zum Bilde Gottes ſchuf er ihn; und
ſchuf ſie einen Mann und ein Weib.** 28 Und Gott ſegnete ſie und ſprach zu ihnen: Seid
fruchtbar und mehret euch, und füllet die Erde, und machet ſie euch untertan, und herr=
ſchet über die Fiſche im Meer und über die Vögel unter dem Himmel und über alles
Getier, das auf Erden kriecht. 29 Und Gott ſprach: Sehet da, ich habe euch gegeben
allerlei Kraut, das ſich beſamt, auf der ganzen Erde, und allerlei fruchtbare Bäume,
die ſich beſamen, zu eurer Speiſe, 30 und allem Getier auf Erden und allen Vögeln
unter dem Himmel und allem Gewürm, das da lebt auf Erden, daß ſie allerlei grünes
Kraut eſſen. Und es geſchah alſo. 31 **Und Gott ſah an alles, was er gemacht hatte;
und ſiehe da, es war ſehr gut.** Da ward aus Abend und Morgen der ſechſte Tag.

Der biblische Bericht über die Erschaffung des Menschen (1. Mose 1, 26-31).
Luther-Bibel aus dem Jahre 1929 mit Bildern von Rudolf Schäfer.

»Aus Gottes Hand in Gottes Hand«
Kreatürlichkeit als Grundpfeiler des christlichen Menschenbildes

von

Karl Kardinal Lehmann

I.

Auf den ersten Augenblick erscheint die Fragestellung, ob es überhaupt ein christliches Menschenbild gibt, wenig ergiebig. Die Antwort scheint völlig klar zu sein. Es gibt ein solches Menschenbild. Es macht eine Stärke des christlichen Glaubens aus, daß er inmitten einer vielfachen Sinnkrise und eines immer größeren pluralistischen Angebots auf ein solches Menschenbild zurückgreifen kann.

Aber es gibt auch andere Töne, die eine solche rasch zupackende Antwort unsicher werden lassen. Sinnschwund und Verlust prägender Leitbilder gehören zur Signatur unserer Zeit. Bei Bert Brecht heißt es in einem Chor: »Es weiß seit langer Zeit / Niemand mehr, was ein Mensch ist«. Wir leben zwischen zerbrochenen Normen und Vorbildern. Zeiten mit großen Leitbildern haben – so wird weiter kritisch entgegnet – oft schändlich am Menschen gehandelt und seine Freiheit mit Füßen getreten. Damit die Ideen sich in der Geschichte nicht blamieren, wurden blutige Kriege geführt und unschuldige Menschen bedenkenlos getötet. Der Anspruch auf ein ›Menschenbild‹ scheint aus solcher Sicht im tiefsten zweideutig zu sein. Ist es nicht die Diktatur des abstrakten Sollens – »So soll der Mensch sein!« – über das konkrete ›Ist‹ jedes einzelnen? Liegt hier nicht die Gefahr des Totalitären in unmittelbarer Nähe? ›Bilder‹ von Menschen, und gar *Vor-* und *Leit*bilder, können mithelfen, den Mitmenschen einer ›Idee‹ gemäß zu taxieren, meist negativ. Das ›Bild‹ von einem anderen kann zu einem Fetisch, zu einem starrsinnigen ›Leitbild‹ oder gar zu einem Götzenbild werden. »Wir selber sind die letzten, die sich verwandeln. Wir halten uns für den Spiegel und ahnen nur selten, wie sehr der andere seinerseits eben der Spiegel unseres Menschenbildes ist, unser Erzeugnis, unser Opfer« (Max Frisch). Dies darf man bei unserer Frage nicht vergessen.

Wir können nicht elementar genug ansetzen: Wollen wir manchmal nicht zu viel vom Menschen wissen? Es ist ja zuerst eine Frage an den Menschen selbst, wie er sich erfährt und versteht. Es ist gefährlich, vom

Menschen reden zu wollen, ohne die ganze Last und Fülle seiner Erfahrungen über sich selbst einzubeziehen; nicht bloß die großen Stunden des Glücks und der Liebe, die dunkle Zeit des zermarternden Schmerzes und des einsamen Sterbens, sondern auch das Bestialisch-Dämonische in ihm, die öde Langeweile und die langweilige Banalität, den blinden Zufall im Leben, die vielen raffinierten Lügen und Enttäuschungen, die Habgier, das Menschenunmögliche in vielen Dingen. Auch das Unmenschliche gehört noch zum Menschen. Nichts davon darf ausgelassen oder vorschnell übergangen werden, wenn der Theologe nach dem Menschen fragt. Sieht man alles ›nur‹ mit der vermeintlich geschichtsenthobenen Optik des Auges Gottes selbst, dann hat man schon für ein bestimmtes Menschenbild optiert: Das Zeitliche und Leibliche des Menschen stammt zwar von Gott, aber es bleibt im letzten in der Sphäre des Nichtigen. Daraus wird ersichtlich, daß man höchst vorsichtig sein muß, im Umkreis des Menschen etwas als ›unwesentlich‹ und nicht-menschlich anzusehen. Auch in den alltäglichen Dingen, beispielsweise des Schlafens, des Stehens und Gehens, des Grüßens und des Sichdahintreibenlassens, verbergen sich tiefe und oft ungeahnte Einblicke in das, was der Mensch ist. Wir müssen das spezifische Leibliche des Menschen neu entdecken.

Darum ein erster Satz: Nur wenn die Theologie den Menschen in allen seinen Erfahrungen zu Wort kommen läßt und zur Sprache bringt, kann sie wissen, wer und was er ist.

Vieles weiß die Theologie über den Menschen nicht von Gott oder von dem im Offenbarungsgeschehen gewonnenen Selbstverständnis her, sondern von den menschlichen, endlichen und darum auch überholbaren Aussagen des ›*Homo sapiens*‹ über sich selbst. Schon weil die Theologie Gottes Wahrheit über den Menschen in dessen eigener Sprache sagen muß, entrinnt er sich nicht. Überall nimmt die Bibel solche Selbsterkenntnis mit auf. Wenn die frühchristliche Theologie vom endzeitlichen Schicksal des Menschen spricht, greift sie beispielsweise in der Rede von der Läuterung auf platonisches Gedankengut zurück. Wir sehen heute, wie verschieden die Griechen und die Bibel vom menschlichen ›Leib‹ sprechen und wie vielfältig das Wort ›Seele‹ gebraucht wird. Warum kann das Alte Testament durch eine lange Zeit hindurch von Gott und von der Errettung des Menschen reden, ohne unmittelbar von einem ›Jenseits‹ des Todes für den Menschen Zeugnis abzulegen?

Wenn schon in der Offenbarungszeit das Menschenverständnis sich so sehr *im* ›Wort Gottes‹ selbst bekundet, um wie viel mehr, wenn es in nachbiblischer Zeit um das ›Menschenbild‹ geht. Der Glaube bezieht sich auf die ganze Wirklichkeit des Menschen. Deshalb muß er die Aussagen des Menschen über sich aufgreifen und beispielsweise nach seiner ›Natur‹ fragen. Aber wir wissen heute, daß die Klärung einer unveränderlichen ›Natur‹ des Menschen eine äußerste Anstrengung des Denkens erfordert, immer wieder neu erfragt werden muß und unendlich schwer bleibt, durch alle geschichtlichen Ablagerungen und wechselnden Interpretamente hindurch auf so etwas wie ein stets gleichbleibendes Wesen zu kommen. Denken wir an die Auseinandersetzungen über die ›Natur‹ des Menschen, dann sehen wir, daß bisher überzeitlich verstandene Deutungselemente im Naturbegriff gelegentlich einem ganz bestimmten Weltbild entstammen, beispielsweise der Stoa. Manches, was als ›Naturrecht‹ galt, erweist sich nachträglich als ganz selbstverständlich angenommenes römisches Recht, das Jahrhunderte hindurch tatsächlich zu einer festen, gleichsam ›zweiten Natur‹ geworden war.

Auch heute ist unser Menschenbild durch spezifische Entdeckungen der Wissenschaften und durch Erkenntnisse der philosophischen Reflexion geprägt: Die Psychoanalyse zeigt uns, wie tief sich in unsere Seele die eigene, verborgene Lebensgeschichte mit ihren Ereignissen und Konstellationen eingezeichnet hat; die Verhaltensforschung erinnert uns, daß wir auch biologisch von weit her kommen und wie wir noch die Verhaltensschemata unserer Vorzeit als Rest einer früheren ›Natur‹ in uns tragen und uns damit auseinandersetzen müssen. – Fazit: Das theologische Menschenbild ist immer schon geschichtlichen Ausprägungen eines bestimmten Verständnisses des Menschen verpflichtet. Es gibt nicht das chemisch reine, theologische Bild des Menschen, denn selbst die Interpretation etwa der Gottesebenbildlichkeit trägt ganz deutlich die Spuren einer bestimmten Zeit. ›Wesen‹ und ›Geschichte‹ kommen immer schon vermittelt vor, nicht in jeweiliger Reinkultur.

Darum ein zweiter Satz: Jedes theologische Menschenbild ist bis in seine innersten Aussagen hinein geschichtlich bestimmt, weil es in Rezeption und Auseinandersetzung mit dem jeweiligen Selbstverständnis des Menschen entsteht und stehen muß. Durch den Wandel und die geschichtliche Ausprägung des ›Wesens‹ gibt es immer auch Randunschärfen, wenn man nach einer gleichbleibenden ›Natur‹ sucht.

Diese Überlegungen führen zu einem weiteren Problem: Gibt es unter diesen Voraussetzungen überhaupt ein Menschenbild und erst recht ein theologisches Bild vom Menschen? Wenn wir den Begriff ›Bild‹ in einem sehr allgemeinen Sinn nehmen, gibt es gewiß umrißhafte Konturen und darin einzelne Aussagen über den Menschen. Aber gibt es *das* Bild des

Menschen, das gleichsam sämtliche Wesenszüge in einer Gestalt in sich vereinigt? Der Ausdruck ›das Menschenbild‹ zielt auf einen *normativen* Anspruch, nicht nur auf Feststellung und Deutung von Bestehendem. Es wird ein *Soll* aufgezeigt, nach dem sich jeder Mensch zu richten hat. Der ethische und erzieherische Aspekt, die Sorge um ein maßgebendes Bild vom Menschen, das Willkür ausschaltet und Recht ermöglicht, der im voraus zu allen partikulären Interessen erblickte Maßstab – dies alles sind hilfreiche Dimensionen, die auf die Rettung des Menschlichen zielen. Wer weiß heute jedoch schon um das ganze Bild des Menschen? Wir sind immer neu auf der Suche nach uns, nach dem, was wir sind und sein können. Dies ist mit ein Grund, warum Menschen*bilder* heute vielen ideologisch vorkommen. Dies gilt erst recht für die Situation in einer pluralistischen Gesellschaft.

Nun ist diese Situation für den christlichen Glauben nicht einfach: Wenn schon das philosophische Menschenbild immer in diesem Sinne ›offen‹ bleiben muß, haben nicht wenigstens die theologisch-dogmatischen Aussagen vom Menschen unverrückbare Gültigkeit? Gewiß, die Botschaft Jesu Christi ist nach der Überzeugung der Christen Gottes letztes Wort zum Menschen. Es gibt kein größeres, noch zu überbietendes Wort als die Sendung des Sohnes durch Gott den Vater und seine Selbsthingabe aus dem Geist in Liebe für die vielen. Ist das nicht ein letztes Bild vom Menschen? Ganz gewiß, aber sosehr es um die bleibende Kraft dieses Evangeliums Jesu Christi geht, so wenig darf das Werk und die Person Jesu zu dem *einen* ›idealen‹ Menschen*bild* emporgesteigert werden, das alle sklavisch und ohne Rücksicht auf ihre Situation nur noch zu kopieren hätten. Gott will, daß die Menschen auch in der Nachfolge Jesu Originale bleiben.

So wäre ein dritter Satz gewonnen: Die Treue zum Evangelium Jesu Christi und zur Lehre der Kirche verlangt nicht das ungeschichtliche Festhalten an abstrakten Menschenbildern. Die Nachfolge Jesu Christi und die Sendung in eine bestimmte Situation hinein zerbrechen alle jene Menschenbilder (auch theologischer Art), die nur einen vorausfabrizierten ›idealen Menschen‹ als typische Norm gelten lassen.

Man kann sogar noch weiter gehen: Die Kirche hat sich in ihrem konkreten geschichtlichen Gang an kein einzelnes ›Menschenbild‹ geklammert. Ein Menschenbild als reine Theorie mit einem erschöpfenden Anspruch, alle Aspekte des Menschen einzubeziehen, gibt es weder dogmatisch noch moraltheologisch. Immer wieder wurden einzelne Elemente oder Strukturen richtungsweisend verteidigt oder als Orientierungen hervorgehoben, aber nie versucht, das Ganze verbindlich in den Griff zu bringen (siehe hierzu auch die Pastoralkonstitution *Gaudium et spes* des Zweiten Vatikanischen Konzils, Art. 12-22). Augustinus, Pascal, Thomas von Aquin, Teilhard de Chardin – sie haben eine ziemlich verschiedene Vorstellung vom Menschen. Und was ist mit dem Menschen bei Franziskus von Assisi, Bernhard von Clairvaux, Don Bosco? Es gibt offenbar *innerhalb* der Orthodoxie zahlreiche, jeweils legitime Deutungen des christlichen Menschen. Ja, die Existenz der Heiligen – einmal auf ihrem theologischen Goldgrund gesehen, nicht in den folkloristischen Verzeichnungen – bezeugt, daß das Christentum nicht die Aufstellung eines einzigen, bestimmten, konkreten Menschenbildes verlangt, daß es vielmehr die Absolutsetzung eines einzigen Menschenbildes gerade nicht fördert und darum auch verschiedene konkrete ›Humanismen‹ in sich zuläßt. Selbstverständlich kann man sich über einige mehr abstrakte formale Daten der christlichen Anthropologie einigen (Gottesebenbildlichkeit, Verantwortung der Freiheit usw.), aber diese reichen eben noch nicht aus für ein konkretes Menschenbild.

So folgt ein vierter Satz: Gerade weil der Glaube auch die Freiheit des Menschen zu ihrer eigenen Dynamik entbindet, gibt es kein – zahlenmäßig – einziges konkretes theologisches Menschenbild. Es gibt deren unendlich viele, was nicht heißt, es gäbe keine gemeinsame Struktur.

Im folgenden sei versucht, einige Richtpunkte zu entwerfen, welche die Kraft des christlichen Menschenverständnisses im Gespräch mit anderen Humanismen bewähren sollen. Es kann dabei nicht um Vollständigkeit gehen oder gar um eine erschöpfende Behandlung der wenigen Momente, die genannt werden. Die Öffnung zum kritischen Gespräch offenbart nämlich eine wichtige Einsicht, die unseren *fünften Satz* darstellt:

Weil es – christlich gesehen – nicht ein einziges normatives, konkretes Menschenbild gibt, kann der christliche Glaube mit allen jenen Humanismen in das Gespräch kommen, die nicht selbst ein exklusives, reduziertes und so am Ende totalitäres Menschenbild vertreten.

Dabei gibt es freilich nicht bloß Grenzen in Einzelfragen, sondern bereits in der formalen Vorskizzierung eines Menschenbildes. Die Unverträglichkeitsgrenze zwischen der christlichen, die volle Menschenwürde respektierenden Auffassung vom Menschen und zuletzt menschenfeindlichen ›Humanismen‹ scheint in folgenden Grundlinien zu liegen:

1. Man darf und kann nicht leugnen, daß der Mensch – wegen des Überschreitenkönnens der Faktizität – *sinnvoll* über sich und das empirisch Vorfindliche hinausfragt. Der Christ ist überzeugt, daß der Mensch dabei nicht nur auf sich selbst zurückfallen wird. Er ist ein *Wesen der Transzendenz*. Damit ist auch begründet, warum der Mensch ein Wesen der Freiheit ist, dem deswegen Personwürde, Eigenwert und Menschenrechte zukommen. Er ist nicht unentrinnbar nur an die Bedingungen des Hier und Jetzt gebunden.
2. Der Mensch ist zwar ein vielschichtiges und plurales Wesen, dennoch ist er substantiell *einer*, also nicht bloß ein Bündel verschiedener Aggregate. Wo er in dieser Pluralität (beispielsweise Leib – Seele, Sinnlichkeit – Geistigkeit, Tradition – Innovation) falsch vereinfacht und reduziert wird, nimmt man ihm seine wesentliche *Ganzheit*. Er lebt immer in dieser unaufhebbaren Spannung.
3. Wegen der Gemeinsamkeit der menschlichen Natur und ihrer alle Partikularismen übergrenzenden Auszeichnung im Ganzen der Welt ist die *Universalität* des Menschseins unbedingt zu respektieren. Es gibt keine Minderung des Menschseins durch die Zugehörigkeit zu einer bestimmten Rasse, Klasse, Nation, Partei oder Religion. Implizit ist damit auch ein Minimum menschlicher Solidarität und Geschwisterlichkeit / Brüderlichkeit gegeben.

Damit kommen wir abschließend zu einem wichtigen Kriterium als *sechstem Satz:*

Die drei Gesichtspunkte der Transzendenz, Ganzheit und Universalität der menschlichen Natur sind ein Kriterium dafür, ob ein Menschenbild grundsätzlich sich im Bereich des christlichen Glaubens ansiedeln oder wenigstens mit diesem in ein fruchtbares Gespräch kommen kann.

Diese Grundlinien sind so etwas wie dem Glauben vorauslaufende, aber doch in ihm auch begründete Kriterien für ein jedes theologisches Menschenbild. Von diesen Überlegungen her sollen nun einige konkrete Richtpunkte für ein gegenwärtiges Menschenbild herausgestellt werden. Es ist deutlich geworden, daß ein solches Bild

1. keineswegs »erschöpfend« sein kann,
2. sich von den zeitgenössischen Anschauungen über den Menschen nicht völlig und interesselos distanzieren darf und
3. situationsbezogen bleibt, sich aber nicht von der Situation allein durchgreifend bestimmen lassen darf.

Die Situation ist die Herausforderung und gleichsam die Angriffsspitze, aber gerade darum eben nicht auch schon die Antwort. Ohne diesen beständigen Prozeß zwischen Situation und ›Evangelium‹ gibt es keine wirklich theologische Aussage über den Menschen. Darum sind eine ›Unterscheidung der Geister‹ und eine ›Kriteriologie der ›Zeichen der Zeit‹ notwendig.

II.

Im zweiten Teil sollen nun wenigstens einige Grundpfeiler des christlichen Verständnisses vom Menschen skizziert werden. Ich möchte dabei acht Strukturelemente nennen und erläutern.

1. Transzendenz zu Gott

Wenn man nicht elementar genug ansetzen kann, darf man erste Schritte im Vorletzten nicht geringschätzen: Der Mensch, der sich nicht einfach einfügt in die ›Realitäten‹ und vor ihnen nicht schlechthin kapituliert, das Vorfindbare nicht als letzten Maßstab nimmt, hat eine – vielleicht – partielle Erfahrung seiner Freiheit. Nüchternheit besteht nicht im Sichbeugen unter die ›Macht der Tatsachen‹. Das Nichtaufgehen im Faktischen, Manipulierbaren und Empirischen ist die Voraussetzung und der Anfang aller Transzendenzbewegung. Der Mensch erfährt sich bei solcher Selbsterkenntnis und Entscheidung für andere, den Spielraum des Vorhandenen überschreitende Möglichkeiten in seinem Bedingtsein: Er erkennt die Herausforderung durch ein Größeres als er selbst. Ein solches formales Transzendieren (Ernst Bloch würde freilich hinzufügen: »ohne Transzendenz«) kann verschiedene konkrete Namen erhalten: ›Fortschritt‹, ›bessere Welt‹, ›Gerechtigkeit‹, ›Einheit‹, ›Geschwisterlichkeit/Brüderlichkeit‹, ›Freiheit‹, ›Gemeinschaft‹, ›Hoffnung‹, ›Sinn‹, ›absolute Zukunft‹.

Freilich zerbrechen diese Leitbilder oft wieder, weil sie sich beispielsweise als Gerechtigkeit *nur* für eine Gruppe, Freiheit *nur* einer Elite usw. erweisen. Sie sind so selbst Bedingungen unterworfen. Und viele solche Programme zeigen, daß sie die Steigbügel der *nun* Herrschenden waren und sonst nichts. Im Vorgang des Transzendierens liegt die Möglichkeit der Illusion, des Getäuschtwerdens durch den schönen Schein, der Überrumpelung durch fremde Interessen. Soll man sich die ›bessere Welt‹ also überhaupt ›vorstellen‹ oder imaginativ entwerfen? Ist nicht alles nur ein Traum, ein Wunschbild, ein unerreichbares und am Ende falsch vertröstendes Ideal? Oder ist es besser, an eine ideale Gerechtigkeit ›an sich‹

und an ein der Verwirklichung unerreichbares Ideal der Güte zu denken? Oder gar an eine konkrete Utopie, eine ›Heimat‹, die jeder wünscht und sucht und niemand hat?

Diese Fragen sind schwer zu beantworten. Vielleicht reicht auch eine rein rational vorgehende Schlußfolgerung letztlich nicht aus, ohne daß deswegen die ›Lösung‹ schon irrational zu nennen wäre. Es zeigt sich jedenfalls der menschlichen Erfahrung, daß es mindestens diesen Bereich des zunächst nur negativ Anzunähernden (nämlich zu sagen, was es nicht ist ...), Unplanbaren, zunächst ›leeren‹ Unendlichen und Unsagbaren gibt: Er ist Jenseits aller unmittelbar entworfenen und habbaren Ziele. Und dennoch gibt es für seltene Augenblicke der Erfahrung diesen abgründigen Grund reiner Freiheit, dem sich das Glück, das Leben, die Liebe und das Gute bis in das Letzte verdanken.

Die Menschen und die Christen im besonderen nennen dieses unfaßbare Geheimnis von Welt und Mensch beim Namen und heißen es ›Gott‹. Für den Glauben ist dieser nicht nur der immer fernbleibende, immer nur asymptotisch angezielte Fluchtpunkt des Daseins; er ist nicht nur ein von ferne aufrufender und bewegender Gott. Freilich ist er auch schon als solcher derjenige, der das Leben des Menschen erhellt, der den Lohn des Guten für bitter erlittenes Unrecht verheißt, der immer wieder neue Impulse der Liebe und der Hoffnung setzt. Aber noch mehr: Er wird als ein personal begegnendes Gegenüber erfahren, als einer, der handelt und sich um die Sorgen und das Elend der Geschichte des Menschen kümmert. »Ich bin der, der ich immer für euch da sein werde« (Ex 3,14). Dies ist sein Name. Er ist die Hoffnung und Zukunft des Menschen, ja er wird als solcher, indem er sich in dieser Zuwendung dem Menschen schenkt, zum ›Inhalt‹ des menschlichen Lebens. Hier gibt es beispielsweise *reine* Vergebung, die nicht wieder nachträgt, sondern – ähnlich wie das Wunder der Schöpfung – alles *neu* macht wie am Anfang.

2. *Bild Gottes und Menschenwürde*

Der Mensch lernt, in der Begegnung mit Gott die verschiedenen Situationen der Bedrohung und des Unheils zu bestehen. Dieser Gott bedeutet vor allem Rettung. Er bewahrt auch vor Knechtschaft. Sich ganz auf ihn und seinen Weg einzulassen, heißt Glauben. Dies heißt zugleich, die ständigen Götzenbilder, die sich immer wieder dazwischenschieben, zu durchschauen und zu entmächtigen. Es gibt einen Weg zu Gott nur durch die Kritik der Idole und der ständig wiederkehrenden Versuchungen, ihn mit anderem als ihm selbst zu verwechseln. Das Bilderverbot bleibt die Erinnerung daran, daß es stets dieses Auszugs aus dem Gewohnten und Vertrauten bedarf: »Du sollst Dir kein geschnitztes Bild machen!« Die Götter und Dämonen verschwinden aus der Welt, die als Schöpfung des in der Geschichte wirkenden Gottes angenommen wird, aber den göttlichen Gott muß man immer wieder in seine je größere Herrlichkeit freigeben.

Unter den Geschöpfen nimmt der Mensch eine einzigartige Sonderstellung ein. Von allen Geschöpfen ist allein der Mensch zum Bild Gottes geschaffen und bestimmt. In diesem Ebenbild kann Gott seinen Partner, sein Echo finden. Im Bild des Menschen will Gott auf Erden gegenwärtig sein, sein Ebenbild soll in seinem Namen handeln. Der Mensch ist nicht einfach Schöpfung Gottes, sondern ›Bild‹ Gottes: Er ist ein Spiegel dessen, der die Freiheit ist. Die unendliche Ferne des Schöpfers von seinem Geschöpf findet sich analog im Menschen wieder als die Freiheit gegenüber allen endlichen Dingen und Verhältnissen. Der Glaube an diese Bestimmung verleiht eine eigene Würde. Diese Würde hat einen eminent kritischen Sinn: Sie verbietet jede Vergottung eines Herrschers, Führers und Genies; die Vergottung einer Nation, einer Rasse, einer Gesellschaft wird unmöglich. Nicht weniger gilt dies für die Politik. Hier berühren sich die Anfänge und Wurzeln wahrer Demokratie mit dem Glauben.

Weil der Mensch in diesem Sinne das Ebenbild Gottes ist, darf er auch nicht zum Mittel für einen Zweck gemacht werden. In diesem ›Bild‹ soll man Gott selbst begegnen. Das Leben des Menschen ist darum in dieser Hinsicht letzter Zweck. In seiner Erkenntnis und in seiner Entscheidungsmöglichkeit liegt ein letzter unverfügbarer Grund, der zwar in alle Handlungen eingeht, aber dennoch nie verfügbar wird. In der Freiheit zum Guten wurzelt die Personalität des Menschen. Und da Gott selbst Partner für alle Menschen ist, hat er jeden auch beim Namen gerufen. In dieser Einmaligkeit der Person liegt auch der Grund für die Unverletzlichkeit der Menschenwürde.

Darum kann auch das, was vom Menschen in allem Ernst und Einsatz getan oder nicht getan wird, nicht mehr einfach verwehen oder völlig in Vergessenheit geraten. Der Anspruch an ihn und die Verantwortung, die er ob des an ihn ergangenen Auftrags »Macht euch die Erde untertan« (Gen 1, 28) bekommen hat, erlangen in der Entscheidung ein Gewicht, das den Augenblick und die Zeit überdauert, sich gewichtig in sie eingräbt und in dieser Endgültigkeit schon der Anfang der Ewigkeit ist. Das Ebenbild Gottes hat heute Schwierigkeiten, diese ›Macht‹ zu gebrauchen. Sie zu erlangen, ist nicht mehr oder nicht mehr in erster Linie das Problem. »Aber diese Macht in Verantwortung *für* die Natur und *für* eine menschliche Zukunft des Menschen zu gebrauchen, ist das Problem der Gegenwart.« (J. Moltmann)

3. Der Mensch als Wagnis: Gelingen und Sichverfehlen

Gerade diese Macht kann wiederum den Menschen zum totalen Herrschertum verführen. Die Armut seines Wesens, *endlich* zu sein, ruft immer wieder nach der Vollkommenheit. Dies geschieht in unzähligen Spielarten. Machtstreben kann beispielsweise eine Weise werden, sich das Fehlende ergänzen zu wollen, ebenso wie das Streben nach Genuß und Ruhm. Das endliche ›Wesen‹ des Menschen ändert sich nicht mehr grundlegend. Er ist in aller unendlichen Offenheit, unstillbaren Dynamik und rastlosen Bereitschaft der Begrenzte. Prometheus und Sisyphos müssen erfahren, daß die Kreatürlichkeit des Menschen nicht zu überwinden ist. Und genau dies ist eine wichtige Frage für das Verständnis des Menschen: Wie nimmt er diese Endlichkeit an, oder sträubt er sich gegen sie? Steht er zu sich und seinen Möglichkeiten, aber auch zu seinen Grenzen? Der Mensch ist durch und durch Wagnis und Gefährdung.

1. Es gibt die Möglichkeit, sich selbst zu vergessen und durch den Besitzstand, die Verfügung über andere und ähnliches das ›Haben‹ zu vermehren. Es kommt nicht mehr auf das ›Sein‹, vielmehr auf das ›Haben‹ an. Deswegen warnt die Bibel vor dem bloßen Reichtum.
2. Aber darin kann der Mensch letztlich nicht ruhig werden. Die unaufhebbare Differenz, von der anfangs die Rede war, lebt in ihm selbst. Er ist eine eigentümliche Widerspruchseinheit zwischen dem, was er ist, und dem, was er soll. Die Kluft zwischen Anspruch und Erfüllung lastet auf ihm. Er ist nie und in keiner Weise fertig, sonst wäre er wie Gott. Da er für sich selbst verantwortlich ist, ist er sich auch stets aufgegeben. Der Mensch ist nicht einfach das, was er im Augenblick darstellt – und sei er im Zenit seines Glücks. Darum ist auch jede Erfahrung eines geglückten Augenblicks durchzogen von einer leisen Melancholie. In keiner Situation ist der Mensch davor bewahrt, zu mehr, zu anderem und zu Neuem herausgerufen zu sein. Dies ist das Abschiedliche seiner Existenz. Nur weil es diese Differenz zwischen seiner endlichen Existenz und dem ihm aufgegebenen Wesen gibt, erfährt der Mensch das Sollen. In der ethischen Erfahrung findet sich darum auch die tiefste Einheit von passivem Bestimmtwerden und aktivem Sichbestimmen. Hierin liegt auch der Aufbruch zu Innovationen begründet.
3. Weil es diese beständige Aufgabe gibt und der Mensch sich nie als fertig-vollkommen begreifen darf, kann er sich auch im Tiefsten verfehlen. Jede entscheidende Wahl und jede fundamentale Erkenntnis stellen ihn vor diese Möglichkeit, an sich selbst vorbeizugehen. Keinem Tier ist es gegeben, sein Wesen so total zu verfehlen. Der Mensch kann in

tiefe Schuld geraten, wenn er die ihm gestellte Aufgabe nicht annimmt oder sie einfach mißachtet.

4. Eine solche beständige Anforderung kann das menschliche Leben in Richtung eines unerträglichen Rigorismus überdehnen, bis es zerbricht. Es gehört zur widersprüchlichen Erfahrung des endlichen Menschen, daß er sich in der Erfüllung des Sollensanspruchs, einer höchsten Tat, zugleich aus der Hand geben muß. Die echte ethische Entscheidung verlangt solche Selbstlosigkeit, Interesselosigkeit und Gelassenheit, daß sie im höchsten Akt der Anstrengung und der Leistung fähig wird zur Annahme eines Geschenkes, zum Empfangen. Es ist für den Menschen unendlich schwer, etwas als reine Gabe an ihn anzunehmen und entsprechend in Dank und Freude zu antworten. Es ist dabei etwas anderes, ob man etwas einfach nimmt oder ob man es empfängt. Es gehört zu den Voraussetzungen des Glaubens, daß man sich etwas geben und schenken lassen kann. Und empfangene Freundlichkeit bleibt nicht für sich allein, sondern gibt frei Geschenktes und umsonst Empfangenes weiter an den Nächsten.

5. Der christliche Glaube weiß um eine Urweigerung des Menschen, sich mit seiner Endlichkeit zu bescheiden und als Empfangender zu leben. Er holte sich die gefährlichen Früchte selbst vom Baum. Der Mensch verfehlte sich so im Grunde seines Wesens und macht seitdem die Erfahrung einer unglücklichen Gespaltenheit seines Ichs: »Denn nicht das Gute, das ich will, tue ich, sondern das Böse, das ich nicht will, führe ich aus. Wenn ich aber das tue, was ich nicht will, so vollbringe nicht mehr ich es, sondern die Sünde, die in mir wohnt« (Röm 7, 19-20). Das Sichverfehlen des Menschen in diesem ursprünglichen Sinn kann dann buchstäblich zur ›Perversion‹ werden, indem der Mensch keinen Maßstab mehr besitzt für seinen eigenen Rang: Er wird zum Knecht dessen, dessen Herr er sein könnte und sein müßte (vgl. Röm 1-2).

4. *Kreatürlichkeit und Wesensgrenzen*

Das genauere Verhältnis des Menschen zu seiner Kreatürlichkeit ist schließlich ein weiterer wichtiger Gesichtspunkt. Es gibt eine Autonomie-Vorstellung vom Menschen, welche jede Grenze, jeden anderen, jede Rücksicht auf anderes ablehnt. Alles, was anders und andersartig ist, wird schon in seiner Existenz als Gefahr und Entfremdung gesehen. Deshalb gehört zu einer theologischen Besinnung auch die Reflexion auf die Annahme einer grundsätzlichen ›condition humaine‹. Dies ist ein gefährlicher Punkt, weil sich der Mensch nur allzu leicht einreden läßt, diese oder jene Grenze sei ihm von ›Natur‹ aus gesetzt und unverrückbar.

Damit wird die unendliche Reichweite des menschlichen Wollens und Könnens oft willkürlich beschnitten. Der Mensch übersteigt sich selbst unendlich, er kann diesen Hunger und Durst aber nicht selbst erfüllen. Er darf aber auch seine Sehnsucht nicht stutzen.

Freilich gibt es Grenzen,

1. indem er nicht allein für sich existiert, sondern immer auch in der Gemeinschaft mit anderen, was Beschränkung *und* Erweiterung seiner Möglichkeiten bedeutet (Sozialität),
2. weil er sich zugleich als Faktizität erfährt: Er ist immer schon eingenommen von einer konkreten Situation, ›schicksalhaft‹ bestimmt, begrenzt in seinen Wahlmöglichkeiten und kann darum nie und nirgends einfach am Nullpunkt beginnen,
3. weil er das menschliche Scheiternkönnen nicht grundsätzlich aufheben kann und in diesem Sinne nie ›Sicherheit‹ finden kann. Dieses ›Scheitern‹ kann er in ganz verschiedener Weise erfahren:
   - als Differenz zwischen Anspruch und Erfüllung;
   - als Kluft zwischen dem Selbstentwurf des Menschen und dessen Realisation;
   - als Unüberwindbarkeit der Schuld durch sich selbst oder durch den Menschen überhaupt;
   - als die Entzogenheit des Ursprungs einer Erkenntnis und einer Entscheidung: immer bleiben schon geronnene Objektivationen und Ergebnisse in den Händen zurück, die nur allzu leicht zweideutig und brüchig werden;
   - als Einsicht in die fast hoffnungslose Schwierigkeit, alles das wirklich zu erreichen, was ›Interkommunikation‹, ›Verstehen‹, ›Liebe‹ und ›Treue‹ zutiefst wollen, fordern und versprechen.

Von der Erfüllung des menschlichen Daseins her geht einem der Sinn für den Abgrund von Selbstbetrug, Bosheit und Lüge auf, der sich im Menschen auftun kann. Zu den ersten Einsichten der rechten Selbsteinschätzung gehört die Annahme seiner selbst, ohne daß man daraus das falsche Dogma der Unveränderlichkeit seiner selbst machen dürfte.

Die Annahme der Kreatürlichkeit bringt auch das richtige Verhältnis zur Welt. Im Tod offenbart sich, daß der Mensch das einzelne lassen, damit aber noch nicht alles verlieren muß. Die Frustrationsangst glaubt, damit alles endgültig verloren zu haben. Wer weiß, daß der Tod das Leben ist, sieht in der Wirklichkeit der Welt bei aller Endlichkeit die Spuren bleibender Ewigkeit. Das kleine Wirkliche wird ergriffen als die Verheißung unendlicher Zukunft und ewigen Lebens, nicht als deren Tod. Karl Rahner hat es so ausgedrückt:

Man sollte im Grunde nicht fürchten, die Annahme des Kreuzes führe notwendig zur Passivität und Resignation vor den konkreten Aufgaben des Lebens. Wer den Tod nicht fürchtet, besser: wer die bleibende Todesangst annimmt, kann das einzelne Gute des Lebens, das auf ihn zukommt, genießen, weil es eine wahre Verheißung der absoluten Zukunft ist. Er kann sich ganz wagen. Er ist frei zu leben, ohne sich sparen zu müssen. Er braucht das Glück dieses Lebens nicht zu überanstrengen und es so zu verderben.

5. *Freiheit zum Guten*

In diesem Zusammenhang muß – wenigstens kurz – von der Freiheit die Rede sein. Freiheit bedeutet negativ die Unabhängigkeit von Fremdbestimmung und positiv, daß man selbst seinem Tun einen bestimmten Inhalt gibt. Handlungsfreiheit ist dort gegeben, wo jemand einen Spielraum von alternativen Möglichkeiten des Verhaltens sieht und eine davon auswählen kann. Freiheit meint die Fähigkeit, etwas zu wollen: bewußt und freiwillig zu handeln. Dazu ist es notwendig, daß die eigenen Kräfte sowie die soziale und politische Welt ermöglichen, das auszuführen, was man will. Dabei bestehen die politische Freiheit und die Willensfreiheit nicht in einer reinen Ungebundenheit, wie man oft meint, sondern in einer Bestimmtheit, indem man sich selbst die Normen gibt, nach denen man als politische Gemeinschaft oder als Individuum handelt. Der Mensch kann so die Bedingungen seines Handelns nicht einfach abstreifen und neu aus dem Nichts anfangen. Vielmehr sind Bedingungen vorhanden, aber nicht als unabänderliche Fakten, sondern der Mensch kann sich in ein Verhältnis zu ihnen setzen. Dem freien Willen ist sein Gehalt nicht einfach vorgegeben, sondern der Wille muß sich dem Gehalt zuallererst öffnen, so daß dadurch eine Anerkennung des Gehaltes geschehen kann.

Diese Freiheit erfüllt sich letztlich, wenn sie das objektiv Gute realisiert. Freilich muß man an dieser Stelle vorsichtig sein. Wer beispielsweise seinen Eigennutz verfolgt, handelt nicht von vornherein unmoralisch. Das Suchen nach dem eigenen Nutzen setzt, was hier nicht gezeigt zu werden braucht, viele ethische Kräfte frei. Was mir nützt, kann durchaus auch dem anderen nützlich sein. Besonders die neuzeitliche kontinentale Ethik hat diesen auch ethisch positiven Sinn des Eigennutzes nie so recht verstanden. Die Bibel ist hier klüger und erfahrener, wenn sie von uns verlangt, daß wir den Nächsten lieben *wie uns selbst.* Da wir uns darauf besonders gut verstehen, müßte auch der Nächste gut wegkommen. Hier wurzeln die Goldene Regel und der kategorische Imperativ Kants. Man vergleiche damit auch die Ethik des späteren P. Ricoeur.

Es ist deshalb nur zu begrüßen, wenn die Freiheit des Menschen zur Eigenverantwortung angespornt wird. Es gehört zum Wesen des Menschen, daß er in seiner Selbständigkeit eine möglichst hohe Verantwortung für die Gestaltung seines Lebens und die Vorsorge für die Zukunft übernimmt, so weit ihm dies nur möglich ist. Gerade dadurch werden wiederum schöpferische Kräfte entbunden.

Dies hat jedoch Grenzen. Diese bestehen zunächst darin, daß auch die Rechte und das Streben anderer anerkannt werden müssen. Es gibt eine Rücksichtslosigkeit des Gebrauchs der Freiheit, die das eigene Handeln faktisch absolut setzt. Deshalb gibt es diese Freiheit nur, wenn sie auch zur wechselseitigen Anerkennung gemeinsamer Normen führt. Dies ist der Grund, warum ein solches Handeln in Freiheit aus dem Eigennutz heraus immer wieder auch auf dieses Ganze, das Gemeinwohl ausgerichtet werden muß. Es ist eben nicht so, daß sich bei einem schrankenlosen Handeln, etwa durch die Dynamik des Marktes, die Sittlichkeit von selbst einstellt. Wenn hier nicht eine bewußte Pflege der Rahmenbedingungen und damit einer Ordnung geschieht, könnte auch das Chaos obsiegen. Ich denke, daß man diese Strukturen sehr gut am Verständnis der sozialen Marktwirtschaft studieren kann.

Zugleich wird hier aber auch erkennbar, daß man diese Verhältnisse wohl kaum allein mit den Mitteln einer säkularen Ethik leisten kann. Neben der Notwendigkeit rechtlicher Bedingungen und Regelungen bedarf es hier gewiß einer radikalen Vertiefung der Motive des Handelns. Schon Aristoteles hat hier eine wichtige Lehre erteilt. Nach ihm ist derjenige frei, der – statt an seinem Vermögen zu hängen oder es zu verschwenden – mit den äußeren Gütern einen souveränen Umgang pflegt und sich durch die Eigenschaft der Freigebigkeit auszeichnet. Dies kann durch den christlichen Glauben noch vertieft werden. Dazu müssen wir neu ansetzen.

6. Jesus Christus das Maß

Jesus Christus zeigt uns in besonderer Weise, wer und was der Mensch ist. In ihm sehen wir die letzte Größe und Würde des Menschen, daß er nicht nur gottebenbildlich ist, sondern daß er in der Wurzel seines Wesens sogar die Möglichkeit hat, Gottes eigenes Wesen zu empfangen (›potentia oboedientialis‹), daß er ›capax Die‹ ist. In ihm wird aber nicht bloß der wahre Gott, sondern auch der wahre Mensch offenbar. ›Ecce homo!‹ Wie aber wird in ihm das Menschliche offenbar?

Von Anfang bis zum Ende seiner öffentlichen Tätigkeit kommen Menschen zu ihm mit allen möglichen Bitten, Fehlern, Sünden und

Krankheiten. Er hat nicht ein neues ›Menschenbild‹ gepredigt, sondern hat den Armen das Evangelium vom kommenden Gottesreich gebracht, Kranke geheilt, Randsiedlern der damaligen Gesellschaft Heimat gewährt und Trauernde, Weinende, Hungernde selig gepriesen. Es sind Menschen, die gar nicht mehr beachtet werden, mit denen kein Staat und auch keine Revolution zu machen ist. Aber er hat in ihrem erbärmlichen Leben das Wort ›Gott‹ als die einzige Befreiung zur Sprache gebracht. Es sind seine ›geringsten Brüder‹. Gott hat die Menschen auf jene Weise angenommen, die uns Jesus offenbarte. Indem er ganz für die Menschen da ist, ohne die Möglichkeit und den Willen zur Einschränkung (denn er gibt sein Leben ›für alle‹!), wird er schlechthin zu *dem* Menschen für alle, ja zum ›Christus totus‹, Jesus Christus als Inbegriff der Menschheit, zum ›letzten Menschen‹, nach dem kein größerer mehr gedacht werden kann. Aber auch in dieser letzten Erfüllung des ›Menschenbildes‹ wird deutlich, daß dies etwas anderes ist als ›totaler Humanismus‹, obgleich Jesus ganz Mensch ist. Die Tiefendimension des Menschen ist nicht durch den Menschen oder auch die Menschheit allein auszufüllen. Dieser Mensch kann nur in dieser Weise so vorbehaltlos und radikal der Mensch für andere sein, weil er zugleich in der Sendung des Menschensohnes und als Messias kommt. Im Gekreuzigten kommt beides zum Höhepunkt:

> Darum sagt der Glaube über den Gekreuzigten beides: *Ecce homo* – Sehet den Menschen in der Wirklichkeit seiner ganzen Verlassenheit. Und: *Ecce Deus* – Sehet Gott in der Wirklichkeit seiner unendlichen Liebe, mit der er sich selbst verläßt, um der Verlassenen Gott und der sich selbst Aufgebenden Vater und der sich selbst Verklagenden Freisprecher, aber auch der sich selbst Rühmenden Richter zu sein (J. Moltmann).

Aber Jesus ist so nicht nur das ideale Vorbild eines außerordentlichen Menschseins, er ist zugleich mehr: der Grund des Heiles dazuhin, daß der Mensch seine Selbstsüchtigkeit aufgeben, Resignation sowie Verzweiflung hinter sich lassen kann, um in Jesu Geist und in seiner Nachfolge diese Menschlichkeit Gottes weiter bezeugen zu können.

7. Menschlichkeit im Kreuz

Mit der Wirklichkeit des Gekreuzigten ist aber noch viel mehr gesagt. Die antike Vorstellung vom idealen, ›schönen und guten Menschen‹ hat die elenden und schmerzlichen Dimensionen des Menschen hinter der

Größe, Kraft und Schönheit fast verschwinden lassen. Nicht zuletzt darum war auch der Gekreuzigte noch für eine lange Zeit der christlichen Kirchengeschichte ästhetisch nicht vorzeigbar: Einen Gehenkten kann man nicht künstlerisch darstellen. Jeder Idealismus hat bis zum heutigen Tag Wolkenschlösser von Ideen, Normen und anderen Vorstellungen gebaut, in denen das geschundene und getretene Menschenantlitz keinen Platz findet. Es gibt so viele Möglichkeiten, sich durch tausend schmerzlindernde und betäubende Mittel, seien es Analgetica oder Drogen, von der bedrückenden Faktizität der Um- und Mitwelt abzuwenden. Oft wird darum die brutale Wirklichkeit umgelogen und ihr ein Heiligenschein verpaßt. Auch der religiöse und gläubige Mensch flüchtet nicht selten ebenso in ein reines Reich der Werte ›an sich‹, in ein vertröstendes Jenseits. Für viele gehört eine derartige Möglichkeit, sich vor dem Jammertal dieser Welt hinwegretten zu können, zu den Grundelementen eines christlichen Menschenbildes.

Nun soll beileibe Gottes Reich als die Heimat und das Ziel des Menschen nicht geleugnet werden. Nur stehen alle sich selbst täuschenden Fluchtwege und Vertröstungsmanöver in einem krassen Widerspruch zu dem Menschsein, das von Jesus Christus zu lernen und in seinem Geiste zu leben ist. Wir sehen es bei Jesus und bei Paulus: Kein Weg, den Menschen in ihrer Not und vielleicht auch in ihrem beruflichen Alltag mit seinen Aufgaben zu gehen haben, wird gescheut. Nichts wird einfach abgeschnitten oder gar ausgeklammert, nichts Großes, nichts Greuliches und nichts Entehrendes. Alle Wege und Schicksalspfade, die Menschen gehen müssen, werden begangen und ausgehalten. Schmerz und Todesgefahr, Hilflosigkeit und Schläge, Hunger und Gefängnis, Kreuz und Schiffbruch, Verlästerung und Verleumdung: alles wird, zwar nicht in seinem Unrecht bejaht, aber doch – vielleicht nicht widerspruchslos – angenommen und ausgelitten. Es gibt *keine* Situation, in der nicht *auch* eine Chance des Heils und der Gnade sein kann. Darum sahen die Christen die Menschlichkeit Jesu gerade auch in seinem Kreuz und in seiner ganzen Passion. Alles, was er angenommen und erlitten hat, hat er auch erlöst, sagen einige Kirchenväter. Und deswegen empfingen die Christen ihre eigene neue Menschlichkeit aus seinem Leiden und Sterben. Sie erkannten in seinem Geschick die Erfüllung der Prophetie vom leidenden Gottesknecht:

> Er wurde verachtet und von den Menschen gemieden, ein Mann voller Schmerzen, mit Krankheit vertraut. Wie einer, vor dem man das Gesicht verhüllt, war er verachtet; wir schätzten ihn nicht. Aber er hat unsere Krankheit getragen und unsere Schmerzen auf sich geladen.

> Wir meinten, er sei von Gott geschlagen, von ihm getroffen und gebeugt. Doch er wurde durchbohrt wegen unserer Verbrechen, wegen unserer Sünden zermalmt. Zu unserem Heil lag die Strafe auf ihm, durch seine Wunden sind wir geheilt. Wir hatten uns alle verirrt wie Schafe, jeder ging für sich seinen Weg. Doch der Herr lud auf ihn die Schuld von uns allen (Jes 53,3-6).

Dieses Leben und dieser Tod Jesu Christi haben eine neue Wirklichkeitsbewältigung durch den Glauben geschaffen. Diese ist allerdings auch im Alten Testament nicht ganz unbekannt. In der Folgezeit stand sie freilich nicht immer deutlich im christlichen Bewußtsein.

> Der Menschensohn ist dann nicht ein idealer Übermensch, der das Elend mit Gewalt beendet, die neues Elend schafft [...]. Er ist der Menschensohn, indem er die Verlorenen aufnimmt und die Unberührbaren annimmt. Er führt das menschliche Reich herauf, indem er die Schmerzen und Sünden der Menschen und ihre Verlassenheit im Gericht auf sich nimmt. Seine *Herrschaft* hat nichts mit der Art der Weltherrscher zu tun. Sie besteht nicht in einem Superlativ von Herrschaft (›König der Könige‹ oder ›Superstar‹), sondern in der Umkehrung der Herrschaft ins Dienen, der Macht in die Liebe und der Forderung ins stellvertretende Leiden (J. Moltmann).

Von daher ist ›Stellvertretung‹ und das In-die-Bresche-Treten-für-den-Anderen eine grundlegende Bestimmung des Menschseins im christlichen Sinn. Heute sehen wir auch deutlicher, daß Jesus der Menschensohn nicht bloß eine Tröstung der privaten Innerlichkeit bedeutet, sondern eine öffentliche und in gewisser Weise sogar ›politische‹ Provokation darstellt. Hier liegt die tiefste Wurzel aller Solidarität.

Diesen Zug zum niedrigen, unscheinbaren, aber realen Sein des Menschen hat die Leidensgestalt des Gottesknechtes in die Hoffnung auf das Heil gebracht. Dieser ›Realismus‹ des christlichen Menschen läßt sich nicht mehr wegdenken.

8. Der Beginn der Zukunft im Jetzt und Hoffnung für alle

Die Macht des christlichen Menschen ist die Ohnmacht der Gnade, welche auch die Härtesten erweichen kann, die versöhnende Kraft des Leidens und die Herrschaft sich hingebender Liebe. Nichts ist ausgenommen und ausgeschlossen von dieser universalen Heilsmöglichkeit. Darum gibt es auch keine falsche Vertröstung in eine unabsehbare Zukunft. Wer den Geist Jesu Christi hat, für den kann überall und auch schon heute, inmitten des Elends, der Tag des Heils beginnen (›jetzt‹, ›Stunde‹, ›heute‹).

Das ist eine harte Rede, und man möchte ihr widerstreben. Aber nur so hat Jesus Christus den wirklich Hoffnungslosen auf dieser Welt die Hoffnung Gottes gebracht. Die Zukunft des Menschen hat im gekreuzigten und auferstandenen Menschensohn schon begonnen.

> Wer glaubt, flieht nicht mehr, weder in die unberührbare Ironie, noch in die trotzige Utopie. Er flieht nicht sozialromantisch in die goldene Vergangenheit. Er emigriert nicht innerlich in die Reinheit des Herzens. Er verliert sich auch nicht mehr in Träumen von einer besseren Welt. Er findet überraschenderweise ›Frieden mitten im Streit‹ und das versöhnende Ja mitten im berechtigten Nein (J. Moltmann).

Gerade die plural-säkulare Welt, die aus vielen spannungsvollen Wirklichkeitsdimensionen besteht, ist noch keine Stätte bleibenden Friedens oder eine in sich versöhnte harmonische Welt. Sie ist vielmehr der Raum des ›agonalen‹ Daseins des Menschen, darin der beständige ›Kampf‹ um die Vielfältigkeit der Wirklichkeit und Vielstimmigkeit des eigenen Lebens mutig und tapfer ausgehalten werden muß. In diesem Zusammenhang muß man auch die Bewältigung des Pluralismus sehen.

Nur so kann die Gegenwart zum Ort des Heiles werden. Diese Einsicht ist deswegen wichtig, weil die ständige Rede von der Zukunftsorientierung – vor allem wenn diese zum Jargon und zur Phrase wird – den Ernst und die Anstrengung der *gegenwärtigen* Wirklichkeitsbewältigung mindern und eine fluchtähnliche Reaktion bewirken kann. Heute schon kann man aus den neuen Möglichkeiten des Glaubens heraus anders leben. In der Person und im Werk, im Weg und im Geschick Jesu Christi liegt die Vorgabe des kommenden Reiches Gottes mitten in dieser Zeit und in dieser Geschichte.

Der Gedanke solcher Gegenwart des Heils darf jedoch nicht zu irgendwelchen Formen des Enthusiasmus oder des Quietismus verführen. Wer glaubt und die Versöhnung erfahren hat, kann sich nämlich nicht mehr mit dem bisherigen Zustand seiner selbst und der Welt abfinden. Er hat die künftigen Kräfte dieser Welt gekostet. Versöhnung ohne eine Änderung des Lebens ist ein zu einfacher und billiger Trost. In diesem Sinn weist die richtig gelebte Gegenwart des Glaubens von selbst auf den morgigen Tag.

Die erfahrene Versöhnung, welche den Anfang und den Grund der Erlösung darstellt, kann angesichts der unerlösten Welt zu nichts anderem als zur tätigen Hoffnung werden. In der wirklichen Hoffnung – nicht zu verwechseln mit simplem Optimismus – läßt sich der Mensch öffnen für die Zukunft, die ihm versprochen ist. Ich nenne dies am liebsten Zuversicht. Der geringste Bruder wird dann mitten im Elend zum Hoffnungszeichen Gottes. Es ist eine Hoffnung, die nichts fürchtet. Sie braucht deswegen nicht ängstlich zu sein, weil sie die Hoffnungslosigkeiten des Menschen kennt. Sie verniedlicht darum nicht die Qual des Leidens und die Schande des Kreuzes. Der Gekreuzigte hat alle Wege des Menschen begangen bis zur Gottverlassenheit. Aber weil er sie kennt, den Kelch des Unheils bis zur Neige ausgekostet hat und die Liebe bis zum Äußersten durchgetragen hat, konnte er auch den letzten Feind, den Tod, bezwingen. Hoffnung gegen alle Hoffnung, Hoffnung der Zukunftslosen: diese ›Utopie‹ ist jetzt schon möglich. Es ging einer voraus, der auch nicht wußte, wo er einen Ort und eine Heimat fand: nur die Krippe und das Kreuz.

Der Menschensohn ist *das* Bild des Menschen. Der letzte Mensch, der ›Christus totus‹, der letzte Adam ist freilich erst im Vollbesitz der Herrschaft, wenn alle Menschen, die an ihn glauben, diese Hoffnung auch real und unverlierbar gewonnen haben. Wie das genauer aussieht, ist im einzelnen vielleicht weniger wichtig. Jedenfalls ist den Christen verheißen, daß Gott an jenem Tag alle Tränen abwischen wird. Und wir haben grundsätzlich die Zusicherung Gottes, daß bei der Auferstehung des Fleisches alles Gute im Himmel und auf Erden trotz aller Umwandlung nicht verlorengehen wird. ›Ewiges Leben‹ heißt der alte Name für solches Glück ohne Ende. Nur darum gibt es im Leben und Sterben einen Halt, der uns nicht ins Bodenlose fallen läßt.

III.

Diese Leitgedanken wollten nur einige Richtpunkte sein, die das Leben des heutigen Menschen vom Geist Jesu Christi her leiten können. Wenn manchmal nicht immer alles ›strikt theologisch‹ klang, dann wäre zu bedenken, daß in den sogenannten ›natürlichen‹ Forderungen an das Menschsein in verschiedener Hinsicht Impulse aus Theologie und Glaube eingegangen sind. Entscheidend aber bleibt die Einsicht, daß das Menschsein im christlichen Sinn keine Verarmung erfährt, wenn es sich für Gott und dessen Liebe zum Menschen verzehrt. Es kann in den Wettstreit mit allen Humanismen der Welt treten und braucht keine Sorge zu haben, nicht bestehen zu können. Lernen wird auch der Christ jeden Tag in seinem Menschsein. Die Auseinandersetzung mit anderen Menschenbildern wird er in der Weise des gezielten Dialogs und vielleicht auch des Disputs, ja des Streits führen.

Dies alles müßte in einer philosophischen und theologischen Anthropologie ausgeführt werden. Ich wollte es jedoch bewußt einmal bei einer ersten Grundlegung belassen und nicht schon auf die vielen Einzelfragen eingehen über den Ursprung des Menschen und die Evolution, über Mann und Frau, die Fundierung der Werte, Person und Gemeinschaft, Menschenwürde und Sterben. Hier sollte nur der Rahmen sichtbar werden, in dem diese Einzelthemen ausgearbeitet werden.

Was hier über das Verständnis des Menschen gesagt worden ist, bedarf – wie schon gesagt – der ständigen Bewährung im Dialog und Diskurs der pluralistischen Gesellschaft. Dafür scheinen mir drei Maßstäbe und Verfahrensweisen besonders nützlich zu sein, die das Humanum *und* das Proprium des Christlichen miteinander verbinden. Ich möchte diese dreifach-eine Bewegung am Ende kurz skizzieren:

1. *Integration und Vermittlung*: Dem Christlichen eignet eine große Kraft der Annahme und der Anverwandlung, die freilich zugleich auch Veränderung besagt. Alles, was partikulär an Gutem und Wahrem gefunden wird, kann in einen größeren Zusammenhang eingeholt und heimgeholt werden. Es bleibt dann immer noch ein offenes Gefüge, da es sich nicht in der eigenen Endlichkeit verschließt. Im Prozeß von Anknüpfung und Widerspruch erneuert sich immer wieder das Ganze.
2. *Impuls und Dynamik*: Die Dynamik des Christlichen ergänzt nicht nur, sondern ist Ansporn und drängende Kraft zur Verwirklichung menschlicher Möglichkeiten, die bisher oft aus Trägheit und Schwerfälligkeit nicht erreicht werden konnten. Das christliche Verständnis vom Menschen ist so im gesellschaftlichen Streit ein Stimulans, um aus eingefahrenen Gleisen herauszukommen.
3. *Schöpferisch-kritischer Einspruch*: Der Glaube hat die Pflicht, gegen alle Absolutsetzungen immanenter Sozialverhältnisse, Zustände und Utopien kritisch wachsam zu sein und sie aufzudecken. Die schöpferische Kraft zu einer solchen Kritik kommt der Vernunft des Glaubens letztlich aus ihrer Verankerung in der Transzendenz zu. Deswegen ist sie auch nicht nur negativ, sondern im ursprünglichen Sinne schöpferisch-kritisch. Ideologiekritik ist so alt wie das Bilderverbot und eine Erkenntnis, die ganz elementar zum Glauben gehört.

Dies wird jedoch bei aller Bemühung noch nicht ausreichen. An einem bestimmten Punkt erweist sich die Ohnmacht aller Theorie, gefordert sind dann das Zeugnis und die Bewährung in der Tat des Lebens. Der Wettstreit in der Liebe bleibt am Ende das einzige Kriterium der Glaubwürdigkeit der verschiedenen Humanismen. »Prüfet alles, das Gute behaltet.« (1. Thess, 5, 21)

Literaturhinweise

Lehmann, K.: Transzendenz. In: Sacramentum Mundi IV, Freiburg 1969, S. 992-1005.

Lehmann, K.: Kirchliche Dogmatik und biblisches Gottesbild. In: J. Ratzinger (Hrsg.): Die Frage nach Gott (Quaestiones disputatae 56), Freiburg 1972, S. 116-140.

Lehmann, K.: Es ist Zeit, an Gott zu denken. Freiburg 2000.

Lehmann, K.: Mut zum Umdenken. Klare Positionen in schwieriger Zeit. Freiburg 2002.

Moltmann, J.: Mensch – Christliche Anthropologie in den Konflikten der Gegenwart (= Themen der Theologie 11), Stuttgart 1971 (bes. S. 36ff, 160ff).

Müller, M.: Erfahrung und Geschichte. Freiburg 1971 (bes. 1. Abschnitt, 2. bis 5. Abhandlung, S. 83-197).

Pannenberg, W.: Was ist der Mensch? Die Anthropologie der Gegenwart im Lichte der Theologie. Göttingen 1962 u. ö.

Peterson, E.: Was ist der Mensch? In: Theologische Traktate. München 1951, S. 225-238.

Rahner, K.: Grundentwurf einer theologischen Anthropologie. In: Handbuch der Pastoraltheologie II/2, Freiburg 1966 u. ö.

Rahner, K.: Theologie und Anthropologie. In: Schriften zur Theologie VIII, Einsiedeln 1967, S. 43-65.

Ratzinger, J.: Einführung in das Christentum, München 1968 u. ö., bes. S. 17-69, 189-197.

Schlier, H.: Der Mensch im Lichte der urchristlichen Verkündigung. In: Besinnung auf das Neue Testament. Exegetische Aufsätze und Vorträge II, Freiburg 1964, S. 112-122.

Volk, H.: Was ist der Mensch? Fünf theologische Bestimmungen seines Wesens. In: H. Volk. Gott alles in allem. Gesammelte Schriften I, Mainz 1961 u. ö., S. 62-85.

Welte, B.: Heilsverständnis, Freiburg 1966.

Der 8. Psalm

1 Ein Psalm Davids, vorzusingen auf der Gittih.

2a Jahwe, unser Herr,
wie herrlich ist dein Name auf der ganzen Erde!

2b Besingen will ich deinen Glanz am Himmel!

3 Aus dem Munde von Kindern und Säuglingen (sogar)
hast du eine Macht begründet –
deinen Gegnern »zum Schaden«,
um ein Ende zu bereiten dem Feind und dem Rachgierigen.

4 Wenn ich den Himmel sehe, das Werk deiner Finger,
den Mond und die Sterne, die du befestigt hast:

5 Was ist der Mensch, daß du seiner gedenkst,
das Menschenkind, daß du dich seiner annimmst?

6 Du machtest ihn wenig niedriger als (einen) Gott,
mit Ehre und Hoheit kröntest du ihn.

7 Zum Herrscher über das Werk deiner Hände bestimmtest du ihn,
alles legtest du ihm zu Füßen:

8 Schafe und Rinder, sie alle, aber auch die wilden Tiere,

9 die Vögel des Himmels und die Fische des Meeres,
alles, was die Bahnen der Meere durchzieht.

10 Jahwe, unser Herr,
wie herrlich ist dein Name auf der ganzen Erde!

Übersetzung: L. Perlitt

»Was ist der Mensch, daß du seiner gedenkst?«
Grundgedanken evangelischer Anthropologie im Anschluß an Psalm 8,5

von

Joachim Ringleben

Norbert Elsner gewidmet

Der letzte Aufsatz dieser Reihe kann nicht eine abschließende Diskussion oder Zusammenfassung aller vorherigen nicht-theologischen Zugänge bieten. Dazu müßte man ein ganzes Buch schreiben. Die Theologie hier nur einen Beitrag zu dem unerschöpflichen Thema: »Was ist der Mensch?« leisten – einen Beitrag aus der Sicht des evangelischen Theologen, genauer: des Dogmatikers (und nicht des Ethikers). Tatsächlich werde ich nur einen zentralen und grundlegenden Gedankenzusammenhang verdeutlichen und den Leser auf diesen Denkweg ein Stück mitnehmen: in zwölf Schritten, verteilt auf drei große Abschnitte.

Für die Theologie selber ist die Frage nach dem Menschen natürlich kein Randthema, im Gegenteil! Weil die christliche Theologie der Menschwerdung Gottes nachzudenken hat, fällt in ihr vielmehr allergrößtes Gewicht auf den Menschen, sein Sein und Wesen. Mit dem menschgewordenen Gott steht notwendig auch der gottgeschaffene Mensch im Zentrum theologischen Fragens. Es gibt, seit es Theologie gibt, auch so etwas wie eine theologische Anthropologie.

In der Themenformulierung dieses Bandes klang von Anfang an das Psalm-Wort an: »Was ist der Mensch, daß du seiner gedenkst?« (Psalm 8, 5). Darum will ich nun versuchen, von diesem biblischen Text aus der Frage nach dem Menschen exemplarisch nachzugehen. Denn zuletzt erhält alle Theologie – wie unser Leben überhaupt – aus dem Wort Gottes ihr Licht, das heißt aus der besonderen Sprache und Überlieferung der Bibel. Freilich muß der Theologe von diesem Wort aus auch selber denken, er muß versuchen, es allgemeingültig und allgemeinverständlich auszulegen. Wegen dieses Horizontes von Allgemeinheit hoffe ich, daß auch diejenigen hier weiterlesen können, die sich selber nicht religiös verstehen oder nicht an Gott und sein Wort glauben. Die Frage ist jetzt nur: Was bedeutet der Gottesgedanke für unser Verständnis des Menschen, und das kann man auch sozusagen formal mitvollziehen.

Hört man zunächst nur diesen isolierten Psalm-Vers: »Was ist der Mensch, daß du seiner gedenkst?«, so scheint klar, daß hier der Mensch nach sich selber, nach seinem Dasein fragt und dies im Spiegel seines Bewußtseins von Gott tut. Aber bei etwas Nachdenken bemerken wir sogleich, daß hier eigentlich vier Fragen zur Sprache kommen, die freilich ineinander übergehen. 1. Was ist der Mensch, daß Gott seiner gedenkt? Diese ausgesprochene Frage enthält aber, reflektiert man auf ihre Struktur, 2. die Frage: Was ist der Mensch, daß er *selbst* seiner gedenkt? Und wenn die 1. Frage vom Psalm her eine bestimmte Antwort findet, dann schließt sich notwendig eine weitere Frage an: 3. Was ist der Mensch, daß er Gottes gedenkt? Diese Frage aber drängt schließlich zu ihrer Umkehrung: 4. Was ist Gott, daß der Mensch seiner gedenkt?

Das sind natürlich ganz abstrakte Reflexionen, aber sie zeigen doch, wie hier die Bezüge zwischen Gott und Mensch bzw. zwischen dem Gedanken an Gott und dem Selbstverständnis des Menschen unauflösbar zusammengehören und aufeinander verweisen, auch wenn dabei das Wort ›gedenken‹ nicht jedesmal dieselbe Bedeutung hat.

I. Sein vor Gott

1. Die Erste-Person-Perspektive

Beginnen wir mit dem Vers, der auch in der Mitte des 8. Psalms steht: »Was ist der Mensch, daß du seiner gedenkst?« (Vers 5). Die Frage klingt zunächst eher rhetorisch: Was ist schon der Mensch, daß du ...? Sie ist vom Staunen eingegeben, daß der Weltschöpfer sich mit diesem hinfälligen Eintagswesen überhaupt einläßt. Auch hier ist das Staunen der Anfang des Nachdenkens. Darum muß die rhetorische Frage zur Sachfrage werden: *Was ist* denn der Mensch, wenn du ... oder dadurch, daß du seiner gedenkst? Was sagt das über sein Wesen aus?

Doch stellt der Psalm diese anthropologische Frage eben nicht abstrakt-beziehungslos. Die genaue Formulierung ist hier schon selber ein Beitrag zur Sache. Es heißt: »daß *du* seiner gedenkst«. Das macht uns darauf aufmerksam, daß der Kontext dieser Frage für sie selber und die Antwort bedeutsam ist. Die Frage des Psalmisten nach dem Menschen ist eingebunden in die ausdrückliche Anbetung im gottesdienstlichen Rahmen der Gemeinde Israels. Im *Gebet* wird hier der Mensch seiner ansichtig. Das hat anthropologische Bedeutung und ist mehr als eine bloße religiöse Einkleidung. Nicht die sozusagen objektive Frage wird gestellt: Was ist der Mensch, zu dem sich Gott verhält? Sondern hier fragen Menschen nach sich selber in der Anrede an Gott. Der ganze Psalm ist von dieser Perspektive auf das göttliche Du durchzogen. Schon der 1. Vers lautet: »Jahwe, unser Herrscher, wie herrlich ist dein Name auf der ganzen Erde!« Sich selber *vor* Gott wissend, also vor diesem ewigen Du, erfährt sich der Mensch, erfährt er, was er ist, was es mit seinem Dasein auf sich hat.

Daraus ist eine fundamentale anthropologische Konsequenz zu ziehen. Das implizierte Ich-Sagen des im Psalm redenden Menschen ist rückgebunden an seinen Bezug auf das göttliche Du. Das bedeutet: Die den Menschen als ein Ich auszeichnende Erste-Person-Perspektive ist bezogen auf das Sich-vor-Gott-Wissen. Von einem ewigen Du aus erfährt sich das Ich begründet, es übernimmt sich als Ich im Horizont Gottes. Das Wort ›Gott‹ ist hier ein Wort, das das Menschsein des Menschen hütet, weil es unreduzierbar die Erste-Person-Perspektive offenhält, die für alles Menschsein – wie auch Wolf Singer in seinem Beitrag betont – konstitutiv ist und die auch die Perspektive ist, in der der Mensch nach sich selber fragt.

Der Gottesgedanke erinnert also ausdrücklich daran, daß der Mensch das, was ihn zum Menschen macht, sein Verhältnis zu sich selber, das in der Erste-Person-Perspektive verortet ist, nicht verwechseln kann mit der Perspektive in der 3. Person, mit der er sich auf alles von ihm Unterschiedene bezieht: die Natur, die Welt der Dinge, alles Außermenschlichseiende überhaupt. Im Bewußtsein von der Welttranszendenz Gottes weiß der Mensch also immer auch, daß er mehr ist als ein Weltding. Gottes Unsichtbarkeit schützt das Geheimnis, als ein menschliches Ich zu existieren. Zwischen der ungegenständlichen Identität eines Ich und der Unverfügbarkeit Gottes gibt es eine fundamentale Entsprechung. Goethe drückt sie einmal so aus: »Was der Mensch als Gott verehrt, ist sein eigenstes Innere herausgekehrt« (Gespräche I, Gedenkausgabe [Beutler], Bd. 22, S. 751).

Daß die Erste-Person-Perspektive an den Gottesgedanken gebunden ist, darf man also nicht bloß als etwas Subjektives abtun; es geht gerade darum, was die Subjektivität ermöglicht. Ich kann dafür auch einfach sagen: Wie Gott *einer* ist, so wird auch der sich auf ihn beziehende Mensch *einer*, das heißt, vor diesem Gott erfährt er sich in seiner Ganzheit *als* Mensch (Darauf ist nachher zurückzukommen).

2. Das Du und das Ich

In unserm Psalm steht die Frage des Menschen nach sich in einem weiteren Kontext, der das Gesagte bestätigt und sogar begründet. Denn ehe der Blick des Psalmisten auf uns Menschen fällt, ist zunächst von Gottes Weltgegenwart überhaupt die Rede und im 1. Vers, wie wir schon hörten, vom Namen Gottes: »wie herrlich ist dein Name auf der ganzen Erde« (so auch wieder in Vers 10). Gottes Name meint hier das, was er in der Welt von sich zu erfahren gegeben hat, also seine Offenbarung. Der Psalmist will damit sagen: Gott hat sich von sich her gezeigt und sich dem menschlichen Bewußtsein zu wissen gegeben, und erst daraufhin kann der Mensch überhaupt nach Gott und sich selber fragen. Das heißt, die Frage des Menschen nach sich – daß er sich als sich selber, als ein Ich wahrnimmt – ist vorlaufend schon bestimmt und überformt durch Gottes Fragen nach dem Menschen, durch Gottes Offenbarung an den Menschen, durch seine Anrede an uns. Die Frage des Menschen »Wer bin *ich*?« setzt also voraus, daß zuvor schon Gott ihn gefragt hat: »Adam (das heißt ›Mensch‹), wo bist du?« (Genesis 3, 9). Die Frage Gottes: Wo bist du? Wo hast du dein Sein?, diese Frage an den Menschen und nach dem Menschen verweist diesen an sich selber, macht ihn sich selber gegenwärtig, läßt ihn als Ich vor Gott allererst sein. Das Sein des Menschen ist ein Von-Gott-Gefragtsein; das ist der anthropologische Sinn seiner Geschöpflichkeit. Sein Ort im Sein ist die Frage Gottes nach ihm.

Als Mensch existiert der Mensch in der Anrede Gottes, und daher kann er auch nach sich selber fragen, indem er Gott anredet: »Was ist der Mensch, daß du seiner gedenkst?«

3. Der Mensch im Widerspruch

Wir gehen einen Schritt weiter. Den Versen über den Menschen geht im Psalm der Blick in den Kosmos voraus: »Besingen will ich deinen Glanz am Himmel ... wenn ich den Himmel sehe, das Werk deiner Finger, den Mond und die Sterne, die du befestigt hast: Was ist der Mensch ...« (Verse 2 u. 4). Die Größe und Herrlichkeit des natürlichen Kosmos, die Unermeßlichkeit des Universums, spiegeln die unausdenkbare Größe des Schöpfers, und die ganze Welt erhält von Gott selber Anteil an der Herrlichkeit seines Namens. Und genau vor dieser Kontrastfolie wird der Mensch dessen inne, wie klein und unbedeutend er ist: »Was ist der Mensch, daß du seiner gedenkst, das Menschenkind, daß du dich seiner annimmst?« (Vers 5). Der Psalmist ist von tiefem Staunen erfüllt: Was ist schon der Mensch angesichts der Unermeßlichkeit des Kosmos, der natürlichen Welt! Und doch gilt, wie der nächste Vers sagt: »Du machtest ihn wenig niedriger als (einen) Gott« (Vers 6).

Vor dem geschaffenen Himmel mit seinem wunderbaren Mechanismus erscheint Gottes Zuwendung zu dem hinfälligen Winzling auf Erden wie ein unbegreifliches Wunder. Was findest du nur an ihm, diesem Fast-Nichts? Das ist der staunende Grundtenor in der Frage: »Was ist der Mensch, daß du seiner gedenkst?« Eine unbegreifliche Auszeichnung liegt in der Herablassung des Weltenschöpfers, des ewigen Gottes zum Eintagswesen Mensch. Je größer und unbegreiflicher das Universum, desto größer die zum Staunen hinreißende Würdigung des Menschen durch Gott. Noch in Immanuel Kants berühmtem Satz aus der *Kritik der praktischen Vernunft* klingt ein Nachhall dieses Staunens über die Stellung des Menschen im Kosmos mit: »Zwei Dinge erfüllen das Gemüt mit immer neuer und zunehmender Bewunderung und Ehrfurcht, je öfter und anhaltender sich das Nachdenken damit beschäftigt: *der bestirnte Himmel über mir und das moralische Gesetz in mir«* (Beschluß).

Der Psalm gibt also das Sein des Menschen als ein lebendiges Zwischen zu denken: als die eigentümliche Stellung zwischen Welt und Gott. Dieses Zwischen ist der Mensch aber nur so, daß sein Verhältnis zur übermächtigen Natur und zur Unermeßlichkeit des Universums, in das er gestellt ist, ein unauflöslicher und ihn fast zerreißender Widerspruch ist. Denn wir existieren als der Widerspruch, zugleich Teil der Natur und ihr Gegenüber zu sein. Das ist wiederum eine fundamental-anthropologische Einsicht. Pascal hat daher den Menschen als die labile Mitte zwischen Nichts und All bestimmt (Fragment 72). Genauer führt er diesen Grundwiderspruch menschlichen Seins als eines »denkenden Schilfrohrs« so aus: »Durch den Raum erfaßt mich das Weltall und verschlingt mich wie einen Punkt, durch das Denken erfasse ich es« (Fragment 348). Dem, wozu der Mensch als Naturwesen völlig gehört und dessen Gesetzen er ausnahmslos unterworfen ist, dem Naturganzen, steht er doch, dieser verschwindende Teil im Ganzen, zugleich gegenüber: Er weiß von der Welt, deren Bestandteil er selber ist, erforscht und erkennt sie, beherrscht sie sogar in vieler Hinsicht. Nur ein Menschenbild ist realitätsgerecht, das diese unreduzierbare Doppelperspektive so festhält, wie auch der Psalm es tut. Genau dieser unaufhebbare Dualismus unserer Selbst- und Welterfahrung bestimmt unser Sein: Wir existieren als die, die diesen antinomischen Widerspruch austragen und in ihm bestehen müssen.

Wir gehören ganz in die Natur hinein, beispielsweise schon durch unseren Leib, und doch stehen wir – von ihr wissend – ihr distanziert gegenüber und so auch uns selber gegenüber. Man kann auch sagen: Wir sind, was wir sind, nur so, daß wir davon zugleich auch wissen und es insofern nicht einfach nur sind. Unser Sein ist zugleich ein Sichverhalten zu diesem Sein.

Aus diesen strukturellen Gründen kann keine Naturwissenschaft, keine sogenannte ›Ableitung‹ des Humanen aus der vor- oder außermenschlichen Natur den Menschen als Menschen erklären. Auch unser Gehirn ist ein Stück Welt, das als erforschtes nicht auch diese Hirnforschung erklärt. Solche Erklärungen können prinzipiell immer nur sozusagen die halbe Wirklichkeit geben, weil das Erklärte nicht auch die Erklärung selber noch mit erklärt. Konkreter: Auch da, wo der Mensch sich als Teil der Natur oder aus ihr herkommend wahrnimmt und erkennt (also in Abstammungslehre, Biologie, Zoologie, Genetik usw.), auch da ist er, *indem* er dies – fragend, forschend, experimentierend, vergleichend, schlußfolgernd – tut, und gerade darin, *daß* er dies tut, zugleich schon mehr und anderes als bloß ein Stück Natur. Umgekehrt gilt: Hat er sich wissenschaftlich als Objekt, so entgeht er sich dabei notwendig als Subjekt, das heißt als diejenige Instanz, für die er Objekt ist – eine grundsätzliche ›Unschärferelation‹.

Natur, die sich selber begreift – eben das ist der Mensch –, ist nicht mehr nur Natur, sondern als Natur schon etwas anderes, prinzipiell Höheres. Gerade wo der Mensch sich in die Natur zurückzunehmen scheint (naturwissenschaftlich), entfernt er sich unüberbrückbar von ihr.

4. *Das betende Tier*

Weil wir Menschen nur als dieser Widerspruch menschlich existieren und Iche sind, bzw. weil die Dritte-Person-Pespektive immer von der Perspektive in der 1. Person umgriffen ist, oder auch: weil wir uns in der naturwissenschaftlichen Perspektive (in dritter Person, als Naturwesen) nur wahrnehmen können, weil wir uns zugleich auch in der Perspektive der ersten Person (als Ich-Wesen) wahrnehmen, darum ist es schon philosophisch völlig falsch zu meinen, der Mensch sei sozusagen zuerst und grundlegend etwas wie alle Lebewesen sonst und auf diese natürliche Basis sei noch als seine Besonderheit das spezifisch Menschliche: Bewußtsein, Ichhaftigkeit, Geist, Kultur und so weiter daraufgesetzt, so daß wir Naturwesen plus zusätzlicher humaner Sonderausstattung wären.

Wie falsch das ist, zeigt schlagartig ein genialer Satz Johann Gottfried Herders, der übrigens nach Arnold Gehlen die ganze moderne philosophische Anthropologie schon vorweggenommen hat (*Der Mensch* [1971, 9. Auflage], S. 84) – Herder, der Theologe. Dieser Schlüsselsatz bei Herder lautet: »Schon als Thier, hat der Mensch Sprache« (*Über den Ursprung der Sprache* [1771], in: *Sämmtliche Werke* [Suphan], 5. Bd. S. 5).

Das heißt, der Mensch ist auch als den Tieren vergleichbares Naturwesen nie nur Tier, das etwa zusätzlich Bewußtsein und Sprache hätte. Sondern bis in die letzten Schichten seines Seins ist er als Naturwesen immer schon Mensch, das heißt Sprachwesen. Gehlen hat das variiert mit der Formel, der Mensch sei schon von Natur aus kulturelles Wesen. Der Mensch als bewußtes Sprachwesen gehört ganz in die Natur, zugleich aber ist er bis in die Anatomie und Physiologie hinein immer schon etwas anderes. Schon als Tier hat der Mensch Sprache. So etwas gibt es in der ganzen Natur nicht noch einmal: ein Seiendes, das das, was es ist, zugleich auch nicht ist. Wir sind ganz Tier und doch völlig vom Tier geschieden.

Pascal verlegt diesen Widerspruch in den Menschen selbst, wenn er sagt: »Der Mensch übersteigt unendlich den Menschen« (Fragment 434). Den Menschen, das heißt sich als das Stück Natur, das wir auch immer sind, übersteigt der Mensch durch sein Bewußtsein von sich, von der Natur, von der Welt, und er übersteigt sich ›unendlich‹, indem er von sich im Horizont Gottes weiß, wie unser Psalm es tut.

Nietzsche hat, auch grundlegend für die neuere Anthropologie, den Menschen als das »noch nicht festgestellte Tier« bestimmt (*Jenseits von Gut und Böse*, 62). Damit ist die eigentümliche, seinsmäßige Offenheit des Menschen, der als Tier schon nicht mehr nur Tier ist, bezeichnet. Den letzten Horizont dieser Offenheit meint das Wort ›Gott‹. In diesem Horizont kann sich der Mensch als Mensch begreifen. Von Gott zu reden und zu Gott zu reden, das schützt das eigentümlich Menschliche am Menschen, seine Übergegenständlichkeit, seine Unverfügbarkeit, seine Freiheit. Die Frage nach Gott hält – schon als bloße Frage – eine andere Sicht auf den Menschen mit Gründen offen als jeder naturalistische Reduktionismus und dient eben so schon dem Menschsein des Menschen. Wäre der Mensch noch Mensch, wenn ihm das Wort ›Gott‹ völlig abhanden käme?

Schon als Tier hat der Mensch Sprache – dadurch übersteigt der Mensch als Ichwesen sich unendlich als Naturwesen. Die Gottesfrage hält diesen Überstieg unüberbietbar und radikal offen. Daher ist die Frage, was der Mensch ist, nicht ablösbar von der Frage, wer oder was Gott ist. Wir hörten aus Goethes *Faust* die großartige Formel vom Menschen als dem »Sehnsuchtsvollen Hungerleider / Nach dem Unerreichlichen« (Verse 8204 f.). Solches kann nur das nicht-festgestellte, das sprachliche Tier sein. Gottfried Benn hat das religionsanthropologisch drastisch verstärkt: »Ein armer Hirnhund, schwer mit Gott behangen« (*Untergrundbahn* [1913], Gesammelte Werke III, S. 31). Begreift man gar Religiosität als Faktor der Evolution, so kommt man mit A. Hardy zu der Formel »Der Mensch – das betende Tier« (Stuttgart 1979).

5. Gottes Gedenken

Damit können wir erneut zu Psalm 8 zurückkehren, dessen anthropologische Bedeutung jetzt wohl außer Frage stehen dürfte.

»Was ist der Mensch, daß du seiner *gedenkst*, das Menschenkind, daß du dich seiner *annimmst?*« (Vers 5). Die hebräischen Verben, die hier stehen, zkr und pkd, meinen soviel wie »sich erinnern«, »bedacht sein auf« und »sich kümmern um« und drücken, wie gesagt, das große Staunen darüber aus, daß Gott sich überhaupt mit dem Menschen beschäftigt, sich ihm in seiner Hinfälligkeit liebevoll zuwendet.

Daß Gott den Menschen im Blick hat, ihm Beachtung schenkt, qualifiziert aber nach dem ganzen Psalm den Menschen so sehr, daß Gottes ›Gedenken‹ als eine schöpferische Auszeichnung und produktive Bestimmung des Menschseins gedacht werden muß. Der Mensch ist nicht zuerst da, und dann ›gedenkt‹ Gott seiner, sondern Gottes Gedanke ist schöpferisch, läßt ihn als Menschen überhaupt erst sein. Während wir nur sehen können, was schon da ist, ist Gottes Blick schöpferisch: Was er er-schaut, das *ist* eben dadurch (Augustin). Durch Gottes Gedenken *wird* der Mensch also. Auf die Frage: was ist der Mensch, antwortet der Psalm: er *ist* in Gottes Denken an ihn, dies ist der Ort seines Daseins.

Das Menschsein des Menschen gründet darin, daß Gott seiner ›gedenkt‹. Genau dies aber ist, weil auch der Mensch Gottes gedenkt – wie hier im Psalm –, der Grund und die Bedingung dafür, daß der Mensch an Gott denken, von ihm wissen, an ihn glauben kann. Kein Tier tut das, und daher ›gedenkt‹ (im starken Sinne des Wortes) Gott nur des Menschen. Weil Gott unserer gedenkt, können wir an ihn denken und wissen wir überhaupt von ihm.

Der »Sprachrichtung (des Psalms) zu Gott« hin (H. Spieckermann) ist also die Richtung von Gott her vorausgesetzt. Was ist Gott, daß der Mensch seiner gedenkt? Er ist der den Menschen zuerst Ansprechende, ihn in schöpferischer Anrede zum Menschsein Erweckende. Indem Gott so des Menschen gedenkt, daß er ihn zugleich anredet und die betende Antwort des Psalms ermöglicht, ist Gottes Wort unser Seinsgrund, sein Wort schafft uns, erhält uns am Leben und führt uns zu ihm zurück.

Die Herrlichkeit seines Namens hat zum Ziel, daß er uns schöpferisch beim Namen ruft: »So spricht der Herr, der dich geschaffen, Jakob, und dich gemacht hat, Israel: Fürchte dich nicht, denn ich habe dich erlöst. Ich habe dich bei deinem Namen gerufen, du bist mein« (Jesaja 43, 1).

Was ist der Mensch? Er ist das Gottes Wort vernehmende Wesen, und dies Wort kann er nur vernehmen, weil er selber durch dies Wort ins

Dasein gerufen und von ihm angesprochen worden ist; dazu gehört auch, daß schon das Wort ›Gott‹ ihm sprachlich zur Verfügung steht. Denn theologisch gesehen haben wir nur, weil wir Wort-Geschöpfe, creatura verbi, und Gottes Schöpferwort vernehmende Wesen sind, überhaupt Sprache und Vernunft. Aus sich selbst bleibt der Mensch sich undeutlich – »ein Zeichen sind wir, deutungslos« (Hölderlin) –, erst in Gottes Wort ist er unendlich gedeutet. Und zur Gottesebenbildlichkeit des Menschen, von der noch zu reden ist, gehört fundamental, daß wir Gott in seinem Wort vernehmen können. Daher kann ein Humanismus (als Sicherung, Pflege und Förderung des Humanen) nicht aus dem Menschen selbst und allein heraus begründet werden. Der Mensch ist vieldeutig und gewinnt eine Eindeutigkeit, die seine Freiheit nicht beschädigt, gerade erst aus dem, was höher ist als er, aus Gott.

Was ist Gott, daß der Mensch seiner gedenkt? Er ist der ungegenständliche, im Wort gegenwärtige Grund unseres Menschseins. Wenn der Mensch Gottes gedenkt, vergewissert er sich des Geheimnisses, aus dem sein Menschsein lebendig ist.

II. Zwischen Gott und Welt

6. Die Würde der Fragwürdigkeit

Wir sind längst auch mit der Frage beschäftigt: Was ist der Mensch, daß er seiner selbst gedenkt?

Die erste, einfach klingende, aber viel in sich schließende Antwort auf die Frage, was der Mensch ist, lautet: Der Mensch ist das Wesen, das nach sich selber fragt bzw. fragen kann. Denn mit der Frage: was ist der Mensch, fragt der Mensch nach sich selbst. Und nichts ist so bezeichnend für das Sein des Menschen, wie daß er diese Frage immer wieder stellt und mit keiner inhaltlichen Antwort diese Frage auszuschöpfen vermag. Dieser Sachverhalt dürfte ebenso typisch für den Menschen sein wie die Antworten, die er (sich) im Laufe der Geschichte gegeben hat. Das schließt auch ein: Keine Antwort reicht aus, die das nicht verständlich machen kann.

Auch unser Psalm realisiert auf seine Weise, daß der Mensch dasjenige Seiende ist, das nach seinem Sein *fragt*, und dies wesentlich. Der Mensch ist weder auf sein Vorhandensein festgelegt noch nur einfach mit sich identisch, sondern er ist in Distanz zu seinem Sein, er ist offen, immer schon über sein Dasein hinaus. (Daß wir mehr sind, als sich faktisch oder auch empirisch aufweisen läßt, das haben verschiedene Beiträge dieses

Bandes immer wieder gezeigt.) Der Mensch ist das fragende und insbesondere nach sich selbst fragende Wesen.

Daher kann die Frage, was der Mensch sei, nicht nur in einer Außenperspektive gestellt werden; sonst wäre gerade verfehlt oder ausgeblendet, was den Menschen spezifisch zum Menschen macht.

Auch in Psalm 8 fragt er, wie wir sahen, nach sich: Was ist der Mensch? Aber er fragt hier nach sich selber *vor* Gott: Was ist der Mensch, daß *du* seiner gedenkst bzw. wenn *du* seiner gedenkst? Und der Psalm geht davon aus, der Mensch fragt nach sich, weil Gott nach ihm fragt und längst gefragt hat, eben »seiner gedenkt«. Der Psalmist stellt die Frage nach dem Menschen als Frage an Gott. Gott ist gleichsam der Raum oder Horizont für die wesenhafte Fraglichkeit des Menschen: In der Perspektive auf Gottes Du entwirft sich, oder besser: artikuliert sich die Offenheit des menschlichen Selbstverhältnisses. An der Unendlichkeit des Gottesgedankens hat das Nichtfestgelegtsein des Menschen, seine Ich-Perspektive, das angemessene Gegenüber.

Das gilt auch, wenn sich die Grenze zwischen der Verfügbarkeit und Unverfügbarkeit historisch verschiebt, wie heute zum Beispiel die Möglichkeiten der Gentechnik zeigen. Die ethisch grundlegende Frage ist wohl nicht die, welches Machen hier ›erlaubt‹ oder ›verboten‹ sei, sondern die, wer und was den Macher macht und was dieser aus sich macht.

7. Tiere, Toren und der Maßstab des Selbst

Damit stoßen wir auf das Problem, was eigentlich grundsätzlich ein Maß des Menschlichen sein kann. Wie muß das Gegenüber beschaffen sein, in dem wir uns *als* wir selbst (als unserer selbst bewußte Ich-Wesen) begegnen und uns identifizieren können?

Wegen unserer konstitutionellen Offenheit kann der Maßstab unseres Selbst nichts äußerlich eindeutig Vorgegebenes sein, und auch »Gott ist nichts Äußerliches in dem Sinn wie etwa ein Polizeibeamter«, wie Kierkegaard sehr hübsch sagt (*Die Krankheit zum Tode*, Gesammelte Werke [Hirsch], 24./25 Abt., S. 79). Aber genau wegen seiner Offenheit bedarf unser Selbstsein auch wiederum eines Maßes für sich. Denn ein Selbst definiert sich nur durch das, im Verhältnis wozu es ein Selbst oder dies Selbst ist, also von einem Gegenüber her. Wieder Kierkegaard: »Ein Selbst ist qualitativ das, was sein Maßstab ist« (a.a.O. S. 114). Die Frage ist: woran können wir uns als menschliche Selbste unserer selbst vergewissern? Kierkegaard gibt zwei Beispiele für eine Fehlkonstitution des Selbstseins – als Reflex falscher Maßstäbe: »Ein Viehhirt, welcher (gesetzt dies wäre möglich) Kühen gegenüber ein Selbst ist, ist ein sehr niederes

Selbst; ein Herrscher, welcher Knechten gegenüber ein Selbst ist, desgleichen und ist eigentlich kein Selbst – denn in beiden Fällen fehlt es am Maßstabe« (a.a.O. S. 78), nämlich an dem für menschliches Selbstsein adäquaten Maß. Für Kierkegaard kann nur im Gottesverhältnis dieser wahre Maßstab des Menschseins gewonnen werden: als ein Ich vor Gott sich zu wissen. »Und welch eine unendliche Realität erhält nicht das Selbst dadurch, daß es dessen sich bewußt wird, für Gott da zu sein, dadurch, daß es ein menschliches Selbst wird, dessen Maßstab Gott ist!« (a.a.O. S. 78).

Mit diesen Überlegungen und insbesondere Kierkegaards beiden Negativbeispielen sind wir näher bei Psalm 8, als man vielleicht meint. Denn der von Gott in schöpferischer Selbstherablassung geschaffene Mensch ist nicht zum knechtischen Bewußtsein einem übermächtigen Herrscher-Gott gegenüber bestimmt. Gott gewährt ihm gerade Anteil an seiner Herrschaft: »Zum Herrscher über das Werk deiner Hände bestimmtest du ihn, alles legtest du ihm zu Füßen: Schafe und Rinder, sie alle, aber auch die wilden Tiere, die Vögel des Himmels und die Fische des Meeres« (Verse 7-9).

Weil Gott den Menschen in seine Nähe zieht, ihn wenig niedriger als (einen) Gott gemacht hat, ihn mit Ehre und Hoheit krönt, wie es in Vers 6 heißt, darum soll der Mensch an der Natur eine pflegliche Herrschaft ausüben. Ochsen und Schafe, das heißt die nichtmenschliche Natur, stellen also gerade nicht das Gegenüber dar, an dem er ablesen kann, was er selbst als selbsthaftes Wesen ist. Die Tiere sind zwar auch Geschöpfe, aber wir sind eben: das betende Tier. Wer sich sein Selbst im Gegenüber nicht zu Gott, sondern den Naturwesen definiert, der verfehlt mit Gott gerade auch sein Menschsein, wie ein anderer Psalm sagt: »Da war ich ein Narr und wußte nichts. Ich war wie ein Tier vor dir« (Psalm 73, 22).

Vergißt der Mensch aber, daß er selbst »das betende Tier« ist, so wird er einer der Toren, die »sprechen in ihrem Herzen: Es ist kein Gott«, wie Psalm 14, 1 sagt (cf. Psalm 53, 1). Diese Torheit besteht darin zu übersehen, daß mit dem fehlenden Maßstab ›Gott‹ auch das Selbstsein hinter sich zurückfällt; darum fährt der zitierte Psalm 14 fort: »Der Herr schaut vom Himmel auf der Menschen Kinder, daß er sehe, ob jemand klug sei und nach Gott frage« (Vers 2). Nur der Mensch, der Gottes gedenkt, empfängt ein wahres Selbstsein. Und nur, indem wir alles welthaft Seiende transzendieren, nämlich uns selbst, die anderen Menschen und die Natur, das heißt indem wir von außerhalb unserer selbst, vor Gott uns zu uns selbst verhalten, können wir *frei* wir selbst sein.

8. Herrschaft und Abwesenheit

Der Mensch, so hörten wir, ist das Geschöpf, dem Gott Anteil an seiner eigenen Herrschaft übertragen hat. Das begründet, *begrenzt* aber auch unsere Herrschaft über die Erde. Gott will seinen Namen auch so verherrlichen, daß wir in seinem Namen pfleglich mit der Schöpfung umgehen, darin schöpferisch herrschen. Auch das gehört zur Gottebenbildlichkeit des Menschen. Versuchen wir, diese Aussagen des Psalms noch etwas genauer zu verstehen. Worin gründet eigentlich der Vorrang des Menschen über die ganze geschaffene Natur außer ihm, wie ist das Dominium terrae mit seinen Chancen, aber auch seinen unübersehbaren Risiken möglich?

Diese Herrschaft hat mit der Distanz des menschlichen Bewußtseins zu allem unmittelbar Vorgegebenen zu tun, also auch mit unserer Fähigkeit zu *fragen.* Aristoteles kennzeichnet die Menschen als »Liebhaber (oder Bewunderer) des Abwesenden«: *θαυμασταὶ ... τῶν ἀπόντων* (übrigens im Zusammenhang mit unserer Sprachlichkeit, cf. Rhetorik *Γ* 1404 b 11).

Das hat zu tun mit der spezifisch menschlichen Situationsenthobenheit, daß wir bei etwas nur so sind, daß wir zugleich schon darüber hinaus sind. Die neuere philosophische Anthropologie spricht von ›Weltoffenheit‹ des Menschen, also seiner grundsätzlichen Freiheit von jeder bestimmten Umwelt. Man kann auch sagen, wir sind zur Allgemeinheit fähig, das heißt, bei jedem Einzelnen immer schon zugleich darüber hinaus und im Allgemeinen. Nur ein Wesen, das zu sich selber Distanz hat, kann Allgemeinheit realisieren: zum Beispiel darin, daß wir eine Sache als sie selber, das heißt als unabhängig von uns oder unserm unmittelbaren Verhältnis zu ihr, als etwas für sich Seiendes wahrnehmen und denken, also auch erkennen können. Alle Naturbeherrschung setzt diese Sachlichkeit, den Zugang zum Eigensein der Natur, Erkenntnis ihrer Gesetze usw. voraus. Allgemeinheit ist die Bedingung jeder Macht.

Diese Andeutungen zeigen, daß von Gott etwas zu wissen, Gott zu denken, mit dem Wesen des Menschen eng zusammengehört. Denn im Gottesgedanken erfüllt sich, daß der Mensch als »Liebhaber des Abwesenden« Mensch ist. Im Gedenken Gottes wird der Mensch über alles gegenwärtig Vorhandene, über die sichtbar gegebene Welt unendlich hinausgeführt. Das Wort ›Gott‹ verweist uns an eine schrankenlose Allgemeinheit, denn Gott ist nichts Einzelnes oder Bestimmtes. Darum stabilisiert der Gottesgedanke mit seiner inneren Unendlichkeit die menschliche Freiheit.

9. Begrenzte Eigenmacht

Psalm 8 verbindet den Herrschaftsauftrag an den geschaffenen Menschen nun aber mit seiner besonderen Gottesnähe: »Du machtest ihn wenig niedriger als (einen) Gott, mit Ehre und Hoheit kröntest du ihn« (Vers 6); er begrenzt so aber auch die Eigenmächtigkeit des Menschen.

Der Mensch ist schon anders geschaffen als die übrige Welt. Ist diese sozusagen ein gegenständliches Werk, so verdankt sich die Erschaffung des Menschen, wie die Schöpfungserzählungen im 1. Mosebuch betonen, einem besonderen Ratschluß Gottes (Genesis 1, 26) und besonderen Segen des Schöpfers (Genesis 1, 28); der Mensch wird als das einzige Gottesgeschöpf mit dem eigenen Atem des Schöpfers belebt (Genesis 2, 7). Gott adelt den Menschen durch seine intime Gemeinschaft, er selber macht ihn zur ›Krone‹ der Schöpfung, indem er ihn mit ›Ehre‹ und ›Hoheit‹ (kabod und hadas) königlich auszeichnet. Das alles meint nicht eine Zugabe, sondern die Ermöglichung der eigentlich menschlichen Existenz, ihre Wahrheit in Gottes Augen, sein ›Gedenken‹, und es sollte zugleich jede ›Selbstherrlichkeit‹ dieses Geschöpfes hindern.

Denn die »analogielose Nähe (des Menschen) zu Gott« (H. Spieckermann), die denkbar größte Nähe ist, ist nur als das Wunder zu begreifen, das sich auf dem Hintergrund von Gottes unendlichem Abstand zu diesem erdgeborenen, hinfälligen Menschen ereignet. In Gott zu gründen, das heißt ebenso, aller Eigenmacht entnommen, wie aus Gottes Hand sich selber geschenkt zu werden. »Gott fürchten und lieben« (wie es im Katechismus heißt), in Ehrfurcht und Dankbarkeit zu ihm aufzublicken, das sind nicht irgendwelche religiösen Gefühle, sondern das Gotteslob macht die Wahrheit des Geschöpfseins aus. Der Mensch existiert, indem Gott seiner gedenkt: in freier Teilhabe an seiner Herrschaft und in Abhängigkeit als Geschöpf; so nah bei Gott, wie irgend möglich, und doch so unterschieden von Gott, wie für ihn notwendig.

10. Mängelwesen

»Wenig niedriger als (ein) Gott« sei der Mensch gemacht – so der Psalm. Zwischen dem auf sich beschränkten Tier und der Vollkommenheit eines Gottes hat der Mensch – wegen der Dialektik von Nähe und Abstand zu Gott selbst – eine offene Stelle, einen Mangel an sich, insofern ihm das Gottsein vorenthalten wird. Er ist auch in dieser theologischen Hinsicht ein ›Mängelwesen‹: Er ist zutiefst Gottes bedürftig, um menschlich zu bleiben.

Die philosophische Anthropologie hat – bis in die anatomische und instinktmäßige Ausstattung hinein – den Menschen als ein biologisches ›Mängelwesen‹ beschrieben (so Gehlen, Plessner, A. Portmann). Zugleich hat sie zu verstehen gelehrt, daß gerade in dieser ›Unfertigkeit‹ des Menschen als Naturwesen seine Besonderheit als Kulur- und Geistwesen, als Wesen der Institutionen und der Gesellschaft verständlich wird. Aus seinen biologischen Schwächen hat der Mensch gerade seine Stärke in der Welt gemacht, aus seiner Existenznot, wie kein Tier sie kennt, die Tugend humaner Lebensgestaltung. Die Mängel dieses Wesens erweisen sich als Bedingung der Chance, mehr zu sein als jedes andere Lebewesen.

Nur ein solches Mängelwesen konnte aber den Gedanken an Gott fassen. Und von Gott her begreift er auch seine natürliche Bedürftigkeit in einem letzten, metaphysischen Maßstab. Denn die Abhängigkeit von der Natur und das freie Gegenüber zur Natur, das diese beherrschbar macht, werden, wie gezeigt, in der Ausrichtung auf Gott zu einem *sinnvollen* Widerspruch. Kierkegaard hat das auf die paradoxe Formel gebracht: »Gottes bedürfen ist des Menschen höchste Vollkommenheit« (*Erbauliche Reden* 1844, Gesammelte Werke 13./14. Abt., S. 5-34).

Diese Bedürftigkeit des staubgeborenen Menschen hat unser Psalm auf eine wunderschöne Weise veranschaulicht; ich meine den 3. Vers: »Aus dem Munde von Kindern und Säuglingen hast du eine Macht begründet …« Dies Gotteslob der Kinder ist, so sagt ein Ausleger, »das Paradigma menschlicher Existenz coram deo« (H. Spieckermann), und er verweist auf Jesu evangelische Worte über die Kinder (Matthäus 21, 15 f.; cf. Markus 10, 13-16 par).

Noch einmal zeigt sich das Wunder göttlicher Selbstherablassung, wenn Gottes Macht durch die Schwächsten, die er an seiner Herrschaft teilnehmen lassen will, sich vollzieht. Der Mensch, der immer nur ›Menschen-Kind‹ (Vers 5b) ist, ist doch Krone der Schöpfung, ist, stolz mit Herder zu reden, »der erste *Freigelassene* der Schöpfung« (*Ideen zur Philosophie der Geschichte der Menschheit*, Erster Teil, 4. Buch [1784], in: Sämmtliche Werke [Suphan], 13. Bd., S. 146). Hamann hingegen sieht von Psalm 8 her in uns Menschen noch die »Säuglinge der Schöpfung« (Sämtliche Werke [Nadler], Bd. 2, S. 374, 5 f.; cf. S. 372, 12) und empfiehlt seinem Freunde Kant, die Schöpfungsgeschichte als eine ›Kinderphysik‹ zu schreiben (a.a.O. S. 371)!

III. Zukunftsglanz und Elend der Sünde

11. Gott denkt weiter

»Was ist der Mensch, daß du seiner gedenkst?« Gottes Gedenken, in dem der Mensch sein Menschsein hat, ist nicht auf den Anfang beschränkt, es geht weiter, sowie auch die Schöpfung weitergeht. Gottes Gedenken läßt den Menschen nicht los, will etwas von ihm, hat etwas mit ihm vor. Die Frage »Adam, wo bist du?« ist noch nicht endgültig beantwortet. Sagt das Neue Testament: »Es ist noch nicht erschienen, was wir sein werden« (1 Johannesbrief 3, 2), so entspricht es dem, wenn die Philosophin Hannah Ahrendt meint, daß »die Frage: Was bin ich? überhaupt nur von Gott zu beantworten ist« (*Vita activa*, S. 318 A. 2). Zwar ist der Mensch das Wesen, das nach sich fragt, aber eben so wird er sich zu einer unbeantwortbaren Frage: »Factus ipse mihi magna quaestio« erfährt Augustin (*Confessiones* IV, 4, 9 und X, 33, 50) ja zu einer »terra difficultatis« (X 16, 25), ein Boden schwierigster Mühsal, ein Land voller Schwierigkeiten. Der Fluch des Sündenfalls liegt über diesem Ackerfeld Gottes, das wir selber sind (cf. 1 Korinther 3,9). Auch unser Psalm 8 deutet mit der Rede von den Feinden und Widersachern (Vers 3b) auf diese Schuld vom Anfang an, die biblisch immer präsent ist, wenn es um das Wesen des Menschen geht. Ein Riß geht durch die an sich gute Schöpfung: die Existenz des Bösen. Kraß realistisch über den Abfall Gottfried Benn: »Die Krone der Schöpfung, das Schwein, der Mensch« (*Der Arzt III* [1917], Gesammelte Werke III, S. 12) – der Mensch im Widerspruch.

Die Sünde besteht in nichts anderem, als daß der Mensch sich aus seinem Sein in Gottes Gedenken an ihn eigenmächtig herauslöst. Trotzdem hält Gottes Gedenken am Menschen fest. Noch einmal und radikal vertieft oder verschärft ist es also zu hören: Was ist der Mensch, dieser von dir Abgefallene, daß du seiner gedenkst, und dies sündhafte, von dir entfremdete Menschenkind, daß du dich seiner annimmst?!

In dieser Dimension menschlicher Verlorenheit in Schuld und Sünde hat der Hebräerbrief den 8. Psalm theologisch weitergedacht. Er überträgt den Vers über das Menschenkind auf den Menschensohn, Jesus Christus: »Was ist der Mensch, daß du seiner gedenkst, und des Menschen Sohn, daß du auf ihn achtest? Du hast ihn eine kleine Zeit niedriger sein lassen als die Engel; mit Preis und Ehre hast du ihn gekrönt; alles hast du unter seine Füße getan« (Hebräerbrief 2,5-8). Christi Menschwerdung, Kreuz und Auferstehung, das sind die weiteren Stationen der Schöpfungsgeschichte, der Geschichte von Gottes Gedenken an den Menschen. Erst in Gottes eigenem Menschensohn wird die Schöpfung des Menschen vollendet – über seine Sündhaftigkeit hinweg –, und der Gottmensch Jesus Christus ist die endgültige Wahrheit des Menschseins. Sie wird am Ende der Tage offenbar werden: »Es ist noch nicht erschienen, was wir sein werden. Wir wissen aber: wenn es offenbar wird, werden wir ihm gleich sein; denn wir werden ihn sehen, wie er ist« (1 Johannesbrief 3,2). Gottes Gedenken hat noch etwas vor mit dem Menschen und seinem Sein.

12. Der Mensch – das zukunftsschwangere Wesen

Um das zum Schluß noch in einem eschatologischen Ausblick zu verdeutlichen, wenden wir uns kurz Martin Luthers Anthropologie zu, die ganz vom Neuen Testament bestimmt ist. Auch hier bleibt unverändert präsent, daß Jesus das Maß des Menschlichen ist: der von menschlicher Sünde Zerschlagene, die Krone der Schöpfung, dornengekrönt, von dem Pilatus sagt: Ecce homo, sehet, welch ein Mensch! (Johannes 19, 5).

Luther hat sich 1536 in einer Disputation grundsätzlich über das christliche Verständnis vom Menschen geäußert. Hier hören wir zunächst etwas Ärgerliches: Luther ist der Meinung, daß der übliche philosophische Begriff vom Menschen, der ihn als »animal rationale« definiert, überhaupt nicht weiß, was der wirkliche Mensch ist (These 31). Dafür hat Luther theologisch zwei Gründe aufzubieten: 1. Die philosophische und scholastische Anthropologie ist nicht vom Gottesbezug her gedacht; das heißt sie verkennt, daß der Mensch als Sünder seine Bestimmung zur Freiheit immer schon verfehlt und daß Gott das durch Christi Erlösungstat zurechtgebracht hat. 2. Bleibt die philosophische Sicht auf den Status quo des gegenwärtigen Menschen beschränkt. Sie vergißt also Gottes bleibendes, heilvolles Gedenken, das heißt den Umstand, daß Gott am Menschen noch schöpferisch weiterwirkt und der Mensch darum nicht schon fertig ist, sondern noch unterwegs zur Erfüllung seiner Bestimmung. Daher philosophiert der Apostel Paulus anders über den Menschen. Beides zusammen, also Gottes eschatologisches Heilswirken, nimmt Luther so auf, daß er – mit Berufung auf Römerbrief 3,28 – den Menschen *anthropologisch definiert* als den, der durch den Glauben gerechtfertigt wird (These 32).

Das bedeutet, der Mensch ist in Wahrheit der, an dem Gottes heilvolles Gedenken auf Vollendung aus ist: zur Wiederherstellung seiner ursprünglichen, verlorenen Gottebenbildlichkeit. Wie die ganze Schöpfung noch unterwegs ist zu ihrem eschatologischen Ziel der Endvollendung, so auch der Mensch, dessen Gott sich im Menschensohn angenommen hat. Auf das Bild des gegenwärtigen Menschen, der wir alle jetzt noch sind, fällt daher das Licht des neuen Menschen, der wir erst werden sollen. Zumindest theologisch hat Adorno also recht: »Erkenntnis hat kein Licht, als das von der Erlösung her auf die Welt scheint« (*Minima Moralia* 153; S. 333). Gott – so das kurze Fazit – arbeitet noch am Menschsein, seine Nichtfestlegbarkeit ist, theologisch verstanden, sein Unfertigsein in Gottes schöpferischem Blick. Ich zitiere die 35. These: »Deswegen ist der Mensch dieses Lebens die reine Materie Gottes in Richtung auf das Leben seiner zukünftigen Form«. Wir sind noch nicht, was wir nach Gottes Gedenken sein werden; unser gegenwärtiges Dasein und Sosein ist erst nur der Baustoff, das Schöpfungsmaterial, die Embryonalform unserer endgültigen Form. Adolf Portmanns These vom »extrauterinen Frühjahr« als Status des Menschen ist also theologisch weiterzudenken. Denn der am Anfang geschaffene Mensch ist noch die bloße Materie seiner eschatologischen Form. Damit werden wir von uns selber unterschieden, wir sind unsere eigenen Vorläufer, der Mensch ist, wie Luther auffällig formuliert, nur erst »materia sui« (These 37), Materie seiner selbst als von Gott geplanter zukünftiger Form. Wir sind unserer eigenen Wahrheit nur erst vorausgesetzt.

Daher ist »des naturlich leben ... eyn stuck vom ewigen leben und [erst] eyn anfang« (Weimarer Ausgabe Bd. 10/I, 1, 200, 3f.), aber zugleich gilt: »das naturlich leben wird gestreckt ynß ewige leben« (a.a.O. 7 f.). Das verheißt dem menschlichen Sein eine überschwengliche Erfüllung und Vollendung. Was Nietzsche ahnte: »Alle Lust will Ewigkeit, will tiefe, tiefe Ewigkeit«, das erwartet der Glaube als das eschatologische »Land der süßen Wonne, / da die Lust, die uns erhöht, / nie vergeht« (Chr. Knorr v. Rosenroth, Evangelisches Gesangbuch 450, 5). Als dieser Übergang von der Zeit in die Ewigkeit existiert der Mensch.

Wie am Anfang, so bleibt auch am Ende nur das Staunen: »Was ist der Mensch, daß du seiner gedenkst, das Menschenkind, daß du dich seiner annimmst?«

Literaturhinweis

L. Perlitt, Der Mensch nach der Offenbarung des Alten Testaments. Eine Auslegung des 8. Psalms. In: Allein mit dem Wort. Theologische Studien. Göttingen 1955, S. 67-80.

Besonderen Dank schulde ich meinem Kollegen Prof. H. Spieckermann für die freundliche Erlaubnis, in ein noch unveröffentlichtes Manuskript zu Psalm 8 Einsicht nehmen zu dürfen.

»Weil das Menschsein sich zu leicht vergißt«

von

Günter Kunert

Lagebericht

Alles ist möglich und
gleichzeitig ist alles unmöglich.
Nur noch Natur
ist uns geblieben oder was
von ihr geblieben ist. Um uns
geruhsame Steine von seligen Vorläufern
deren Zukunft
bis zum Jenseits gereicht hat.

Unser ist der Tag
der keinem gehört. Wir sitzen
im schwarzen Licht
essen Gift trinken Säure
wir denken wir leben
und verschieben die Folgen
auf Morgen
wo wieder mehr möglich ist
und noch mehr unmöglich
wo wir alle so sind
wie alle sein werden:

fernerhin Stückwerk
trostlos unaufgehoben
endgültig unnütz
der Rest
der verschwiegen wird.

GÜNTER KUNERT

Die Verursacher

Es kommen Leute mit großen Wunden
unaufhörlich blutend und tragen
sie in ihre Büros
in ihre Betten und in andere
mit unverständlicher Würde
schweigend oder bloß
örtlich betäubt

Es kommen Sterbende
und fallen in die Parkettsitze
Frisiersessel Bankreihen
auf die ständig verschmutzten Plätze
der S-Bahn
und verschwinden in der Abstraktion

Es kommen
unsere Brüder und Schwestern
Menschen und Unmenschen
sie schleppen ihre Seelen hinter sich her
verheerend wie Abgas
und verlieren alle Kontrolle
über sich an andere
Brüder und Schwestern Menschen und
Unmenschen

Es kommen die drei
apokalyptischen Begleiter
Hoffnung Zweifel und Gewohnheit

Es kommen täglich klägliche
Millionen
Es kommen mehr und immer mehr
sie treten auf und übereinander
hinweg
und werden zum Gebirge
das einfach einsinkt eines Tages

um das altbekannte Donnerwort zu bilden
unhörbar unleserlich und
und und.

Schabeblatt 1954 / Kunert

Verlorene Söhne

Wir wandten uns um, um zurückzusehn,
und sind nicht dabei erstarrt.
Wir haben geahnt: Das wird untergehn:
Ein Sodom besonderer Art.

Ein Abschied auf immer: Denn dessen bin
ich mir wie des Lebens gewiß.
Vergangen die Angst. Schau klaglos hin
auf die brennende Finsternis.

Es gibt nichts zu sagen. Kein einziges Wort.
Bloß: Die Ferne weitet sich aus.
Später vergeht auch der Name dem Ort
und heißt nicht länger: Zuhaus.

Wer lange in einer Legende gelebt
die mit der Zeit doch zerfällt,
dem bleibt, wonach er niemals gestrebt:
Nur Asche von seiner Welt.

Shakespeare entsprechend

Von allen vergessenen Träumen
war der eine kunterbunt
und verließ mich doch ohne Säumen
als hätte er dazu Grund.

Daß ich dem Traum nicht behagte,
er den falschen Kopf sich erkor,
und ich kein Erinnern wagte,
damit er sich nicht verlor

für irgendein anderes Wesen,
das ihn noch dringender braucht:
bin ja selber ein Traum gewesen,
zum Verschwinden nur aufgetaucht.

Verwandschaftsweise

Von jetzt an
heiße nicht mehr als etwas
bewegliche Biomasse Du
Wunderwerk irreparabel. Du
Dornenkrone der Schöpfung.
Du fleischgewordenes rastloses
Restrisiko. Du Strohkopf
im Heuhaufen Menschheit
unauffindbar.
Sich verleugnender Säuger
tauglich wie Kain anderer
zu Wort und Totschlag.
Freudianisch schöner Götterfunken
am planetaren Pulverfaß
schlichtweg gestimmt
zu letalen Liederlichkeiten
in aller voraussehbaren Zeit.
Sei umarmt aus fraglichen Gründen
meinerseits schlotternd
gewissenlos Bruder du.

Absage

Geburt der Welt: Aus deinem Hirn.
Sie quillt hervor, ist keiner gleich
an Fülle und an Farben reich
und trägt das Signum deiner Stirn.

Als Sehnsuchtsziel gewitzt erdacht,
als Ort der wahren Menschlichkeit.
Doch greift sie aus in Raum und Zeit,
verliert sie ihre fade Pracht,

wird ein realer Wüstenstrich,
ein Jammertal wie längst bekannt:
ein Stirb- und Werdniewiederland.
Behalte deine Welt für dich.

Wie ich ein Fisch wurde

Am 27. Mai um drei Uhr hoben sich aus ihren Betten
Die Flüsse der Erde, und sie breiteten sich aus
Über das belebte Land. Um sich zu retten
Liefen oder fuhren die Bewohner zu den Bergen raus.

Als nachdem die Flüsse furchtbar aufgestanden,
Schoben sich die Ozeane donnernd übern Strand,
Und sie schluckten alles das, was noch vorhanden,
Ohne Unterschied, und das war allerhand.

Eine Weile konnten wir noch auf dem Wasser schwimmen,
Doch dann sackte einer nach dem andern ab.
Manche sangen noch ein Lied, und ihre schrillen Stimmen
folgten den Ertrinkenden ins nasse Grab.

Kurz bevor die letzten Kräfte mich verließen,
Fiel mir ein, was man mich einst gelehrt:
Nur wer sich verändert, den wird nicht verdrießen
Die Veränderung, die seine Welt erfährt.

Leben heißt: Sich ohne Ende wandeln.
Wer am Alten hängt, der wird nicht alt.
So entschloß ich mich, sofort zu handeln,
Und das Wasser schien mir nicht mehr kalt.

Meine Arme dehnten sich zu breiten Flossen,
Grüne Schuppen wuchsen auf mir ohne Hast;
Als das Wasser mir auch noch den Mund verschlossen,
War dem neuen Element ich angepaßt.

Lasse mich durch dunkle Tiefen träge gleiten,
Und ich spüre nichts von Wellen oder Wind,
Aber fürchte jetzt die Trockenheiten,
Und daß einst das Wasser wiederum verrinnt.

Denn aufs neue wieder Mensch zu werden,
Wenn man's lange Zeit nicht mehr gewesen ist,
Das ist schwer für unsereins auf Erden,
Weil das Menschsein sich zu leicht zu vergißt.

Luther und der Baum

Von Sintflut hat man gelesen:
Derlei wiederholt sich kaum.
Gewesen ist eben gewesen.
Luther pflanzt einen Baum.

Und rinnen die deutschen Flüsse
dahin als giftiger Schaum,
weißt du, was man tun müsse –
Luther pflanzt seinen Baum.

und empfiehlt noch, Kinder zu machen,
gebrich's der Welt auch an Raum
für all die Armen und Schwachen:
er pflanzt mit Fleiß seinen Baum.

Und wäre wie Auschwitz die Erde,
er fände den friedlichen Saum,
jenseits von Leid und Beschwerde
für sich und für seinen Baum.

Lektüre

Fand dich im »Handbuch der Symbole«:
geduldig wie das Lamm und gierig
wie eine hungrige Wölfin. Sanft wie
die Taube, klug
wie die Schlange, verschlosssen
wie Austern. Ergeben
wie eine gehorsame Hündin und
zärtlich wie Katzen. Animalisch
gleich allem Getier im Menschen.
Und las über dich immerfort
lebendes Gleichnis
Seite um Seite
aufs Neue
gefangen und gefesselt

Vorschlag

Ramme einen Pfahl
in die dahinschießende Zeit.
Durch deine Hand rinnt der Sand
und bildet Formlosigkeiten,
die sogleich auf Nimmerwiedersehen
in sich selbst einsinken:
vertanes Leben.

Was du nicht erschaffst, du
bist es nicht. Dein Sein nur Gleichung
für Tätigsein: Wie will denn,
wer nicht Treppen zimmert,
über sich hinausgelangen?
Wie will heim zu sich selber finden,
der ohne Weggenossen?

Hinterlaß mehr als die Spur
deiner Tatze, das Testament
ausgestorbner Bestien, davon die Welt
übergenug schon erblickt.

Ramme einen Pfahl ein. Ramme
einen einzigen, einen neuen Gedanken
als geheimes Denkmal
deiner einmaligen Gegenwart
in den Deich
gegen die ewige Flut.

Reminiszenz

Was damals die an ihre Trümmer schrieben
als sie vor den Ruinen ihrer Städte standen
ist nachzuahmen uns geblieben
wenn auch die Trümmer längst verschwanden.

Zwei Worte die uns tröstend einbezogen
fern aller Klage allem Streben
die nichts verlangten und nicht logen –
heb deine Hand und schreib: Wir leben.

Unsichtbar umfangen

Du und ich und immer wieder Wälder
immer wieder Häuser immer wieder ich und du.
Wolken Wolken graue Tücher
decken unsre späten müden Leiber zu.

Zwischen Hingelegtsein und Sichfrüherheben
schwärt ein Dunkel das noch keiner kennt
schreckensvoll und gut in einem
darin eine kleine Gier als Kerze brennt.

Wo wir liegen gehen sitzen laufen
immer bleibt um uns ein schwarzer Rest
von dem Dunkel über das wir schweigen
das uns bis zum Ende nie verläßt.

Frist

Sonne war und fiel heiß auf sie nieder
Und fiel auf mich der ich doch bei ihr war.
Die Wellen gingen fort und kamen wieder
Zurück voll Neugier zu dem nackten Paar.

Ein wenig Fleisch auf so viel Sandgehäufe
Ein wenig Frist in ziemlich viel Unendlichkeit
Ein wenig Leben und zwei Lebensläufe
Darüber Sonne und darunter Dunkelheit

Kalenderspruch

Immer noch: Der blasse Mond.
Die alte Erde: Noch bewohnt.
Natur: Ein Anlaß zum Gedicht.
Zum Wörterspiel. Zum Weltgericht.
Hier: Meine Hand. Noch greift sie zu.
Und hält sich fest. An einem Du.

Über die Autorinnen und Autoren

Hannelore Ehrenreich, Professor für Neurologie und Psychiatrie an der Georg-August-Universität und am Max-Planck-Institut für Experimentelle Medizin, Göttingen. Geboren 1955. Arbeitsschwerpunkte: Therapie des Alkoholismus und Regeneration von Alkoholfolgekrankheiten. Neuroprotektion in der Behandlung neuropsychiatrischer Krankheiten: von der Zelle zum Patienten. Henning Krampe, Diplompsychologe, ist wissenschaftlicher Mitarbeiter in der Arbeitsgruppe.

Norbert Elsner, Professor für Zoologie an der Georg-August-Universität Göttingen und Mitglied der Akademie der Wissenschaften zu Göttingen sowie der Gesellschaft der Naturforscher ›Leopoldina‹ in Halle. Geboren 1940. Arbeitsschwerpunkte: Bioakustik, Neuro-, Sinnes- und Verhaltensphysiologie unter besonderer Berücksichtigung der neuronalen und sensorischen Grundlagen der akustischen Kommunikation. Daneben Arbeiten zur Wissenschaftsgeschichte.

Peter Gruss, Präsident der Max-Planck-Gesellschaft und Direktor der Abteilung Molekulare Zellbiologie am Max-Planck-Institut für biophysikalische Chemie in Göttingen. Mitglied der Akademie der Wissenschaften zu Göttingen. Geboren 1949. Arbeitsschwerpunkte: Molekulare Mechanismen der Entwicklung des Nervensystems von Vertebraten; embryonale Stammzellbiologie im Hinblick auf den therapeutischer Einsatz bei Morbus Parkinson. Jan Schindehütte (geboren 1963) und Barbara Meyer (geboren 1972) sind wissenschaftliche Mitarbeiter in der Abteilung.

Axel Haverich, Professor für Chirurgie und seit 1996 Leiter der Klinik für Thorax-, Herz- und Gefäßchirurgie der Medizinischen Hochschule Hannover. Geboren 1953. Studium der Humanmedizin und Facharztausbildung an der MHH mit anschließender Habilitation; von 1993 bis 1996 Leiter der Herz- und Gefäßchirurgie der Christian Albrechts-Universität zu Kiel. Arbeitsschwerpunkt: Transplantationschirurgie und Tissue Engineering.

Karl Otto Hondrich, Professor für Soziologie und Direktor des Instituts für Politik- und Gesellschaftslehre an der Johann-Wolfgang-Goethe-Universität Frankfurt a. M. Geboren 1937. Dozent an der Universität Kabul von 1963 bis 1965. Begründer der Arbeitsgruppe ›Soziale

Infrastruktur‹; Mitbegründer des ›Club of Quebec‹. Arbeitsschwerpunkte: Soziale Konflikte, sozialer Wandel und elementare Prozesse des Zusammenlebens in vergleichender Sicht.

Karl Kardinal Lehmann, Bischof von Mainz (seit 1983) und Vorsitzender der Deutschen Bischofskonferenz (seit 1987), Kardinal (seit 2001). Professor für Dogmatik und Theologische Propädeutik an der Universität Mainz (1968 - 1971) und für Dogmatik und Ökumenische Theologie an der Universität Freiburg (1971 - 1983), seit 1983 Honorarprofessor. Geboren 1936 in Sigmaringen (Hohenzollern). Zahlreiche Veröffentlichungen und Herausgeberschaften (Internationale Kath. Zeitschrift Communio, 1972ff.; Erik Peterson, 1994ff.; Karl Rahner, Sämtliche Werke, 1995ff).

Ruth Klüger, Professorin für Deutsche Literatur an der University of California, Irvine und an der Georg-August-Universität Göttingen. Geboren 1931 in Wien, als Jüdin in die Konzentrationslager Theresienstadt, Auschwitz und Christianstadt verschleppt. 1947 in die USA ausgewandert, promoviert in Germanistik an der University of California, Berkeley, über das barocke Epigramm; Professuren an den Universitäten in Virginia, Princeton, Berkeley und Irvine. Arbeitsschwerpunkte: Lessing, Kleist, jüdische und feministische Perspektiven in der Literatur.

Günter Kunert, Schriftsteller, vor allem Lyriker. Geboren 1929 als Sohn einer jüdischen Mutter in Berlin. Daher, außer dem Besuch der Volksschule, keine Weiterbildungsmöglichkeit während der Zeit des Nationalsozialismus. Nach dem Krieg Grafikstudium und seit 1948 literarische Tätigkeit. Förderung durch Johannes R. Becher und Berthold Brecht. 1948 Eintritt in die SED, seit 1965 verstärke Kritik an seiner kulturpolitischen Haltung, die 1977 zur Streichung seiner Parteimitgliedschaft führt. 1979 Übersiedlung in die Bundesrepublik, wo er seitdem als freier Schriftsteller in der Nähe von Itzehoe lebt.

Julian Nida-Rümelin, Professor für Philosophie an der Georg-August-Universität Göttingen, Staatsminister beim Bundeskanzler und Beauftragter der Bundesregierung für Angelegenheiten der Kultur und der Medien. Geboren 1954. Arbeitsschwerpunkte: Theoretische und Angewandte Ethik, Rationalitätstheorie, Politische Philosophie und Kulturphilosophie.

Peter Propping, Professor für Humangenetik an der Universität Bonn und Direktor des Instituts für Humangenetik. Geboren 1942. Medizinstudium an der FU Berlin; Wissenschaftliche Ausbildung in Heidelberg. Arbeitsschwerpunkte: Medizinische Genetik, insbesondere genetisch komplexe Krankheiten und erbliche Tumorkrankheiten. Geschichte der Humangenetik.

Joachim Ringleben, Professor für Systematische Theologie an der Georg-August-Universität Göttingen und Mitglied der Akademie der Wissenschaften zu Göttingen. Abt von Bursfelde. Geboren 1945. Arbeitsschwerpunkte: Theologische Anthropologie, Gotteslehre, Eschatologie, Sprachtheologie, Religionsphilosophie.

Albrecht Schöne, emeritierter Professor der Deutschen Philologie an der Georg-August-Universität Göttingen und Mitglied der Akademie der Wissenschaften zu Göttingen. Geboren 1925. Arbeitsschwerpunkte: Dichtung im Zeitalter des Barock, Emblematik, Lichtenberg, Goethe, Gegenwartsliteratur, allgemeine Stilistik, Komparatistik.

Hans-Ludwig Schreiber, Professor für Strafrecht und Allgemeine Rechtstheorie an der Georg-Augsut-Universität Göttingen, deren Präsident er von 1992 bis 1998 war. Mitglied der Akademie der Wissenschaften zu Göttingen. Geboren 1933. Arbeitsschwerpunkte: Rechtsphilosophie, Forensische Psychiatrie, Fragen der Schuldfähigkeit im Strafrecht, Medizin- und Biorecht, vor allem im Hinblick auf Rechtsfragen am Beginn und Ende des Lebens.

Wolf Singer, Professor für Physiologie, Direktor am Max-Planck-Institut für Hirnforschung in Frankfurt am Main Geboren 1943. Arbeitsschwerpunkte: Neuronale Grundlagen der Wahrnehmung, Entwicklung, Plastizität und funktionelle Organisation der Großhirnrinde.

Wolfgang Wickler, Professor für Zoologie, Direktor am Max-Planck-Institut für Verhaltensphysiologie in Seewiesen. Geboren 1931. Arbeitsschwerpunkte: Evolutionsorientierte Verhaltensforschung, speziell am Sozial- und Kommunikationsverhalten der Tiere; Öko-Soziologie. Seit 1969 Mitglied des Instituts für die Begegnungen von Naturwissenschaft und Theologie der Görres-Gesellschaft und seit 1976 der Philosophischen Sektion der Bayerischen Benediktiner-Akademie.

Dank

Die Herausgeber sind der Universität Göttingen, dem Universitätsbund Göttingen und dem Förderkreis Göttinger Neurobiologie für die großzügige Unterstützung der Ringvorlesung »Was ist der Mensch?« im Wintersemester 2001/2002 zu großem Dank verpflichtet. Daß die Vorträge zu einem günstigen Ladenpreis veröffentlicht werden können, ist durch einen erheblichen Druckkostenzuschuß der Akademie der Wissenschaften zu Göttingen ermöglicht worden. Und nicht zuletzt ist Frau Andrea Knigge und Herrn Thedel von Wallmoden vom Wallstein Verlag Göttingen für ihre hilfreiche editorische Beratung und ihre umsichtige verlegerische Betreuung sehr herzlich zu danken.

Trotz aller Bemühungen konnten nicht alle Rechteinhaber ermittelt werden. Wir bitten sie oder deren Rechtsnachfolger, sich beim Verlag zu melden.

Die Deutsche Bibliothek – CIP-Einheitsaufnahme

Ein Titeldatensatz für diese Publikation
ist bei Der Deutschen Bibliothek erhältlich

www.wallstein-verlag.de
Vom Verlag gesetzt aus der Adobe Garamond
Umschlag: Ralph Hormes unter Verwendung
einer Kohlezeichnung von Max Slevogt (s. S. 46)
Druck: Hubert & Co, Göttingen

ISBN 3-89244-604-0